서울大學校 韓國文化硏究所
韓國學共同硏究叢書 6

한국 근대사회와 문화 II

1910년대 식민통치정책과 한국사회의 변화

권태억
박명규
정연태
마쓰다 도시히코
이윤상
김상태
도면회
오성철
조재곤
신동원

서울대학교출판문화원

이 저서는 2001년도 한국학술진흥재단의 연구비에 의하여 연구되었음.
(KRF-2001-005-B00010)

韓國學共同硏究叢書를 간행하면서

백짓장도 맞들면 낫다고 한다. 人文學 내지 社會科學은 自然科學과는 달리 연구팀에 의한 共同硏究가 만만치가 않았고 그러한 사고의 훈련을 쌓지 못해 온 것도 사실이다. 그만큼 개인의 독자적인 연구가 대부분이었다. 個人硏究가 중요함은 물론이나 연구주제에 따라서는 聯合·協力硏究는 물론이고 나아가서는 공동연구까지도 필요할 때가 적지 않다. 연구기관이면서 연구지원기관이기도 한 韓國文化硏究所는 지금까지 연합·협력연구 또는 공동연구를 지향해 왔다. 그러나 유감스럽게도 공동연구원들이 보고한 결과물이 집대성되지 못하고 흩어져 발표된 일이 종종 있었다. 그리하여 결국은 공동연구의 진정한 의의가 그만큼 감소되고 말았던 것이다.

공동연구이면서 진정한 의미의 공동연구가 되지 못하고 개인논문의 성격을 띤다고 하더라도 그 내용에 있어서는 주제나 목표상의 공통적인 지향점이 있게 마련이다. 연합·협력연구에 있어서도 마찬가지일 것이다. 그동안 본 연구소에서는 공동연구를 진행하면서 그 결과를 토대로 심포지엄을 개최하여 활기찬 토론을 거치곤 하였기에 연구참여자 사이의 조율과 수정이 있었던 것이 사실이다. 이러한 과정을 거친 연구결과물들이 흩어지지 않게 본 연구소에서 행한 연구에 한해 단행본으로 간행하되, 특히 韓國學共同硏究叢書로 묶게 되었다. 진정한 의미에서의 공동연구가 못 되고 연합·협력연구의 성격을 띠더라도 단행본으로 집대성함이 학문의 발전을 위해서 좋지 않겠나 하는 그런 생각이 들어서였다. 이상의 계획은 공동연구가 個人硏究의 한계를 극복하고 앞으로는 진정한 의미의 공동연구로 나아가야 하는 방향 설정의 의미까지 포함되는 것이다.

이제 본 연구소는 그 동안 개인연구 중심의 단행본으로 간행해 온 韓國文化

研究叢書와 함께 이 韓國學共同研究叢書 두 종류의 상징적인 총서를 가지게 된 셈이다. 자랑스러운 일이요 새로운 전통을 마련하는 흐뭇한 일이라 하겠다.

2003. 1. 10

서울大學校 韓國文化研究所

머리말

올해는 이른바 을사조약이 강제로 체결된 지 100년이 되는 해이다. 이후 조선의 운명은 나락으로 떨어져 암흑의 20세기를 맞이할 수밖에 없었다. 어느덧 시간이 흘러 다시 21세기를 맞이하고 있는 오늘날 보다 당당한 자세로 과거의 불행한 역사를 다시금 성찰해볼 필요가 있을 것이다.

1910년대는 자주적이고 자율적인 근대화 시도가 좌절되고 일제의 식민지로 전락하면서 식민지 사회와 문화가 이식되는 시기였다. 일본은 식민지 지배와 수탈에 적합한 범위 내에서 한국의 사회경제적 구조를 자본주의적으로 개편하였다. 이로 인하여 한국은 일본 자본주의에 더욱 예속되었으며 민족경제와 전통문화는 한층 더 왜곡 파괴되었다. 1910년대 일제의 식민통치정책은 바로 그들이 표방한 '영원하고 완전한 지배' 즉 '조선의 일본화'를 위한 기초작업이었다고 할 수 있다.

요즈음 들어 일제의 식민정책을 하나의 근대화 과정으로 해석하는 연구가 등장하고 있다. 이에 따라 '수탈(식민지성)이냐 개발(근대화)이냐'라고 하는 주제가 새로운 쟁점으로 떠오르고 있다. 일제의 식민통치가 반드시 원시적인 약탈이었던 것만은 아니었고 식민지 시기 근대적 변화가 전혀 없지는 않았겠지만 이른바 식민지근대화론이 일제의 식민지 통치를 미화한다는 느낌을 완전히 지울 수는 없다. 따라서 일제의 식민통치정책에 대해서는 다방면에 걸친 실증적 연구가 필요하다고 하겠다.

한국문화연구소에서는 1999년부터 한국학술진흥재단 중점연구소 지원사업의 도움을 받아 '한국 근대사회와 문화의 형성과정 연구'란 주제로 연구를 추진하고 있다. 본 연구 프로젝트는 모두 3단계에 걸쳐 진행되고 있는데 2003년

10월에는 1단계의 연구성과를 묶어 서울대출판부에서〈한국 근대사회와 문화 I〉로 간행한 바 있다. '개항기 한국의 근대사회와 문화 모색'이란 주제로 자주적 근대화의 시도에 대해서 다방면에 걸쳐서 살펴본 것이었다.

2단계 연구사업에서는 연구주제를 '1910년대 식민통치정책과 한국사회의 변화'로 잡았다. 그것은 한편으로는 1단계 연구사업의 성과를 계승하면서 다른 한편으로는 식민지 통치를 둘러싸고 학계에 제기된 쟁점에 나름대로 대응해야 한다는 생각에서였다. 그래서 정치 · 경제 · 군사 · 법제 · 교육 · 의료 등 여러 부문에 대한 폭넓은 연구를 통해서 이러한 쟁점에 대한 실마리를 찾고자 하였다.

여러 분야에서 초빙된 전문가들은 각기 꼼꼼한 실증적 연구를 행하는 한편 여러 차례 토론회를 가져 서로 의견을 교환하였다. 이러한 연구작업의 성과물들을 모아 이 책을 펴내게 된 것이다. 앞서 언급한 책의 후속편인 만큼 책의 제목은〈한국 근대사회와 문화 II—1910년대 식민통치정책과 한국사회의 변화〉로 정하였다. 이 책이 일제 식민지배의 본질을 밝히려는 학계의 노력에 조금이라도 보탬이 되었으면 한다.

어려운 조건 속에서도 좋은 연구성과를 내주신 필자 여러분께 감사드린다. 끝으로 본 연구를 가능하게 해준 한국학술진흥재단과 본서의 출판을 위해 애써준 서울대학교출판부 여러분께도 감사의 말씀을 전한다.

2005년 11월

필자들을 대표하여

권 태 억

차 례

제2부 한국사회의 변화

제1부 일제 식민통치정책의 성격

1910년대 일제 식민통치의 기조

권 태 억

1. 머리말

1910년대에 관한 학계의 연구는 같은 일제 식민지기의 다른 시기에 비해 더욱 부족해서 때로는 공백기라 불리기도 한다. 그 원인은 무엇보다 사료가 부족하기 때문이다. 잘 알려져 있다시피 이 시기 일제는 한국인들에 의한 신문, 잡지 간행을 불허하여 몇 안 되는 아동물과 교양서적들이 간행되고 있었을 뿐이다. 그 결과 한국인들의 생각을 전하는 사료들은 거의 남아 있지 않다. 말하자면 1910년대에 관해서는 '지배자의 사료'만 남아 있는 형편이다. 아무리 사료비판을 한다 해도 한국인의 입장, 생각을 전하는 사료가 원천적으로 없기 때문에 이 시기의 역사상은 그 어느 것도 정당성을 주장하기 어렵다고 하겠다.

그러나 이 기간 동안 대한제국은 일제의 식민지로 전락하고, 일제의 식민 통치가 본격적으로 시작되면서 기존의 질서가 무너지고 급격한 체제의 변화가 일어났다. 그러므로 사료의 한계를 극복하고 그 실상을 극복하려는 노력은 더욱 절실한 것이다.

이 시기에 대한 최초의 종합적 분석을 시도한 호소가와(細川嘉六)는 1910년대를 경제적으로는 일본자본에 의한 조선경영의 기초공작이 확립되는 동시에 일본자본주의 경제의 일환으로 조선의 식민지적 경제가 편성되는 시기라고 보았다. 정치적으로는 이러한 경제적 기초과정의 진행을 강력하게 유지하기 위해 무단정치가 시행된 시기로 보았다.[1] 그의 이러한 분석은 이 시기를 식민지로의 재편성시기, 무단통치의 시기로 구분하는 선구를 이루었고, 이후의 개설서에서는 그의 이러한 규정을 답습하고 있다. 예를 들면 하다다(旗田巍)도

> 무단정치는 일본의 통치에 대한 조선인의 반항을 예상하여 그것을 철저하게 탄압하려고 했던 것이지만, 그러한 무단정치의 시기는 일본이 조선을 본격적으로 개발시키기 위한 기초적인 여러 공작들이 행해져서, 조선사회가 급격하고 큰 변혁의 과정에 말려들어 간 시기였다. 도로, 철도, 항만, 항로, 통신과 같은 기초적인 건설사업이 활발하게 진행될 수 있었고, 화폐, 금융제도가 준비되고 도량형 제도가 일본 내지와 동일한 기준으로 통일되어 대규모의 토지조사사업이 행해졌다. 이것들은 무엇이나 일본이 조선의 식민지 지배를 확고히 하기 위해 필수적인 사업이었고, 이것들에 의해 옛 조선사회가 충격을 받아 舊사회의 해체가 급속도로 진행되었다.[2]

고 하여 기본적으로 호소가와(細川)의 성격규정을 따르면서, 그런 속에서 조선사회가 충격을 받고 급격히 해체되어 갔음을 덧붙이는 정도였다.

호소가와의 이러한 성격규정은 해방 후 한국에서도 답습되었다. 해방 직후 출판된 『일제하의 조선사회경제사』 제2부 〈경제사〉를 담당한 李基洙는 1910년대를 다룬 부분에 '식민지 지배의 경제적 기초공작과 원시적 자본축적의 강행(1906~1918)'이란 표제를 붙여[3] 기본적으로 그의 구분을 따르고 있다.

이러한 서술들은 이 시기가 일제에 의한 조선의 식민지로의 재편과정이 이루

---

1) 細川嘉六, 1941 『植民史』, 理論社, 221면 참조. 그는 이와 동시에 조선을 청일, 러일전쟁을 수행하기 위한 군사기지로서 이용하는 동시에 일본상품의 판매시장으로 만들어 갔는데, 군사적으로는 중국 대륙 진출의 기지로서 충분한 가치를 지녔지만 시장으로서는 빈약했음을 지적하였다. 같은 책, 229면 참조.

2) 旗田巍, 1951 『朝鮮史』, 岩波書店, 204면.

3) 전석담 · 이기수 · 김한주, 1947 『일제하의 조선사회경제사』, 조선금융조합연합회, 69면 참조.

어진 시기이며, 그것은 자본주의 경제체제를 정착시킨 것이자 한국 경제를 일본 경제로 편입시킨 것이고 그것이 조선사회의 급격한 변동을 가져왔다는 것이다.

한편 일제는 한국을 병합하면서 그것이 '동양의 평화와 한국인의 복지를 증진시키기 위한 것'이라고 선전하였고 1910년대 내내 자신의 치적을 칭송하고 선전하기에 여념이 없었다. 그것을 그들은 한마디로 '문명화'로 불렀으며, 자신의 사업을 한국을 문명화시키는 작업으로서 정당화하였다. 경성제대 교수로 근무했던 스즈키(鈴木武雄)도 일제의 식민지 통치를 시혜론의 입장에서 평가하면서, 1910년대 데라우치(寺內正毅) 재임기의 통치방침이 (1) 治安維持와 생명 재산의 보호, (2) 財政의 조정, (3) 産業의 육성이었다고 하면서 은연중 그 치적을 칭송하고 있다.

그러면 여기서 문제가 되는 것은 1910년대에 관한 이러한 상이한 서술을 한쪽은 그 본질을 지적한 것으로, 다른 한쪽은 수탈적 본질을 숨기기 위한 선전으로 분리해서, 스즈키(鈴木武雄)와 같은 사람의 말을 단지 허구에 찬, 식민지정책의 미화로만 볼 것인가 하는 것이다. 본고는 기본적으로 호소가와 계열의 평가를 받아들이면서도 식민지 통치자측의 그러한 선전이 성행했던 배경을 살피고 이를 통해 다른 시기와 구별되는 이 시기의 특징 또는 기조를[4] 파악하고자 하는 것이다.

2. 군사기지화 · 경제편입과 '문명화'

1910년대 일제 식민통치의 기조를 결정한 요인들은 무엇이었을까? 이 질문에 답하기는 사실상 쉬운 일은 아니며 어떤 하나의 결정적 요인을 들기는 힘들

4) '기조'라는 말의 의미가 애매모호하긴 하지만, 여기서는 상황에 따라 변할 수밖에 없는 단기적 정책의 변화보다는 그러한 단기적 정책들을 관통하여 흐르는 장기 정책, 국가적 전략, 또는 일제가 처해 있었던 역사적 단계 등과 연관되어 있었던 통치방식의 기본적 특징을 의미하는 것으로 파악한다.

것이다. 그러나 일제의 말대로 국운을 건 전쟁을 두 차례나 거쳤을 때는 뭔가 중요한 목적이 있었을 것이다. 일제가 한국을 병탄한 목적은 무엇이었을까? 한국을 병탄했을 때 일본 자본주의는 아직 미숙하여 식민지에 투자할 자본의 여력은 없었다는 점이 자주 지적되고 있다. 따라서 일본의 제국주의는 군사적 제국주의, 대응적 제국주의라고 불리기도 한다. 이는 일제가 한국을 병탄할 때 군사적 고려에서, 또는 서구 열강이 식민지를 넓혀가고 있었던 세계사의 추세 속에서 이에 빠질 수 없다는 강박관념에서 제국주의의 길로 나가게 되었음을 지적하는 것이다.[5)]

그렇다면 먼저 일제가 한반도에 대해 가졌던 군사적 고려는 어떠한 것이었는가? 일본은 메이지 유신 이래 세계, 특히 대륙으로 진출하고자 하는 줄기찬 야망을 품고 있었으며,[6)] 그때 그 출발점으로서 한국을 상정하고 있었다. 1870년 당시 外務權大丞이었던 야나기하라(柳原前光)는

> 조선국은 북으로 만주에 연결되고 서쪽으로는 淸(청국)에 닿는 땅으로서, 이를 수복(綏服)시킨다면 실로 황국(皇國 일본) 보존의 기초로서 훗날 만국 경략 진취의 기본이 될 것이다. 만약 다른 나라에 선취당하면 나라 일이 이에 끝난다고 말할 수 있다.[7)]

고 하여 일본이 조선에 대해 가지고 있었던 야망과 전략적 평가를 잘 정리하고 있다. 즉 가장 바람직한 것은 일본이 조선을 복속시키는 것이고, 최소한 다른 강국이 조선을 점령하는 일은 막아야 한다는 것이다. 1890년 야마가타(山縣有朋)의 주권선, 이익선 발언도 바로 이러한 입장을 단적으로 보여주는 것이다. 야마가타는 또 1905년에 올린 「전후경영의견서」에서 러일전쟁이 끝난 후에도 (1) 러시아의 남하 대비, (2) 조선의 치안 유지, (3) 일본의 군사적, 경제적 이권

5) 실제로 일제가 한국을 병탄할 때, 그 경제적 가치가 적으며, 오히려 개발 등을 위해 비용만 많이 들 것이라 하여 이를 반대한 논자도 있었다

6) 北岡伸一, 1979 『日本陸軍と大陸政策』, 東京大學出版會, 1면 참조.

7) 柳原前光, 1870 「朝鮮論稿」 『日本近代思想大系 12 — 對外觀』, 岩波書店, 14면.

유지를 위해 재정 부족을 무릅쓰고서라도 군비를 강화해야 한다고 주장하였다.[8)] 이러한 구상은 1907년의 「제국국방방침」으로 계승되었다.

이와 같이 조선은 병합되기 전부터 그 지정학적 조건에서 군사적 의미가 강조되었으며, 특히 대륙침략의 거점으로 인식된 결과 일본 군부, 그 중에서도 육군의 세력권이 되었다. 그 결과 식민지 조선의 총독은 육군대장만이 임명될 수 있었다. 조선총독의 권한은 막강하여 천황에 直隷하며 일본 내각의 관할을 벗어나서 법률의 효력을 갖는 制令權을 가졌으며, 조선 안에서는 삼권을 한손에 장악하는 등, 조선 역사상 어느 왕도 가져보지 못했던 절대적인 권력을 장악하고 있었다. 이러한 상황에서 한국의 병탄 작업을 담당하고, 초대 총독으로 취임한 것은 야마가타 군벌의 대표주자격인 데라우치였다.

그러나 일제가 한반도에 대해서 갖는 관심이 일차적으로 군사적인 것이라고 해서 그 경제적 가치를 전혀 고려하지 않았으리라고 가정하는 것은 지나치게 단순한 사고이다. 오히려 조선이 일제의 경제권에 편입되고, 일본이 한반도에서 경제적으로 완전한 주도권을 차지할 때 그 군사적 지배도 함께 강화될 수 있는 것이다. 조선이 평시에 경제적으로 충분히 개발되고 안정될 때 군사기지로서의 가치도 높아질 것은 다시 말할 필요가 없다. 군사와 경제는 동전의 양면과 같은 것이기 때문이다.

또 조선이 경제적인 가치가 낮다고 하지만 그것은 상대적인 의미일 뿐이고, 후발 자본주의 국가인 일제에게는 가장 안전한 독점시장이자 원료공급지였다. 한국은 일본 자본주의 발전을 위해 불가결한 요소였고, 그만큼 일제의 한국 시장에 대한 욕구도 강했다. 그래서 일제는 조선을 '보호국'화하자마자 일본 상업자본의 '진출'을 원활히 하기 위한 조치들을 서둘렀다. 러일전쟁 직후 일제는 한국정부로 하여금 메가타(目賀田種太郎)를 재정고문으로 고빙케 하여 무엇보다 먼저 '화폐정리사업'을 실시하였으니, 이는 "상품수출의 확대, 자본투자에 따른 이윤의 실현을 확고히 하고 가격 및 이윤 계산을 합리화하기 위해"[9)] 화폐정

8) 山縣有朋, 1905 「戰後經營意見書」(『山縣有朋意見書』, 原書房, 1966, 285면).

리가 무엇보다 시급했기 때문이었다. 일제는 이어서 제일은행권을 公私 거래에 무제한 통용시키는 등의 조치를 취하였는데, 이로써 한국은 점차 일제의 화폐권에 편입되기에 이르렀다.

한 식민지 연구자에 의하면 근대 식민지 중 가장 중요한 유형은 착취식민지라고 하는데, 이에 따르면 한국도 군사적 기지로서의 성격도 강하지만 기본적으로 착취식민지였으며,[10] 따라서 경제적 이익의 추구는 일제의 가장 중요한 목적 중의 하나였다. 결국 언젠가 있을지 모를 전쟁에 대비하여 개발하면서, 동시에 경제적 이익을 추구하는 것, 바로 이것이 일제가 조선을 통치하는 기본 방식이었다.

그러나 아무리 막강한 군사력을 가졌고, 그것을 이용하여 한국을 합병했다고 해도 한국인들의 의사를 무시하고 자의로 정책을 펼 수 있는 것은 아니었다. 일제는 갑오농민전쟁에서 의병투쟁으로 이어지는 한국인들의 저항을 경험하였고 병탄 초반에도 의병 항쟁의 여진은 아직도 남아 있었다. 이를 무마하기 위해서는 한국인 일반이 식민지 지배의 '혜택' 을 피부로 느낄 수 있게 할 그 무엇이 꼭 필요했을 것이다. 이는 병탄과 함께 일본 천황이 내린 다음과 같은 諭告에도 잘 나타나고 있다.

> 한국 황제폐하 및 황실 各員은 병합 후라고 해도 상당한 優遇를 받을 수 있을 것이다. 민중은 직접 짐의 綏撫 아래 서서 그 康福을 증진할 것이다. 산업 및 무역은 治平 아래 현저한 발달을 보기에 이를 것이다. 그리고 동양의 평화는 이에 의해 더욱 그 기초를 공고히 할 것임은 짐이 믿어 의심치 않는 바이다.[11]

---

9) 오두환, 1991 『한국근대화폐사』, 한국연구원, 253~254면 참조.

10) Jurgen Osterhammel, 1997 *Colonialism; A Theoretical Overview*, Markus Wiener Publishers, Princeton, pp.10~12 참조. 그는 근대의 식민지를 (1) 착취식민지, (2) 해양기지, (3) 이주식민지로 나누고 있다. (1) 착취식민지의 목적은 경제적 착취, 제국주의 정책의 전략적 확보, 그리고 국가적 체면의 고양이라고 한다.

11) 「韓國ヲ 帝國ニ 倂合 件」『朝鮮總督府施政年報(明治43年)』, 조선총독부, 1912 부록.

한마디로 병합을 계기로 한국의 황실은 물론이고 일반 한국민들도 자신의 보호와 지도 아래 보다 행복한 삶을 이끌어 갈 수 있을 것이고, 산업도 발달하게 될 것이니 기대하라는 것이었다. 합병 직후 총독부 학무과장을 역임한 스미모토(隅本繁吉)는 당시 일제가 통치의 기본방침으로 내세우고 있었던 동화정책에 대해, 한민족이 3천년의 역사를 가진, 민족의식이 뚜렷한 민족이며, 따라서 한국 사람들에게 일본 황실에 대한 충의심을 체득케 하는 것이 불가능하기 때문에 '忠良한 臣民'으로 만들기는 불가능할 것이라 보고 다만 '順良'한 臣民으로 만드는 것에 만족하자고 하면서

> 정치상의 제반 施設, 經營에 의해 그 생활의 경제적 기초를 확립시켜주어 그들의 생명, 재산의 安固를 보장하여 각 개인으로 하여금 스스로 노동하여 安穩하게 自活을 얻을 수 있는 방도를 준다면 그들은 제국의 善政을 환영, 謳歌하는 데에 이르러 자연히 제국에 信賴하는 마음이 생길 것이다. … 과연 이렇게 한다면 결국 同化되어 제국의 順良한 신민이 될 수 있을 것이다[12)]

라고 하여 결국 선정을 베풀어 한국인들을 경제적으로 안정시키고, 생명 재산을 지킬 수 있게 해주면 일제의 선정을 환영하여 順良한 신민이 될 수 있을 것이라 제언하였다.[13)] 이와 함께 일제가 항상 의식하지 않을 수 없는 것이 서구 제

---

12) 위와 같은 곳.

13) 합병 초기 총독부 관리들 중 이와 비슷한 생각을 가졌던 사람이 적이 않았던 모양이다. 당시 李王職 차관이었던 小宮三保松은 "朝鮮人을 日本人과 同一魂으로 하고 日本帝國의 忠良한 臣民으로 만드는 것은 困難할 것이다 …. 朝鮮人은 지금까지 官吏와 兩班에게 誅求당하고 奴隷視 取扱당해 왔기 때문에 仁政의 고마움을 한층 통절히 느끼고 官吏나 紳士의 親切을 절실히 느낄 것이다"라고 말하였고(「併合の目的は同化に在り 同化せんとせば 先づ彼我親善融和せざるべからず」『朝鮮』 43, 1911. 9), 내무부장관 宇佐美勝夫는 "朝鮮人의 同化를 어떻게 할까 하는 것인데, … 저들을 다스림에 仁政을 베풀고, 저들의 生活을 넉넉케 하여 幸福을 增進시킬 수 있다면 스스로 우리 官民을 덕으로 여기고 陛下에게 感謝하게 될 것"이라고 주장하였다. 「朝鮮人同化論と名士」『朝鮮』 45, 1911. 11(琴秉洞 편집 해설, 1999 『資料 雜誌にみる近代日本の朝鮮認識』 5— 朝鮮併合 戰後期, 綠陰書房, 205면 참조).

국주의 국가들의 시선이었다. "列國이 環視"하고 있다는 것이 통감부 설치기 일본인들이 쓴 글에 흔히 나오는 구절이었는데 이 시기에 와서도 그들은 서구의 반응에 대해 언제나 신경을 곤두세우지 않을 수 없었다.[14)]

결국 일제로서는 자신의 가장 큰 목적인 조선의 군사거점화, 경제적 예속화를 추구하면서도, 조선인들에게도 그것이 '문명화'이며 복지의 향상을 가져오는 것임을 보여주어야 했고 동시에 일제가 자신의 반열에 들 자격이 있나 의심하고 있었던 서구 제국주의 국가들에게 자신의 능력을 증명해보여야 했다.

다만 이러한 모든 사업을 위해서는 한마디로 재정적인 뒷받침이 필수적이었다. 당시 일본 정부는 러일전쟁 이후 심각한 재정위기를 경험하고 있었으며 대외적으로는 채무국가였다. 경제 역시 1차 대전이 발생하기 전까지는 불황이었다. 이러한 상황에서 식민지 개발을 위한 대규모의 투자를 한다는 것은 무리였다. 그리하여 일제는 조선총독부의 재정을 특별회계로 하고, 1914년에는 '재정독립 5개년 계획'을 세웠지만 쉬운 일은 아니었다. 조선총독부는 이를 증세를 통해 해결하려 하였지만 그것도 한계가 따르는 것이었다. 이러한 재정 부족은 결국 사업의 축소, 지지부진으로 나타날 수밖에 없었다. 미성숙한 일본 자본주의에게 조선은 힘에 버거운 상대였기 때문이다.[15)]

이상에서 살핀 바를 정리한다면, 조선은 일제에게 대륙 '진출' 기지로서 중요

---

14) 예를 들면, 寺內 總督의 시정에 대한 다음의 인용문을 볼 수 있다. "… 특히 그 시초에는 구 한국 정부의 시설이 상존하고 통감부의 손에 의해 행해졌던 것도 역시 적지 않게 있었기 때문에 여러 정사가 자못 착종을 극하여 민심이 약간 가라앉기는 했으나 아직 충분히 병합의 취지를 이해 못한 바 있고, 또 반도의 산하는 다년간의 秕政의 결과 황폐를 극해, 이의 기사회생을 재촉하는 것은 결코 一朝一夕에 할 수 있는 바 아니었다. 이때를 당해 능히 제국의 위신을 지키고 민심을 안도시키고 민중의 복리를 증진하고 이로써 병합조칙의 취지를 도와 받들어 宏謨의 실현을 기하고, 世界 列國 環視 아래 신 영토의 통치를 온전히 하는 것은 실로 지난한 사업이라고 하지 않을 수 없다." 조선총독부, 1935 『施政 25年史』 제1기 寺內總督時代, 13면.

15) 堀和生, 1982 「조선에서의 식민지 재정의 전개—1910~30년대 초기에 걸쳐서」 『식민지 조선의 사회와 저항』, 飯沼二郎, 姜在彦 편 참조.

한 의미를 가지고 있었다. 그러기 위해서는 평시에 경제적으로 잘 개발할 필요가 있었다. 한편 일제로서는 한국인들의 저항을 무마하기 위해서도 식민통치에 뭔가 좋은 점이 있다는 것을 보여주어야만 했다. 또 서구 국가들에게도 자신이 그러한 능력을 갖춘 국가임을 증명하고 싶었을 것이다. 1910년대 일본은 바로 이러한 상황에 처해 있었기 때문에 조선의 전면적 재편 작업을 시작하는 단계였다. 따라서 이 기간 동안 일제는 대규모 사업을 벌였지만 다만 일본의 재정적 능력의 한계 때문에 전면적으로 전개될 수는 없었다.[16)]

3. 조선총독부의 '사업'들과 그 영향

1910년대는 한마디로 일제의 한국 식민지화 작업이 본격적으로 추진된 시기였다. 이는 물론 이미 통감부 설치기에 시작되었던 것이지만,[17)] 한반도를 완전 점령한 일제는 이제 더욱 거리낌없이 추진할 수 있게 된 것이었다. 이미 통감부 설치기에도 수많은 제도 개혁이 이루어져 "새로운 법령이 매일 비 오듯이 쏟아진다"는 말이 있었지만 1910년대도 마찬가지였다. 이를 총독부의 기관지격인 『매일신보』는 "지금은 백의 政令을 쇄신하는 때이고, 오늘에 한 법이 나오고 내일에 또 한 법이 나오며, 금년에 一令이 나와도 내년에 또 一令이 나오는 시기"라고 표현하였다.[18)] 또 어떤 논자는 1910년대 초두의 상황을 "구한국 정부의 시설이 상존하고 통감부 손에 의해 행해진 것 역시 적지 아니 존재했기 때문에 諸政이 착종의 극도에 달하고, 민심은 부침"했다고[19)] 표현하였다. 그만큼 식민

16) 당시 일본 정부의 재정 능력의 한계는 이 시기 일제의 조선 식민지화 사업 추진 규모나 속도를 규정한 조건이겠지만 여기서는 논지의 전개상 더 이상 자세히는 다루지 않기로 한다.

17) 이에 대해서는 졸고, 1999 「3. 통감부의 식민지화 정책—1) 식민지화 기반의 조성」『한국사 42 대한제국』, 국사편찬위원회 참조.

18) 『매일신보』, 1911년 3월 28일 「법령을 不可不知」.

지로의 재편과정은 커다란 작업이었던 것이다. 그렇다면 이러한 여러 '사업'들 속에 일제의 한국 식민지화 의도는 어떻게 반영되고 있었을까?

호소가와는 이 시기 일제의 중요한 사업 중 하나로 '교통 운수 통신기구의 정비'를 들고, 그것을 "군사적 필요, 鮮內 統治, 경제개발 등의 점에서 조선경영의 기초적 공작 건설의 중추"라고 표현하였다. 그 구체적 사업으로서 철도, 항만, 도로의 건설을 들었는데, 이 중에서 가장 중요한 것은 말할 것도 없이 철도의 건설이었다. 조선의 철도는 애초부터 그 군사적 성격이 강조되고 있었고, 「대한경영방침」에서는 조선 경영의 골자라는 말로 표현하고 있었다. 이 철도는 또한 항상 만주와 연결되어 건설이 추진되었음을 상기할 필요가 있다.

조선과 만주를 한데 묶어 거론하는 것은 이미 러일전쟁 직후부터 있었던 현상으로서 당시에는 '만한경영'이라는 말이 하나의 유행어처럼 쓰일 정도였다. 한 논자는 조선은 "조선의 조선으로서 중요할 뿐만 아니라 다시 우리나라(일본)와 대륙과의 聯鎖인 半島로서 중요"하며 따라서 "조선경영은 오히려 大陸政略의 一端"으로서 볼 수 있을 뿐이라고 말하였다. 즉 일제에게 있어 한반도와 만주는 "둘이면서 하나이고, 하나이면서 둘"인 연락·혼일체였던 것이다.[20]

군사적인 면에서는 군비확장, 특히 수적으로 열세인 일본군이 러시아군과 대항하기 위해서는 "병력 증가보다 병력 집중을 위한 교통기관의 정비"가 중요시되었고, 이를 위해 "해상교통 및 만주에 현존하는 교통망을 더욱더 발달시킴은 물론 滿韓에 새로운 交通線을 시설경영하고, 또 한국 北關地方에 방어진지를 구성할 필요"가 제기되고 있었다. 즉 對露 작전 계획은 한반도 종관 루트를 중심으로 하는 滿鮮 철도망의 충실을 요청하게 된 것이었다.[21] 경제면에서도 "철

---

19) 日本大藏省管理局, 1947『日本人の 海外活動に關する 歷史的調査』朝鮮篇 제2분책 제3장〈朝鮮統治の最高方針〉10면.

20) 社說『韓半島』제2년 제3호(1906년 6월 1일) 참조.

21) 北岡伸一, 앞의 책, 36면 참조. 한편 山縣有朋은 이보다 앞선 1894년 11월 伊藤博文에게 제출한 「朝鮮政策 上奏」에서 동아대륙으로 통하는 大道로서, 또 중국을 횡단하여 곧바로 인도에 도달하는 도로의 출발점으로서 釜山~義州 간 철도 부설을 주장하였다고 한

도의 연락과 화물과 승객의 통과의 편리"를 위해 만한의 "煩瑣한 철도를 잘 통일 정제"할 것이 요구되었다.[22] 그리하여 일제는 이미 청일전쟁 때부터 조선의 종관철도 부설에 관심을 가지고 있었던바, 러일전쟁을 도발하자마자 서둘러 경부, 경의선을 부설하였던 것이다.

그런데 마침 한국의 초대 총독으로 부임한 데라우치는 러일전쟁 시기에 육군대신을 역임한 골수 대륙 침략주의자였다. 따라서 이미 러일전쟁 직후부터 등장했던 滿韓一體論은 그의 치하였던 1910년대에 더욱 적극적으로 추진되고, 현실에서 구체화되어 나타났다. 그는 한국과 만주를 일원적으로 지배하기 위해서는 한국철도와 만주철도를 통일해야 한다고 생각하는 사람이었다.[23]

한국을 강제로 병탄한 직후, 일제는 정치 군사적 지배는 물론이고 북부지방의 물자를 일본과 서울지역으로 반출하기 위하여 경원철도의 부설을 서둘렀다. 철도공사의 독려에 나선 조선총독부는 1910년 10월부터 1914년 8월까지 223km에 이르는 경원철도 완공을 완성하였다. 또 1910년 10월부터 호남선 부설 공사에 착수하여 1914년 1월에 이를 완공하였다. 그 결과 1915년 현재 일본은 한국에서 총연장 1천 마일의 철도망을 장악하게 되었다. 곧이어 일제는 함경철도의 부설에 착수하였는데, 이는 이미 청일전쟁 시기 오오쿠마(大隈重信)나 야마가타(山縣有朋) 등이 주장했던 바였다.[24]

한편 조선에 부설된 철도는 만주에 부설된 철도와 원활히 접속할 수 있도록 표준궤로 부설되었으며, 병합과 함께 한반도의 종관철도와 安奉鐵道를 직접 연결시키기 위해 압록강 철교를 가설하였다(1911. 11). 이로써 한국과 만주의 철도는 동일궤도상에서 동일 궤간으로 접속하게 되기에 이르렀던 것이다.[25] 그러면 이러한 총독부가 가장 역점을 두었던 철도건설을 필두로 하는 교통 운수 통

다. 정재정, 1999, 『일제침략과 한국철도』, 서울대학교 출판부, 37~38면 참조.

22) 社說 『韓半島』 제2년 제3호(1906년 6월 1일) 참조.

23) 정재정, 앞의 책, 111~112면 참조.

24) 정재정, 앞의 책, 141~143면 참조.

25) 정재정, 앞의 책, 127면 참조.

신 사업은 1910년대 일제의 사업에서 어느 정도의 비중을 점하고 있었던 것일까? 이는 "1910년대에 있어서 가장 긴요한 식산흥업정책은 교통기구의 정비인데 철도건설, 도로개통, 항만 수축이 구체적인 3대 목표로 설정된다. 이에 관계된 官業費 治道 해관 토목비는 총독부 예산의 약 반 정도를 차지"[26]하였다는 말에 잘 나타나 있다.[27] 물론 이 사업은 앞서 살핀 바와 같이 다만 군사적인 것뿐만 아니라 여러 가지 목적을 가진 것이었다. 그러나 동시에 군사적 측면에 1차적 고려가 두어졌던 것만은 틀림없다고 하겠다.

1910년대 일제가 벌인 사업 중, 철도를 비롯한 통신기관의 정비 못지않게 중요한 사업은 토지조사사업이었다. 일제 식민지 지배를 위한 전제가 되는 기본 사업이라는 점에서, 또 한국 사회에 끼친 영향이라는 점에서는 오히려 더 중요할지도 모를 사업이 바로 이것이다. 식민지 지배를 위한 제반 시설을 건설하기 위해서나 기타 투자를 활성화시키기 위해서도 국토의 정확한 파악이 필수적이었기 때문이다.

토지조사사업은 1910년 3월 14일에 반포된 토지조사국관제(칙령 23호)에 따라 그해 8월부터 시작되었는데, 이를 통해 토지소유권, 토지가격, 토지모양이 조사되었다. 여기에는 8년 가까운 시간과, 당시 조선의 지세수입의 2년 분에 가까운 2천만여원의 경비가 소요되었다.[28] 최초로 근대적 측량기술이 동원된 이 사업의 결과 국토의 정확한 면적과 모습이 파악되었음은 물론 토지소유권이 확실한 보호를 받게 되었으며, 경지면적은 1918년 현재 1910년에 비해 약 80%가 증가하게 되었다.

토지조사사업과 연관하여 농민들의 생활에 커다란 영향을 미친 것이 다름 아닌 산림수탈이었다. 산림의 경우는 일반 경지와 달리 그 소유권이 불분명한 경

26) 堀和生, 앞의 논문, 176면.

27) 단 이 연구자는 이러한 사업이 지녔던 군사적 성격에 대해서는 언급하고 있지 않다. 또 그에 의하면 이 단계에서 일본 경제는 불경기였고, '재정독립'이 총독부의 주요 정책이었던 관계로 자금의 제약이 커서 철도건설사업도 예정대로 진행되지 못하였다고 한다.

28) 宮嶋博史, 1991 『朝鮮土地調査事業史の研究』, 東京大學 東洋文化研究所, 序篇 참조.

우가 많았는데, 일제는 삼림법을 발표하여 삼림 산야 소유자로 하여금 신고케 하고, 기한 안에 신고하지 않는 것은 전부 국유로 간주하였다. 신고면적은 전 임야면적의 1/7인 220정보에 불과했고, 신고자의 대부분은 일부 부유한 산림지주 및 일본인들이었다. 이로써 일반 농민들은 공동 이용지를 박탈당하였고, 산림의 이용에 각종 가혹한 제한을 받았다. 이를 통해 광대한 국유 임야가 창출되었는데, 이들 중 또 많은 부분이 여러 가지 방법으로 일인 또는 일인 자본가들에게 대부되었다.[29)]

이밖에도 금융기구의 정비, 일본과 공통의 표준에 의한 도량형의 통일 등과 같이 식민지 조선의 경제를 일본에 예속화시키기 위한 작업들이 진행되었는데, 이와 함께 법체계 및 행정제도의 정비 등도 동시에 진행되었다. 이러한 작업 모두는 결국 조선을 일제의 식민지로 재편하기 위한 것이었음은 다시 말할 필요가 없을 것이다.

이러한 사회구조 전반에 걸친 변화는 결국 법령의 형태로 구체화되지 않을 수 없었다. 그 결과 앞서 인용한 바와 같이 "오늘에 한 법이 나오고 내일에 또 한 법이 나오며, 금년에 一令이 나와도 내년에 또 一令이 나오는" 상황이 연출되었다.

그러면 이러한 사업의 결과 조선은 어떻게 변모되어 갔는가? 일제는 조선을 합병하면서 조선이 일본의 영토이며, 조선인은 똑같은 천황의 적자라고 하였지만 실제로는 일본 헌법의 적용범위 밖에 두었다. 그러나 이러한 '異法地帶'로서의 성격은 경제 제도면에서는 상대적으로 약했다. 이는 조선 식민지화 후 일제의 중요한 사업 중의 하나가 바로 한국 경제를 일본 경제에 편입하는 것, 즉 양국의 경제를 일체화하는 것이었기 때문이다. 일제가 조선을 자기의 영향권하에 둔 후 제일 먼저 착수한 것은 본국 시장과의 일체화를 도모하기 위한 기반 정비였다. 즉 시장거래의 근본인 금융시장 정비에 필요한 조치로서 화폐와 도량형을 통일하고 조세의 징수, 토지조사, 임야조사 같은 것은 매우 철저히, 또 신속

29) 姜英心, 1998「日帝의 한국 삼림 수탈과 한국인의 저항」, 이화여대 박사학위논문 참조.

하게 행하였다.[30] 이는 법체계면에 그대로 반영되어, 민법이나 상법의 경제관련 제 법령에서는 약간의 예외를 빼면 조선과 일본은 거의 동일한 법체계 아래 있게 되었다. 또한 양 지역의 통화는 등가 연계를 실현하여 기능상에는 전혀 차이가 없었으며, 토지제도에 있어서도 기본적으로 일본과 동일한 제도가 이식되었다. 즉 경제와 관련해서는 일찍부터 여러 제도를 이식하여 식민지 본국과 거의 동일한 법적 · 제도적 틀을 만들어 냈던 것으로, 말하자면 경제적인 동화는 급속하게 진척되었다.[31] 결국 1910년대에 완성된 것은 아니었지만 조선의 '小日本化' 현상이 바로 그것이었다. 이 시기에 새롭게 도입된 새로운 제도를 규정한 새로운 법령들은 '일본법의 依用'이라는 말이 상징하듯이 한결같이 일본 법률의 차용에 지나지 않았다. 이러한 현상은 이미 갑오개혁 때부터 시작된 것으로서, "거의 모든 제도용어 및 그와 관련된 용어는 일본어, 즉 한자로 된 일본어였고 그 한자어를 한국발음으로 읽으면 그만"인 상황이었다.[32]

결국 1910년대 조선총독부가 벌인 사업은 조선 식민지화 의도에 맞추어 군사기지화에 초점을 맞추되, 동시에 경제적 요구도 관철될 수 있도록 한국 사회 전반을 개편하는 데 초점이 맞추어져 있었다고 할 수 있다. 또 양자는 어느 정도 같이 진행될 수 있는 것이기도 하다. 동시에 이러한 작업이 '일본화'의 방향이었다는 것도 그들이 궁극적 목표로 생각하던 조선을 식민지가 아닌 일본의 방역으로서 만드는 것과도 합치되는 작업이었다.

이러한 사업들과 함께 가장 중요한 산업이었던 농업의 개발도 무시할 수 없었다. 경성제대 교수였던 스즈키(鈴木武雄)는 데라우치 통치기에 한국 민중을 국토의 피폐에서 구하고 그 복리를 증진하기 위해서 殖産興業이 목표가 되었다고 하면서, 산업의 발달, 부원의 개발이 "斯民을 饋하고 재정을 안고하게 함이 분명하므로" 시정 당초부터 이에 가장 힘을 기울였으며, 산업 중에서도 특히 농

30) 淸川雪彦, 1997「近代日本の植民地政策 — '市場圈'の視點から同化主義政策を考える」『歷史のなかの開發』, 岩波講座 開發と文化 2, 245면 참조.

31) 金洛年, 2002『日本帝國主義下の朝鮮經濟』, 東京大學出版會, 56면 참조.

32) 박병호, 2002「동아시아에서의 법과 근대성」『법사학연구』26호, 8~9면 참조.

업의 개량 장려를 제일로 삼았다고 하였다.[33] 이는 일제로서도 군사적 목적에서, 또는 식민지 통치를 위한 제반 시설의 기초가 되는 토지조사사업과 함께 당시 산업의 대종이며, 주민의 대다수를 차지하는 농민들에게 그 실질이야 어떠하든 '식산흥업'으로 보일 사업을 벌이지 않으면 안 되었던 것을 말해준다.

4. '문명'의 선전과 칼의 제재

1910년대 일제의 식민지화 작업은 조선 전래의 사회에 커다란 변화를 가져오는 것이었다. 그러므로 그것은 설사 한국인을 위한 것이고 아무리 조심해서 추진한다 해도 애초부터 저항을 불러올 가능성이 매우 큰 것이었다. 그런데 1910년대 한국에서는 식민지화 작업에 일본제국의 국가 전략이 우선되었으며 외래인이자, 역사적으로 대립 갈등해 왔던 일본에 의해 강제적으로, 또 강압적으로 추진되었기에 저항이 더 클 수밖에 없었다. 1910년대 한국인의 저항에 대한 기록은 앞서 말한 바와 같은 사정 때문에 많이 남아 있지 못하지만 일제의 여러 정책에 대한 반감이 폭넓고 깊게 번져가고 있었다는 것은 1919년에 일어난, 말 그대로 거족적인 3·1운동이 증명하고 있다.

한국인들의 반발을 무마하기 위해 일제가 내세운 가장 중요한 논리가 바로 '문명화'론이었다. 한마디로 일제의 통치가 뒤떨어진 한국을 문명화시켜 그 국민의 복리를 증진하기 위한 것이라는 논리였다. 일제가 이미 개항 직후부터 자신을 문명의 선구자, 전파자로서 내세우고, 이를 이용하여 자발적인 개화 노력을 하고 있었던 조선에 자신의 세력을 침투시키고자 했음은 잘 알려진 사실이다. 문명을 내세우는 경향은 러일전쟁 승리 이후 더욱 강해지고, 이후 이를 이용하여 조선의 식민지화 작업을 촉진했다. 이때 일제 자신도 "한국에서의 개혁사업은 바로 일본 자신의 이익을 확대"하는 것임을 분명히 인식하고 있었는데,

---

33) 日本大藏省管理局, 앞의 책, 10면 참조.

자신의 이익을 적나라하게 추진하면서도 이를 한국인을 위한 것, 문명을 위한 것으로 분식하는 방식은 한국을 병탄한 후에도 지속되었다. 그들은 우선

> 일본제국이 조선을 병합함은 … 彼我가 相合하여 一家를 이룸에 지나지 않고, 그 목적은 천황폐하의 一視同仁 아래에서 이 땅을 개척하며 이 백성을 이끌어 日鮮의 生民으로 하여금 같이 文明의 덕택을 받으며, 같이 文明의 지역으로 나아가 동양의 평화를 영원히 유지하고 西勢東漸을 미연에 방지함에 불과한 즉 … [34]

이라고 하여 병탄의 목적이 천황의 은덕 아래 조선을 문명화시켜 조선인들이 그 혜택을 누리게 하고, 이를 바탕으로 동양의 평화를 유지하기 위한 것이라고 하였다. 총독 데라우치는 병탄 1년이 채 안 된 시점에서 "오랜 세월 疲弊한 민중을 扶腋하고, 혼돈 가운데에 질서를 구하고, 쇠퇴 속에 진흥을 재촉하는 것이 오늘의 급무"인바, "靡弊한 인민에 臨함에 개명한 제도로써 하고, 廢를 일으키고 亡을 이어 그 開導를 圖謀함에 當해 전반에 있어 산업의 진흥을" 보게 되었다고 하여,[35] 자신을 어리석은 백성을 키우는 군왕으로 묘사하고, 일제의 정책은 혼돈 · 쇠퇴한 조선사회에 질서와 진흥을 가져오는 것으로 묘사하였다.

일본 천황이나 총독을 자비로운 군주로, 식민지 민중을 어리석은 赤子로 표현하고 이들에게 문명의 선정을 베풂으로써 그 복리를 향상시킨다는 도식은 그들에 의해 상투적으로 동원되는 방식이었다. 조선총독 데라우치는 지방순찰을 자주 하였는데, 이에 대해 어용지 『매일신보』는 다음과 같이 보도하였다. 즉

> 과거 5, 6년간에 총독이 지방을 순찰한 사적을 살펴보건대 — 지방의 관리는 총독을 보되 師傅와 같이 하고 지방의 赤子는 총독을 보되 慈母와 같이 하여 一言一句의 懇諭가 행정상의 良謨를 만들고 一動一靜의 擧止가 撫育上의 표준을 만들어 足跡이 도달하는 곳에 그 덕이 바람과 같으니 13도의 수려한 산하와 천여만의 蠕蠕하는 민

---

34) 『매일신보』, 1915년 2월 18일 1면 사설 「日鮮融化論」.

35) 寺內正毅, 1911 「각도 장관에 대한 훈시」(1911. 7. 1), 『朝鮮統治三年間成績』(조선총독부, 1913) 부록 「총독유고 및 훈시」, 29면.

족은 총독의 광대무변한 化育圈에 陶冶되어 지금 行政 司法 警察 財政 殖産興業 教育 衛生 交通機關 및 經濟 貿易이 모두 完美의 역에 달하여 유의유식의 莠氓은 潛影逃跡하고 恒心恒産의 양민은 鼓腹擊壤하니 이는 유래의 爲政이 그 마땅함을 얻음에만 말미암은 것이 아니라 왕왕 지방을 스스로 순행하여 導率의 표범을 보인 효력이 또한 다대한 소이라 말하지 아니치 못할지로다.[36)]

라고 하여, 데라우치 총독이라는 聖君이 펼치는 선정에 힘입어 행정 사법 경찰 재정, 식산흥업 그밖에 사회의 모든 분야가 完美의 경지에 도달하였다고 하였다. 그러므로 금일의 통치는 조선민족이 생긴 이래 처음 보는 '문명한 법률과 仁善한 政令'이라는[37)] 것이다.

그리하여 총독부 관계자들은 기회 있을 때마다 통계숫자를 들어가면서, 합병 이후 조선의 경제가 얼마나 눈부시게 발전하였는가를 강조하였다. 中樞院 書記官長이었던 고마츠(小松綠)는 농업, 어업, 광업, 무역에서의 발전을 통계숫자를 들어서 말하고 또 합병 이후 조선인들의 '정신적 발달'이 현저했음을 든 후, 묘지령, 산림령을 예로 들면서 총독의 시정에 대해 불평을 말하는 자들이 있으나 이는 단지 감정상의 문제라고 단정하였다.

野蠻으로부터 半開, 半開로부터 文明으로 점점 세상이 진보하면 종종 귀찮은 일이 많아진다. 지극히 복잡하고 옹색함이 천만가지다. 그러나 이 문명의 갑갑 옹색함은 문명의 행복으로 打消됨을 생각하며 이를 참지 않으면 안 된다. 半開시대의 자기 맘대로 하는 자유에는 참담한 해악이 따르는 것을 잊어서는 안 된다. 폭정은 호랑이보다 더 무섭다고 하지 않는가. 이 폭정시대를 지나 금일 총독 성지의 은택에 목욕하는 자는 복잡한 제도로부터 오는 갑갑함 귀찮음을 참지 않으면 안 된다. 이에 대해 불평을 말하는 자는 야만시대가 그립다고 하는 것에 귀착된다.[38)]

즉, 총독의 시책들은 야만에서 반개로, 반개에서 문명으로 진보하는 과정에서

36) 『매일신보』, 1916년 5월 17일 「총독의 지방순찰」.

37) 『매일신보』, 1914년 11월 21일~12월 12일 「조선의 國體와 政體」.

38) 小松綠, 「朝鮮施政の眞義」 『조선휘보』 1916-9호, 15면.

겪어야만 하는 옹색함이며, 이를 참지 못하겠다는 것은 야만으로 돌아가겠다는 것에 지나지 않는다는 것이다. 결국 문명의 선구자인 일본을 믿고 그가 하는 일도 문명화를 위한 것이므로 아무 말 말고 따르라는 것이었다.

한편 조선총독부가 자신들의 치적을 자랑함은 물론 일반 한국인들에게 문명이라는 것이 무엇인지를 널리 선전하기 위하여 개최한 것이 〈施政五周年記念物産共進會〉였다. 그 목적은 "施政 5년간 조선 산업의 진보를 전시하고 新舊施政의 성적 여하를 비교 대조"하여[39] 일제 식민통치가 施惠임을 보이기 위한 것으로서, 각 도에서 합병 이후 생산된 물품들을 출품케 하여 조선의 산업발달의 실상을 보여주고자 하였다. 공진회를 위한 시설물들은 상징적으로 대한제국의 궁전인 경복궁에, 기왕의 전각들을 허물고 세워졌는바, 일반 대중에 남아 있을 앞선 왕조에 대한 향수 또는 민족으로서의 정체성을 파괴하려는 의도가 숨어 있었을 것으로 추측된다. 1915년 9월 11일부터 10월 31일까지 개최된 공진회는 총독부의 대대적인 선전과 대중 동원에 힘입어 입장객이 100만 명을 초과하였다.[40] 이러한 선전활동은 결국 일제정책의 침략성, 수탈성, 일본 위주적 성격을 숨겨 한국인들의 저항을 무마하기 위한 것이었다.

그러나 아무리 문명화를 내세운다 해도 그 정책의 수탈성, 일본 위주의 성격은 숨길 수 없는 것이었고, 그에 따라 대중의 반발 및 자발적 참여의 결여는 어쩔 수 없는 것이었다. 이 경우에는 다시 적나라한 강제와 폭력이 따랐다. 이 시기 일제정책에 따라다니는 폭력의 특징은 그것이 단지 우발적인 것이 아니라 법과 제도에 의해 보장된 것이라는 점이었다. 즉 일제는 "반도는 천황이 통치하는 제국의 영토 일부로 편입되고, 그 민중은 제국신민의 일부로 추가됨"을[41] 밝혔고 기회 있을 때마다 천황의 一視同仁을 강조하였지만 실제로는 조선을 일본 헌법의 적용 범위 밖[外地]에 두었다. 이는 한국인들이 일본 헌법이 보장하는

39) 朝鮮總督府, 1915 『施政五周年記念朝鮮物産共進會報告書』 1권 총설.

40) 金泰雄, 2002 「1915년 경성부 물산공진회와 일제의 정치선전」 『서울학연구』 18호 참조.

41) 「韓國ノ國號ヲ改メ朝鮮ト稱スル件」(1910년, 칙령 제318호) 『朝鮮總督府施政年報』(明治四十三年) 附錄.

최소한의 보호도 받을 수 없고, 法律의 효력을 갖는 슈을 발포할 수 있는 막강한 권한[制令權]을 지닌 총독의 자의적 통치에 두어졌음을 의미한다.

1910년대 일제 통치의 무단성은 이른바 헌병경찰제로 대표된다. 경찰기구는 행정기구로부터 독립되어 총독에게 직속되어 있었고, 헌병의 우두머리가 총독부 경무총장, 도 경무부장에 취임하여 경찰을 지휘 감독하였다. 1919년까지 총독 아래 정무총감을 정점으로 하는 행정 계통과 경무총감부를 정점으로 하는 경찰(헌병) 계통이 말단에 이르기까지 병립하여 있었으나 후자 쪽이 모든 면에서 실질적으로 우위에 있었으므로, 半 군정이라고 해도 과언이 아닌 상태가 지속되었다.[42)]

이 헌병경찰 조직을 보면 중앙에는 경무총감부, 지방에는 경무부를 두고 그 밑에 다시 헌병분대, 헌병분견소, 헌병파출소, 경찰서, 경찰분서, 순사주재소, 순사파출소를 둔 방대한 것이었다. 그 결과 무단통치 시기 조선헌병대는 일본의 전 헌병대원의 8할 전후를 차지하여, 예를 들면 1915년 현재 일본 안에 1,140명의 헌병이 있었는 데 비해 조선에는 8,031명의 헌병이 배치되어 있을 정도다.[43)]

헌병들은 치안문제뿐만 아니라 식민지 행정상 중요한 역할을 담당하였다. 즉 헌병경찰의 임무를 보면 첩보의 수집, 산림감시, 어업단속, 징세원조, 그밖에 일본어의 보급, 도로의 개수, 식림 · 농사의 개량, 부업의 장려, 법령의 보급 등 실로 식민지 민중의 생활 전반에 걸친 권한을 가지고 있었다. 다른 말로 하면 이는 총독부의 모든 통치 행위가 강제와 폭력에 의해 이루어지고 있었음을 보여준다. 그들이 조선 민중의 복리를 증진하는 데 크게 기여하였다고 하는 농업 개량도 폭력적으로 추진되었는데, 벼농사의 경우는 다음과 같았다.

> 지도자의 지시에 따르지 않는 못자리는 짓밟혀지고, 正條植에 응하지 않는 것은 苗를 뽑아 버리고 다시 심도록 강요된다. 피 뽑기는 수없이 통일적인 계획 아래 농민

---

42) 梶村秀樹, 姜德相, 1970「日帝下朝鮮の法律制度に対する」『日本法と アジア』, 仁井田陞博士追悼論文集/勁草書房, 323~324면 참조.

43) 松田利彦, 2000「解說朝鮮憲兵隊小史」『朝鮮憲兵隊歷史』 제1권(不二出版) 1면 참조.

> 을 동원하여 강행한다. 소위 '官의 지도'에 따르지 않는 사람은 경찰의 훈계를 받아 강제적으로 행하게 된다. 재래품종에 대해서도 똑같이 일정한 장려품종이 정해지고, 이의 연차적 보급, 생산계획이 계통적으로 정연하게 확립되고 정해진 품종 이외의 재배는 금지되어, 농민의 의욕과 관계없이 강력하게 실행된다. 다시 수확기에 이르러서도 경쟁하듯이 적기 수확이 강행되고, 수확하면 건조에 대하여, 건조하면 調劑에 대하여 탈곡기의 사용이나 멍석의 사용이 강제된다.[44]

즉 이 시기 일제는 일본인들의 입맛에 맞는 쌀 품종을 보급하고, 耕種, 가공 방법도 개선코자 하였는데, 거기에도 헌병을 앞세운 관의 폭력이 작용하고 있었다. 이것은 벼농사의 경우였지만 일본의 산업 원료를 확보하기 위한 육지면 재배 장려나 桑苗의 배부에 있어서도 사정은 같았다.[45]

헌병경찰의 폭력은 다시 법에 의해 보장되었다. 1912년 3월에 발포된 〈조선형사령〉은 1906년에 제정된 『형법대전』을 대신하여 만들어진 것이지만 한민족의 탄압을 위해 적절히 변경되었다. 즉 보안법, 출판법, 신문지법, 학회령, 태형령 등을 존속시켰는데, 이들은 대표적인 악법이었다. 이 중에서 특히 태형령이 악명 높았는데, 그 이유는 이것이 정식 재판에 의한 것이 아니라 경관이 자의로 부과하는 경우가 많았기 때문이다. 이를 가능케 한 것이 바로 1910년의 〈범죄즉결령〉(제령 제10호)이었다. 이에 따르면 '경찰서장 또는 그 직무를 취급하는 자'는 3월 이하의 징역, 구류 또는 100원 이하의 벌금 또는 과태료를 즉결에 의해 부과할 수 있도록 되어 있었고, 이것을 다시 笞刑으로 대신 부과할 수 있었기 때문이다. 여기에서 '그 직무를 취급하는 자'란 바로 헌병대장 또는 헌병 분견소장을 의미했으며, 실제 집행에는 그 밑의 헌병 순사가 자의적으로 즉결권을 행사했을 것으로 추측된다. 이러한 형벌을 부과할 수 있는 죄목을 보면(경찰범

44) 『朝鮮農會報』, 1940. 6호, 100면.

45) 이 같은 강압적이고 폭력적인 농정은 식민지 한국에서만 볼 수 있는 현상은 아니었다. 일본에서도 똑같은 현상을 볼 수 있었는바, 메이지 시대 일본이 가지고 있었던 폭력성을 보여주는 것이었다. 그러한 폭력성이 일본 헌법이 적용되지 않고 의회가 없었던 조선에서는 더욱 제한없이 발휘되었을 것은 충분히 짐작할 수 있다. 森田美比, 1992「明治後期茨城縣の [サベル農政]と 農民」『日本歷史』535(1992. 12) 참조.

처벌규칙) "함부로 多衆을 취합해서 관공서에 청원 또는 진정을 남용하는 자," "불온한 연설을 하거나 또는 불온문서, 도서, 詩歌를 제시, 반포, 낭독하거나 큰 소리로 읊는 자," "경찰관서에서 특별히 지시하거나 명령하는 사항을 위반하는 자"와 같은 것은 물론, 일정한 주거 없이 배회하는 행위, 구걸, 분쟁의 야기, 신체의 노출, 노상방뇨 등이 모두 이에 해당되어 처벌받을 수 있었다.[46] 따라서 식민지 지배에 불만을 품고 저항하거나 경찰의 지시에 조금이라도 불만을 표시하거나 또는 일인들과 분쟁에 휘말려 그들의 미움을 사면 언제라도 잡혀가 태형을 받을 수 있었다. 이외에도 예를 들면 한 농민이 헌병의 지시에 따라 못자리를 개량하지 않으면 범죄즉결령에 따라 즉결 처분을 받고 그 결과 태형을 받을 수 있는 것이었다. 이 태형은 "한번 당한 날은 걷는 것이 절대 불가능하여 다른 사람에게 업혀 나갔다"고 할 정도로 혹독한 것이었다.[47] 〈태형령〉은 3·1운동 직후 폐지되었지만 〈범죄즉결령〉은 그대로 남아 폭력통치를 합리화하였다. 이것이 바로 그들이 선전해 마지않았던 문명의 또 다른 측면이었다.

5. 맺음말

이상에서 1910년대 일제 식민통치의 밑바닥을 흐르고 있었던 기본적 성격을 살펴보았다. 이제까지 1910년대는 무단통치기라고 불려져 일제 통치방식의 폭압성이 자주 지적되었지만 그 전모가 잘 밝혀진 것은 아니었다. 1910년대는 무단통치기이자 동시에 조선의 식민지로의 재편사업이 벌어졌고 그에 따라 조선 사회가 급격히 변화해 간 시기였다.

일제가 조선에 대해 가지고 있었던 1차적 관심은 군사적인 것이었다. 메이지 유신 초기부터 조선반도는 일제의 대륙침략의 기지로서 중요시되었고, 그에 따

---

46) 이종민, 1998 「식민지하 근대감옥을 통한 통제 메카니즘 연구—일본의 형사처벌 체계와의 비교」, 연세대 사회학과 박사학위논문, 79~84면 참조.

47) 문정창, 1965 『군국일본조선강점36년사』, 백문당, 84면 참조.

라 조선에서의 시설들에는 언제나 군사적 배려가 우선되었다. 이러한 성격은 조선총독이 일본 육군대장에 한정되었던 점에서도 잘 드러나고 있다. 특히 초대 총독이었던 데라우치는 대표적인 대륙침략논자였다. 따라서 1910년대의 조선총독부의 제 사업에 있어서는 군사적인 성격이 강하였는데, 대표적인 사례가 철도 및 도로의 건설이었다고 할 수 있다.

이와 함께 조선 경제를 일제의 그것에 편입 또는 예속하기 위한 여러 가지 조치들이 취해졌다. 철도를 위시한 교통 운수기관의 정비는 경제적 의미 또한 큰 것이었다. 이밖에 일제 자본의 원활한 활동을 보장하기 위한 사회 경제 제도의 개편작업이 대규모로 진행되었는데, 그 결과 조선은 小日本化라 불릴 정도가 되었다. 이런 현상은 특히 경제부문에 뚜렷했는데, 여기에 일제의 이해가 걸려 있었기 때문이다.

1910년대 일제가 조선에서 벌인 사업의 성격이 이러함에도 일제는 이를 조선의 문명화를 위한 것으로 대대적으로 선전하였다. 여러 가지 개편 작업들이 외형상 근대화(= 문명화)의 양상을 띠었기 때문에 그러한 선전에 안성맞춤이었던 것이다. 일제는 식민지 통치가 앞선 형인 자신이 뒤떨어진 아우인 조선을 이끌어 문명세계로 이끌어 가기 위한 것이라고 선전하면서 그들이 벌이는 사업에 불만 없이 따라올 것을 강요하였다.

그러나 이러한 선전이 일제가 벌인 사업들의 폭력성, 약탈성을 모두 숨길 수는 없었다. 일제의 1910년대 사업에 한국인들이 불만을 가졌던 것은 1919년의 거족적인 항쟁으로 증명된다. 이러한 불만을 누르기 위하여 일제는 적나라한 폭력을 동원하였다. 그것은 헌병경찰제도로 대표되는데, 이들 헌병은 다만 치안문제뿐만 아니라 한국인들의 일상생활을 감시하고, 그들의 정책을 따를 것을 강제하였다. 이들의 폭력은 또한 법으로 보장된 것이었다.

이렇게 볼 때 조선을 대륙침략의 군사적 기지, 경제적 요구에 부응하는 식민지 경제로 개편하는 여러 사업들이 추진되고, 이를 문명화 사업으로 포장하기 위한 선전이 성행하며, 다른 한편으로는 이를 강제하기 위한 적나라한 폭력이 행사됐던 것이 1910년대 일제 통치의 특징이자 기조라고 할 수 있을 것이다.

1910년대 식민통치기구의 형성과 성격

박 명 규

1. 머리말

1910년 8월 22일 일본은 대한제국정부에 대해 무력을 동원하여 한국과 일본의 '합병'을 강요하고 29일 이를 공포하는 형식으로 한반도를 식민지로 만들었다. 오랫동안 독자적인 생활단위로서 독립적인 정치공동체를 유지해왔던 한국인들은 자신들만의 독자적인 국가를 잃어버리고 '남의 나라'의 지배를 받는 예속민으로 전락하고 말았다. 1910년 강제로 체결된 소위 '병합조약'은 그 부당함이나 반인권적인 속성에도 불구하고 이후 36년간 한반도의 역사적 존립방식을 규정하는 정치적 근거로 작용했다. 식민지 상태가 끝난 지 반세기가 훨씬 넘은 지금에도 이 조약의 성격을 둘러싼 논란은 역사학적 논의의 차원에 그치지 않고 전후보상문제나 북일수교문제에 핵심적인 쟁점이 되고 있다.

이 '병합조약'을 계기로 한국인들은 국제사회에서 '일본국민'의 일원이 되었다고 설명된다. 하지만 병합의 방식과 내용을 제대로 이해하기 위해서는 좀더 엄밀한 비교사적 논의가 필요하다. 같은 병합이라 해도 일본의 한 지방으로 완전 통합된 오키나와의 경우와 총독부라는 독자적 권력체를 통해 병합을 시도한 조선의 경우는 크게 다르다. 조선총독부는 분명 일본정부의 한 기구이고 천황의 지배하에 속해 있는 것이란 점에서 광범위한 의미에서 일본국가의 지배가 이루어졌다고 해도 틀린 말은 아니다. 하지만 총독부는 일본 내각의 어느 부서와도 달리 일본의회의 규제로부터도 벗어나 매우 독자적인 권력적 위상을 부여받고 있었고 총독의 실제 권한도 매우 막강하였다. 같은 총독부통치라 해도 대만과 한국이 또한 달라서 일본법이 적용되는 방식이 같지 않았다. 이런 사실들은 식민지하의 권력체를 비교사적으로, 또 사회과학적으로 개념화하기 위해서는 좀더 정교한 사실 확인과 개념 적용 노력이 필요함을 말해준다.[1)]

사회과학적으로 볼 때 한 정치공동체에 적용되는 최종적 권력단위는 국가이다. 특히 근대세계체제는 국민국가를 기본단위로 하는 것이어서 개인의 정치적 정체성을 규정하는 가장 실질적인 권력은 국가라고 할 수 있다. 따라서 식민지적 상황에서 적용되는 권력현상을 국가론적 문제의식이나 개념들과 연관시켜 이해하는 것이 필요하다. 하지만 아직 이 부분은 충분하게 이론적 논의가 발전되지 못하였다.[2)] 현재 활용되고 있는 개념들을 열거해보면, 일제권력, 일제당국, 총독부, 일제, 식민권력, 식민정부, 식민국가 등 다양하다. 모두 식민지에 작동하고 있던 권력체를 표현하려는 것이고 또 서술적인 차원에서는 어느 것이든 큰 문제가 없다고 할 수 있다. 하지만 개념적으로는 불완전하고 불명확한 점이 많다. 특히 사회과학 분야에서 기존의 개념들과 연관시켜 식민지의 권력체를 설명하고자 할 때 여러 가지 어려움과 오해에 부딪치는 경우를 보게 된다. 이 글은 한국의 경험을 바탕으로 비교사적인 시각과 함께 사회과학적 국가론을 참고하면서 식민지의 권력현상을 어떻게 이론적으로 개념화할 것인지를 모색하려는 시도이다.

---

1) 1910년의 사건을 지칭하는 명칭이 다양하다는 사실도 이런 과제를 말해주는 것이라 할 수 있다. 정재정, 2001 「일제의 한국강점의 역사적 성격」『한국사연구』 114.

2) 물론 이런 현상은 한국만의 문제는 아니다. 식민지 권력의 이론화가 충분치 못한 점에 대한 지적으로는 Dagma Engels and Shula Marks, 1999 *Contesting Colonial Hegemony: State and Society in Africa and India*, British Academic Press, 특히 ch.1 "On the construction of colonial power: structure, discourse, hegemony"를 참조할 것.

2. 식민권력과 국가부재론

식민지 상황에서는 다른 어느 사회보다도 강력한 권력이 작동한다. 식민지 체제가 기본적으로 무력과 강압에 바탕하여 이루어지는 경우가 대부분이기 때문이다. 식민지하에서 작동하던 권력을 근대국가의 권력과 비교하여 볼 때 어떤 설명이 가능할 것인가? 적어도 한국적 맥락에서 이 문제를 바라보는 데는 크게 두 가지 시각이 있는 것으로 보인다. 하나는 식민지 시대에는 국가가 부재했다는 시각이고, 다른 하나는 식민권력체 자체가 독특한 유형의 국가로 파악할 수 있다는 견해이다. 전자를 국가부재론이라 한다면 후자는 식민국가론이라 할 수 있는데 전자가 주로 한국 내 한국사 연구자들에게 강한 영향을 미치고 있는 반면, 후자는 영미권의 사회과학적 저술에서 광범위하게 발견된다. 먼저 국가부재론의 논리를 살펴보고, 식민국가론의 문제의식을 검토해 보기로 하겠다.

한국인의 입장에서 볼 때 1910년의 한일합병은 수세기에 걸쳐 존속해오던 독립왕조가 없어짐으로써 자신들의 국가가 망해버린, '망국'의 사건이었다. 이런 의미에서 한일합병 조치로부터 1945년 8월 15일에 이르는 시기 동안은 '국가가 없는' 상태였던 것으로 이해된다. 식민지하의 한국인들이 자신들을 '망국민'으로 지칭하고 해외의 민족주의자들이 험난한 독립운동을 '광복' 또는 '나라 찾기'로 이해했던 데에도 같은 생각이 자리잡고 있다. 실제로 식민지 시대 한국의 민족주의는 새로운 국가를 만들어낸다는 생각 못지않게 역사적으로 오랫동안 존재했던 국가를 되찾는다는 생각을 바탕에 깔고 있었다. 비록 왕조국가를 지향하는 의식은 거의 없어졌고 대신 공화주의 이념이 적극적으로 수용되는 변화가 있었지만 새로운 국가를 만들어낸다는 국가건설론도 식민지하의 국가부재론을 전제로 한 것이어서 이전에 존재하던 국가를 회복한다는 정서적인 의식과 무관한 것이 아니었다.

1910년의 국가소멸론은 크게 두 가지 점을 확인해주는 의의가 있다. 하나는

1910년 이전까지 한반도에 독립된 국가가 존재하고 있었다는 사실이다. 한반도에서 독자적인 정치공동체로서의 국가의식은 매우 오래된 것이고 이런 '전통국가'의 존재는 대한제국 이전부터, 가까이는 조선왕조체제에서 멀리는 통일신라시대 이래로 한반도의 주민들에게 인식되어 왔던 것이다. 물론 이 의식이 근대적 의미에서의 국민의식과 동일한 것은 아니었지만 전국적인 관료제도, 지방관에 의한 통제, 유교적 훈육과 법제도, 조세부과 등을 통해 국가권력의 작동을 인지하고 그 속에서 집합적 삶이 영위되었던 것은 부정할 수 없다.

식민지화 이전에 전통국가가 존재했다는 사실은 식민지하에서의 권력체를 국가로 간주하기 어렵게 만든다. 식민지배체제의 형성으로 비로소 국가라 할만한 정치공동체가 획정되었던 경우에는 식민지 권력이 국가권력의 창출과 동일시될 수도 있다. 하지만 전통국가의 경험과 소속감, 그 구성원으로서의 정체성이 뚜렷하게 존재하고 있던 한국의 경우 강제적인 합병을 통해 작동하게 된 식민권력이 국가권력과 동일시되기는 거의 불가능했을 것이다. 국가를 잃었다는 의식, 국가를 다시 찾아야 한다는 생각이 광범위하게 존재하고 있었다는 사실이 개념적으로 반영된 것이 국가부재론이라 할 수 있다.

둘째로는 식민지 시기의 험난한 민족해방투쟁, 독립운동의 역사적, 국제법적 정당성이 이로부터 확보될 수 있다. 객관적으로 본다면 1945년의 한반도 해방은 한국인의 독립전쟁으로 인해 얻어진 결과가 아니라 연합국에 의한 일본제국 패망으로 인해 나타난 전후 처리의 한 결과였다. 하지만 연합국들로 하여금 이러한 결정을 내리게 만든 배후에는 나라를 되찾겠다는 한국인들의 강렬한 집합의지, 한일합병의 부당성에 대한 저항이 자리하고 있었다. 이런 점에서 전후 처리 역시 이전 상태로의 회복이라는 관점에서 이루어진 측면이 적지 않다. 즉 카이로선언은 한국민의 노예상태에 유념한다고 했는데 그 때의 '한국민'이라는 범주는 오랜 역사를 지니고 과거에 독자적인 정치단위를 형성했던 민족을 지칭하는 것이었다. 또 새로이 독립될 한국의 영토도 전쟁 책임에서 유래하는 '일본분할'이 아니라 불법적으로 강점되었던 이전의 국가단위를 다시금 독립시키는 원상회복 조처였다는 생각을 많은 사람들이 공유했던 것이다. 한국인들이 해방을 '잃었던 나라를 되찾은 날'로 의식하게 된 것은 당연한 일이었고 이후의 건국과정 역시 본래 독립적인 정치단위였던 한국을 다시 제자리로 회복시킨다는 의미를 강하게 지닌 것이었다.

국가부재론을 수용할 경우 식민지하의 권력은 어떻게 정의될 수 있을까? 국가가 없는 식민지에서의 권력은 기본적으로 정당성이 없는 강제력으로 이해된다. 헤게모니를 동반하지 못하는 폭력적 지배, 피지배민의 동의가 없는 위로부터의 억압적 권력이 식민권력의 본질로 설명되는 것이다. 아마도 이런 관점을 가장 잘 나타내는 견해가 군사강점론이라 할 수 있을 것이다. 신용하는 "일제하의 조선은 본래 의미의 법률에 의하여 통치된 법치구역이 아니었다. 그것은 조선총독의 명령에 의하여 자의적으로 지배되고 탄압된 곳이었"다고 파악한다.[3] 정치적 정당성이나 법적 타당성을 전혀 갖추지 못한 원시적인 무력, 폭력적인 탄압이 식민지하에서 작동한 권력의 본질이라는 것이다. 일제시기를 '강점기'로 표현하는 연구들은 기본적으로 이런 관점을 공유하고 있다고 생각되는데 이런 입상은 이태진, 박경식 등에게서도 발견된다. '일제 강점'이라는 개념은 합방조약의 불법성은 물론이고 그 이후의 지배가 군사점령에 의한 강압적 지배였다는 점을 의미하는 것이다.[4] 이런 관점에서 볼 때 조선총독부는 근대국가의 기본적 형식이라 할 법적, 제도적 권력의 구심체라기보다 군대나 경찰로 상징되는 강압적 폭력의 현지관리청으로 이해된다.

국가부재론은 엄밀한 이론적 논의를 바탕으로 수용되고 있다기보다는 식민지 시기를 설명하는 전제로서 받아들여지고 있는 것으로 보인다. 따라서 식민지 시기 전반에 걸쳐 총체적인 권력의 중심이었던 조선총독부에 대한 본격적인 이론화 작업도 큰 관심을 끌지 못하였다. 실제로 식민지시대를 다룬 많은 논자들이 식민권력의 작동방식이나 그 효과에 대해서는 서술하면서도 그 주체에 대

3) 신용하, 2002 『일제강점기 한국민족사(상)』, 서울대학교출판부.

4) 이태진은 일제의 강점을 가능케 했던 각종 조약들이 강압과 사기, 불법으로 이루어진 것들이며 근대적 국제법의 관점에서 볼 때 적법한 것이 아니었음을 강조한다. 이런 조약불성립론은 식민지 강점론의 한 축을 이룬다. 이태진 편, 1995 『일본의 대한제국 강점』, 까치.

해서는 애매하게 처리하는 경우가 많은 이유도 이와 관련하여 설명될 수 있다. 예컨대 '일제하 문화침탈'이라고 할 때 침탈이 이루어질 수 있었던 권력적 현상은 설명되지만 구체적으로 침탈의 주체가 무엇인지에 대한 개념화는 불확실한 것이다. 식민모국의 권력과 총독부 권력을 동일시해도 좋을지, 법적 외양을 갖춘 규제, 조세부과나 교육제도와 같은 의사국가적 행위들이 식민지하에서 이루어진 현상을 권력론의 차원에서 어떻게 설명해야 할지도 불분명한 채 남겨져 있다. '식민권력' 또는 '식민당국'이라는 표현은 그 내용을 적시하지 못할 경우 기술적인 수준에 머물 가능성이 있고 '조선총독부'라는 표현 역시 역사적 명칭을 그대로 사용함으로써 개념화를 하지 못하는 약점을 지닌다. 일제 식민지시대의 권력행사와 관련하여 역사학계나 사회과학계의 서술에서 나타나는 불분명한 표현방식은 실제로 식민지시대의 권력을 어떻게 개념화할 것인가라는 이론적 난제의 한 사례라 할 수 있다.

이런 문제는 주어를 분명하게 나타내야 하는 영어 표기를 할 때 더욱 두드러지게 나타난다. 조선총독부를 영문원고에서 무엇이라 지칭할 것인가부터가 문제이다. 이것은 단순히 번역의 문제라기보다 역시 이론화, 개념화의 문제라 할 것이다. 일제라는 표현을 직역한 Japanese Imperialism을 주어로 하는 문장을 쓰기는 불가능하고, 조선총독부라는 명칭을 그냥 사용한 경우는 문제를 회피할 뿐이다. colonial government, colonial authority, colonial hegemony 등 다양한 개념들이 활용되고 있지만 그 이론적 함의를 세밀하게 검토하여 사용되는 것 같지는 않다. "State-society Relationship under Japanese Imperialism"이라는 표현에서 보듯, 조선총독부를 일종의 국가권력으로 파악하는 경우도 종종 보게 되지만 이 경우 state란 무엇을 의미하는 것인지, 총독부 권력을 이렇게 파악하는 데 특별한 문제는 없는지에 대한 충분한 논의가 없다. 최근 사회과학계의 이론적 논의의 영향을 받으면서 식민지 권력을 '식민국가론'으로 접근하려는 시도들이 나타나게 되는 배경에는 역사적 특수성에 대한 충분한 이해 부족이라는 점 이외에도 식민권력을 지칭할 마땅한 개념적인 대안이 없다는 어려움도 부분적인 이유의 하나일 듯 싶다.

3. 식민국가론

국가부재론과는 달리, 식민지의 권력을 일종의 국가권력으로 파악하려는 시각이 '식민국가론'(colonial state)이다. 식민지라는 것이 권력부재의 상태, 또는 무정부상태와 동일시될 수 없고 오히려 매우 정교한 권력과 지배가 관철되는 체제로 파악한다는 점, 특히 근대적인 권력작동을 그 핵심으로 하고 있는 체제라고 간주한다는 점에 식민국가론의 특징이 있다. 예컨대 조선총독부는 헌병경찰제에서 보이는 초법적 폭력과 강제를 동원하여 탄압을 행하기도 했지만 조세의 부과, 교육의 내용과 형식 규정, 법률의 제정과 적용, 범죄에 대한 구속과 처벌 등등 제도적인 방식으로 지배력을 행사한 부분이 적지 않았고 이것도 일종의 국가권력으로 볼 수 있다는 것이다. 뿐만 아니라 식민권력은 지속적으로 '국가'의 이름으로 한국인들을 일본제국의 '국민'으로 만들고자 하였기 때문에 이러한 국가적 이데올로기의 효과도 무시할 수 없다고 주장한다.

국가의 전형적 형태로 민족국가만을 고려하는 입장에서 본다면 식민국가라는 개념은 존재하기 어려운 개념이다. 식민지는 독립적인 정치체가 아닌 것을 말하며 국가는 적어도 대외적 독립성을 핵심적 요건으로 하는 정치체를 가리키는 개념이어서 이 두 개념이 동시 병존한다는 것은 형용모순에 해당하기 때문이다. 그럼에도 불구하고 식민지의 권력기구를 식민국가라는 개념으로 파악하는 경우에는 국가 개념 자체가 나양화됨으로써 '국가적'인 권력행사가 이루어지는 다양한 정치체를 포괄적으로 지칭하는 개념으로 활용되게 된다. 국가 개념을 제도화된 권력의 측면에서 바라보고 식민지하에서 작동한 권력체계를 국가론의 일반이론으로 설명해 보려는 시각이라 할 수 있다.

식민국가론을 논의하는 이론적 시각으로는 크게 세 가지가 있다. 이들 논의는 대체로 아프리카나 인도의 식민지 경험을 바탕으로 하면서 이론화한 것이어서 동아시아나 한국의 사례에 그대로 적용할 수 있는 것은 아니다. 하지만 식민지 권력과 국가론을 이론적으로 결합시키려는 시도로서 한국의 경험에도 여러 가지 시사점을 제공할 수 있다.

1) 자본주의 국가론으로서의 식민국가론

국가를 계급지배의 상부구조로 파악하는 마르크스적 시각을 수용하면서, 식민지하에서 자본주의적 생산양식을 뒷받침하고 옹호하는 권력체를 식민국가로 규정하는 것이다. 특히 식민지를 서구 자본주의의 확장과 결부시켜 해석하려는 제국주의론에서는 식민지를 자본주의적인 생산양식에 결합시켜주는 권력작용이 곧 국가영역으로 설명된다. 아프리카 식민주의의 정치경제학이나 남미의 종속적 자본주의를 연구한 영미권의 논의들은 이런 방식의 식민국가 개념을 적극적으로 활용하고 있다.[5)]

케냐의 사례를 식민국가의 정치경제학이라는 관점에서 다룬 버만(B.J. Berman)과 론스데일(J.M. Lonsdale)은 자본주의 세계체제와 여러 형태의 식민지, 그리고 식민모국의 자본이해를 연결시키는 이론적 이해틀을 추구했다.[6)] 이들은 식민국가가 수행한 사회재구성 행위자로서의 역할에 주목할 때 식민국가의 발전론 분석은 매우 필요하다고 주장한다. 뿐만 아니라 식민지에서 사회경제적 생활에 개입하는 권력의 강도나 폭이 엄청나다는 점을 주목해야 한다고 본다. 식민국가의 철저하고도 집중적인 개입은 단순한 행정통제기구에 그치지 않고 사회경제적 통제와 관리에 이르는 복합적이고 미묘한 제도적 차원에까지 이르고 있었음을 강조한다.

이들은 식민지가 단순히 식민모국 부르주아지의 이해에 의해 좌우되는 곳으

---

5) 예컨대 G.B. Kay, *The Political Economy of Colonialism in Ghana* (Cambridge, 1972); Simon Clarke, "Capital, Fraction of Capital and the State" *Capital and Class* V (1978) 등을 들 수 있다.

6) B.J. Berman and J.M. Lonsdale, "Coping with the Contradiction: The Development of the Colonial State in Kenya, 1895~1914," *The Journal of African History*, Vol.20, Issue 4 (1979).

로 보아서는 안 된다는 입장에서 식민국가 개념을 적극 활용한다.[7] 이들은 식민지의 권력작용이 전적으로 외부로부터 규정된다는 시각을 비판하고 오히려 실제 식민지 내부에서 전개되는 변화의 구체성을 설명하는 틀이 필요하다고 본다. 버만과 론스데일은 이런 분석을 위해 두 가지 변수를 크게 강조한다. 하나는 자본축적과 재생산을 보장하는 궁극적 제도로서 기능하는 식민권력의 국가적 행위이다. 이것은 다양한 일상생활에의 개입은 물론이고 자본주의적 생산관계를 창출하기 위한 권력적 작동까지를 포함한다. 둘째는 정치적 재생산을 위해 피지배자의 입장까지를 고려하는 정당성과 권위를 창출하는 국가행위이다. 이 맥락에서 국가는 강압적인 것만이 아니라 이데올로기적이고 때로는 지배집단의 이익에 반할 수도 있는 행위자이기도 한 것으로 이해된다.

따라서 식민국가는 다양한 생산양식이나 사회적 관계의 접합(articulation)을 가능케 하는 제도로서 이해된다. 이들은 케냐에 대한 분석논문에서 식민국가에서는 이러한 접합이 두 차원에서 이루어지는데 식민모국과 식민지 사이에, 그리고 식민지 내부의 상이한 생산양식 사이에서 나타나는 이중접합이라고 보았다.[8] 여기서 이중적 특성이 나타나는데 한편으로는 식민모국의 요구에 부응하여 식민지를 개편하는 주체로서의 성격이 있으면서도, 다른 한편으로는 식민지 내부의 다양한 요소들을 조율하고 통합하려는 독자적 성격이 존재한다. 이들은 바로 이런 이중성이 식민국가의 딜렘마라고 본다. 결론적으로 이들은 식민국가 연구의 의의가 궁극적으로는 계급국가적 속성이 관철되지만 현실적으로는 다양한 복합성, 이질성을 통합하는 힘으로서의 식민국가를 분석하는 틀을 제공하는 데 있는 것으로 파악한다.

같은 케냐의 식민지 시대를 다룬 머피(J. Murphy) 역시 자본주의 국가론의 하위유형으로서의 식민국가론의 한계는 권력의 문제, 다시 말해 식민국가의 정

7) B.J. Berman and J.M. Lonsdale, "Crises of Accumulation, Coercion and the Colonial State: The Development of the Labor Control System in Kenya, 1919~1929," *Canadian Journal of African Studies*, Vol.14, Issue 1 (1980).

8) *Ibid.*, p.490.

당성과 권력효과에 대해 본격적으로 다루지 않는다는 점에 있다고 본다. 따라서 그는 식민지하에서의 법체계를 특히 주목하면서 '법률을 통한 전략'을 검토한다. 법을 통한 지배가 갖는 성격을 본격적으로 해명하려는 것이다. 머피는 식민국가를 계급이익으로 환원할 수 없는 독자적인 성격을 지닌 제도로 파악할 것을 주장하는데 이 입장에서는 식민국가를 자본의 이익을 최종적으로 보호하면서도 식민지민들에 대한 지배의 정당성을 획득하려고 하는 모순적인 기구로 파악하는 것이다.[9)]

머피가 보기에 이런 시각은 자유주의적-민주주의적 역사서술방식을 식민지에 적용하는 것이기도 하다. 여기에 크게 두 가지 쟁점이 나타나는데 하나는 국가가 아프리카 민중의 희생을 감수하고라도 식민지 이주자들의 정치경제적 이익을 위해 어느 정도 역할을 했는가 하는 점이고, 둘째는 국가가 스스로를 이주자지배체제로 보이지 않도록 이주자들과의 사이에 얼마나 거리를 확보하는가의 문제이다. 이런 거리감 속에 국가는 스스로를 아프리카인들의 이익을 보호하고 지켜주는 주체로서의 인식을 확보하려 했다.[10)] 심지어 식민정부는 아프리카 주민들을 자본주의적 시장경제로부터 보호하는 가부장적 보호자 역할을 자임하였다.

이런 방식의 하나가 제국주의 지배의 정당성을 인종적 우월성과 연결시킨 제국주의적 신탁통치이다. 식민국가는 토착민의 복지와 발전에 대한 책임을 지고 있다는 소위 '백인의 부담'의식을 상정한다. 하지만 이 경우 여러 가지 딜렘마가 나타난다. 우선 원주민의 보호라는 것이 무엇으로부터의 보호인가가 불분명하다. 즉 이주자들의 착취나 이기적 행위로부터의 보호일 수도 있고 근대성이나 발전 자체로부터의 보호일 수도 있다. 여기서 자치냐 신탁통치냐의 논란이 나타나게 된다. 또한 제국의 중심부와의 관계에서도 해결하기 어려운 모순이 계속 등장하였다. 런던에서는 1919년 '케냐 문제'라는 것이 있었는데 이것은

---

9) John Murphy, "Legitimation and Paternalism: The Colonial State in Kenya," *African Studies Review*, Vol.29, Number 3 (1986).

10) *Ibid.*, p.57.

식민지로부터 값싼 노동자의 공급을 확보하는 문제와 관련된 것이었다. 하지만 이것은 식민모국에는 부르주아 자유주의의 원칙문제이고 식민지에서는 전근대적인 가부장적 원리의 적용문제로 나타났다. 식민국가는 런던과 케냐에 대해 각기 근대적인 측면과 전근대적인 측면을 함께 갖는 것이었다. 뿐만 아니라 식민국가는 'citizenship' 문제를 피할 수 없다. 원주민과 이주자라는 두 개의 이질적 집단을 하나의 사회, 체제 속에 묶는 역할을 담당할 수밖에 없으면서도 보편적 권리나 자유는 피식민지민들에게 허락되지 않았다. 여기서 지배의 정당성을 얻어내는 방식은 강권력의 국가독점과 토착그룹의 기득권을 활용하여 전통적인 권위를 강화하는 것이었다. 즉 전근대적인 카리스마 (부족적인 지배양식) 등을 활용하는 것이었다. 베버적으로 말한다면 합리적 지배가 아닌, 전통적이고 카리스마적인 지배를 활용하는 것이다.

아프리카 식민권력을 식민국가로 개념화하고 이를 검토한 연구들은 식민국가가 스스로를 정당화하는 방식의 특이성, 특히 내부집단의 기득권, 그리고 전통적인 가부상적 지배방식의 활용, 식민모국과 식민권력 사이의 갈등 등을 밝혀내는 데 기여한 것으로 보인다. 특히 시민권적 권리를 보장하지 않으면서도 공동체와 의무만을 강조하는 권력 개념이 '법치'의 외양을 통해 작동하는 방식을 잘 부각시킨다. 또한 식민지 상태에서의 경험과 탈식민 이후의 현실 사이의 연관성을 해명하는 데도 도움이 된다. 하지만 이러한 논의를 한국의 경험에 적용하고자 할 때는 여러 가지 차이가 고려되어야 한다. 아프리카의 경우는 식민모국이 주로 유럽, 그것도 영국이나 프랑스였을 뿐 아니라 식민지 이전의 집합적 정치체의 역사도 미약한 경우가 많았기 때문에 천년 이상을 독자적인 정치공동체로 존속해온 한국에 대한 일본의 식민지배에 그대로 적용하기에는 어려운 점이 적지 않을 것으로 여겨진다.

2) 발전국가론과 식민국가

한편 아프리카의 경우와는 달리 아시아의 식민 경험을 식민국가의 관점에서 검토하게 된 데에는 경제발전론의 문제의식이 크게 작용하였다. 대만과 한국이 특히 그 대상이 되는데 20세기 후반 소위 동아시아 경제발전이 전세계적 관심이 되면서 이들의 발전을 가능케 한 역사적 조건을 검토하게 되었고 그 과정에서 발전국가론이 대두되었다. 이 발전국가론은 경제성장에 있어서 국가의 적극적 역할에 주목하는 것인데 발전국가의 경험 자체가 식민지적 경험으로부터 나타난 것이라는 주장이다.

한국의 경제성장을 역사적 맥락에서 설명하려는 서구 학계의 연구물들이 식민권력에 주목하는 경우는 다양한 분야에서 적지 않게 발견된다. 우정은은 국가의 금융통제와 금융정책이 갖는 자율성을 매우 중요한 변수로 지적하면서 이러한 제도적 근간이 식민지 경험으로부터 유래함을 강조했다. 그녀는 은행제도, 주식제도, 화폐금융정책 등 식민지하에서 이루어진 자본주의적 경제정책과 산업정책의 효과가 일본형 발전모델의 동아시아적 확산현상의 배후에 존재하고 있음을 강조하였다.[11] 콜리(A. Kohli) 역시 한국의 경제발전을 가능케 한 발전국가, 개입국가의 역사적 연원을 식민권력에서 찾아볼 수 있다고 주장한다. 그는 조선총독부의 권력형태에서 강력하고 체계화된 관료제, 생산과정에 적극 개입하는 행정, 금융을 비롯한 자원에 대한 정치적 통제 등을 발견할 수 있으며 이런 특징들이 이후 한국의 경제성장을 견인한 발전국가의 원초적 형태였다고 설명하였다.[12] 한국의 경제성장을 설명하는 논리의 하나로 개발국가의 역할이 강조되면서 그러한 개발국가의 역사적 연원을 식민지하에서의 국가 경험에서 찾으려는 에커트(Eckert)의 식민지하 경성방직 연구도 같은 유형에 속한다고 할 수 있다.[13] 에커트는 지주가문이었던 김성수가가 근대적인 산업자본가로 성장

11) Woo-Cumings, *Race to the Swift: State and Finance in Korean Industrialization*, Columbia University Press, 1991.

12) Atul Kohli, "Where Do High Growth Political Economies Come From? The Japanese Lineage of Koreas Developmental State," in Meredith Woo-Cumings, ed., *The Developmental State*, Cornell University Press, 1999, pp.93-136.

13) Carter J Eckert, "The Colonial Origins of Korean Capitalism: The Koch'ang Kims and the Kyongsong Spinning and Weaving Company, 1876~1945," Ph.D. Dissertation, Harvard

해가는 과정에서 당시 식민지 권력으로부터의 지원과 그 정책에의 호응, 총독부 재정활용, 권력의 보호 등 여러 가지 점에서 권력-경제 상호작용을 중시하였다고 보았다. 그는 한국의 근대적 기업의 성격이나 스타일이 정치와의 밀접한 연관을 갖게 된 이유가 바로 이러한 식민지하에서의 경험에서 유래한다고 주장한다.

이와 비슷한 입장에서 데니스 맥나마라(Dennis Mcnamara)도 일제하의 조선인 기업가들을 연구하면서 자신의 연구가 "식민국가와 지역의 경제엘리트의 관계"에 대한 것이라고 설명한다.[14] 그는 한국경제성장의 한 특징으로 지칭되는 국가-재벌관계가 식민지하에서 유래한 것으로 파악하고 이를 경성상공인회 분석을 통해 드러내고자 한다. 그는 "공장 확장, 금융 및 보조금 지급 등에 대한 막강한 통제력을 가진 식민국가의 경제정책으로 인해 지역의 대기업들은 개입주의적인 식민지 행정기구의 우선순위에 동조하지 않을 수 없었다"고 설명하며 경성상공회의소가 "식민국가와 반도 내 일본 대기업투자가들의 이해를 연결시키는 제도적 접근로"가 되었다고 평가하였다.[15] 맥나마라의 글은 총독부 권력을 일반적 의미에서의 국가권력과 동일시함으로써 식민지 경제정책을 개발국가의 경제정책과 본질적으로 동일한 관점에서 검토하는 시각을 보여주는 것이다.

이와는 좀 시각을 달리하지만 신기욱의 연구도 식민국가 개념을 좀더 적극적으로 수용할 필요성을 제기한다. 그는 한국의 경제성장이나 민주화를 가능하게 했던 토지개혁조치가 사실은 강한 농민지항과 그것을 수용하려는 국가권력의 동시작용의 결과로 가능했다고 보았고 이런 정치적 조치가 가능했던 배경으로 1930년대를 주목하고 있다.[16] 그는 1930년대의 총독부 정책을 '식민지 조합주

University.

14) Dennis Mcnamara, "The Keisho and the Korean Business Elite," *The Journal of Asian Studies* 48, No.2 (May 1989), p.310.

15) *Ibid.*, p.318.

16) Gi-Wook Shin, "Agrarianism: A Critique of Colonial Modernity in Korea," *Comparative*

의'로 개념화하고 있는데 이 시기는 총독부 권력이 민간영역의 저항과 반발을 적극적으로 수용하는 일종의 '수동적 혁명'의 조치를 드러낸 때이고 바로 이런 정책적 경험을 통해 헤게모니적 권력을 지향했다고 보았다. 또한 박정희 시대의 다양한 통제적 개발정책들의 원형이 1930년대의 농촌진흥정책을 비롯한 식민농정에서 찾아진다고 보고 그러한 조합주의적인 방식을 해명하는 데 주력하고 있다. 국가-사회의 관계를 설명하는 조합주의라는 이론틀을 식민지하에서도 적용가능하다고 본 그의 관점은 바로 식민국가론의 이론적 유용성을 강조하는 것이기도 하다.

3) 사회문화적 헤게모니와 식민국가

한편 사회학적으로 국가권력에 대항하는 시민사회 영역의 성장을 주목하는 시각에서 식민지 시대의 연구를 국가 - 사회의 틀로 검토하려는 시도들도 나타나고 있다. 구해근은 일찍이 한국근현대사회변동의 특징으로 강한 국가 - 강한 사회의 조합으로 보고 그러한 국가 - 사회 축의 변화를 식민지시기에까지 적용해보고자 했다.[17] 그는 정당성을 결여한 국가권력에 대한 강력한 사회적 저항, 그로 인한 강한 사회의 요소가 20세기 한국사회의 변동과정에 지속적으로 나타나고 있다고 보았다. 이철우는 실제로 한국의 식민지 시대 연구가 이러한 '국가 - 사회'간 관계에 대한 다양한 측면을 제대로 파악하지 못하고 있음을 지적한 바 있다.[18] 예컨대 지방이나 교육, 사법제도 등에서 국가권력의 작동에 대응하는

Studies of Society and History, 41-4(Oct. 1999); "Introduction" in Gi-Wook Shin and Michael Robinson, ed., *Colonial Modernity in Korea*, Harvard University Press, 1999; Gi-Wook Shin & Do-Hyun Han, "Colonial Corporatism: The Rural Revitalization Campaign, 1932~1940," in Gi-Wook Shin and Michael Robinson, ed., *Colonial Modernity in Korea*, Harvard University Press, 1999.

17) Hagun Koo, "Strong State and Contingent Society" in Hagun Koo, ed., *State and Society in Contemporary Korea*, Cornell University Press, 1994.

18) 이철우, 2002「일제하의 법과 사회」, 한국법사학회 국제학술대회 발표집,『동아시아에서

민간영역의 활동과 저항, 순응의 동적 과정이 해명되어야 한다는 것이다.

이런 시각은 국가권력을 단순히 강제력만으로 보지 않고 피지배자의 동의를 통해 통치하는 헤게모니적인 통치성(governmentality) 관점에서 접근하려는 이론적 논의와 연결되어 있다.[19] 푸코(M. Foucault)의 이론적 영향이 매우 강하게 나타나는 이 관점에 따르면 권력이란 단지 국가에 의해 주도되는 거대권력만이 아니라 일상생활 속에 작동하는 미시권력까지도 포함되며 근대국가의 특징은 실제로 이런 미시권력의 영역에서 더욱 분명하게 작동한다는 것이다. 이런 푸코적 논의는 매우 미세한 분야에까지 간섭과 통제, 개입을 제도화한 식민지배 체제를 설명하는 데 있어서 유용한 시각을 제공하기 때문에 식민권력의 문제가 부각되게 되었다.

이런 맥락에서 보면 교육, 의료, 보건, 감옥, 범죄, 지식생산, 스포츠 등 일상생활의 거의 전 영역에서 권력의 문제가 새롭게 부각되게 된다. 특히 식민지하에서 식민권력은 독특한 방식으로 개인의 전 생활세계를 식민화하고 지배하게 되는데 바로 이 점을 드러내려는 연구들이 나타나고 있다. 김진균, 정근식이 편한 『근대주체와 식민규율권력』이라는 책은 바로 이런 점을 부각하고 있다. 이 책에서 사용하고 있는 '식민규율권력'이라는 개념도 식민권력의 성격을 규정하기 위한 시도의 일환으로 읽힐 수 있는데 이 부분에 대한 천착은 이루어지지 못한 상태이다.[20] 또한 법사학의 영역에서도 이 문제는 주목되지 않을 수 없다. 법의 제정과 법률의 이름으로 지배하는 행위는 국가권력의 전형적인 것인데 식민지하에서도 분명 법률에 의한 통제와 지배가 관철되고 있었기 때문에 실제 법사학의 영역에서는 식민지와 국가 문제가 매우 복잡한 쟁점을 안고 있었다고 할 수 있다.

문화적으로도 국가권력의 문제를 주목하는 경향이 나타난다. 예컨대 식민지

의 법,식민주의, 근대성』.

19) Michel Foucault, "Governmentality," in Colin Gordon et al, ed., *Foucault Effect: Studies in Governmentality*, Chicago University Press, 1991.

20) 김진균, 정근식 편, 1997 『근대주체와 식민규율권력』, 문화과학사.

교육사를 검토함에 있어서 권력의 작용을 어떻게 파악할 것인가 하는 문제를 보자. 일제는 식민지하에서 식민교육을 위해 다양한 제도적, 권력적 개입을 시도하였다. 이준식은 영화에 대한 일제권력의 개입을 검토하고 있다. 이 글에서 이준식은 식민국가라는 개념을 사용하지 않지만 각종 규칙과 법률의 제정을 통해 영화에 대한 통제와 육성을 주도하는 총독부 권력의 작동에 대해서 잘 보여주고 있다. 실제로 당시 많은 조선의 영화인들이 "문학이나 연극에 관련된 법령이 없는 상황에서 영화법과 영화령의 제정이 결국 예술의 모든 부문 가운데 영화가 가장 중요하다는 것을 국가가 인정한 것으로 받아들였다"고 지적한 데서 보듯 영화에 대한 권력적 포섭과 활용에 있어서 국가권력의 문제가 검토되고 있는 것이다.[21] 하지만 이준식은 시종일관 이 글에서 '일제'라는 주어를 고수하고 있다. 젠더정치에 주목한 권명아 역시 국가주의의 문제, 전선에서의 국민과 비국민의 경계문제를 검토함으로써 식민지하에서 국가의 규정력, 국민과 비국민을 차별화하는 방식의 문제를 검토하고 있다. 오성철의 식민지초등교육사 연구도 식민지 권력의 각종 교육정책과 법령이 매우 중요한 힘을 갖고 작동하였음을 보여주었다. 이들 연구는 구체적인 개념을 동원하고 있지 않더라도 식민지하에서 국가권력과 같은 것이 여실히 작동하였고 그 작동방식이 한국인의 삶과 해방 이후의 조건에 매우 큰 영향을 미쳤음을 보여주었다.

한석정은 지금까지 식민지 권력의 성격을 검토한 논의들, 예컨대 '본국자본을 위한 도구', '열대농장에 필요한 토착노동력을 확보해주는 기구', '토착인들에 대한 폭력 그 자체', '타자에 대한 차별의 통치', '토착문화를 저열한 것으로 규정하는 문화적 실체', '식민지의 원자재나 자원을 본국으로 옮겨가는 약탈기구' 등의 성격규정들을 검토한 후 이런 논의들이 지나치게 거대담론에 사로잡혀 있으며 실제적인 식민권력 자체에 대한 분석을 하지 못하는 경향이 있음을 지적한다.[22] 대신 그가 강조하는 것은 식민국가 역시 자본주의 국가나 여타 주

---

21) 이준식, 2003 「문화선전정책과 전쟁동원 이데올로기: 전시동원체제의 영화정책을 중심으로」, 연세대 국학연구원 학술대회 발표집, 『일제하 파시즘 지배정책과 민중의 생활상』, 122면.

권국가와 마찬가지로 신민의 생산력과 안전에 대한 관심에서 면제될 수 없다는 것이다. 후기 푸코의 '통치성'(인구와 안전에 대한 관심사와 정치경제학적 지식) 개념에서 보이듯 식민권력도 그 지배대상을 '감시와 훈육을 해야 할 뿐 아니라 동시에 보존해야 할 대상'으로 파악하였다. 이런 시각에서 그는 '식민국가와 현대민족국가들 사이에 큰 차이점이 있겠는가?'고 반문한다.[23] 이것은 경제적인 차원에서 식민국가의 기능이 본질적으로 자본주의 개발국가와 유사함을 지적한 앞의 논의와 또다른 의미에서 동질적인 성격을 갖는다.

4. 식민권력 유형론

최근 '식민국가' 개념이 한국의 식민지 시대 연구에 적극 도입되는 데에는 위에서 살펴본 바와 같은 사회과학 및 비교역사학적 연구의 영향이 작용하고 있다고 하겠다. 실제로 1910년에서 1945년 기간 동안 한반도에서 작동한 강력한 권력의 행사, 국가적 규모와 힘을 갖고 작동한 법적, 물리적 강제력과 문화적, 훈육적, 이데올로기적 규정력의 주체를 지칭할 개념이 제대로 정립되지 않았다는 점은 극복되어야 할 과제다. 하지만 과연 이 식민국가 개념이 어떤 의미에서 적용가능한 것인지, 문제는 무엇인지, 대안개념을 모색할 필요는 없는지에 대해서 치밀한 사고가 절실하게 요청된다.

이를 위해서는 식민권력의 역사적 유형론을 좀더 체계적으로 구성해볼 필요가 있다. 무엇보다도 독립국가 – 식민지의 이분법적 유형론으로부터 벗어나는 것이 긴요하다. 독립국가의 형태도 다양하며 식민지의 존재 양태도 다양할 수 있기 때문에 독립/식민의 틀만 고수하는 것은 다양한 유형론을 구성하는 데 장애가 될 수 있기 때문이다. 인류사에서 존재하는 식민권력의 다양한 존재 형태

22) 한석정, 1999 『만주국 건국의 재해석: 괴뢰국의 국가효과, 1932~1936』, 동아대학교출판부.

23) 위의 책, 28면.

를 비교론적으로 검토하면서 식민권력의 세부적 유형론을 구성할 필요가 있다. 둘째로는 식민모국의 규정력과 피식민지민의 입장이 함께 반영되는 논의가 필요하다. 종종 식민지 시대의 경험은 식민모국의 입장과 논리만이 일방적으로 부각되고 피식민지민의 의식이나 경험은 무시되거나 경시되는 경우가 많다. 강력한 제도권력으로서의 총독부의 존재를 무시하는 태도나 '나라를 잃었다'는 동시대 피식민지민의 공유된 집합의식을 무시하는 태도는 그 어느 쪽도 적절한 관점이라 하기 어렵다.

일본은 메이지 유신 이후 적극적인 대외팽창정책을 실시하면서 20세기 전반기에 이르기까지 끊임없이 식민지 확장, 제국주의적 침략정책을 전개했다. 이 과정에서 광범위한 식민지를 획득하고 지배하였는데 그 지배의 형태나 방식은 단일하지 않았다. 이를 시기와 유형별로 나누어본다면 크게 다음과 같은 네 가지 범주를 이야기할 수 있다고 생각된다.

첫째는 호카이도와 오키나와의 사례에서 보듯 일본이 강압적으로 병합한 후 일본 영토의 일부로 완전히 편입시킨 지역이 있다. 이들 지역은 일본의 통상적인 지역의 하나로서 일본 헌법과 법률의 지배하에 있고 완전한 일본의 일부를 구성한다. 물론 내부적으로는 이들 지역에 대한 다양한 차별과 억압이 존재했고 이를 내부식민지라는 개념으로 접근할 수도 있다. 하지만 적어도 국가범주의 틀 안에서 보면 가장 핵심적인 경계 내부에로 편입된 것이다.

둘째는 강압적으로 병합한 후 일본의 일부로 삼았고 일본 헌법과 법률을 원칙적으로는 적용하지만 일종의 특수지역으로 규정하여 지방관이 아닌 총독을 파견하여 통치한 지역이 있다. 대만이 이에 해당하는데, 대만은 여러 우여곡절을 겪었지만 궁극적으로는 일본헌법이 관철되는 지역으로 간주되고 대만총독에 대한 일본내각 및 의회의 통제권이 인정됨으로써 불완전하지만 일본에 상당 정도 편입된 식민지로 간주될 수 있다.

세 번째 유형은 조선의 사례에서 보듯 일본제국의 일부로 강제편입시켰음에도 불구하고 시종일관 일본 헌법의 적용지역에서 제외되어 독자적인 법률에 의해 통제되는 특수지역, 독립지역으로 남아 있던 곳이 있다. 뒤에서 살펴보겠지만 조선총독은 일본정부의 통제권으로부터 거의 벗어나 있는 실질적인 독재자의 위상을 갖고 있었다. 대만에 대한 일본법 적용 논란이 거듭되던 시기에도 조선은 한 번도 그러한 논의가 진지하게 이루어지지 못했다는 사실을 보면 처음부터 일본의 입장에서 조선을 완전한 일본의 일부로 받아들이는 것은 불가능하다는 점을 원칙으로 갖고 있었다고 할 수 있다. 조선총독부의 특이한 위상도 바로 이런 조건으로부터 유래하는 것이었다.

넷째로는 일본제국의 실질적 통제하에 있으면서도 대외적으로는 명목상의 독립국가적 위상을 인정받은 지역이 있다. 괴뢰국가 만주국이 바로 여기에 해당한다. 만주국은 조선에 비해서도 훨씬 더 일본의 직접적 통제하에 있던 곳임에도 불구하고 명목상 독립국가였고 독자적인 정치단위로서 간주되었다.

이상의 논의를 간략하게 도표화하면 〈표 1〉과 같다.

그런데 이런 식민지 유형론은 어디까지나 일본의 지배논리의 맥락에 주목한 것이다. 일본이 자신에게 통합시킬 것인가 배제시킬 것인가, 그 정도를 결정하는 방식에 따라 유형화되는 것이기 때문이다. 이런 유형을 배경으로 하되, 이런 유형이 실제 식민지 주민들에게 어떤 형태의 권력체를 창출하였는지, 그것이 어떻게 이해되었는지에 주목하여 다시 개념화하는 것이 가능하다. 논리적으로만 보면 완전통합지역은 더이상 식민지가 아니다. 내부식민지라는 측면에서 차별성을 논할 수 있고 실제로 그런 측면이 강하지만 그럼에도 불구하고 정치적, 법적 범주로서는 식민모국의 일부를 구성하게 되기 때문이다. 다른 한쪽 극단, 즉 명분상의 독립국가 상태를 유지하는 경우도 논리적으로는 식민지가 아닌,

표 1. 일본제국 내에서의 식민지 유형

병합후 지배방식	법적 통치권	사례
완전통합	일본 법령에 의한 지배	호카이도와 오키나와
불완전통합	일본 법령에 원칙적 귀속, 예외적으로 총독 지배	대만
별도 지역으로 분리통치	일본제국 내 이법지역	조선
명분상의 독립국가	독자정부	만주

독립국가에 해당한다. 다만 실질적인 식민상태라는 점을 고려하여 식민국가(colonial state)로 규정할 수 있을 것 같다. 괴뢰국가나 종속국가라는 개념들도 크게 보면 이런 범주에 속한다고 할 수 있을 것이다. 문제는 두 번째와 세 번째 범주를 어떻게 파악할 것인가 하는 점이다. 이 경우는 모두 독립국가도 아니고 그렇다고 식민모국의 보편적 지역단위도 아닌, 특수한 범주로서 독자성을 지니면서도 정치적 국가성은 부정되는 범주이다.

이 범주에서도 크게 두 가지를 구분할 수 있다. 일본제국주의의 유형 속에서는 나타나지 않으나 영국의 식민지배에서는 보이는 경우인데 식민지 내부에 피식민지민들의 의회나 정치활동이 존재함으로써 국가적 차원의 정치는 아니지만 상당부분의 내부정치가 존재하는 경우가 있다. 이럴 경우는 적어도 식민지로서의 지위를 흔들지 않는 범위 내에서 식민지 내부의 다양한 이해관계들이 정치적으로 조정되고 조율될 가능성이 제도적으로는 존재하게 된다. 이런 경우를 식민정부(colonial government)라고 개념화할 수 있으리라 생각한다. 식민정부는 식민국가에 비해 대외적 국가성은 현저히 약하지만 대내적으로 일정한 정치기능이 작동하는 경우를 지칭한다고 볼 수 있다. 이에 비해 피식민지민들의 정치활동은 전혀 보장되지 않은 상태에서 독자적 지배체제가 작동하는 경우는 잠정적으로 식민지 독재(colonial dictatorship)라고 개념화할 수 있지 않을까 싶다. 정부나 국가적 형태로 이루어지는 각종 행위도 최소한의 정치적 행위를 동반하지 못한 채 식민모국 또는 그 대리자에 의해 일방적으로 주어진다.

어떤 유형이 설정될 것인가는 식민모국의 능력과 더불어 식민지의 규모나 사회문화적 저항 정도에 따라 달라진다. 예컨대 오키나와는 내부식민지화할 수 있었고 대만의 경우도 일정 정도 그러한 상황으로 되었으나 조선의 경우는 전혀 그럴 수 없었다. 그렇다고 식민정부와 같은 독자성을 제공할 수도 없었다. 이 점은 1920년대 이래의 소위 자치론을 둘러싼 다양한 논란에서 드러나는 것이지만 1945년에 이르기까지 조선을 식민정부적 차원으로라도 변화시키려는 시도는 없었다. 이것은 일본의 제국주의 지배가 철저하게 차별적 논리를 원리로 하면서 조선을 하위범주로 지배하려는 것이었음을 말해준다. 이는 다시 역으로 1905년 식민국가와 본질적으로 유사한 명목상의 대한제국정부를 굳이 폐멸시키고 일본제국의 일부로 강제편입시킨 기본적 의도이기도 하다.

5. 식민독재로서의 조선총독부[24)]

1) '외지' 범주의 창출

실제로 1910년대에는 일본 스스로 식민지 지배방식과 관련하여 다양한 정부형태, 권력지배 방식을 염두에 두고 있었다. 유럽 각국의 식민지배 방식의 연구를 통해 복합적 지배의 틀을 구상하였던 것으로 보인다. 예컨대 1911년에 간행된 『유럽각국식민지법제개요』의 내용은 여러 가지 점에서 시사하는 바가 많다. 이 중에서도 독일보호령에 대한 규정은 일제가 조선총독부의 지위를 결정하는 데 있어서 상당부분 참조했을 것으로 생각되는 유형이다.[25)] 독일의 식민정책의 일환으로 법제화되어 있는 보호령은 황제의 권력으로 해외영토를 획득, 통치하며 의회의 간섭을 허용하지 않는 지역이다. 좀더 구체적으로 살펴보면 다음과 같은 특징을 갖는다.

1) 보호령은 헌법 미시행 지역이다.
2) 황제는 보호권을 갖고 칙령권으로 통치한다. 다만 제국재상의 부서가 필요하다.

---

24) 식민독재 개념은 핸더슨의 식민지 전체주의(colonial totalitarianism)와도 유사하다. 핸더슨의 식민지 전체주의 개념은 식민권력의 일방적인 작용, 억압적 성격, 반민주적인 요소 등을 잘 반영하고 있지만 전체주의 개념의 포괄성과 광범위함으로 인해 식민권력의 특수한 측면을 부각시키는 데는 한계가 있다. 핸더슨 역시 이 개념이 갖는 국가론적 문제의식을 이론적으로 세밀하게 추적하지는 않았다(Gregory Henderson, *Korea: The Politics of the Vortex*, Harvard University Press).

25) 이 내용은 정긍식 편역, 1992 『관습조사보고서』, 한국법제연구원에 수록되어 있다.

3) 법제의 대상은 제국국민과 외국인만이고 토착민에게는 미치지 않는다. 토착민은 황제가 전적으로 자유로이 통치할 수 있다.
4) 제국의회와 연방참의원의 권한은 재정부분에만 한정된다.
5) 보호령은 재산상 독립인격을 갖는다.

이런 특징과 더불어 보호령은 보호국과는 달리 제국영토의 일부이며 국제법적으로도 독일주권이 전적으로 행사되는 곳이다. "보호령은 국제법상 독일제국의 영토의 일부이지만 헌법상으로는 내국이 아니므로 헌법은 보호령에 적용되지 않고 황제는 의회의 협의를 거치지 않고 이를 할양할 수 있다. 제국법규는 원칙적으로 당연히 보호령에 미치지 않는다."[26]

이런 형태, 즉 제국영토의 일부이며 전적으로 일본지배가 관철되면서도 일본헌법을 적용하지 않아도 되는 지역, 황제가 전적인 권한을 갖고 칙령권으로 통치할 수 있는 지역을 구상하였고 이런 범주를 위해 창안한 것이 바로 내지와 외지의 구분이었다. 이 구분은 법이 적용되는 범위를 기준으로 논의되는 것으로 "외지라는 것은 우리가 통치권을 배타적으로 행사하는 지역으로 여러 이유에 의해 국가 전체를 위해 제정된 법규가 원칙으로 행해지지 않고 그 지역을 위한 특수하게 제정된 법규가 별개의 체계를 구성하여 행해지는 지역"으로 정의된다. 다시 말하면 일본제국의 일방적 통치권, 지배권의 차원에서는 동일하지만 법규의 지배, 법의 영역권으로 나누어지는 특수법역인 셈이다. 일본의 4개 섬과 오키나와, 오가사하라 군도 등은 '내지'로, 조선, 대만, 사할린, 남양군도 등은 '외지'로 분류되었다. 하지만 실제 외지라는 표현보다는 특별법역, 특별지, 식민지, 내지 이외의 영역 등으로 지칭되곤 했다.[27]

---

26) 위의 책, 357면.

27) 역사적으로 보면 외지와 내지가 구분되는 것은 일본의 제국헌법 제정을 기점으로 하여 그 이전에 침략, 병합한 지역은 내지로, 그 이후에 병탄한 지역은 외지로 된 셈이다. 하지만 그에 못지않게 외지는 내지와 별개의 사회생활권을 이루고 아직 내지사회와 동화를 하기에 이르기에는 여러 가지 어려움이 있는 사회였던 것도 중요한 사실의 하나였다. 山

외지에 일본헌법이 적용되는가에 대한 논란은 대만을 사례로 하여 처음 등장하였다. 1905년 대만을 병탄한 직후 일본의 제국의회에서는 대만총독의 법률제정권 부여가 제국헌법에 근거를 갖는지 여부를 논의하였다. 그 결과 1906년 소위 63법이 제정되었는데 이 법은 일본법률에 의해 대만총독이 법률과 동일한 효력을 갖는 명령제정권을 갖게 되는 것으로 되고 이것도 3년의 한시법으로 만들어지게 되었다. 이것은 대만의 경우도 제국헌법의 규정을 당연히 받는 것으로 간주되고 있었음을 의미한다.[28]

일본제국은 다양한 이법지역을 유지하면서 또한 이들을 통합시키려 노력했다. 야마자키는 '一國一法域'이라는 원칙과 이상에 비추어 조선총독부 지배의 상황은 분명한 '異法地域'임을 인정하고 그 개정을 모색하고 있다. 그의 표현을 빌면 "외지제도의 존재는 어디까지나 현실의 통치정책의 실제적 필요에서 생겨난 것"이며 "국가로서는 결코 바람직한 통치형태도 아니고 어디까지나 과도적이고 변태적인 것"이다.[29] 그가 『외지통치기구의 연구』라는 책을 쓴 이유는 물론 대동아전쟁의 수행과 관련하여 '대동아건설의 중핵체'로서 '내외지의 일체화'를 이루어야 한다는 식민정책상의 변화에서 나타난 것이었다. 1930년대 말 대동아공영권이 논의될 때는 이처럼 다양한 범주들을 하나로 묶으려는 발상이었다고 하겠다.

2) 조선총독의 위상과 조선총독부의 성격

일본은 합방 직전인 1910년 6월 이미 조선에 헌법을 적용하지 않고 대권을 위임받은 총독이 통치하는 방침을 확립했다. 러시아, 영국 등 제국주의 국가들의 묵인을 얻어낸 일본이 한국을 본격적으로 병합할 채비를 갖춘 1910년 6월

崎舟照, 1943『外地統治機構の研究』, 高山書房, 2~4면.

28) 김창록, 2002「제령」, 한국법사학회 국제학술대회 발표집, 『동아시아에서의 법, 식민주의, 근대성』; 山崎丹照, 앞의 책 참조.

29) 山崎舟照, 앞의 책, 4면.

3일 각의에서 「병합후의 한국에 대한 시정방침」이 결정되었다. 여기서 다음과 같은 세 가지 원칙이 확립되었다.[30]

1. 조선에는 당분간 헌법을 시행하지 않고 대권에 의해 이를 통치한다.
2. 총독은 천황에 직예하며 조선에 있어서 일체의 정무를 통할하는 권한을 갖는다.
3. 총독에는 대권의 위임에 의하여 법률사항에 관한 명령을 발하는 권한을 준다. 단 본 명령은 별도의 법령 또는 율령 등 적당한 명칭을 붙인다.

이것은 한국을 일본에 합병하되, 일본인에게 당연히 주어지는 헌법상의 권리와 지위를 전혀 주지 않겠다는 것을 의미한다. 또한 최소한의 입헌적 정치가 이루어지던 일본에 비하여 천황대권이라는 초법적이고 전제적인, 봉건적인 권력에 조선 전체를 귀속시킨다는 결정이었다. 총독은 바로 그러한 천황절대권력, 식민독재적 권력을 대행하는 존재였다.

합방과 동시에 1910년 8월 29일 공포된 조선총독부관제를 살펴보자.

조선총독부관제

1. 조선총독부를 두어 조선을 통치한다. 조선총독부에 총독을 둔다. 총독은 조선을 관할한다.
2. 총독은 천황의 친임으로 하며 육군 또는 해군의 대장으로써 이를 임명한다.
3. 총독은 천황에 직속하며 위임의 범위 내에서 육군과 해군을 통솔하고 조선방비의 일을 관장한다. 총독은 필요할 때에는 조선에 있어서 육해군의 사령관에게 병력 사용을 요청할 수 있다.
4. 총독은 조선총독부령을 발표하여 1년 이하의 징역, 금고 또는 구류, 그리고 200엔 이하의 벌금 또는 과료의 벌칙을 부과할 수 있다.

---

30) 海野福壽, 1995 『韓國併合』, 岩波新書, 215면.

5. 총독은 소할 관청의 명령 또는 처분을 취소하거나 또는 정지시킬 수 있다.
6. 총독은 주임관의 임면은 내각총리대신을 거쳐 이를 상주하며, 판임관 이하의 임면은 이를 전행한다.

조선총독이 천황에 직속한다는 것은 무엇을 의미하는가? 이것은 "무제한의 권력을 가지는 절대자인 천황에 대한 규정만이 식민지 조선에 적용되고 나머지는 전적으로 천황의 자의에 맡겨져 있다는 의미"로서, 식민지 조선은 "천황이 시혜로 베풀어준 미약한 기본권마저 적용되지 않는 천황과 조선총독의 자의적 지배에 맡겨져 있는" 상태였다. 이런 점에서 조선총독은 내각에 대해서도 아무런 책임을 지지 않는 무소불위의 '독재권력'이었다.[31] 또한 현역 무관을 임명하게 함으로써 군부가 내각과는 독립하여 조선을 전횡할 수 있는 권한을 확보한 것이기도 하다.

이런 의미에서 조선총독부는 일본제국 내의 여러 가지 수준에서 작동하는 정치적 범주, 그 가운데서도 상대적으로 독자성과 전제성이 강한 식민지 행정부로 규정할 수 있다. 그렇다면 식민모국으로부터의 정치적 독자성, 자율성이 실제 어느 정도 가능한 것이었을까? 총독부는 이런 점에서 애매한 측면이 분명 존재한다. 1910년의 소위 합병조치로 조선은 일본제국의 영토로 편입되었지만 법적으로는 일본헌법이 적용되지 않는 특별지역, '이법지역'으로 남아 있었고 조선에 적용되는 법은 모두 총독에 의해 공포되는 제령에 근거하는 것이었다. 일본은 이러한 조선의 특수한 범주를 내지와 외지의 구별로 개념화했고 실제 법에 있어서는 호적법을 통해 인종적 차별을 제도화했다. 또한 총독의 법적 지위도 일본제국 내 어떤 정치적 지위와도 구별될 정도로 높고 독립적인 권한이 부여되어 있었다. 내각의 간섭이나 지휘를 받지 않으며 최소한의 3권분립 규정도 받지 않는 무소불위의 독재권력이 가능한 형태를 갖추고 있었다. 실제 일본 내에서도 조선총독의 지위가 '통치기관'인가 '행정기관'인가의 논란이 있었다.

31) 정긍식, 2002 『한국근대법제사고』, 박영사, 191면.

「조선에 시행할 법령에 관한 건」이라는 긴급칙령 324호의 내용을 보자.[32)]

「조선에 시행할 법령에 관한 건」(긴급칙령 324호)

제1조 조선에서는 법률을 요하는 사항은 조선총독의 명령으로 규정할 수 있다.

제2조 전조의 명령은 내각총리대신을 경유하여 칙재를 청해야 한다.

제3조 임시긴급을 요하는 경우에 조선총독은 즉시 제1조의 명령을 발할 수 있다.

전항의 명령은 발포후 즉시 칙재를 청해야 한다. 만일 칙재를 얻지 못할 때에는 조선총독은 즉시 그것이 장래에 효력이 없다는 것을 공포해야 한다.

제4조 법률의 전부 또는 일부를 조선에 시행할 필요가 있을 때에는 칙령으로 한다.

제5조 제1조의 명령은 제4조에 의해 조선에 시행된 법률 그리고 특히 조선에 시행할 목적으로 제정된 법률 및 칙령에 위배될 수 없다.

제6조 제1조의 명령은 제령이라고 부른다.

부칙 본령은 공포일로부터 시행한다.

이상의 내용은 조선이 일본과는 별도의 법령(제령)에 의해 지배되는 소위 '이법지역'임을 규정한 것이다. 이 제령의 성격에 대한 상세한 분석을 행한 김창록에 의하면 조선은 대만의 경우와는 달리 총독의 입법권 부여의 위헌 여부가 일본 중의원에서 제대로 논의도 되지 않았다. 또한 조선총독의 제령제정권에 대한 두 가지의 제한, 다시 말해 내각총리대신을 통해 천황의 칙재를 얻어야 한다는 것과 조선에 시행될 법률이나 칙령의 내용에 위배될 수 없다는 것이 현실적으로는 중요한 제한이 되지 못함을 지적하였다. 따라서 "강점기 한반도

32) 신용하, 앞의 책, 15면.

의 법률제정권은 사실상 조선총독에 의해 장악되어 있었다고 할 수 있다."[33]

또한 일본법령의 의용이 이루어졌는데 이 의용이란 법의 내용이 같더라도 효력이 미치는 법역을 달리하게 만드는 틀, 다시 말해 내지와 외지를 구분하는 근거가 되었다. 즉 의용의 경우 그 내용이 같을 경우라도 "의용하는 제령과 의용되는 법률은 완전히 별개의 법령"인 것이며 따라서 내지와 외지는 전혀 다른 법규정의 지배를 받는 별개 지역이 되는 것이다. 이러한 의용이 가져다주는 효과에 대한 김창록의 다음 설명은 그 성격을 잘 드러낸다.

> 일제의 법률을 차용함으로써 새로운 규정을 만드는 수고를 덞으로써 효율성을 추구하고, 법률을 직접 시행하는 데서 오는 제약을 받지 않음으로써 효율성을 추구하고, 식민지의 상황에 대해서는 특례를 규정함으로써 효율성을 추구하는, 삼중의 의미에서 식민지 지배의 효율성을 극대화하는 방식, 그리고 그만큼 자의성을 확보하는 방식인 것이다.[34]

이처럼 제령에 의한 총독지배는 식민지배의 효율성 극대화 = 자의성 확보라는 특징을 제도적으로 보장하는 것이었다. 바로 이런 점에서 총독부의 정책이 일본정부의 그것과 부딪치기도 했다. 하지만 그것은 조선의 정치적 지위나 독립성 때문에 오는 것이었다기보다는 일본정치체제 내에서 조선총독이 점하는 특수한 지위로부터 오는 것이었다. 조선총독의 독자적 지위를 보장하는 법령제정 당시부터 내각과 군부간에는 갈등이 있었고 결국은 조선을 일본군부의 독자적 지배영역으로 남겨두려는 세력의 승리로 귀결되었다. 대만의 법적 지위에 대한 논란이 심했던 시기에조차도 조선총독의 지위에는 변함이 없었고 이후 소위 '외지'를 관할하는 일본정부 내의 제도 개혁이 수차례 진행되었음에도 불구하고 조선총독의 독자적 지위에는 별다른 변화가 없었다. 이러한 조선총독의

---

33) 김창록, 2002「제령」, 한국법사학회 국제학술대회 발표집,『동아시아에서의 법, 식민주의, 근대성』, 131면.

34) 김창록, 위의 논문, 133면.

지위는 내부적으로는 자의적인 지배를 가능케 하여 통치효율성의 극대화를 가능케 하는 제도적 장치로 기능하였고 식민모국과의 관계에서는 종종 식민지 이해를 대변하는 기구로 작동할 가능성도 없지 않았다. 예컨대 1930년대 조선총독부는 만주와의 연관과 관련하여 일본정부와 긴장을 초래했다. 이러한 긴장의 배후에는 일본 내 정치세력의 갈등이 개입되어 있는 것이었다. 방기중은 농촌진흥정책을 주도하였던 우가키(宇垣) 총독의 정책도 실제 일본의 대조선정책으로 확립되었던 것이 아니라 조선총독으로서의 우가키가 지녔던 개인적 힘과 지위로 인해 가능했던 것임을 지적한 바 있다.

한편 조선총독은 전적으로 일본천황에 복속하는 존재였다. 그것도 상징적 복속이 아니라 실제 일본헌법이 주권의 소유자라고 규정한 천황에 실질적으로 복속하는 자였고 일본의 현역 대장이 파견되는 총독이었다. 총독 이외의 정부기구가 식민지 내부의 요소를 반영하는 것도 전혀 없었다. 일반적으로 간접통치를 시도하는 영국형에서는 식민지 주민들의 대표로 구성되는 식민정부 내지 의회가 존재하지만 일제하의 조선에서는 한번도 그러한 경우가 없었다. 또한 직접통치를 시행한 프랑스형의 경우도 직접통치인만큼 식민지 대표가 프랑스 의회에 참여하는 것이 통례였다. 하지만 일제하 조선에서는 이런 경우도 없었다. 동화가 강요되면서도 정치적 대표권이 전혀 인정되지 않을 정도로 차별되고 정치적으로 구별되는 범주이면서도 자체의 정치적 기구가 존재하지 않는 특징을 갖고 있었다. 이런 의미에서 조선총독부는 사회구성원으로부터 정당성을 전혀 인정받지 못하는 독재정권의 특성을 갖고 있지만 총독 자신이 철저하게 일본에 종속되고 있다는 점에서 정치적 독자성을 부여받기 어려운 것이 아닐까 한다.

만주국을 다루면서 '괴뢰국의 국가효과'라는 관점에서 국가의 문제를 제기하고 있는 한석정은 각주에서 "식민국가는 우리 어휘에 없는, 외래 정복자들이 식민지에 건설한 국가를 말한다. 예컨대 일제하 조선총독부 같은 것이다"라고 밝힘으로써 총독부를 식민국가의 전형처럼 간주한다.[35] 국가 개념을 권력일반,

---

35) 한석정, 앞의 책, 14면의 각주 10).

또는 정부 형태의 권력체와 동일시할 경우에는 조선총독부도 일종의 국가로 파악할 수도 있을지 모른다. 정긍식이 말한 대로 이미 통감부나 총독부는 모두 정부 형태의 조직을 갖추고 있었고 각종 법령의 제정, 공포는 물론이고 조세의 부과와 수취, 각종 법령을 통한 생활세계 전반에의 개입, 사법적 권한까지도 소유하고 있음으로써 근대적 의미에서 국가가 그 주민에게 행사하는 힘을 상당부분 발휘하고 있었기 때문이다. 하지만 이럴 경우 앞에서 논의한 바 있는 식민지배체제의 다양한 차이를 제대로 드러내지 못한다. 만주국의 형태와 조선총독부의 형태, 대만총독부의 형태나 영국지배하 인도정부의 형태를 모두 한데 묶어 식민국가라고 한다면 또 다른 의미에서의 비역사적 일반화에 빠질 가능성이 있다. 또한 조선총독부를 국가의 범주로 파악하는 것은 한국인들의 집합적인 의식 속에 강하게 존재하고 있던 '국가상실'의 이미지, 국가 회복을 향한 집합적 의지를 무시하는 결과를 낳는다. 이런 점에서 일정한 정부 형태의 권력이 정부의 이름으로 행하는 각종 제도적, 법적 강제력을 행사하였음은 분명하지만 그럼에도 불구하고 한국인에게 자신의 국가는 존재하지 않던 시대였음을 드러내는 개념화가 필요한 것이 아닐까 싶다. 물론 정당성이 없는 국가도 국가일 수 있다는 반론이 가능하다. 외세에 의해 수립된 외삽국가, 외인국가도 가능하다고 본다면 실제 총독부를 식민국가의 한 형태로 볼 수도 있을지 모른다. 하지만 그것은 역시 당시 민중의 역사감각이나 의식과 큰 괴리를 갖는 것이라 하겠다.

뿐만 아니라 식민권력 스스로도 총독부를 국가로 규정하려 하지 않았다는 점을 주목할 필요가 있다. 괴뢰국으로서 매우 허약했음에도 불구하고 스스로를 끊임없이 국가로 규정하려 했던 만주국과는 달리 조선총독부는 단 한순간도 스스로를 독립적인 정치단위, 국가로 규정한 적이 없다. 아니 가장 차별적인 독자성을 견지하는 순간에조차도 조선은 일본의 일부분임을 강조해 마지않았다. 그런 점에서 한석정이 말하는 담론적 '국가효과'는 적어도 조선총독부의 경우는 적용하기가 어렵다. 총독부의 국가담론은 어디까지나 식민모국의 담론이었지 조선총독부를 독자적인 국가로 규정하고 이를 정당화하는 담론은 아니었기 때문이었다.

6. 맺음말

이 글은 1910년의 강압적인 한일합병조치로 인해 한반도의 권력구조에 어떤 변화가 일어났는지, 그 이후 한반도에 작동한 권력의 실체를 어떻게 개념화할 수 있을 것인지를 검토한 것이다. 기본적으로는 한국민족의 전통국가가 일제의 무력에 의해 소멸된 '국가소멸', '망국'의 계기가 되었다는 점을 수용하면서, 그러나 동시에 식민지하에서의 권력현상이 무정부적이라기보다는 다양한 제도적 권력, 정부 형태의 통제와 간섭, 법령이나 각종 문화적 개입까지를 동원한 총체적인 것임을 주목하는 방식으로 접근해야 할 필요성을 제기하였다.

이런 관점에서 식민지배하에서의 권력유형을 식민국가, 식민정부, 식민독재, 내부식민지로 나누어보고 이를 제국주의하에서 다양한 범주로 존재하던 식민지의 구체적 실상과 연결시켜 보았다. 식민국가는 적어도 형식상의 독립국가적 지위가 유지되는 만주국의 사례에, 식민정부는 영국제국주의의 통치하에 있으면서도 식민지민의 대표자들로 의회가 구성되고 일정한 정치적 행위가 이루어지던 인도의 사례에 적용가능하다. 철저하게 식민모국의 지배체제에 종속되어 있으면서도 국가적 형태의 제도권력이 작동하였던 조선총독부의 경우는 식민독재라는 개념을 적용할 수 있으리라 생각한다.

식민독재라는 개념도 어색한 조어일 수 있다. 논리적으로만 따진다면 독재체제도 정부의 한 형태이고 정부가 존재한다는 것은 어떤 형태로든 국가적 기구의 존재를 상정한다고 볼 수도 있다. 하지만 유형적으로는 권력의 일방적 강압성을 잘 반영하면서도 그것이 군사적 강점에 기초한 제도권력의 모습을 띠고 있던 식민지 권력기구의 실상을 상대적으로 잘 드러낼 수 있다는 장점이 있다. 제령이라는 법치의 형식을 갖추면서도 실제로는 최소한의 인권과 정치적 권리도 보장하지 않은 채 총독의 절대적이고 일방적인 지배권만을 제도화한 식민권력의 실상도 독재라는 개념을 통해 잘 부각시킬 수 있다. 식민지 해방투쟁이 실상 개개인으로 보면 넓은 의미에서의 민주화 투쟁, 인권투쟁적 성격을 갖고 있었다는 점도 이런 개념화와 연관시킬 수 있을 것이다.

아프리카 식민지의 경우에 주로 활용되고 최근 경제발전론과 관련하여 수용되고 있는 식민국가라는 개념의 적용은 적지 않은 문제점이 있다고 생각된다. 만주국과의 차이, 통감부 시대와의 차이, 피식민지민의 의회와 일정한 정치 행위가 존재하던 인도식 정부와의 차이 등이 전혀 고려되지 않기 때문이다. 더구나 오랫동안 전통국가가 존재해오던 한국에서 대부분의 구성원이 공유하고 있던 '국가소멸'의 집합적 정서나 의식을 전혀 반영하지 못하는 한계가 있다. 이런 점에서 식민국가 개념의 단순한 활용보다는 식민독재 개념의 적극적 활용이 필요하지 않을까 싶다. 물론 국가론의 문제의식을 식민지 사회 연구에 적용하려는 시도는 여러 가지 과제를 우리에게 제기한다. 특히 식민지체제의 작동방식이나 제도적 틀에 대한 객관적이고도 사회과학적인 접근의 필요성을 특히 강조하고 있다. 또한 한국의 식민 경험을 세계사에서 나타나는 식민지배의 다양한 경험과 함께 비교하면서 유형화와 개념화를 시도해야 할 학문적 과제를 우리에게 던져주고 있는 것이다. 아프리카나 남미의 사례에 적용되는 식민국가의 개념, 구체적인 역사성에 무감각한 일반이론식 서술 등에 손쉽게 휘둘리기보다는 일제하 조선에 존재하던 조선총독부 권력기구의 성격을 확정할 수 있는 개념체계의 개발에 적극적으로 관심을 가질 필요가 있다. 앞으로의 토론과 보완을 기대한다.

조선총독 데라우치(寺內正毅)의 한국관과 식민통치

— 점진적 민족동화론과 민족차별 폭압정책의 이중성 —

정 연 태

1. 머리말

일제는 同化主義를 식민통치 이념으로 표방하면서도 실제로는 중일전쟁 이전까지, 심지어 패망까지도 민족차별 통치를 자행했다. 그리고 이념과 정책의 이중성을 호도하기 위해 본국과 식민지 사이의 '民度'나 '時勢'의 차이 등을 차별의 명분으로 내세웠다. 이런 점에서 일제의 동화주의는 상당기간 또는 끝까지 이념이나 정책방침이었다기보다는 정치적 선전을 위한 言說에 가까웠다.[1)]

---

1) 이영호, 1995「일제의 한국인 동화정책과 일선동조론」『제2회 한국학 국제학술회의논문집』, 인하대학교 한국학연구소, 인천; 권태억, 2001「동화정책론」『역사학보』 172; 권태억, 2002「1910년대 일제의 조선 '동화'정책」『제14회 학술토론회 발표요지: 1910년대 식민통치정책과 한국사회(1)』, 서울대학교 한국문화연구소; 山本有造, 1992「日本における植民地統治思想の展開– '六三問題'·'日韓併合'·'文化政治'·'皇民化政策'」『日本植民地經濟史研究』, 名古屋大學出版會, 名古屋; ま–マク ピ–ティ著, 淺野豊美 譯, 1996『植民地』, 讀賣新聞社, 東京; 駒込武, 1996『植民地帝國日本の文化統合』, 岩波書店, 東京; 宮田節子 저, 李熒娘 역, 1997「일본의 조선지배정책의 본질— '내선일체'의 구조를 중심으로」『조선민중과 '황민화'정책』, 일조각, 서울; 小熊英二, 1998『「日本人」の境界』, 新曜社, 東京. 반면 강창일은 민족말살주의(동화주의)가 처음부터 정치적 언설 차원이 아니

필자는 이런 결론에 대체로 동의한다. 그러나 필자가 가지는 의문은 이 이중성이 설사 고도의 전략적 의도에서 비롯된 것이라 하더라도 분열된 자의식의 실체나 식민지 지배역량의 취약성을 노정한 것일 수가 있는데도 불구하고 일제가 장기간에 걸쳐 이런 이중성을 지속할 수밖에 없었던 이유는 무엇인가 하는 점이다. 이 점과 관련하여 선행 연구를 좀더 검토해보자.

먼저, 그 이중성은 가변적인 것으로 일제 말기에 이르러 해소됐다고 보는 야마모토(山本有造)와 權泰億의 연구성과이다. 야마모토는 참정권의 부분 허용과 징병제의 시행을 근거로 이중성은 불분명한 성격의 동화주의에 의해 점차 해소됐다고 주장했다. 권태억은 야마모토의 주장을 보완하여 중일전쟁 이후에 와서야 식민지 주민을 동원하기 위한 군사적 필요성에 의해 언어·풍속의 동화와 함께 최소한의 정치적 권리를 부여하는 동화주의정책을 비로소 실시하게 됐다고 판단했다.[2] 반면 미야타 세쯔(宮田節子)와 고마고매 다케시(駒込武)에 따르면 이중성은 일제의 본질적 구성요소로 일제 패망까지 지속됐다. 미야타는 지배자가 결코 민족평등을 원하지 않았기 때문에 끊임없이 '민도의 차이'를 찾아내어 차별정책을 합리화했다고 한다. 고마고매는 미야타의 문제의식을 발전시켜 일제가 마지막 순간까지도 식민지를 일본 戶籍法의 對象地域에서 제외한 데서 보듯 일본 천황제 국가의 편협한 '血族 내셔날리즘' 때문에 동화주의는 결코 실행될 수 없는 언설에 불과했음을 입증하고자 했다. 그리고 전자의 견해에서 동화주의의 주요지표로 간주된 '참정권의 부분 허용과 징병제의 시행'도 '兵力資源의 결핍이라고 하는 이질적 요인에 기초하여 진행된 사태'에 불과한

라 지배원리로 작용하여 정책으로 실행됐다고 주장하는 점에서 앞의 연구경향과는 차이를 보이고 있다(강창일, 1994「일제의 조선지배정책 — 식민지 유산문제와 관련하여」『역사와현실』12, 한국역사연구회, 서울).

2) 山本有造, 위의 논문; 권태억, 위의 논문. 山本이 일제의 동화주의 채택이 일본적 동화사상의 발전 형태인지, 아니면 전시총동원시기의 특수한 발현 형태인지를 분명히 밝히지는 않았지만, 논문의 말미에서 인용한 泉哲의 견해를 참조하면 동화주의는 본국본위의 통치방침으로 본질상 영속성을 가질 수 없는 정책으로 전시총동원시기에 채택된 임기응변의 일시적 방책에 지나지 않는 것으로 간주됐다(61면).

것이기 때문에 동화주의의 실현으로 간주될 수 없다고 못박았다.[3]

다른 한편 오쿠마 에이지(小熊英二)는 동화정책에 대한 새로운 접근을 통하여 앞의 선행연구와 다른 논지를 전개했다. 오쿠마 에이지의 논지를 筆者式으로 정리하면 다음과 같다. 일제는 민족이나 국가를 단위로 포섭(동화)이나 배제(차별) 정책을 추진하지 않았다. 그리고 일본국가와 위정자측은 서구와 식민지를 함께 의식하면서 그때그때의 판단과 재량에 따라 포섭이나 배제를 선택적으로 추진했으며, 그 과정에서 지배자측 내부의 갈등이 끊이지 않았다. 따라서 일제의 식민통치 이념에 대해 어떤 主義를 붙여 한마디로 규정할 수는 없다. 이런 논리에 따르면 동화주의 이념과 민족차별 통치의 이중성이라는 구도를 설정하기 어렵다. 그러나 오쿠마(小熊)도 이념과 정책의 이중성 구도를 무시했던 것은 아니다. 그는 論壇에서는 동화론이 다수를 점하나 制度(정책)에서는 배제적 요소가 적지 않은 현실을 간과하지 않았다. 그에 따르면 漸進論과 同祖論이 이런 괴리를 호도하는 구실을 했다. 즉, 일제는 현재에는 일본과 식민지 사이에 차이와 차별이 존재하지만 먼 미래(점진론) 혹은 먼 과거(동조론)에는 양자가 동일할 예정이거나 동일했다는 식의 '동일성의 모순'을 활용하여 양자의 괴리를 호도했다는 것이다.[4]

이 같은 선행연구에서 필자가 주목하고 싶은 점은 그 이중성에 대해 가변적으로 보든 불변적으로 간주했든, 그리고 구미를 시야에 넣고 민족·국가 단위를 넘어서서 식민통치의 이념과 행위를 분석하려고 했든간에, 이들 선행연구는 일제 식민통치의 이념과 정책을 주로 지배자(일제)측의 요인, 즉 본국본위 통치와 특권 유지, 血族 내셔날리즘, 일제 말기 군사적 요인, 국가측의 판단과 위정

3) 駒込武, 앞의 책; 宮田節子, 앞의 책.

4) 小熊英二, 앞의 책. 小熊의 새로운 문제제기 가운데 포섭(동화)과 배제(차별)가 반드시 민족과 국가 단위로만 이루어진 것이 아니라는 점, 일제 식민통치의 이념과 행위는 일제와 식민지라는 양자 관계에서만이 아니라 일제와 식민지, 그리고 서구라는 삼자관계에서 검토되어야 한다는 지적은 본고에서 거의 고려되지 못한 것으로 추후 본격적인 검토가 필요하다고 생각한다.

자측의 재량 등에서 찾고 있다는 점이다. 이런 주장은 식민정책의 입안, 추진자가 일제였다는 점에서 지극히 당연한 것으로 볼 수 있다. 하지만, 식민지 지배의 유지와 안정을 책임져야 했던 현지 식민권력으로서는 정책기조를 결정할 때 한국사회의 발전수준과 민족해방운동 등을 반영하지 않을 수 없었던 점을 감안하면, 이는 일면적인 판단일 수밖에 없다.[5] 따라서 이중성의 전개 양태를 해명하기 위해서는 일제측 요인뿐만 아니라 식민지측 요인도 식민권력에 의해 어떻게 인식되고 이념과 정책의 결정 과정에 반영됐는가를 고려해야 한다. 이런 점에서 주목하고 싶은 것은 이중성을 호도하기 위한 근거로 내세워졌던 식민지사회의 '民度論', '時勢論' 등이다. 일제가 민족차별통치의 근거로 내세운 이들 논리는 해독 여하에 따라 일제의 민족동화를 저지하거나 거부하는, 한국사회의 내재적 요인을 보여줄 수 있을 것으로 생각하기 때문이다. 이러 문제의식에 출발한 본고는 일제측 요인은 말할 것도 없거니와 식민지측 요인을 주목하여 데라우치(寺內) 총독의 통치 이념과 정책이 형성되고 지속되는 계기, 특성을 해명하고자 한다.

본문에 들어가기에 앞서 두 가지 점을 밝혀둔다. 첫째, 동화정책의 지표로 ① 식민지의 안정화, ② 문명화, ③ 일본화를 꼽고 싶다. 식민지 안정화는 동화정책의 전제조건이며, 문명화는 동화정책을 가능케 하는 명분이며, 일본화는 동화정책의 궁극적 목적이라고 할 수 있다. 본고는 이 지표를 바탕으로 하여 데라우치 총독이 취한 통치이념과 정책의 계기를 검토하고자 한다.[6]

둘째, 데라우치 총독통치의 특수성을 일제 식민통치의 일반적 특성과 관련하여 해명해야 할 필요가 있다. 흔히 데라우치 총독통치는 무단통치, 헌병경찰통

---

5) 정연태, 1994「일제의 한국농지정책(1905~1945년)」, 서울대학교 대학원 박사학위논문, 2면.

6) 寺內正毅의 出身과 軍歷에 대해서는 黑田甲子郎, 1920『元帥寺內伯爵傳』(朝鮮及滿洲社, 京城)과 鄭濟愚, 1992「朝鮮總督 寺內正毅論」『한국독립운동사연구』, 독립기념관 한국독립운동사연구소, 천안; 임혜봉, 1996「초대 조선총독 데라우치 마사다케」『조선총독10인』, 가람기획, 서울 참조.

치로 평가되고 있다. 이런 평가는 일인 이주민 통제정책에 불만을 가진 당시 제국주의 언론이나 정치가로부터 시작되어 지금에 이르고 있다.[7] 문제는 이런 평가에 의존하게 되면 일제 식민통치 전반의 기본적 특성이 武斷的이었음을 간과해버릴 수 있다는 점이다. 이 점은 1910년대 무단통치와 1920년대 문화통치를 대조적으로 인식하는 구분법에 의해 증폭된다. 무단통치를 비난하는 當代 일제 언론이나 정치가의 논리에서 은연중 드러나듯 문화통치가 마치 '무단통치'로부터의 일대 혁신이고, 일제 식민통치의 본질적 특성도 '문화통치'에 있는 것처럼 보일 수 있기 때문이다. 반면 필자는 데라우치 총독 통치의 특성을 민족차별 폭압정책에서 찾고, 이 정책은 일제 식민정책의 기조인 植民地主義의 초기 형태임을 밝히고자 한다.

2. 한국관과 점진적 민족동화론

1) 日鮮同祖論的 역사관과 민족동화론

데라우치는 스스로 동화주의자로 자처하지는 않았지만,[8] 자신의 통치이념이

---

7) 旭邦生, 1911「寺內總督に奉る書」『朝鮮』40(琴秉洞 編, 1999『資料 雜誌にみる近代日本の朝鮮認識』5, 綠蔭書房, 東京, 140면(이하『朝鮮認識』5로 줄임); 牧山耕藏, 1913「呈朝鮮總督寺內伯書」『朝鮮公論』창간호(『朝鮮認識』5, 302면); 大畏重信, 1913「朝鮮總督及び在住民に希望す」『中央公論』5(『朝鮮認識』5, 307~308면); 旭邦生, 1914「警務總長の交迭を機會に局面を一新すべし」『朝鮮及滿洲』82(『朝鮮認識』5, 483면); 釋尾春仍, 1926『朝鮮併合史』(朝鮮及滿洲社, 京城), 814~815, 823~825면. 한 가지 지적하고 싶은 점은 이런 비난이 주로 在韓 일인통제정책에 대한 반발에서 시작되어 확산됐다는 점이다. 반면 무단주의, 전제주의라고 비난하던 일제 언론이나 정치가들도 한인 대상 식민정책에 대해서는 '선의의 악정' '專制的 良治' '조선의 민도에 적합한 정치'로 평가했다[中野正剛, 1915『我が觀たる滿鮮』, 政敎社, 東京, 5면; 靑柳綱太郞, 1928『總督政治史論』, 京城新聞社, 京城, 25면; 旭邦生, 1914 위의 글(『朝鮮認識』5, 483면)].

8) 寺內가 동화주의에 대해 유보 발언을 한 적은 두 번 발견된다. 한번은『매일신보』에 실

나 시정방침을 거론할 때마다 '融合同化', '一視同仁主義'의 정신을 주지시켰다. 그런 점에서 그는 기본적으로 민족동화론의 소지자였다고 할 수 있다. 데라우치의 민족동화론은 몇 가지 배경에서 형성됐다.

먼저 그의 한일역사관이다. 그는 에도(江戶)시대 國學者에서 시작하여 메이지시대 일본고대사 연구자들에 의하여 강화된 日鮮同祖論을 맹신하고 있었다.[9] 그는 한국 白頭山과 일본 高千穗峰의 형제관계설, 수사노오노 미코토의 조선경영설 등 날조된 역사적 사실을 구체적으로 거론하며 일선동조론을 적극 피력했던 것이다.[10] 이에 따르면 형제관계로 출발했던 양국이 한쪽은 대륙에 접한 반도국이고, 다른 한쪽은 四面 環海의 島國이 된 사정, 즉 지리적 관계 때문에 後年 정치적으로 별개 사회를 형성한 데 지나지 않았다.[11] 데라우치의 눈에는 이런 '新附領土'(한국)가 식민지가 아니고 '新附領民'(한국민)은 식민지 민족이 아니었다. 그는 일왕 메이지(明治)의 권위를 빌어 이 점을 더욱 강하게 표현했다. 한국을 식민지로 생각하는 것은 一視同仁의 詔勅에 위배된다는 것이다. 그의 표현에 따르면 한국민은 '陛下의 赤子'로서 차별이 없는 '一家의 동포'였다.[12]

린 「동화책」(1913. 6. 28)이란 글에서 "나는 절대적으로 동화주의라 말하지 아니하나 조선인은 동화하기 쉽고 동화하지 아니치 못할 국민이다. 이 방침에 기초하여 조선인 자제 교육에 유의하고 일반 행정에도 다대한 주의를 가하고 있다"고 한 것이 하나요, 다른 하나는 青柳綱太郎과의 대화에서 "동화가 우리에게 유리하면 동화하고 불리하면 동화하지 않는다. 따라서 나는 동화문제에 대해 아직 연구하고 조사하고 있다"(青柳綱太郎, 앞의 책, 263면)고 한 발언이다. 이후 본문에서 검토하겠거니와 두 발언 모두 급진적, 전면적 동화주의가 아니라 점진적 동화주의를 취해야 함을 표명한 것으로 동화주의를 부정한 발언은 아니다.

9) 旗田巍 저, 李基東 역, 1983 「일본인의 한국관」 『일본인의 한국관』, 일조각, 서울.

10) 山本四郎 編, 1984 『寺內正毅關係文書 — 首相以前』(京都女子大學, 京都), 58~61면; 青柳綱太郎, 앞의 책, 256~259면. 이런 류의 일선동조론에 대해서는 旗田巍 저, 이기동 역, 앞의 책, 37~43면; 정상우, 2001 「1910년대 일제의 지배논리와 지식인층의 인식 — '日鮮同祖論'과 '文明化論'을 중심으로」 『한국사론』 46(서울대 국사학과, 서울) 참조.

11) 青柳綱太郎, 앞의 책, 256~258면.

데라우치는 한인 또한 일본민족과 일본문명에 동화되어 大日本帝國人으로 되는 것이 운명의 大道라고 주장했다. 데라우치의 표현을 직접 빌리자면 '日鮮關係는 地勢相接하고 利害相依할 뿐만 아니라 同種同文으로 풍속도 역시 대차 없어서 一統의 국가하에 융합 동화하는 것은 결코 難事가 아니기'[13] 때문에 '相合一體하는 것은 自然 必至'라고 생각했다. 이 점에서 한일관계는 歐洲諸國이 半開 혹은 열등 민족을 강제적으로 병탄한 것과는 차원이 다르다고 주장했다. 데라우치에 따르면 구미의 식민지는 지리적으로는 본국과 멀리 떨어져 있고, 인종 · 풍속상으로는 본국인과 도저히 混和하기 어려운 존재였다. 따라서 이들은 본국과 일체가 되는 것은 불가능하고 영구히 식민지로 남을 수밖에 없는 운명의 존재로 보였다. 한마디로 한일관계는 동종동근의 형제관계인 데 반해 구미 제국주의와 식민지의 관계는 종속관계라는 것이다.[14] 이 같은 데라우치의 한일관계 역사 인식은 日鮮同祖論的 歷史觀 그 자체였다. 데라우치의 일선동조론적 역사관을 그 자신보다 간명하게 정리해준 것은 일제협력자 朴榮喆이었다. 박영철은 데라우치가 동화주의를 통치이념으로 가지게 된 이유를 설명하는 가운데 데라우치의 역사관을 다음과 같이 정리했다.

> 조선인은 內地人과 동일계통의 민족이고 同文(文字의 誤記: 인용자) · 風俗 · 習俗에서도 대동소이할 뿐만 아니라 2천여 년 이래 역사적으로 밀접한 관계에 있다. 내지인은 조선에 들어와 조선인을 지도 계발한 사실이 있다면, 조선인은 內地에 귀화하여 내지를 위해 학문 · 예술 · 공업 등의 방면에서 새로운 분야를 개척한 사적도 있다. 교통 왕래 빈번하여 상호 同族의 交誼를 보이고 脣齒相倚의 풍토도 가장 농후한 사실에 비추어 단연코 이민족으로 취급할 하등의 이유가 없을 뿐만 아니라 반대

12) 『매일신보』, 1911년 10월 1일; 朝鮮總督府, 1912 『朝鮮總督府施政年報』, 20~21면의 「倂合條約ニ依リ各理事官ニ訓令」(1910. 8); 黑田甲子郎, 앞의 책, 696, 806면.

13) 朝鮮總督府, 1915 『朝鮮施政ノ方針及實積』, 2~3면.

14) 『매일신보』, 1911년 10월 1일; 朝鮮總督府, 1912 앞의 책, 20~21면의 「倂合條約ニ依リ各理事官ニ訓令」(1910. 8); 朝鮮總督府, 1915 위의 책, 2~3면; 黑田甲子郎, 앞의 책, 696, 806면; 山本四郎 編, 앞의 책, 178면.

> 로 동종동문의 弟妹國으로 융합 일치해야 한다는 것이 (데라우치 총독이 동화주의를 취하는: 인용자) 주된 이유이다.[15)]

데라우치의 일선동조론적 역사관은 한국독립불능론을 전제로 한 것이었다. 데라우치가 보기에 한국은 독립할 수 없는 나라였다. 그에 따르면 일국의 독립을 위해서는 最良의 砲臺(陸軍)와 海軍, 그리고 이들 군사력을 지탱할 수 있는 과학적 능력과 지식의 구비가 필수적인데, 한국의 현실은 그렇지 못하다는 것이다. 더욱이 한국은 역사 이래로 독립 경험도 없는 나라였다는 식의 事大主義論이 데라우치의 의식을 지배하고 있었다. 데라우치는 이렇게 말했다. "역사상 여하한 시대에 조선이 독립했던 경험을 가지고 있는가, 2천년래 그(조선: 인용자)는 사대사상으로 배양된 支那의 藩屬國으로 시종한 것은 아닌가."[16)] 그리고 데라우치의 한국독립불능론은 후술하는 바의 한국사회 停滯論에 입각해 있었다. 그는 이에 기초하여 한인이 독자적인 민족으로 남기를 주장한다면 그것은 곧 '빈약하고 미개한 상태를 폭로하는 것 외에 무엇이 남을 것인가'라는 식의 궤변을 늘어놓았다.[17)]

한국독립불능론과 정체성론의 소지자였던 데라우치가 보기에 한국인은 우랄산맥 이동에서 최신의 군사력과 과학적 능력을 가진 유일한 국가인 일본을 믿고 일본에 의뢰는 것이 자국의 행복을 위한 최상의 방책으로 간주됐다.[18)] 데라우치에 따르면 한국병합 취지 자체도 양국의 相合一體로 彼我差別을 철거하고 상호 전반의 안녕 행복을 증진하는 것이었다. 데라우치는 병합 전후부터 기회 있을 때마다 유고와 훈시를 통해 자신의 이런 취지의 민족동화론을 공개적으로 표방했다. 한국병합 이전 통감의 자격으로 한국인의 지위를 논의하는 閣

---

15) 朴榮喆, 1929『五十年の回顧』(大阪屋號書店, 京城), 321~322면.

16) 靑柳綱太郎, 앞의 책, 247~248면.

17) 黑田甲子郞, 앞의 책, 576, 665, 713면; 朝鮮總督府, 1912 앞의 책, 20~21면의 「倂合條約ニ依リ各理事官ニ訓令」(1910. 8) 및 「倂合ニ關スル統監ノ告諭」(1910. 8. 29); 靑柳綱太郎, 앞의 책, 259면; 山本四郞 編, 앞의 책, 177~178면.

18) 靑柳綱太郎, 앞의 책, 261~262면.

議에서는 韓人은 식민지 민족이 아니기 때문에 日鮮人을 동등하게 대우해야 한다고 주장했으며, 병합 이후에는 총독부 관리들에게 한국인이 동포임을 유념하여 同情으로 대하고 友誼로 제휴하도록 훈령을 내렸다.[19)]

이상과 같이 한국독립불능론과 정체성론을 토대로 인종적 · 문화적 · 지리적 근친성을 강조하여 일제의 한국 병합과 지배를 정당화한 데라우치의 일선동조론적 한국관은 지배인종의 우월성을 강조하는 서구 제국주의의 식민지 인식과는 차별되는 것으로 일본제국주의의 특질이라고 할 수 있다.[20)]

2) 한국사회관과 점진적 민족동화론

데라우치는 민족동화가 가능하고 필연적이라고 표방했지만, 임기 내내 동화정책을 본격적으로 추진하지는 않았다. 반면 민족동화가 실질을 거둘 수 있도록 점진적인 방식으로 추진돼야 한다고 주장했다.[21)] 그 이유는 세 가지로 정리된다.

첫째, 데라우치는 한국과 일본의 民度 격차가 급진적 동화정책의 추진을 어렵게 한다고 생각했다. 한국민이 일왕의 赤子이기는 하나 문화 · 지식 · 기술의 격차 때문에 동일한 제도를 실시하기는 곤란하다는 것이다.[22)] 이때 데라우치의 한국사회에 대한 인식은 정체론 그 자체였다. 데라우치가 보기에 한국사회는 부존자원이 풍부하고 기후풍토도 양호하여 富源開發의 여지가 컸지만, 빈곤과 정체의 늪에 빠져 있었다. 농업 · 수산업 · 광공업 · 제염업 등 산업 전 분야와 도로교통은 유치한 상태를 벗어나지 못했고 이렇다할 금융 · 의료기관의 부재로 고리대가 판치고 전염병이 유행하는 사회였다. 그 결과 山野는 황폐화되고

---

19) 朝鮮總督府, 1912 앞의 책, 20~21면의 「併合條約ニ依リ各理事官ニ訓令」(1910. 8); 黑田甲子郞, 앞의 책, 576면.

20) 정상우, 앞의 논문, 185~186면.

21) 『매일신보』, 1910년 12월 1일.

22) 『매일신보』, 1913년 6월 26일.

民力은 고갈되어 민중은 도탄 지경에 빠졌다고 한다.[23] 한국이 이처럼 정체에 빠진 데에는 정치부패와 가렴주구 등 악정에 기인한 바 컸지만, 잘못된 학문·교육풍토도 영향을 미친 것으로 여겨졌다. 그에 따르면, 조선시대 학문·교육풍토가 실용·내용보다는 형식·이론에 치중했다.[24] 주자학자들은 실행을 망각하고 공리공담을 일삼으면서 당쟁을 벌이거나 大本을 오도하여 지엽말단에 빠졌고, 이런 풍토에서 유능한 인재들은 고원한 학문의 허영심에 빠져 무위도식하면서 가계를 탕진했다. 그 결과가 국운의 萎靡요 국가의 쇠퇴였다는 것이다.[25] 데라우치는 이 같은 민도론에 입각하여 빈약한 민중을 撫育하고 그 지능과 덕성을 계발, 함양하여 이들을 문화의 단계로 끌어올린 다음에야 비로소 민족동화를 성취해야 한다고 주장했다.[26]

둘째, 韓民族의 역사·문화·심리에 대한 이해 없이 민족동화는 불가능한 것으로 판단됐다. 한국사회의 경제적 정체성을 되풀이 지적하던 데라우치도 한국사회의 문화적 전통과 整體性을 무시하지는 못했다. 그는 조선이 원래 '문자의 나라'였다고 평가했다. 데라우치의 사고를 충실히 반영한 「朝鮮半島史編纂要旨」(1915)에 따르면 "조선인은 여타 식민지의 야만미개한 민족과 달라서 독서와 문장에 있어 조금도 문명인에 뒤떨어질 바 없는 민족"이었다.[27] 데라우치는 이런 판단을 토대로 傳來文學과 舊慣古俗 가운데 선량한 것을 활용하여 신지식을 교육하도록 지시했다.[28] 특히, 풍속·습관에 대해서도 점진적 개량을 통해 융합동화의 목적을 달성하도록 주지시켰다. 이런 취지에서 斷髮·衣服의 강제

23) 『매일신보』, 1912년 5월 24일, 1913년 7월 4일, 7월 18일, 7월 19일, 7월 20일, 7월 24일, 7월 29일, 7월 30일, 1915년 9월 4일, 10월 15일; 山本四郎 編, 앞의 책, 177~178면.

24) 『매일신보』, 1913년 7월 22일, 1914년 8월 30일; 山本四郎 編, 앞의 책, 177~178면.

25) 『매일신보』 1911년 7월 19일, 8월 6일; 黑田甲子郎, 앞의 책, 432면.

26) 小松祿, 1920 『朝鮮併合之裏面』, 中外新論社, 東京, 260면. 寺內는 진보 기간이 최소한 10년 이상 걸릴 것으로 예상했다(青柳綱太郎, 앞의 책, 286면).

27) 朝鮮總督府朝鮮史編修會 編, 편집부 譯, 1986, 『朝鮮史編修會事業概要(1938)』, 시인사, 15면.

28) 『매일신보』, 1913년 3월 5일.

개량을 금지하는 지시가 하달됐다.[29] 여기에는 물론 천황제 교육이념인 「教育勅語」의 정신이 유교의 충효윤리에 입각했던 까닭에 유교윤리를 기초로 한 한국의 학문 · 교육의 전통을 깡그리 부정할 수 없었다거나,[30] 식민지 지배에 유리한 풍속 · 습관을 미풍양속이란 미명하에 보존하려는 얄팍한 의도도 깔려 있다고 보지만, 그 이유만은 아니었다.

데라우치의 이런 반응은 민족동화를 어렵게 만드는, 식민지측의 내재적 요인이 인식된 결과이기도 했다. 그 요인은 한국사회의 역사적 전통과 민족 정체성이었던 것으로 판단된다. 이 점은 하세가와(長谷川) 총독의 아래 보고를 통해 알 수 있다.

> 조선동화의 방침은 병합 당초부터 불변의 방침으로 제반 시설은 이 방침에 입각하여 행해졌다. … 조선에는 수천 년의 역사와 전통적 민족성이 있는데 同種同文이라고 하더라도 하루아침에 동화를 달성하려고 하는 것은 新法의 威勢로 하더라도 전혀 불가능한 것이다. 따라서 통치방침은 동화주의에 입각하지만, 파괴주의인 것이 아니라 점진주의인 것이어야 한다.[31]

하세가와 총독이 일반적으로 데라우치의 통치노선과 총독부 관료 인맥을 그대로 계승했다고 평가되기 때문에 수천 년 역사와 전통적 민족성을 급진적 동화의 저지요인으로 여긴 그의 보고는 데라우치의 판단을 그대로 반영한 것으로 보인다. 따라서 데라우치는 한국의 역사와 문화에 대한 조사 연구 없이 전면적인 동화정책을 추진하기는 힘들다고 판단했다.[32] 그는 "총독부가 지금 바로 동화에 착수하지 않고 착착 준비조사 중이다"고[33] 했는데, 이때의 준비 조사는 역

29) 『매일신보』, 1913년 6월 26일; 黑田甲子郞, 앞의 책, 136, 141~142, 425면.

30) 『매일신보』, 1911년 8월 6일, 1913년 7월 22일.

31) 姜德相 편, 1967 「長谷川總督の事務引繼意見書」『現代史資料(三 · 一運動編1), 精興社, 東京, 495면.

32) 青柳綱太郎, 앞의 책, 252면.

33) 青柳綱太郎, 앞의 책, 252면.

사・문화・민속 조사였다. 그는 한국과 한민족의 외형 관찰만으로는 한민족을 비판하고 동화를 요구할 수 없다고 생각했다. 한민족의 심리・정신생활을 이해하는 지경에 도달하지 않으면 동화는 불가능하다는 것이 그의 판단이었다.[34] 이런 판단에서 그는 총독 부임 이후 한국의 역사・문화・심리에 대한 조사・연구사업을 추진해왔다. 取調局(1910)・總督參事官室(1912)・中樞院(1915)을 통해 舊慣調査를 추진하고 조선역사 편찬작업을 착수했다. 그리고 조선총독부 박물관 설립, 古蹟調査委員會 설치, 일본인 학자 초빙 등을 통해 조사 연구사업을 뒷받침해줬다.[35] 또한 아모야기・아미타로 등 데라우치 총독통치에 비판적이었던 재한 언론인들에게 보조금을 주고 고대 한・중・일 삼국의 정치사와 조선문화사를 편찬할 것을 권유하거나 古書 간행을 지원해줬다.[36] 이런 조사 연구가 이루어지면 식민경영도 만족하게 행해지고 민족동화도 자연히 이루어질 것으로 예상했다.[37]

셋째, 데라우치는 한국사회의 時勢, 특히 치안상태를 고려해 동화정책의 추진에 신중을 기해야 한다고 생각했다. 배일주의가 해소되지 않은 상태에서 동화정책의 무리한 추진은 치안을 불안정하게 할 것으로 예상됐기 때문이다. 데라우치는 통감으로 부임한 직후부터 계몽운동과 의병운동의 배일주의를 가장 경계해왔다. 그가 한국병합의 조기 실행을 주장하고 헌병경찰제도를 시행하여 공포 분위기 속에 병합을 단행한 것도 보호통치로는 한국인의 배일기세를 완화시킬 수 없다는 견해에 공감했기 때문이다.[38] 초대 총독이 된 데라우치가 치안문제에 골몰한 것은 당연했다.[39] 더욱이 일왕의 倂合詔書도 통감통치가 치안

---

34) 青柳綱太郎, 앞의 책, 267면.

35) 최석영, 1997 『일제의 동화이데올로기의 창출』, 서경문화사, 서울 참조.

36) 青柳綱太郎, 앞의 책, 267~268면; 釋尾春仍, 앞의 책, 829면; 田保橋潔, 1944 『朝鮮統治史論稿』(성진문화사, 1972), 142면; 최혜주, 2000 「야오야기(青柳綱太郎)의 來韓 활동과 植民統治論」 『국사관논총』 94, 211면.

37) 青柳綱太郎, 앞의 책, 267면.

38) 小松緑, 앞의 책, 81~83면(韓明根, 2000 「統監府時期 日帝의 侵略論 병합론을 중심으로」 『國史館論叢』 90, 159면).

불안정으로 자국 안전에 우려를 자아냈기 때문에 병합 단행으로 禍亂의 淵源인 한국의 치안을 保持하고 공공의 안녕을 유지하여 '동양 평화'와 '제국 안전'을 보장해야 한다고 명시했던 터였다. 이런 까닭에 데라우치 총독은 통치방침의 요체로 치안제일주의를 설정하여 재임기간 내내 치안 확보에 가장 역점을 뒀다.[40] 데라우치가 치안문제에 골몰한 것은 제1차 조선교육령 공포에서 급진적 동화주의 대신에 점진적 동화주의 방침을 채택한 데에서도 잘 드러난다. 데라우치는 1911년 제1차 조선교육령의 제정을 앞두고 帝國敎育會가 설치한 조선교육조사위원회가 일본 본국의 압도적인 동화주의 주장을 반영하여 '초등교육에서의 조선어와 한문교육 전폐' 등 급진적 교육개혁을 건의한 데 대해 "급격한 개혁은 도리어 민심을 동요시켜 의외의 惡結果를 발생"한다는 이유를 들어 "조선교육에 대한 나의 방침은 점진주의"라고 대답했던 것이다.[41]

문제는 병합 이후에도 배일 분위기가 진정되지 않은 점이다. 1911년에는 한국의 치안 상황을 낙관할 수 없게 됨에 따라 데라우치 자신이 육군대신 및 조선총독 사임을 희망했으며, 1912년 6월 평양을 시찰한 이후에는 "전도가 아직 멀어서 실망할 수밖에 없다"고 치안에 대한 우려 심리를 드러내기도 했다.[42] 그가 주자학파의 붕당 조성과 공리공담에 대한 폐단을 집중 거론, 비난하고 나선 것이나 安岳事件, 105人事件을 날조하여 황해도·평안도 지방의 주요 인사들을 일망타진한 것도 이런 심리의 반영이었다. 그럼에도 그의 우려는 현실화됐다.

---

39) 寺內는 1911년 6월 書畵美術院을 방문하였을 때 長老 尹永基의 요청에 의해 써준 揮毫가 「八道江山靜」이었다. 이는 그가 치안유지에 어느 정도 신경을 쏟고 있는가를 보여주는 일화이다(『매일신보』, 1911. 6. 9).

40) 朝鮮總督府, 1912 앞의 책 「附錄」, 1면의 「韓國ヲ帝國ニ併合ノ件」(詔書, 1910. 8. 29); 小松祿, 앞의 책, 260~261면; 田保橋潔, 앞의 책, 156면; 大藏省管理局, 1946 『日本人の海外活動に關する歷史的調查』, 通卷第二册(朝鮮篇) 第一分册, 10~11면.

41) 『敎育時論』 394호(1911), 「時事彙報 朝鮮敎育と總督」 36(小熊英二, 앞의 책, 152~153면 재인용)」.

42) 松田利彦, 2003 「일본육군의 중국대륙침략정책과 조선 1910~1915년」 『한국문화』 31(서울대 한국문화연구소), 232~238면.

獨立義軍府·光復會·朝鮮國權回復團·民團組合 등 크고 작은 비밀결사 조직이 활동하여 데라우치를 괴롭혔던 것이다. 특히 蔡應彦 의병부대는 1915년까지 兩西地方에서 출몰하여 일제의 치안을 교란했다.[43] 그리하여 데라우치의 표현을 빌리자면 頑蒙한 무리, 시세에 적응치 못한 무리, 구사상을 가진 무리들이 국권회복의 미몽에 젖어 있고 민정은 여전히 평온하지 않은 상태였다. 1915년에도 데라우치가 "무지한 군중 중에는 정부가 성의로써 기도ᄒᆞ는 시설에 대ᄒᆞ야 여도 간혹 猜疑의 念을 抱ᄒᆞ는 자ㅣ有함으로 의외의 障害를 야기ᄒᆞ는 事이 不無"하다는 식의 불만을 토로하곤 했지만, 점차 치안은 안정되기 시작했다.[44] 데라우치가 1915년 이후 한국인의 역사·풍속·심리 조사·연구사업에 더욱 적극 나서게 된 것이나 施政5週年紀念 朝鮮物産共進會를 개최한 데에는[45] 어느 정도 치안의 확보가 중요하게 작용했던 것으로 추정된다. 그러나 이것도 동화정책 방안을 마련하기 위한 준비에 불과했으며 동화정책의 착수는 아니었다.

결국 데라우치는 '융합동화'를 통치이념으로 표방하면서도 동화정책을 본격적으로 추진하지 못했다.[46] 여기에는 한국사회는 ① 민도가 낮고, ② 민족적 정체성이 강하고, ③ 排日 분위기가 진정되지 않았다고 본 판단이 크게 작용했다. 각각은 문명화, 일본화, 안정화 여부를 가리키는 현상으로서 데라우치의 판단으로는 동화정책의 세 가지 지표 모두가 충족되지 못했던 것이다. 데라우치는 이 점을 들어 일제의 문명화 역할을 선전하거나 민족차별을 호도했다. 그러나 이는 역으로 보면 민족동화를 저지하거나 거부하는 요인이 그만큼 한국사회 내

---

43) 黑田甲子郎, 앞의 책, 620, 642~643면; 조동걸, 1998 「1910년대 독립운동의 변천과 특성」『한민족독립운동사』 3(국사편찬위원회, 과천).

44) 『每日申報』, 1915년 9월 24일(金泰雄, 2002 「1915년 경성부 물산공진회와 일제의 정치선전」『서울학연구』 XVIII, 161면 재인용); 黑田甲子郎, 앞의 책, 652, 741면; 旭邦生, 1913 「寺內總督と語る」『朝鮮及滿洲』 77(『朝鮮認識』 5, 416면); 大藏省管理局, 앞의 책, 12면.

45) 권태억, 2002 앞의 논문, 5면. 일제의 조선물산공진회 개최 의도와 그 성격에 대해서는 金泰雄, 위의 논문 참조.

46) 당시 총독부 관리들도 한국인에 대한 민족동화는 장기적인 목표이거나 아니면 아예 불가능한 것으로 판단했다(정상우, 앞의 논문, 210~213면).

부에서 강했음을 반영한 것으로 해석될 수 있다.

3. 민족차별 폭압정책

1) 동화역량의 취약과 헌병경찰제의 강화

데라우치가 점진적 민족동화론을 표방하면서도 임기 말까지 이를 정책화하지 못하거나 안 한 데에는 앞 절에서 본 바와 같은 식민지측의 내재적 요인뿐만 아니라 민족동화역량을 구비하지 못했던, 일제측의 사정도 크게 작용했다. 本節에서는 일제의 민족동화역량을 文化的・財政的・人的・物理的 側面으로 구분하여 그 정도를 검토하겠다.

첫째, 문화적 측면에서 일제가 한민족을 동화할 수 있는 역량을 구비했는가는 의문이다. 여기에는 두 가지 점이 고려되어야 한다. 하나는 한국인들은 민족적 정체성이 강한데다가 일본에 대해 역사적으로 형성된 문화적 우월감과 壬亂 이래 강화된 복수의식을 가지고 있었다는 점이다. 이로 인해 문화적 측면에서 일본화가 한국인들에 의해 수용될 수 있는 풍토는 쉽게 조성되기 어려웠다.[47] 다른 하나는 데라우치가 한민족을 동화할 수 있는 구체적 방안조차 마련하지 못했다는 점이다. 데라우치는 한국이 '문자의 나라'로 '독서와 문장에 있어 조금도 문명인에 뒤떨어질 바 없는 민족'이었음을 알고 있었으나, 한국의 역사와 문화를 제대로 이해하고 있지는 못했기 때문이다. 임기 말에 가서야 한국의 역사와 문화에 대한 본격적인 조사 연구사업에 뛰어들었으나 문화적 측면의 동화 방안을 마련하는 데까지는 이르지 못했다.[48]

---

47) Youn-tae Chung, "Refracted Modernity and the Issue of Pro-Japanese Collaborators in Korea," *Korea Journal* Vol.42, No.3(September 2002), Korean National Commission for UNESCO, pp.26~30.

48) 靑柳綱太郞, 앞의 책, 252, 262면.

둘째, 재정적 측면에서도 일제 본국의 재정은 제1차 세계대전 무렵까지 만성적인 외채에 시달리는 등 매우 어려운 사정에 처해 있었다. 따라서 일제 총독부가 한국의 식민통치에 활용할 수 있는 재정능력은 제한됐다. 데라우치는 1913년 본국정부의 긴축정책에 부응하여 각종 경비절감 시책을 추진하고 예정됐던 사업을 연기했다.[49] 그리고 1914년에는 본국 재정 사정의 악화를 걱정한 나머지 地稅 및 驛屯賭 증징, 市街地稅·煙草消費稅·製造稅의 신설 등을 포함한 「재정독립 5개년 계획」을 추진했다. 부족한 재정조차도 육군 軍閥의 북진론(鮮滿一體化論, 러시아 復讐戰 對備論)을 대변하고 있던 데라우치가[50] 대륙침략 및 식민통치의 기반을 구축하기 위한 철도건설·도로개통·항만수축에 예산의 절반 이상을 투여했던 까닭에 민족동화정책을 추진하는 데 활용할 재정적 수단은 더욱 제한될 수밖에 없었다.[51]

셋째, 인적 측면에서는 식민지배 협력세력을 제대로 확보하지 못했다. 데라우치는 민족동화의 효과를 거두기 위해서는 각지에 산재하여 일상적으로 한국인과 접촉하는 일본인 이주민의 협조와 역할이 절대적으로 긴요하다고 판단했다. 특히 산업개발과 한국인 啓導에 일본인 이주민의 역할을 상당히 기대했다. 이 점은 1913년에 밝힌 『매일신보』와 가진 談話에 명료하게 드러난다.

> 鮮人 同化의 原動力이라 謂홀 것은 勤勉훈 內地農民 及 正實훈 內地商工家의 移住에 在호니, 余는 是等 內地人의 移住에 依호야 朝鮮의 遺利富源을 開發호는 同時에 朝鮮人의 同化를 期待코저호노라.[52]

특히 데라우치는 일본인 이주민들이 학술·기능·경력에서 한국인보다 앞

---

49) 寺內正毅, 1913 「朝鮮統治の經過及施政の方針」 『朝鮮公論』 7(『朝鮮認識』 5, 332~333면).

50) 森山茂德, 1991 「日本朝鮮統治政策(1910~1945年)政治史的硏究」 『法政理論』 23권 3·4호(新潟大 法學會), 70~71면.

51) 朝鮮總督府, 1916 『朝鮮總督府施政年報』, 81면; 靑柳綱太郞, 앞의 책, 50, 56면; 堀和生, 1982, 「朝鮮における植民地の財政展開 1910~1930年代初頭にかけて」 『朝鮮史叢』 5·6합집, 198~209면.

52) 『매일신보』, 1913년 6월 28일.

섰기 때문에 後進 한국인을 지도하거나 이들과 제휴하여 산업개발을 촉진하면 양 민족의 융화 동화에 기여할 것으로 기대했다.[53)]

표면상의 이런 기대와는 달리 데라우치는 실제 정책을 시행하는 과정에서는 현지 일본 이주민을 경계했다. 이들 가운데 불량자가 다수 있다고 보고, 이들은 민족동화에 도움이 되기는커녕 오히려 장애가 된다고 판단했기 때문이다. 그래서 데라우치는 병합 초기부터 各 理事官에 내린 訓令이나 각도 장관에게 訓示하는 자리에서 일본 거류민의 문제점을 집중 거론했다. 이에 따르면 일본 거류민 가운데에는 병합 이전에도 한국인을 학대하거나 부당한 수단으로 재산을 횡령하는 것 같은 부정행위자가 적지 않았는데, 병합 후 일본거류민들이 더욱 거만해져 한국인을 劣等人種視하여 凌辱하고 각종 이익을 壟斷하는 자가 많아졌다. 데라우치가 보기에 이는 민족 융화는커녕 不測의 禍를 야기할 수 있는 요인으로 극히 우려되는 사태였다. 그리하여 그는 헌병경찰 등 총독부 관리들에게 불량 일본인을 엄중히 단속하도록 기회 있을 때마다 지시했다.[54)] 총독부 관리 또한 데라우치의 방침에 따라 일본인 이주민에 대한 감시와 통제를 강화했다. 후술하거니와 일본인 이주민의 집회・결사・언론・정세활동의 자유도 통제했다. 그리하여 일본 언론이나 정치가 사이에서 데라우치 비판이 터져나왔다. 그것은 일본인 이주민을 떠나서는 한국인의 동화를 말할 수 없고 한국의 개발과 일본화를 기대할 수 없는데도 불구하고 총독부 관리가 입만 열면 일본인 이주민에 대해 輕薄浮浪하다니 詐僞行爲를 한다는 식으로 惡罵한다는 불평불만부터[55)] "데라우치 伯爵의 경질을 보지 않으면 조선의 발전은 기대할 수 없다" 거나 "데라우치 백작을 매장하라"는 격한 비난에 이르기까지 다양했다.[56)] 한마디

---

53) 黑田甲子郎, 앞의 책, 714면; 釋尾春芿, 앞의 책, 745, 813면.

54) 朝鮮總督府, 1912 앞의 책, 20~21면의 「併合條約ニ依リ各理事官ニ訓令」(1910. 8) 및 「併合ニ關スル統監ノ告諭」(1910. 8. 29); 『中央公論』 266(1911. 5), 「朝鮮の統治を論ず」(『朝鮮認識』 5, 136면); 釋尾春芿, 앞의 책, 745면.

55) 旭邦生, 1911 「寺內總督に奉る書」 『朝鮮』 40(『朝鮮認識』 5, 140면); 大內暢三, 1911 「在朝鮮の官民並に內地人に對する希望」 『朝鮮』 38(『朝鮮認識』 5, 100면).

56) 青柳綱太郎, 앞의 책, 16, 25면.

로 데라우치 통치의 특성이 武斷主義, 極端的 干涉主義, 專制主義, 官憲 萬能主義, 官治主義, 監督主義라는 것이다.

이런 상황에서 데라우치가 대안으로 주목한 것은 동양척식주식회사의 농업이민이었다. 데라우치는 한인을 동화하고 식민지 富源을 개발하는 원동력으로 正實한 일인 상공인과 함께 근면한 일인 농민의 이주에 있다고 생각했기에, 동척이민, 특히 자작농 이민이 한국농촌에 분산 배치되어 한국농민과 제휴하여 長短相補하고 농사개량 발달을 도모하고 '新舊國民의 融和親善'을 도모해 줄 것을 기대했다.[57] 데라우치의 이런 기대는 滿韓移住殖民政策을 추진한 일본정부와 육군의 기본방침을 충실히 반영한 것이기도 했지만, 그야말로 희망에 불과한 것이었음이 밝혀졌다. 동척의 대규모 이민사업은 당초부터 한국에는 이주식민지로 적합하다는 잘못된 판단에 기초한 것으로 성과를 거두기 어려웠다. 더욱이 일본 자작농민의 이주는 소작 사정을 악화시켜 농촌사회의 불안정을 초래하는 문제점을 드러냈다. 이에 데라우치는 무모한 이민이 '정치상 일대 지장'을 초래할지도 모른다는 우려 때문에 사업 규모를 대폭 축소하는 등 동척이민사업을 수정할 수밖에 없었다.[58]

결국 데라우치와 일본인 이주민이 상호 불신, 경계하는 한편 민족동화의 원동력으로 기대했던 동척이민사업도 실패한 상황에서, 일인 이주민이 민족동화의 협력세력으로 기능하는 데에는 한계가 있었다.

다른 한편 일제 협력자를[59] 확보하여 민족동화의 기반으로 활용하는 방안이 상정될 수 있다. 그러나 치안 유지도 어려운 상황에서 일제 협력세력의 구축은 기대할 수도 없었다. 데라우치는 授爵과 恩賜金 수여, 대한제국 관리의 재등용, 中樞院과 經學院 설치 등을 통해 일부 일제 협력자를 확보한 데 그쳐야 했던 것이다. 그나마 이들은 한국인사회에서 명망은커녕 대개 비난의 대상이었던 관계

57) 『매일신보』 1912년 5월 24일, 1913년 6월 28일; 山本四郎, 앞의 책, 72면.

58) 정연태, 앞의 논문, 65~70, 79~87면.

59) 필자는 친일파란 용어보다는 일제 협력자란 용어가 역사적 용어로 적합하다고 생각한다. 이 점에 대해서는 Chung Youn-tae, *op. cit.*, pp.21~22 참조.

로 민족동화의 협력자로 활용하기에는 영양가가 없는 존재였다.

이상과 같이 동화역량이 절대적으로 부족한 상황에서 데라우치는 점진적 동화정책조차 추진할 수 없게 됐다. 결국 식민통치에 활용될 수 있는 최대의 자원은 관헌의 物理力밖에 없었다. 이런 점에서 데라우치가 헌병경찰제를 유지, 강화한 것은 당연한 귀결이었다. 데라우치는 헌병경찰의 숫자를 대폭 증원했으며, 이들로 하여금 치안 외에 식민행정 전 영역을 감독하거나 원조하게 했던 것이다.[60]

2) 민권억압과 민족차별

데라우치는 민족 융합동화, 一視同仁을 표방하면서도 헌병경찰제를 근간으로 민권을 철저히 억압하고 민족을 차별했다. 여기서 주목되는 점은 그가 한국인의 민권을 억압한 것은 물론이거니와 일본인 이주민의 민권도 통제했다는 점이다. 먼저 그 이유를 중점 검토하고자 한다.

데라우치는 한국병합 직후 한국민에게 「告諭」를 공포했다. 이때 그는 정복군주의 위압통치의 개시를 알리는 것으로 「고유」를 끝맺었다. 그 말을 옮기면 다음과 같다.

> 본관이 금일 聖旨를 받들어 이 땅에 임함에 있어 오로지 治下 生民의 안녕과 행복을 증진하려는 一念밖에 없다. 이에 더욱 諄諄히 복종해야 하는 이유를 告示하는 까닭이다. 아직도 망상을 함부로 하고 감히 시설을 방해하는 자가 있으면 단연코 용서하지 않을 것이다. 만약 충성스럽게 처신하고 삼가 법을 신중히 지키는 良士順民에게는 반드시 皇化의 혜택을 입고 그 자손 역시 영원히 恩波를 누리게 할 것이다. 너희들은 삼가 新政의 宏謨를 받들어 행하여 조금이라도 어기는 바가 없도록 하라.[61]

60) 旭邦生, 1911 앞의 글(『朝鮮認識』 5, 137면); 牧山耕藏, 1913 「呈朝鮮總督寺內伯書」 『朝鮮公論』 창간호(『朝鮮認識』 5, 302면).

61) 朝鮮總督府, 1912 앞의 책, 23면의 「併合ニ關スル統監ノ告諭」(1910. 8. 29).

데라우치의 메시지는 명료했다. 한인에게는 복종 아니면 처벌밖에 없다는 것이었다. 그러나 데라우치는 이런 「고유」에 대해 주민 스스로 자신의 의사를 표현할 기회를 주지 않았다. 언론에 대한 철저하고 무자비한 탄압을 자행한 것이다. 한국을 병합하자마자 모든 한국인 신문 · 잡지는 강압적으로 폐간시켜 버렸다. 일본인 언론도 탄압됐다. 서울에서는 총독부 御用紙인 경성일보, 매일신보, 서울프레스를 제외하고는 모두 매수 폐간되고, (지방에서도) 각 지방별 일개 신문 외에는 모두 폐간됐다. 데라우치의 엄명으로 신문 · 잡지의 발행 인가제가 시행됐지만, 아도야기 아미타로의 표현을 빌리자면 어떤 出願도 "절대로 인가되지 않았다." 그뿐 아니었다. 그나마 남은 일본인 신문도 총독정치를 조금이라도 비판하거나 데라우치를 비롯한 총독부 고관의 개인적 기사를 함부로 게재한 것은 전부 압수됐다. 일본과 외국으로부터 유입되는 모든 신문은 철저한 검열을 받았으며, 이들에 대해 연일 移入 · 發賣 · 配布 금지조치가 내려졌다. 그리하여 일본인 잡지기사의 제목대로 '언론계의 공황' 사태가 발생했다. 이후 본국과 식민지의 일인 언론계와 정치계로부터 언론탄압에 대한 반발과 비난이 백출했음에도 불구하고 한국에서의 출판물 검열은 더욱 엄중해졌다.[62)]

데라우치가 언론 단속과 함께 주의를 기울인 것은 각종 단체와 집회였다. 그는 병합 이후 곧바로 한국의 각종 정치 사상단체를 강제로 해산했다. 병합 이전에 공포된 「보안법」(1907)과 「集會 取締」(1910) 법령에 의거하여 '안녕 질서를 유지하기 위해' 각종 결사가 해산됐고, '당분간 內政에 관한 집회 또는 屋外에서의 다중집회'는 금지됐다. 여기에는 한국침략과 병합에 가장 협조적이었던 일진회도 예외가 아니었다. 그 결과 다보바시 키요시(田保橋潔)의 표현을 빌리자면 "조선인의 정치적, 사상적 단체는 반도에서 완전히 절멸되어 버렸다."[63)]

62) 田保橋潔, 앞의 책, 157~159면; 青柳綱太郎, 앞의 책, 83~113면; 中野正剛, 앞의 책, 13~18면; 旭邦生, 1911 「言論界の恐慌」『朝鮮』 39(『朝鮮認識』 5, 110면). 그 외 寺內의 언론탄압 실태에 대해서는 『朝鮮認識』 5의 잡지기사 참조.

63) 田保橋潔, 앞의 책, 157면; 박경식, 1986 『일본제국주의의 식민지배』, 청아출판사, 서울, 48면; 領木敬夫, 1989 『法을 통한 조선식민지 지배에 관한 연구』, 고대 민족문화연구소,

정도의 차이는 컸지만, 일본 이주민의 정치적 자유도 제한되기는 마찬가지였다. 이들에게 일상적인 집회 · 결사의 자유는 주어졌지만, 政事 관련 집회는 엄중히 통제됐다. 데라우치는 특히 일인들이 구축했던 자치적 기반을 부정해 버렸다. 데라우치는 일인 이주민의 조직적이고 완강한 반발에도 불구하고 1913년 10월 制令 7호로 그들의 자치적 행정조직인 거류민단의 폐지를 공포하고 1914년 총독부 식민행정제도인 府制에 편입해 버린 것이다.[64)]

데라우치는 경제활동의 자유도 제한했다. 그 대표적인 것이 會社令(1910)이었다. 주지하듯 회사령은 한국에서 활동할 모든 회사의 설립을 총독허가제로 하고, 설립된 회사라도 회사령을 위반한 경우 총독이 사업의 정지 · 금지 · 폐쇄 · 해체를 명령할 수 있는 것으로 한인뿐만 아니라 일인의 기업 진출 · 경영도 통제하는 강력한 경제법령이었다.[65)] 그리하여 회사령은 일인들에 의해서도 惡法으로 비난받았으며, 이런 비난을 의식한 듯 1914년 야마가타(山縣) 정무총감은 당시까지 회사 설립을 출원하여 허가되지 않은 사례가 일인보다 한인측이 월등히 많았다고 변명하기에 이르렀다.[66)]

이상과 같이 데라우치는 식민지 한국에서는 民權, 그 중에시도 근대인간의 기본권인 언론 · 집회 · 결사의 자유와 경제활동의 자유를 철저히 부정하거나 제한했다. 한국인의 기본권은 전면 부정됐지만, 일본인 이주민의 기본권도 제한됐다. 일본인 이주민조차 법제상으로나 실제상으로 본국민과 다른 법체계에 의해 민권을 제약당했던 것이다. 그런 점에서 데라우치 총독통치는 식민지 분리 · 차별통치, 곧 植民地主義統治였다고 하겠다.

그러면 데라우치는 본국 언론과 정치계의 강력한 반발과 비난에도 불구하고

85~86면.

64) 山中麻衣, 2001「서울거주 日本人 自治機構 硏究(1885~1914년)」, 가톨릭대 국사학과 석사학위논문; 靑柳綱太郎, 앞의 책, 114~142, 215면 참조.

65) 회사령에 대해서는 小林英夫, 1994『植民地への企業進出 朝鮮會社令の分析』, 栢書房, 東京 참조.

66) 山縣伊三郎, 1914「新時代に入する朝鮮の大勢」『朝鮮公論』1(『朝鮮認識』5, 447면).

무엇 때문에 자국 이주민의 민권을 제한했을까. 여기에는 두 가지 사정이 작용했다. 먼저, 일본 육군과 데라우치의 의도와 관계된다. 그것은 식민지에서 본국 중앙정부와 정치세력의 개입이나 간섭을 차단하여 총독의 절대적인 통제를 강화하고 육군의 대륙진출 거점을 확고히 하기 위한 것이다. 이 점은 일제 본국의 이해와 조선총독의 이해 사이에는 일정한 차이가 있음을 보여주는 것으로 대단히 중요한 점이나 기존의 연구를 통해 충분히 밝혀졌기 때문에 재론할 필요는 없다고 본다.[67]

둘째, 데라우치의 一視同仁主義 방침이다. 데라우치는 일인 이주민이 총독부의 민권억제에 강력히 반발할 때마다 이런 식으로 말했다. "誠心誠意로 公平無私히 內鮮人을 一視同仁ᄒᆞ야 偏僻厚薄의 措置가 업시ᄒᆞᄂᆞᆫ지라. 若 夫 余의 政策을 是非ᄒᆞᄂᆞᆫ 者가 유ᄒᆞ면 此ᄂᆞᆫ 他山之石이 可以攻玉이로다."[68] 여기서 주목할 점은 민권 억제에 대한 데라우치의 명분이 일시동인주의였으며, 그것은 곧 內鮮人의 융합 동화였다는 점이다.[69] 데라우치는 자신에 비판적인 일인 언론인과의 대화에서 이 점을 1913년에 더욱 분명하게 표명했다.

> 나는 일정한 주의가 있다. 그것은 土人과 本國人을 구별하지 않는 것이다. 즉 일시동인주의이다. 여기에는 각종 異論이 있고, 당신도 그 한 사람인 것 같지만 幾個의 이론이 있어도 변경할 수 없다. … 본인이 총독으로 있는 동안은 일시동인주의임을 자주 말해왔으며 강한 결심과 신조를 보여왔다.[70]

물론 이때의 일시동인주의는 본국과의 차별을 전제로 한 식민지사회 내부의 일시동인에 불과했다. 그러나 이마저 그야말로 표방에 불과한 것으로 데라우치가 일시동인주의를 내걸면서 일본인 거주민의 민권을 통제한 의도는 다른 데

---

67) 森山茂德, 앞의 논문, 69~78면; 松田利彦, 앞의 논문 참조; 小熊英二, 앞의 책, 149면.

68) 『매일신보』, 1914년 6월 27일.

69) 寺內正毅, 1913 「朝鮮統治の經過及施政の方針」 『朝鮮公論』 7(『朝鮮認識』 5, 333~334면).

70) 旭邦生, 1913 「寺內總督と語る」 『朝鮮及滿洲』 77(『朝鮮認識』 5, 418면).

있었다. 그가 일국인 언론을 통제한 것도 일본인 언론이 '조선인의 위험사상'을 고취시키고, 그로 인해 한국인들이 "붕당 무리의 氣勢를 재연시키거나 안녕 질서를 방해하거나 풍속을 壞亂시켜 국헌을 문란케" 할지도 모른다는, 치안상의 우려 때문이었다.[71] 데라우치의 발언에 따르면 회사령의 시행 또한 泡沫會社의 속출로 사회 일반의 질서가 문란하게 되고 '신영토의 기초'를 좀먹게 될지도 모른다는 우려에 의한 것이기도 했다.[72] 데라우치의 이런 심리는 그의 분신인 경무총장 아카시(明石)의 아래 발언에서 노골적으로 드러난다.

> 총독 비난은 총독의 위신을 상하게 하고 조선인의 모욕을 초래하는 근원이 된다. 內地人 사이에서는 하등 인심을 동요시킬 우려가 없는 勤愼치 못한 언론기사도, 이를 조선인 사이에 유포하게 되면 무서운 악영향을 초래하는 것으로 된다. 따라서 內地에서는 지장 없는 언론기사라도 조선에서는 엄히 단속하지 않으면 안 된다.[73]

아카시의 이런 발언은 일제 총독부의 언론 탄압이 일인 언론 자체 문제에 기인했다기보다는 일인 언론이 한인사회에 미칠 악영향을 차단하려는 것이었음을 드러낸 것이다. 이런 류의 반응은 병합 이전의 의병전쟁이나 계몽운동 열기를 체험했고 병합 이후에도 국내외의 반일단체 활동으로 골머리를 앓고 있던 데라우치와 아카시로서는 당연한 것이었다.[74]

결국 데라우치가 일시동인이란 명분을 내세워 자국 이주민의 민권을 억압하지 않을 수 없었던 데에는 일제의 식민지배에 대한 한국인사회의 반발을 줄이면서 식민지사회의 치안을 확보하려는 정책적 의도가 중요하게 작용했다. 이런 점에서 데라우치가 일시동인주의를 표방한 진의는 한국인의 민족적 반발과 민권을 강력히 통제하고 억압하는 데 있었다고 할 수 있다.

따라서 데라우치의 일시동인주의는 민족적 차별을 해소하는 방침으로 기능

---

71) 牧山耕藏, 1913 앞의 글 『朝鮮認識』 5, 300면; 黑田甲子郞, 앞의 책, 642~643면.

72) 寺內正毅, 1913 앞의 글 『朝鮮認識』 5, 335면.

73) 『朝鮮』 39(1911. 5. 3), 「言論取締に就て明石警務總長の一顧を促す」 『朝鮮認識』 5, 113면.

74) 黑田甲子郞, 앞의 책, 642~643면.

하지 않았다. 일시동인주의 자체가 차별을 전제로 한 것이었기 때문이다. 이런 까닭에 데라우치는 民度를 고려하고 良風舊俗을 존중한다는 미명하에 식민지 내부에서도 민족적 차별을 정당화하고 이를 자행했다. 일상생활 영역에서 가해진 유무형의 민족차별은 차치하고서라도 법적·제도적 차원의 민족차별의 대표적인 악법은 「경찰범처벌규칙」(1912)과 「조선태형령」(1912)이었다. 전자는 명목상으로는 식민지 주민 모두에게 적용됐지만, 실제상 일본인 이주민을 우대하고 한국인 대중의 일거수일투족을 철저히 억압 통제하는 치안법이었다. 이에 비해 태형령은 한국인에게만 적용하여 민족차별을 노골적으로 드러낸 악법 중의 악법이었으며, 形具의 刑板과 채찍 또한 조선시대의 그것에 비해 악랄한 것으로 비난의 대상이 됐다.[75] 그럼에도 태형은 拘留나 罰金刑을 대신하는 것으로 한인에 의해 오히려 편리하게 여겨진다거나 강제로 시행되는 것이 아니라 희망에 따라 집행된다는 식으로 强辯됐다.[76] 데라우치가 일각의 비난에도 불구하고 민족차별적 성격을 노골적으로 드러낸 이 양대 악법을 공포하고 고수한 것은 이 악법들이야말로 헌병경찰의 활동을 효과적으로 뒷받침하여 취약한 통치역량을 보완하는 법제였기 때문이다.

한편 데라우치는 각종 도로의 건설과 改修에는 도로 연선으로부터 30리 이내의 촌락주민을 동원했으며, 그 방식은 강압적이었다. 맥킨지의 표현을 빌리자면, 부역은 "일본관헌이 강권을 발동한 것이었으므로 끔찍한 부담이었다."[77] 항일운동자 吳明川의 증언에 따르면 태형령에 의해 가장 매를 많이 맞은 자들이 바로 일제에 의해 新作路 부역에 동원된 자들이었다.[78] 이 부역도 한인에게

---

75) 鈴木敬夫, 앞의 책, 86~96면. 맥킨지는 태형에 대해 이렇게 말했다. "가장 흔한 처벌은 매질이다 … 한국인만이 매질을 당하게 마련이다. 이 처벌로 병신도 만들고, 몇 주일씩 병석에 눕게도 하고, 또 죽이기도 할 수 있다. 여자나 65세 이상의 남자나 15세 이하의 소년에게는 이 처벌을 행할 수 없게 되어 있지만, 경찰의 매질은 무차별적이다"(F. A. 맥킨지 저, 이광린 역, 1989 『한국의 독립운동』, 일조각, 서울, 133면).

76) 黑田甲子郎, 앞의 책, 640면.

77) F. A. 맥킨지 저, 이광린 역, 앞의 책, 139면.

78) 문정창, 1965 『군국일본 조선강점 36년사(상)』, 柏文堂, 83면.

만 적용된 민족차별적 제도였다. 그럼에도 데라우치가 총독부 재정지출을 줄이기 위한 조치로 舊來의 慣例을 답습 계승한다는 명목으로 이를 실행했다.[79)]

교육제도상 민족차별의 내용에 대해서는 기존 연구에서 대체로 밝혀졌다. 「사립학교규칙」(1911)에 의한 한인교육 감시 · 탄압, 「조선교육령」(1911)에 의한 臣民 · 普通 · 實業敎育의 시행과 교육과정의 민족적 차별, 인구대비 공립학교 수의 민족적 차이 등이 그 중 핵심으로,[80)] 재론할 필요가 없다고 생각한다.

다만, 「조선교육령」의 제2조에서 「시세와 민도」란 용어가 처음으로 공식 사용된 사실의 의미를 간략히 검토하고 싶다. 이 용어는 데라우치의 강력한 의지에 의하여 칙령 조문에 등장했으며, 이후 표방과는 달리 데라우치가 민족차별 통치를 행하게 될 때 傳家의 寶刀처럼 활용했던 遁辭였다.[81)] 문제는 데라우치가 「시세와 민도」의 차이를 해소하고 「교육칙어」의 취지에 입각하여 '忠良한 국민'을 육성하는 방법으로 덕성함양과 일본어교육을 가장 중시했다는 점이다. 이때의 덕성함양은 '忠孝를 本'으로 하고 절제, 규율, '복종의 미풍'을 체득하여, '제국 신민으로 본분을 완수할 수 있는' '국민적 성격'을 배양하는 것을 의미했다.[82)] 그리고 일본어교육은 한국인 동화의 실효를 거두는 데 있어 가장 긴

---

79) 『매일신보』, 1912년 5월 23일, 1913년 7월 24일; 山本四郞 編, 앞의 책, 73~74면.

80) 박득준, 1989 『조선근대교육사』(북한연구자료선 15, 한마당)의 제4장 「강점초기 일제의 식민지노예교육정책과 민족교육에 대한 탄압, 조선인민의 반일민족교육운동」; 鈴木敬夫, 앞의 책, 114~147면 참조.

81) 『朝鮮總督府官報』 제304호(1911. 9. 1), 「勅令 제229호 조선교육령」; 關屋貞三郞, 1936 「併合直後に於ける學制の改革」 『朝鮮統治の回顧と批判』, 朝鮮新聞社, 京城, 15~17면; 馬淵貞利, 1981 「寺內正毅と武斷政治」 『三千里』 49, 72~73면. 時勢論은 이미 메이지시대 사회진화론자인 加藤弘之에 의해 주창되어 유행하던 용어였다. 그 핵심은 각국은 그 국가의 주체적 조건과 환경의 요인들을 현실적으로 인식해서 각국의 역사적 발전단계에 적합한 방식으로 점진적으로 변혁해야 한다는 것이었다(전복희, 1996 『사회진화론과 국가사상』, 한울, 54, 58면). 다만 加藤이 일본의 근대화를 위한 전략으로 이 말을 사용했다면, 寺內는 민족차별을 정당화하기 위해 이 용어를 사용했다는 점에서 이 용어의 쓰임새는 대조를 보였다.

82) 『매일신보』 1913.5.3; 朝鮮總督府, 1917 『朝鮮總督府施政年報』, 331면.

요한 수단으로 중시됐다.[83] 그러나 전술했거니와 데라우치는 이런 민족동화정책을 추진할 만한 역량을 결여했다. 한인의 높은 교육열과 사립학교 설립에도 불구하고 인구 대비 학교 수에서 일본인과 차별했다거나, 초·중등 교육과정을 한국인의 경우 8년제, 일인의 경우 11년제로 하여 민족적 차별을 둔 점은 그런 역량의 결여를 반영한 것이었다.

한편 데라우치는 한국인의 민족적 정체성을 억제하거나 약화하는 네거티브 방식의 시책을 추진했다. 한국인의 언론·집회·결사를 전면 부정한 것은 그 대표적인 조치였다. 이외에 한국인의 민족적 정체성을 강조한 書籍·唱歌·俚諺 등은 덕성을 흐리게 한다고 판단하여 집중 단속의 대상이 됐다. 데라우치는 忠義錄·武勇傳·偉人傳·歷史書 등의 서적을 소각하거나 판매 금지시켰으며, 이런 서적을 소지하거나 열람하는 자를 처벌했다.[84] 俚諺·口碑·俗歌·唱歌 가운데 치안에 방해되는 것에 대해서도 엄중 단속했다.[85] 이런 단속과 처벌은 역으로 일제의 동화역량이 취약했음과 한인의 민족적 정체성이 높았음을 반영한 것이기도 했다.

4. 맺음말

동화정책은 식민지의 안정화, 문명화, 일본화에 의해 성공 여부가 좌우되는 정책이었다. 안정화는 동화정책의 전제조건이며, 문명화는 동화정책을 가능하게 하는 명분이며, 일본화는 동화정책의 궁극적 목적이라고 할 수 있다. 반면 민족차별 폭압정책은 식민지주의 통치의 한 형태로서 본국과 식민지, 본국 민족과 식민지 민족을 분리·차별 지배하는 통치형태였다. 본고의 목적은 데라우치 총독이 점진적 동화주의를 통치이념으로 표방한 계기, 반면 실제로는 민족

83) 『매일신보』, 1913년 3월 5일; 黑田甲子郎, 앞의 책, 679면.

84) 문정창, 앞의 책, 80면.

85) 青柳綱太郎, 앞의 책, 348~349면; 黑田甲子郎, 앞의 책, 628면.

차별 폭압정책을 추진한 계기, 그리고 이런 이념과 정책의 이중성을 지속한 계기를 해명하는 것이다. 분석 결과를 요약하면 다음과 같다.

데라우치는 공식적 · 비공식적 자리에서 韓日 양 민족의 융합 · 동화의 가능성과 필연성을 자주 언급했다. 여기에는 한국독립불능론과 정체성론과 결합한, 그의 日鮮同祖論的 歷史觀이 크게 영향을 미쳤다. 그는 한일 양 민족의 지리적 근접성, 역사적 상호의존성, 문화적 유사성과 인종적 同種性을 기회 있을 때마다 피력했다. 그러나 동화정책을 전면적으로 시행할 의도가 데라우치에게 있었던 것은 결코 아니었다. 데라우치의 주장에 따르면 한국사회는 민도가 낮고, 민족적 정체성이 강하고 배일적 분위기가 진정되지 않았던 까닭에 동화정책의 전면적 시행은 무리였다. 데라우치는 이런 한국사회관을 기초로 점진적 동화주의를 통치이념으로 내세웠다.

문제는 점진적 동화주의조차 통치이념으로 표방됐을 뿐 정책의 형태로 실행에 옮겨진 것은 아니었다는 데 있다. 여기에는 두 가지 요인이 작용했다. 하나는 일제측 요인으로, 민족동화 역량을 갖추지 못한 한계가 그것이다. 일제는 물리력을 제외한 문화적 · 재정적 · 인적 측면의 민족동화 역량을 결여했다. 다른 하나는 식민지측 요인으로, 한인사회의 강한 민족동화 역량과 排日的 雰圍氣가 동화정책의 추진을 억제하거나 저지했다. 특히 일제의 식민지배에 반발하는 한인사회의 분위기는 동화정책의 전제조건인 식민지의 안정화를 위협하여 데라우치로 하여금 점진적 동화주의의 통치이념조차도 실행에 옮기지 못하게 한 주요인이었다.

이에 데라우치가 정책기조로 선택한 것은 식민지주의에 입각한 민족차별 폭압정책이었다. 민족차별 폭압정책은 본국과 식민지를 분리하고 식민지 내부에서는 일본인 이주민과 한국인을 민족적으로 분리하여, 본국 거주 일본인, 식민지 거주 일본인, 한국인의 順序를 위계로 한 식민지주의적 차별통치방식이었다. 데라우치의 헌병경찰제는 바로 이 민족차별 폭압정책을 지탱하는 유력한 수단이자, 다보바시의 지적처럼 전 세계에 유례 없는 전제적인 통치제도였다.[86)]

여기서 궁금한 점은 데라우치가 실제로는 헌병경찰통치에 의해 민족차별 폭압정책을 추진하면서도 항상 융합 동화, 일시동인주의를 통치이념으로 표방했을까, 즉 점진적 동화주의라는 언설과 민족차별통치라는 정책의 이중성을 지속했을까 하는 점이다. 그 요인은 다음과 같이 설명될 수 있다. 먼저, 점진적 동화주의가 일제측의 취약한 역량과 식민지측의 반발에 의해 정책으로 실행될 수는 없었다고 해도 데라우치의 내면은 점진적 동화주의를 지향했을 가능성도 있다. 데라우치 자신이 일선동조론적 역사관의 소지자였다는 점에서 그렇게 볼 소지가 있다. 그러나 이보다는 기존의 연구에서 자주 지적됐듯이, 이 이중성은 대외적 표방(언설)과 실제 정책 사이의 간극과 모순을 은폐하려는 의도의 산물처럼 보인다. 사실 이 이중성은 이 시기에 나타난, 새삼스러운 현상은 아니었으며, 에이지 초기 일제의 대외정책에서부터 일관되게 나타난 특성이었다. 이는 '한국독립' '동양평화' '대동아 공영'이란 명분을 내세워 한국 · 아시아 침략을 자행하고 이를 기반으로 비로소 서구와 경쟁, 대항하는 동시에 자기발전을 추구해 갔던 일본 제국주의의 현실적 모순을 반영한 것이었다.

여기서 주목할 점은 일제 지배자들이 이런 모순을 지속적으로, 반복적으로 정당화하는 가운데 이제는 그런 모순조차도 모순으로 인식하지 못하는 심리구조, 달리 말하면 분열된 자의식의 심리구조를 체화하게 됐다는 점이다. 이런 심리구조가 바로 일본사회에서 역사적으로 형성된 타테마에(建前)와 혼네(本音)의 이중성이 일제의 대외정책, 식민정책에서 체현된 것이었다고 한다면, 데라우치가 드러내보인 표방과 실제의 이중성도 이 같은 분열된 자의식의 심리구조를 반영한 것에 다름 아니었다.

마지막으로 日帝植民政策史의 시기구분법에 대해 한 가지 제안하는 것으로 본고를 마치고자 한다. 필자는 1910년대 '武斷統治期', 1920 · 30년대 '文化統治期', 중일전쟁 이후 일제말 '皇國臣民化政策期'로 구분하는 방식에는 문제가 있다고 생각한다. 이런 구분법은 머리말의 말미에서도 지적했거니와 문화통치

---

86) 田保橋潔, 앞의 책, 79, 159 162면.

기를 미화하고 식민통치의 특성을 오도할 수 있는 위험성이 있기 때문이다. 또한 1, 2시기가 통치의 형식적 측면을 기준으로 한 반면, 3시기가 통치의 본질적 측면을 기준으로 한 것으로, 구분법 자체가 통일성도 결여하고 있기 때문이다. 게다가 용어 자체도 일제시기 일인 언론인이나 관변학자가 만든 것으로 주체적 관점의 투사가 부족한 용어라고 생각한다. 필자는 이런 문제점을 해소하기 위해 식민통치 의도 · 방식과 민족문제를 연관시켜 일제 식민정책사를 시기 구분할 필요가 있다고 판단하며, 이런 관점에서 1910년대 民族差別 暴壓政策期, 1920, 30년대 民族差別 懷柔政策期(1920년대 上層 회유정책, 1930년대 下層 회유정책), 중일전쟁 이후 일제말 民族差別 總動員政策期로 시기를 구분하고 명명할 것을 제안한다.[87)]

이런 시기구분법은 민족동화정책이 全 時期를 통해 초지일관 식민정책의 이념으로 표방됐을 뿐 정책으로 실행되지 못했다고 보는 관점에 입각해 있다. 이 관점을 식민지의 안정화, 문명화, 일본화라는 세 지표를 갖고 간략히 보충 설명하면 나음과 같다. 1910년대 민족차별 폭압정책은 본고에서 설명한 대로이다. 1920, 30년대 회유정책에 따라 상대적으로 문명화가 진행되고 제한된 범위에서나마 한국인의 자율활동공간이 열려졌다. 문명화라는 명분과 수단을 통해 일제 협력세력이 육성되고 민족동화의 실질적 가능성은 이전 시기보다 증대됐다. 1920년대에는 상공업자 · 지주 · 지식인 가운데, 1930년대에는 민중 가운데 일부를 식민지배 협력세력으로 포섭, 육성하려는 개량화정책이 본격적으로 추진

---

87) 2004년 3월 『한국사연구』 125호에 발표한, 본고와 동일 논문에서는 '민족차별 총동원정책'이란 용어 대신에 '민족성 말살정책'이란 용어를 사용했다. 그때 상정했던 '민족성 말살정책'의 개념은 강압적 일본화를 통해 한민족의 민족성을 말살하고 일본의 2등 국민으로 차등 편입시키는 통치양태를 가리키는 것으로, 민족동화통치보다는 식민지주의 통치에 가까운 것이었다. 그러나 민족성 말살정책이란 표현이 필자의 의도와는 달리 동화정책으로 이해될 소지가 있다는 점, 민족성 말살정책의 계기가 전시 총동원에 있음을 드러낼 필요가 있다는 점, 앞 시기 시대구분 용어와 관련하여 표현상 통일성을 기할 필요가 있다는 점 등을 고려하여 본고에서는 '민족성말살정책'을 '민족차별 총동원정책'으로 수정했다.

됐다. 문제는 문명화의 진행과 자율 공간의 확대로, 식민지의 안정화를 위협하는 한인의 조직적 운동이 전개되고, 한인의 민족적 정체성 강화로 일본화에 역행하는 현상도 동시에 나타난 점이다. 그것은 1920, 30년대 대중운동, 민족운동의 분출로 나타났다. 또한 회유공간을 활용한 한국인의 문명화 역량이 성장함에 따라 자치든 독립이든 일제로부터 분리하려는 한인사회의 요구가 증대하고, 그와 비례하여 '조선의 문명화'를 명분으로 한, 일제의 동화정책 논리가 한국인사회에게 먹혀 들어갈 여지가 줄어든다는 역설이 작용했다.[88] 따라서 일제는 동화정책을 전면적으로 시행할 수 없었다. 중일전쟁 이후 일제말 민족차별 총동원정책기는 戰時라는 비상국면의 요청에 의해 한국인의 일본화가 폭력적으로 추진된 시기였다. 반면 일제는 전시총동원체제를 구축하기 위해 그 이전까지 추구해왔던 문명화정책의 기조를 상당 부분 포기함으로써 민족동화를 유도해왔던, 그나마의 명분조차 상실할 수밖에 없었다. 결국 일제의 동화주의 식민통치 이념은 식민지 전 시기에 걸쳐 실현되지 못하고 파국을 맞게 된 것이다. 여기에는 기존 연구에서 지적됐듯이 ① 한국인을 포용하거나 설득하여 일본화하기에는 편협한 천황제 국가주의의 특성뿐만 아니라, 본고에서 새로이 구명하려고 노력했듯이 ② 한국인사회의 문명화를 추진할 수 있는 일제 통치역량의 한계, ③ 일본화를 거부하거나 저지하는 한국사회측의 대항 요인이 중요하게 작용했다.

88) 이 점에 대한 시사는 미야지마 히로시, 2003 「동아시아의 근대화, 식민지화를 어떻게 이해할 것인가」 『국사의 해체를 향하여 자료집』(비판과 연대를 위한 동아시아 역사포럼 공개토론회), 51면에서 받았음.

일본 육군의 중국대륙침략정책과 조선(1910~1915)

마쓰다 도시히코(松田利彦)

1. 머리말

19세기 말 이후, 동심원상에 그 지배지역을 확대해온 일제는 동아시아 근린 지역 · 국가를 식민지로 획득할 우선 대상으로 간주하고, 식민지화가 완료된 후에는 일본제국의 외연을 확대하기 위한 거점으로 그 지역들을 이용하려고 했다. 일본 정치지도자나 민간인이 청일 · 러일 전쟁을 통해 식민지가 된 대만 · 조선을 각각 南進論 · 北進論의 거점으로 간주했던 것은 잘 알려져 있다.

이렇듯 일본의 식민지는 단지 자원 수탈의 대상이나 상품시장에 그치지 않고, 대외침략의 거점으로 활용된다는 성격을 지니고 있었다. 15년전쟁기에 관한 기존 연구에서는 이러한 측면이 어느 정도 인식되어 있고, 그 시기의 조선지배정책을 '병참기지화 정책'으로 규정하여 왔지만, 그 이전 시기에 대해서는 이러한 인식이 충분하지 않았다. 이 글은 1910년대 전반기 일본 육군의 중국대륙 침략정책(이후 대륙정책으로 생략함)에 있어서, 조선이 어떠한 위치를 차지하고 있었는지를 구체적으로 밝힘으로써 연구사상의 공백을 메우고자 한다.

사실 당시 조선에서 군사지배를 했던 당사자들은 대외 진출을 상당히 중시하고 있었다. 예를 들어 한국 '병합'(이후 인용부호를 생략함) 직전에 韓國駐箚軍

참모장 · 韓國駐箚憲兵隊 대장이었고 병합 후 조선주차헌병대 사령관 겸 조선총독부 경무총장이 된 아카시 모토지로(明石元二郎)에 대하여 그의 전기는 다음과 같이 말한다.[1)]

> 장군[明石]이 조선에 있던 8년 동안은 조선국 내의 治政에만 골몰했던 것이 아니라 항상 대륙을 향해 눈을 돌리고 있었다. 조선은 內地(일본본국)에 이르는 관문으로서 보다 많은 세계정책이 실시되어야 한다고 생각하고 또 그것에 대한 충분한 포부를 가지고 있었다.

병합을 전후하여 한국주차군 사령관 · 조선주차군 사령관 자리에 있던 오쿠보 하루노(大久保春野)도 1911년 8월 조선주차군 사령관을 사임할 때 기자회견에서 아래와 같이 말했다.[2)]

> 큰소리를 치는 것 같겠지만, 조선은 하나의 지방문제에 불과하다 … 그런 것보다 일본에는 아직도 앞으로 큰 문제가 많이 남아 있다. 조선 따위의 문제로 소란을 피우고 있을 때가 아니다. 세계는 요동치고 있으니까 … 큰 일에 눈을 돌려 세계정세를 연구하는 것이 좋겠다.

이후에 조선주차군 사령관을 지냈던 아키야마 요시후루(秋山好古)도 재임기간(1916. 8~1917. 8) 중 "입버릇처럼 滿蒙으로의 진출이 긴요하다고 강력히 주장했다"고 전해져 있다.[3)] 전형적인 확장주의자였던 그들은 조선을 단지 식민지 경영의 대상으로 간주하지 않고, 대외 진출 특히 중국침략과 관련하여 조선문제를 파악하려 했다.

하지만 한국강점 이후의 식민지 조선을 일본 육군의 대륙정책이라는 관점에서 분석한 연구는 거의 없다. 이 글의 주제와 관련된 연구로는 첫째, 1910년대의 주한일본군(조선주차군. 1918년 6월 常駐體制로 된 이후 조선군으로 개칭되

---

1) 小森德治, 1928『明石元二郎』, 臺灣日日新報社, 497면.

2) 中村修二, 1920『大久保春野』, 奉公會, 209면.

3) 秋山好古大將傳記刊行會 편간, 1936『秋山好古』, 330면.

었다)을 고찰대상으로 한 연구가 있다. 그러나 대부분은 일본정치사의 맥락에서 소위 조선내 2개사단 설치 문제를 검토한 것이다.[4] 최근 들어 조선군을 대상으로 한 蔡永國·辛珠栢의 논문은 조선군의 배치, 임무에 대해 실증적 연구를 진전시켰지만 대륙정책과 관련해서는 조선군이 대러작전의 교두보 역할을 했다는 점만 간단히 언급했을 뿐이다.[5]

이 글은 이러한 연구를 참고로 하면서도 조선주차군에 대해서만 고찰하는 것이 아니라, 일본 육군의 대륙정책 구상 전체 안에서 조선 (및 조선주차군)이 어떠한 위치를 차지하고 있었는지를 살펴보고자 한다. 이것은 이 시기의 조선주차군이 조선총독이나 본국 육군으로부터 독립된 정치력을 가지고 있었다고 보기 어렵기 때문이다. 이와 관련해서 오오에 시노부(大江志乃夫)가 조선주차군의 배치가 육군의 南守北進 정책에 의해 규정되고 있었다는 견해를 제시한 것은 시사하는 바가 크다.[6] 하지만 그러한 조선주차군의 성격이 실제로 대륙정책에 어떻게 반영되었는지에 대해서는 분석되지 않았다.

둘째, 일본 육군의 대륙징책에 대한 연구는 상당히 축적되어 있다.[7] 그러나 이들 연구에서 조선문제는 기본적으로 제외되어 있다. 1910년에 한국병합문제가 처리된 후에는 일제의 조선지배가 열강 사이에서 국제적인 쟁점이 되는 것이 상대적으로 줄어들었고 일본 정치지도자 사이에 조선을 둘러싸고 큰 '정책

4) 由井正臣, 1970「二個師團增設問題と軍部」『駒澤史學』 제17호; 坂野潤治, 1982『大正政變 — 1900年體制の崩壞』, ミネルヴァ書房; 林鐘國, 1988『日本軍의 朝鮮侵略史』 I, 日月書閣, 제3편.

5) 蔡永國, 1992「3·1運動前後 日帝「朝鮮軍」(駐韓日本軍)의 動向」『韓國獨立運動史硏究』 제6집; 辛珠栢, 2000「1910年代 日帝의 朝鮮統治와 朝鮮駐屯 日本軍 — '朝鮮軍'과 憲兵警察制度를 中心으로」『韓國史硏究』 제109호; 同 2001「天皇直轄의 朝鮮軍 植民統治의 物理的基盤」, 이재범 외 편, 『韓半島의 外國軍駐屯史 — 雄津都督府에서 駐韓美軍까지』, 중심.

6) 大江志乃夫, 1993「山縣系と植民地武斷統治」, 大江·淺田喬二·三谷太一郎 외 편, 『近代日本と植民地』 제4권, 岩波書店, 22~26면.

7) 대표적인 연구서로서 北岡伸一, 1978『日本陸軍と大陸政策』, 東京大學出版會; 小林道彦, 1996『日本の大陸政策 1895~1914』, 南窓社를 들 수 있다.

의 차이'가 존재하지 않았다는 것이 그 이유이지만, 대륙정책에 있어서 조선의 위치에 대한 '정책 자체'가 없었다고 보기는 어렵다.

이상과 같은 문제의식에 따라 본고에서는 제2절에서 당시 일본 육군에게 조선이 어떠한 위치를 점하고 있었는지 살펴보기 위해 육군지도자로서의 데라우치 마사타케(寺內正毅. 1911년 8월까지 육군대신을 겸임) 총독에 대해 개관해 본다. 제3절, 제4절에서는 조선이 중국침략의 한 거점이라는 인식을 바탕으로 조선주차군 동원이 구체적으로 계획되었던 신해혁명기 및 對中 21개 요구조항을 둘러싼 중일교섭의 시기를 각각 다룰 것이다. 자료로서는 지금까지 충분히 활용되지 않았던 『寺內正毅關係文書』를 주로 사용한다.

이 글이 다룰 범위가 한정되어 있는 관계로, 언급하지 못한 문제들도 있다. 예를 들어 일본 육군의 대외작전계획에서는 중국보다 러시아가 주요한 위협으로 간주되었으므로, 조선은 대러전략에서도 중요한 거점으로 인식되었다. 하지만 이 글이 다룰 1910년대 전반기는 중국에 대해 문호개방을 요구하는 미국의 압력을 배경으로 하여 '滿洲'(이후 인용부호를 생략함)에서 러일간의 협조가 진전된 시기였던 만큼, 러일이 충돌할 가능성이 상대적으로 낮았다. 그러한 점을 감안해서 본고에서는 이 문제에 대해서 언급하지 않았다. 또한 1918년 경성(현재의 서울)에서의 쌀소동과 다음해 3 · 1독립운동에 대한 탄압과 같은 국내 치안유지기능도 식민지 주둔군의 중요한 기능이었지만, 본고에서는 식민지 주둔군의 대외 진출에 주목하려고 한 관계로 이 문제 역시 다루지 않았다.

2. 육군지도자로서의 데라우치(寺內正毅) 총독

일본 육군의 대륙정책이라는 관점에서 조선통치를 고찰할 경우 육군대신과 조선총독을 겸임했던 데라우치가 가진 권력을 무시할 수 없다. 여기에서는 지금까지 주목받지 않았던 육군지도자로서의 측면을 주로 검토한다.[8] 『寺內正毅關係文書』에 수록된 서한을 보면 데라우치의 조선총독 재임 중에도 총독의 사무에 관한 것보다 육군지도자로서의 임무에 관련된 것이 훨씬 많다.그 사실은 데라우치 총독을 육군지도자로서 재검토할 필요성을 나타낸다고 하겠다.

육군대신으로도 조선총독으로도 데라우치의 권위와 권한은 막강한 것이었다. 데라우치는 야마가타 아리토모(山縣有朋)를 비롯하여 가쓰라 다로(桂太郎)-데라우치(寺內正毅)-다나카 기이치(田中義一)로 이어가는 조슈(長州) 출신 야마가타 벌(山縣閥: 山縣를 중심으로 한 파벌)의 육군지도자였다(다만 가쓰라는 비교적 이른 시기에 육군에 대한 영향력이 쇠퇴하였다). 야마가타벌 중의 장로지도자였던 데라우치는 1902년 3월 이래 육군대신 자리에 있었고 韓國統監(1910년 5~9월), 朝鮮總督(1910년 10~1916년 10월) 취임시에도 육군대신을 겸임하고 있었다(육군대신 사임은 1911년 8월). 이 기간 중 데라우치는 육군차관-군무국장-군사과장이라는 陸軍省의 주요 직위를 조슈(長州) 출신자로 독점했다.[9] 야마가타 벌 최대의 기반인 육군을 지배함으로써 데라우치는 정계에서 중요한 위치를 차지하고 러일전쟁 이후 내각이 경질될 때마다 수상 후보에 올랐다(수상에는 1916년 10월에 취임하였는데 그때 조선총독을 사임하였다). 이러한 육군지도자로서의 권위 때문에, 데라우치 밑의 조선총독부를 "이름은 조선총독부라 해도 실제로는 육군성의 분신"이라고 하는 평론가도 있었다.[10]

한편 조선총독은 군사 방면에 있어서 조선총독부관제(1910년 10월, 勅令354호)에 의해 조선주둔 일본군을 통솔하기로 되어 있었다. 1919년의 총독부관제 개정 이전에는 총독의 군대 통솔권의 범위는 "조선에 주둔하는 군인 군속을 만주, 北淸, 러시아령 연해주에 파견할 수 있다"[11]고 규정되어 있어서 조선국내뿐만 아니라 멀리 대륙까지 미쳤다. 또 데라우치는 조선주차군, 조선주차헌병대

8) 寺內의 조선총독으로서의 측면에 대해서는 鄭濟愚, 1992「朝鮮總督 寺內正毅論」『韓國獨立運動史硏究』 제6집 참조.

9) 北岡伸, 앞의 책, 62~65면.

10) 鵜崎鷺城, 1911『薩の海軍長の陸軍』, 政敎社, 167면.

11) 內令 제186호「朝鮮總督へ御委任ノ件」(1910년 10월 14일. 『齋藤實文書』 제2권, 영인본, 高麗書林, 1990년, 21면); 辛珠栢, 앞의 글, 127~129면 참조.

를 중심으로 신임하는 부하나 혈연 관계자를 배치하여 조선통치의 기반을 장악하고 있었다.[12](조선주차군 · 조선주차헌병대의 주요 인사에 대해서는 〈표 1〉을 참조).

이러한 육군대신과 조선총독 사이의 직권 구분에 대해서는 병합 직후 육군성에서 내각서기관장에게 아래와 같이 조회하고 있다.[13]

> 이번에 공포된 조선총독부관제 제3조 제2항에서 총독은 제반 정무를 통할한다 등으로 되어 있는데 육군군정은 당연히 육군대신이 통할해야 하는 것이므로 총독은 육군군정에 대해서는 육군대신의 區處(군사관계의 지휘, 처치)를 받아야 한다고 생각됩니다만 만약에 대비하여 의견을 여쭙고자 이 문제를 조회합니다.

이 문서에서는 데라우치가 "육군대신 겸 조선총독으로서 이러한 취지의 해석에 따랐다"고 덧붙이고 있다. 관제의 해석상, 예산이나 인사 등 군사행정 면에서는 조선총독이 아니라 육군대신이 관할하게 되었다. 그런데 1911년 8월 데라우치는 육군대신을 사임하고 조선총독을 專任하게 되었다. 그 일은 데라우치의 권력에 어떻게 작용했던가.

데라우치가 육군대신을 사임하게 된 것은 조선의 치안 상황을 낙관할 수 없게 됨에 따라 데라우치 자신이 육군대신 및 조선총독 사임을 희망했기 때문이었다. 데라우치는 사임에 앞서 1911년 5월에 야마가타에게 다음과 같은 서한을 보냈다.[14]

> 만약에 가쓰라 수상이 퇴직하실 경우에는 저도 본직[육군 대신] 및 겸직[조선총독]을 사직하고 싶습니다. 아시다시피 육군대신의 자리에서 벌써 10년 가까이 되는

12) 大江志乃夫, 앞의 글, 15~19면; 辛珠栢, 앞의 글, 138~139면.

13) 內閣書記官長 앞 陸軍次官照會案(軍事課, 「朝鮮總督府官制中質疑ノ件」, 1910년 9월 30일. 陸軍省, 『大日記 甲輯』 大正 2年, 防衛廳防衛研究所圖書館 소장).

14) 山縣 앞 寺內 서한, 1911년 5월 6일(『山縣有朋關係文書』 第21冊 수록. (일본)國會圖書館 憲政資料室 소장).

표 1. 1910년대 조선 주요 武官職 인사

조선총독	출신지	비고	朝鮮駐箚軍司令官 (18. 8-朝鮮軍司令官)	출신지	비고	朝鮮駐箚軍參謀長 (18. 8-朝鮮軍參謀長)	출신지	비고	第19師團長 (16. 4설치)	출신지	비고	朝鮮駐箚憲兵隊司令官 (18. 6-朝鮮憲兵隊司令官)	출신지	비고
10.10-16.10 寺內正毅 (大將·元帥)	山口	10.5-10.9 韓國統監	10.10-11.8 大久保春野 (大將)	靜岡	寺內와 姻戚關係	10.10-10.11 榊原昇造 (少將·士3)	東京	10.6-10.9韓國駐箚軍參謀長				10.9-14.4 明石元二郞 (少將 → 中將·士6)	福岡	08.12-09.8韓國駐箚軍參謀長, 08.12-09.8겸 韓國駐箚憲兵隊長, 10.6-10.9겸 韓國駐箚憲兵隊司令官
			11.8-12.1 上田有澤 (中將)	德島		10.11-12.9 柴勝三郎 (少將·士7)	茨城							
			12.1-15.1 安藤貞美 (中將)	長野		12.9-14.4 立花小一郎 (少將·士6)	福岡	明石元二郞와 같은 출신지, 士官學校 동기생						
		井口省吾 (中將·士2)	15.1-16.8 靜岡			14.4-16.4 古海嚴潮 (少將·士9)	愛媛					14.4-16.4 立花小一郎 (少將 → 中將·士6)	福岡	전朝鮮駐箚軍參謀長
16.10-19.8 長谷川好道 (大將·元帥)	山口	04.9-08.12 韓國駐箚軍司令官	16.8-17.8 秋山好古 (中將 → 大將·士3)	愛媛		16.4-17.8 白水淡 (少將·士9)	福岡		16.4-18.7 立花小一郎 (中將·士6)	福岡	전朝鮮駐箚憲兵隊司令官	16.4-18.7 古海嚴潮 (少將 → 中將·士9)	愛媛	전朝鮮駐箚軍參謀長
			17.8-18.8 松川敏胤 (中將 → 大將·士5)	宮城		17.8-18.11 市川堅太郎 (少將·候1)	石川							
			18.7-20.8 宇都宮太郎 (中將 → 大將·士7)	佐賀		18.11-21.7 大野豊四 (少將·候3)	佐賀		18.7-21.8 高島友哉 (少將·士10)	東京		18.7-19.8 兒島惣次郞 (中將·候1)	岡山	

출전: 秦郁彦 편, 1991『日本陸海軍總合事典』, 東京大學出版會; 外山操 편, 1981『陸海軍將官人事總覽』, 芙蓉書房出版; 福川秀樹 편, 2001『日本陸海軍將官辭典』, 芙蓉書房出版 등

비고: 괄호 안은 계급 및 사관학교 졸업기수. '中將 → 大將'은 취임중에 승진한 것을 나타냄. '士2' '候1'은 각각 士官生徒 제1기생, 士官候補生 제2기생을 나타냄.

> 데… 조선의 일도 전도가 용이하지 않아 참으로 望洋之嘆으로 참지 못하여 관직을 그만두기를 희망하고 있습니다.

확실히 이 시기를 전후하여 데라우치의 치안 인식에는 상당한 변화가 있었던 것으로 보인다. 병합 직후에 데라우치는 각 지방에 있는 헌병경찰로부터 올라온 보고를 받고 인심이 안정된다고 보았다.[15] 또 조선주차군 사령관으로부터도 집단적으로 봉기하는 의병이 없어졌으므로 여유가 생겼다는 보고를 받고 있었다.[16] 실제로 1907년 이후의 이른바 '후기 의병'은 병합에 앞서 대부분 진압되었고, 의병 진압의 중심 또한 1908년 말 이후에는 주한 일본군 수비대에서부터 주한 일본헌병대로 바뀌었던 것이다.[17] 그러나 데라우치는 1911년 이후 치안 상황을 우려하게 되어, 가쓰라에게 "조선도 오래 체재해 보니 난감한 사정이 있음을 인정하게 되었다"고 심정을 토로했고[18] 야마가타에게는 아래와 같이 말했다.[19]

> 작년 이래 암살흉행(兇行)자에 대한 豫審도 종결되어 이번 재판에 부칠 사람은 백수십 명에 달할 것입니다. 그들에 대한 재판도 이번 달 말부터 시작될 것입니다. 그때 그들의 黨族(일파)이 어떠한 거동을 할지는 가장 예측하기 힘든데, 스스로 상당한 경계를 할 수밖에 없으리라 생각됩니다. 그들의 목적은 병합 이전부터 … 국권회복에 있었습니다. 따라서 그와 같은 부류의 사람들은 조선에 있는 사람보다 오히려 국외를 떠돌아다니는 사람을 경계해야 합니다.

---

15) 山縣 앞 寺內 서한, 1910년 9월 10일(『山縣有朋關係文書』 第20冊 수록).

16) 寺內 앞 大久保春野 서한, 1910년 11월 14일(『寺內正毅關係文書』 222-19, (일본)國會圖書館憲政資料室 소장).

17) 松田, 1993 「朝鮮植民地化の過程における警察機構(1904~1910年)」(『朝鮮史研究會論文集』 제31집, 138면.

18) 桂 앞 寺內 서한, 1912년 5월 23일(『桂太郎關係文書』 62-36.(일본)國會圖書館憲政資料室 소장).

19) 山縣 앞 寺內 서한, 1912년 6월경(앞의 『山縣有朋關係文書』 第23冊 수록).

105인 사건의 재판에 의해 신민회가 중국 등지에서 대규모 독립군기지를 건설하고 있음을 알게 되어 국외의 독립운동 세력에 위기감을 느꼈던 것으로 추측된다. 그는 1912년 6월에 평양을 시찰한 감상으로 "전도가 아직 멀어서 실망할 수밖에 없다"고도 말하였다.[20] 또 제3절에서 보듯이 중국에서 1911년 10월에 일어난 신해혁명도 조선총독부에게는 불안 요인의 하나였다.

이러한 사정으로 데라우치가 육군대신 및 조선총독을 사임할 의사를 표명한 것에 대해 가쓰라 수상은 조선총독에 대해서는 사직을 만류하려고 했다. 가쓰라는 최대정당인 立憲政友會의 실력자 하라 다카시(原敬)에게 데라우치의 육군대신 사임은 양해하겠다고 하면서 다음과 같이 말했다.[21]

> 조선총독 쪽도 그(寺內)는 사임하겠다고 할 것 같다. 그는 부임할 당시 內談한 이야기에 따라 합병을 단행하기만 하면 그 임무는 다 끝난다고 믿고 있는 모양이고 그래서 사임하겠다고 할 것인데, 이것은 사이온지(西園寺公望: 立憲政友會 총재 · 차기 수상)로 하여금 특별히 설득해서 만류하게 하는 것이 상책인 것 같다 … 大將 중 조선총독을 맡길 수 있는 적임자도 없어 寺內를 유임시키는 것이 좋겠다.

가쓰라의 이러한 제안을 하라도 양해하였다. 가쓰라가 데라우치의 조선총독 유임을 원했던 것은 데라우치에게 정권이 맡겨짐으로써 야마가타 벌 내부의 세대 교체가 진행되는 것을 경계했기 때문이기도 했다.[22] 실제로 데라우치 자신도 당시 가쓰라에 이어 수상이 될 야심을 가졌던 것으로 보이나, 그 이후 사이온지(西園寺) 내각이 발족하면서 데라우치는 하라, 사이온지와 면담하였다. 결국 육군대신 사임과 조선총독 專任이 결정되었다.[23]

---

20) 德富蘇峰 앞 寺內 서한, 1912년 6월 12일(酒田正敏 · 坂野潤治 외 편, 1985『德富蘇峰關係文書』, 山川出版社, 269면).

21) 原奎一郞 편, 1965『原敬日記』 제3권, 1911년 6월 6일, 福村出版, 134면.

22) 위의 책, 제3권, 1912년 11월 23일, 264면; 小林德治, 앞의 책, 290면도 참조.

23) 앞의『原敬日記』 제3권, 1911년 6월 28일(159면); 桂 앞 寺內 서한, 1911년 8월 29일(앞의『桂太郞關係文書』 62-26). 寺內에게 제2차 桂 내각의 후임 수상이 될 생각이 있었다고 추

이상에 본 바와 같이 데라우치가 조선통치의 앞날에 불안감을 안고 육군대신 자리를 포기한 사실은 어떻게 보면 그의 정치력의 손상을 의미하는 것이었다. 실제로 데라우치가 육군의 이익을 대변하여 실현시켜 주기를 기대하던 일부 중견 장교는 데라우치가 육군대신을 사임한 것에 대해 "망연자실하다", "통절하다"고 그 감상을 표현하였다.[24)]

하지만 사임 경위에서도 명백해진 바와 같이 데라우치의 조선총독 전임은 조선통치를 다른 사람에게 맡기기 어렵다는 것을 인정한 결과이기도 하다. 사실 데라우치는 육군대신 사임 이후로도 조선총독의 군정불개입이라는 육군상의 방침을 엄격히 지키려 하지 않았다. 물론 육군대신 때와 같이 각료회의에 참석하거나 의회에서 답변을 하지는 않게 되었다. 그러나 그후도 데라우치는 야마가타 · 가쓰라 · 다나카 등 야마가타 벌 직계의 육군지도자와 서로 자주 연락을 주고받으며 조선 2개 사단 증설문제 혹은 육군대신 · 참모총장 · 關東都督 등 중요 인사에 적극 관여한 것으로 알려져 있다.[25)] 이 점에 대해서는 앞으로 더 자세히 검토할 필요가 있겠지만, 데라우치의 육군에 대한 장악력은 육군대신 사임 후에도 쇠퇴했다고 보기 어려울 것이다.

또한 데라우치가 陸相을 사임한 후 일본 본국의 정치권과 일정한 거리를 둔 것도 반드시 불리한 것만은 아니었다. 데라우치의 '무단정치'를 지지하던 한 평론가는 데라우치가 육군대신과 조선총독 사임을 생각하고 있던 1911년 6월경에 "조선반도가 내지 政爭의 와중에 휩쓸리지 않도록" 조선총독을 전임할 것을 데라우치에게 제언했다.[26)]

측되는 점에 대해서는 山本四郎 편, 1980『寺內正毅日記』, 1913년 1월 28일, 京都女子大學, 580면 참조.

24) 寺內 앞 坂西利八郎 서한, 1911년 9월 1일(山本四郎 편, 1989『坂西利八郎書翰 · 報告集』, 刀水書房, 8면); 寺內 앞 立花小一郎 서한, 1911년 9월 1일(앞의『寺內正毅關係文書』319-17).

25) 山本四郎, 1970『大正政變の基礎的硏究』, 御茶の水書房, 61~65면 참조.

26) 赤木格堂, 1911「朝鮮總督專任論」(『日本及日本人』 제560호, 24면; 姜東鎭, 1984『日本言論界と朝鮮』, 法政大學出版局, 148~149면 참조);『京城新報』, 1911년 6월 4일 사설에도

실제로 육군 내부에서도 일본에서 정변이 일어날 때마다, 조선에 있는 데라우치가 일단 자중하고 육군 세력을 溫存시켜 주기를 기대했다. 예를 들면 1912년 12월 조선 2개 사단 증설문제를 둘러싸고 제2차 사이온지 내각이 무너진 후 다나카 기이치(田中義一) 등 육군 중견간부는 처음에는 후임 수상으로 데라우치를 추대하고자 하였는데 원로 야마가타는 육군을 비난하는 세론의 공격이 데라우치에게 집중될 것을 두려워하였다.[27] 결국 다나카도 야마가타의 의견에 따라 "각하[寺內]는 조선을 굳게 保持하며 움직이지 마시고 훗날을 기다려 시국개혁에 힘써 주시길 간절히 바랍니다"라는 전보를 쳤다.[28] 1913년 2월 야마모토 곤베이(山本權兵衛) 내각 성립시에도 다나카는 데라우치에게 "지금 잠시만 조선에 체재하시고 세상의 이목을 피하며 … 형세의 추이를 지켜보실 필요가 있다"고 말했다.[29]

또한 1913년 전반 이후 야마모토 내각이 식민지총독 武官專任制를 개혁하려는 작업에 착수하자 데라우치가 총독을 사임하거나 참모총장으로 전출한다는 소문이 신문에 보도되었다.[30] 그때 데라우치가 신임하는 부하인 아카시 모토지로(明石元二郞) 조선주차헌병대 사령관 겸 총독부 경무총장은 다음과 같이 말하며 데라우치에게 총독을 그만두지 말 것을 충고하였다.[31]

같은 주장이 보인다.

27) 寺內 앞 田中義一 전보, 1912년 12월 4일(山本四郎 편, 1984『寺內正毅關係文書 首相以前』, 京都女子大學, 587면); 寺內 앞 後藤新平 서한, 1912년 12월 11일(앞의『寺內正毅關係文書』27-22).

28) 寺內 앞 田中 전보, 1912년 12월 13일(山本 편, 앞의『寺內正毅關係文書 首相以前』590면).

29) 寺內 앞 田中 서한, 1913년 2월 15일(앞의『寺內正毅關係文書』315-14).

30) 『東京日日新聞』, 1913년 9월 1일, 11월 12일, 12월 30일,『大阪朝日新聞』, 1913년 10월 7일, 11월 18일, 1914년 1월 4일,『讀賣新聞』, 1913년 11월 24일 등. 山本 내각에 의한 조선총독부관제 개혁 시도에 대해서는 李熒娘, 1990「第一次憲政擁護運動と朝鮮の官制改革論」『日本植民地研究』제3호 참조.

31) 寺內 앞 明石 서한, 1913년 11월 9일(앞의『寺內正毅關係文書』6-28).

> 정부가 등한시하기 쉬운 滿蒙 경영에 있어서 각하[寺内]의 존재는 큰 후원이 되고 있습니다. 혹시 각하께서 조선을 떠나시게 되면 關東州政府(關東都督府를 가리킴)는 고립되어 만몽경영론자들은 대륙의 근거지를 영원히 잃어버릴 것입니다.

데라우치가 조선총독의 자리를 지키고 있다는 것은, 당시 육군에게 있어서 육군 야마카타 벌의 정치력을 온존시키고 대륙정책의 거점을 확실하게 장악해 두는 것을 의미했다. 러일전쟁 이후 일본정치권에서는 구조적인 재정난 때문에 육군이 항상 군비 확장 예산을 둘러싸고 해군, 정당, 자본가 등과 경합·대립을 벌였는데, 그러한 상황에서 야마가타 아리모토, 가쓰라 다로, 다나카 기이치 등 야마가타 벌 직계 정치지도자들은 정도의 차이는 있으나 정치력에 손상을 입었다.[32] 그들에 비하여 데라우치의 지위나 권력이 비교적 안정되었던 것은 일본 본국의 정치대립에서 떨어져 조선총독부에 머물러 있었기 때문이었던 것으로 생각된다.

이상과 같이 조선총독 데라우치는 조선의 치안 상황에 위기감을 가지고 육군 대신을 사임하고 조선총독을 專任하게 되었지만, 그 이후로도 육군의 아성인 조선에서 육군 長老로서의 권위와 영향력을 기본적으로 유지하였고 육군(특히 山縣閥)에 의한 조선 지배와 대륙 진출의 핵심이 되었던 것이다. 이러한 사정을 염두에 두어야 데라우치와 그 산하의 조선주차군 및 조선주차헌병대의 간부가 육군의 이익을 대변하여 중국침략정책을 입안·수행해나가는 과정이 이해될 것이다. 제3절 이하에서는 그 구체적인 동향을 검토하겠다.

32) 山縣有朋: 1913년 樞密院 의장의 사표를 제출함(다만 사임하지는 않았다). 桂太郎 1913년 2월 제1차 憲政擁護運動에 인해 내각 총사직, 10월 사망. 田中義一: 2개 사단 증설문제와 관련한 사실상의 인책으로서 1912년 12월 군무국장으로부터 보병 제2 여단장으로 전출됨.

3. 신해혁명기

20세기에 접어들어 청나라에서는 입헌파와 혁명파의 대두, 각지의 抗糧·抗租 폭동 발생 등 왕조 말기를 시사하는 사태가 잇따라 일어나고 있었다.

일본 육군지도자·조선통치자는 1911년 10월 신해혁명으로 이어지는 이러한 중국의 동요를 두 가지 점에서 조선 문제와 관련하여 파악하였다. 첫째, 중국의 혼란이 일본의 중국 권익, 특히 만주 권익을 확대할 호기로 간주하여 조선을 전략거점의 하나로 상정하는 출병 계획을 작성하였다. 둘째, 신해혁명이 조선에까지 영향을 미쳐 치안을 불안정하게 하지 않을까 우려하였다.

먼저, 첫 번째로 신해혁명을 전후하여 입안된 동원계획에 대해서 검토해보자. 육군지도자 중 가장 빠른 시기에 對淸정책 입안을 재촉한 것은 데라우치였다. 1910년 12월 데라우치가 작성한 것으로 보이는 「對淸策案」에는 가까운 장래 청나라에 정변이 일어날 것을 예상하여 對中작전을 서둘러 결정할 것을 주장하는 내용이 담겨 있다.[33] 이 「대청책안」에는 조선에 대한 언급이 없지만, 데라우치의 지적을 받아 참모본부가 작성한 의견서에는 조선 (및 조선주차군)의 역할에 대한 언급이 있다. 1911년 4월 참모본부에서 작성한 「남만주 응급용병계획요령」에는 청나라에서 정변이 일어날 경우, 관동도독이 펑티엔(奉天) 점령·남만주 철도 연선을 점령함과 동시에 "조선주차군 사령관은 … 隷下 부대를 간도 마오지샨(帽兒山) 방면으로 진입시키고 북만주의 淸軍을 위협"한다고 되어 있었다.[34]

5월 참모본부는 청나라 정변을 포함한 세 가지 경우를 상정한 「대청 작전계획」을 책정하기에 이르렀다. 여기서도 앞서 살펴본 용병계획이 계승되고 있

---

33) 寺內, 「對淸策案」(1910년 12월. 山本四郎 편, 앞의 『寺內正毅關係文書 首相以前』, 598~603면).

34) [參謀本部] 「南滿洲應急用兵計畵要領」(1911년 4월. 『宮崎周一史料』 46, 防衛廳防衛硏究所 圖書館 소장).

다.[35] (1) 일본이 청나라와만 전쟁을 할 경우와 (2) 청나라에 요란이 발생할 경우는 "조선주차부대 일부를 간도 및 마오지샨 부근에 진입시켜 청군을 위협"한다고 되어 있었다. 또한 (3) 청나라와 러시아가 동맹하여 일본과 전쟁할 경우는 "함경도 방면에서는 우선 러시아군의 조선 국경 내 진입을 막고 그럴 수 없다면 이를 견제하여 경성[鏡城] 부근을 수비한다"고 되어 있다.

하지만 1911년 10월 우창(武昌) 봉기에 의해 신해혁명이 시작된 후 사태는 이러한 사전의 작전계획대로는 진전되지 않았다. 신해혁명 발발에 대해 제2차 사이온지 내각은 청나라 정부와 혁명파 쌍방에 압력을 가하여 입헌군주제로 개혁정책을 추진하였다. 그러나 영국이 외교전략의 주도권을 잡음으로써 清朝는 1912년 2월에 멸망하고 3월에는 위안 스카이(袁世凱)를 임시 대총통으로 하는 중화민국이 수립되었다.

그 기간 육군은 내각의 속수무책에 불만을 품어 만주에서의 병력 행사 기회를 엿보고 있었다. 10월 14일 오카 이치노수케(岡市之助) 육군차관이 후쿠시마 야수마사(福島安正) 참모차장에게 만주 출병을 제의하여, 11월 10일에는 이시모토 신로쿠(石本新六) 육군대신은 관동도독에 병력 사용을 허가했다.[36] 이 시점에서는 아마도 앞서 언급한 「대청작전계획」에 입각하여 조선주차군 출병도 고려되고 있었다고 추측되지만, 결국 이 계획은 실행할 수 없었다.[37] 조선주차군은 의병 진압을 위해 채용된 분산배치를 이 시기에도 여전히 계속했기 때문에(수비대는 1912년 말부터 1913년에 걸쳐 집결되었다), 실제로 동원하기에는 어려움이 있었다는 사정도 있었을 것으로 추측된다.

이어서 1911년 말부터 1912년 1월에 걸쳐 야마가타를 중심으로 하여 만주에

---

35) [參謀本部]「對淸作戰計畫」(1911. 5.『宮崎周一史料』47).

36) 臼井勝美, 1972『日本と中國 大正時代』, 原書房, 2면; 外務省 편간,『日本外交文書』제44책 제45권 별책(淸國事變), 266면.

37) 만주주둔군 北淸 파견계획은 이유는 불명하지만 결국 중지되었다. 그후 11월 25일, 일본 나고야(名古屋) 제3사단에서 보병 1대대 및 기관총 소부대가 북청에 파견되었다(由井正臣,「辛亥革命と日本の對應」『歷史學硏究』제344호, 1969년 1월, 4면).

대한 일본 본국으로부터의 육군파병계획이 세워졌다. 이 시기 데라우치도 가쓰라에게 보낸 서한에서 "南淸은 당분간 그대로 두되 만주는 어떻게 처리할 것인지 의견이 있으십니까"라고 물어, 만주 문제에 대한 관심을 공유하고 있음을 시사했다.[38] 이 만주파병계획도 결국 2월 초순 내각과 외무성의 반대로 좌절됐다.[39]

다음에 신해혁명과 조선 문제가 관련된 두 번째 문제로서 혁명이 조선인의 민족주의에 불을 붙이지 않을까 우려하게 만들었던 일을 살펴보겠다. 혁명 발발 직후 1911년 11월 이시즈카 에이조(石塚英藏) 총독부 총무장관은 데라우치에게 보낸 서한에서 한국 병합이 작년이 아니라 신해혁명이 일어난 올해에 시도되었다면 성공하기 어려웠을 텐데 일본에 병합된 것은 조선인의 불행이라고 하는 목소리가 있다고 지적했다.[40] 또한 12월에 데라우치는 "국경 부근에 支那혁명운동의 싹"이 있으면 조선에 파급되지 않게 주의하라고 명령을 조선주차헌병대에 내렸다.[41]

이러한 발상은 총독부 관료뿐만 아니라, 신해혁명을 대륙침략의 호기로 간주하는 정치지도자 등에게도 공통적으로 나타나고 있었다. 1912년 2월 가쓰라는 아카시 조선주차헌병대 사령관에게, 앞서 살펴본 만주출병계획을 사이온지 내각이 승낙하지 않은 것을 비난하면서, 다음과 같이 말했다.[42]

---

38) 桂 앞 寺內, 서한, 1912년 1월 7일(앞의 『桂太郎關係文書』 62-29).

39) 小林德治, 앞의 책, 267~268면; 兪辛焞, 2002 『辛亥革命期の中日外交史硏究』, 東方書店, 205~213면.

40) 寺內 앞 石塚英藏 서한, 1911년 11월 18일(앞의 『寺內正毅關係文書』 86-6). 신해혁명에 대한 조선민중의 반응에 관해서는 조선주차 헌병대의 보고서를 사용한 논문에서 별도로 논할 예정이다(松田, 「公州憲兵隊本部 · 忠淸南道警察部 編, 『酒幕談叢』에 보는 植民地期 初期 朝鮮의 社會狀況과 民衆」(가제)).

41) 寺內 앞 明石 서한, 1911년 12월 6일(앞의 『寺內正毅關係文書』 6-23).

42) 明石 앞 桂 서한, 1912년 2월 18일(日本政治外交史硏究會 편, 1985 「『明石元二郎文書』 及び解題 — 主要書簡を中心に—」 『法學硏究(慶應義塾大學法學硏究會)』 제58권 제9호, 89면).

> 향후 만주 상황에 변화가 일어날 경우에는 인접하는 조선에도 어느 정도 영향을 끼치는 것은 불가피하므로 … 총독께서 몸이 아프시니 귀관께서 충분히 경계하시기를 바랍니다.

또한 1912년 초 이래 참모본부에 의한 이른바 '滿蒙 독립운동' 주모자이면서 데라우치나 아카시와도 접촉하고 있던 가와시마 나니와(川島浪速)도 비슷한 인식을 드러내고 있었다. 가와시마는 1911년 11월 러시아가 외몽골에 독립선언을 시키는 등 대 몽골정책을 활발하게 한 점을 염두에 두면서 "만약 동부 몽골이 그 쪽[러시아] 세력권으로 돌아간다면 南滿은 바로 위기에 처할 것이며, 남만을 지키지 못하면 조선 역시 안전하지 못하다"고 말하고 있다.[43)]

이상에 본 바와 같이 신해혁명기에 데라우치를 포함한 육군 수뇌는 청나라의 혁명을 사전에 예측하여 만주 권익의 유지·확대에 많은 관심을 가지고 있었으며, 이를 위해 적어도 한때는 조선주차군의 병력 일부를 간도 방면에 동원할 계획이었다. 또한 육군지도자와 그 주변 인물은 만주로부터 신해혁명의 영향이 전파되거나 일본의 만주 지배가 동요하거나 하면 조선 지배도 불안정하게 될 것을 우려하고 있었다. 이들 문제는 1912년 초에 일어난 청조 붕괴, 위안 스카이(袁世凱)의 실권 장악으로 신해혁명이 일단락된 것으로 인해 표면적으로는 수습되었다. 그러나 이후에도 중국·만주 문제와 조선의 연관성에 대한 인식은 육군이 추구한 몇 가지 정치 과제에 반영되었다. 그러한 문제로서 조선에 2개 사단을 증설하는 문제와 조선·만주 일체화 정책이라는 두 가지에 대해서 신해혁명의 영향을 검토하겠다.

우선 조선에 2개 사단을 증설하는 문제에 대해서 살펴보면, 이 요구 자체는 이미 1910년 6월에 데라우치 육군대신이 내각회의에 제출한 것이었다.[44)] 그것

---

43) 川島浪速, 「對支管見」(1912년 8월 집필. 會田勉, 1936 『川島浪速翁』, 文粹閣, 176~177면). 만몽독립계획에 대해서는, 栗原健, 1966 「第一次, 第二次滿蒙獨立運動」(栗原 편저, 『對滿蒙政策史の一面』, 原書房; 兪辛焞, 앞의 책, 215~225면 참조.

44) [參謀本部] 「統帥權ニ關スル研究」(1930년 5월. 參謀本部第一課, 『昭和五年倫敦會議關係統帥權ニ關スル書類綴』, 防衛廳防衛研究所圖書館 소장, 수록).

이 1912년 이후 정치 문제가 된 것은 주지하는 바와 같이, 사이온지 내각에 의한 행정 정리 방침이 육군의 군비 확장 요구와 충돌했기 때문이다. 다만, 이 시기에 대 중국・만주 정책과 관련해서 조선에서의 사단 증설이 이전보다 강하게 주장되었다고 하는 면이 있는 것도 간과할 수 없다. 앞서 살펴본 1912년 초 만주출병계획에 대하여 외무성 당국에서는, 육군이 만주의 위기를 고취하여 조선에서의 사단 증설 문제와 결부시키려는 것은 아닌지 의심하고 있었다.[45] 실제로 육군의 주장에서 그러한 발상을 볼 수 있다.

1912년 11월 우가키 가주시게(宇垣一成) 군사과장이 작성한 것으로 추정되는 「2개 사단 증설을 주장하는 의견서」는 중국이 붕괴할 경우, 일본이 대 중국 외교에서 주도권을 잡지 않으면 안 되고, 이때 "조선 2개 사단 증설은 支那 정책의 발판을 공고히 하는 것"이라고 간주하고 있었다.[46] 같은 시기에 陸軍省軍務局이 작성한 문서에서도 조선에 상주 사단을 두어야 할 필요성에 대해 다음과 같이 설명하고 있다.[47]

> 支那 정변 이래 [중국은] 정부의 威令이 보급되지 않아 지방 결속력을 상실하여 … 게다가 러시아의 몽골에 대한 간섭과 압박은 날마다 더해 가고 있고 … 북조선 북만주뿐만 아니라 이전에는 러일 양국의 중립 지대로 간주되던 몽골과 지리[直隷] 지역까지 용병 범위를 확장해야 하는 상황이다.

신해혁명 이후 중국 국내의 혼란과 러시아의 대 몽골정책 적극화로 인해 중국 특히 만주에 대한 출병 가능성이 증대하였으며, 이 때문에 배후지인 조선의

---

45) 이주인(伊集院彦吉) 중국 주재 일본대사는 마키노(牧野伸顯) 외상에게 보낸 서한(1912. 2. 24)에서, 실현 가능성이 낮은 출병에 육군이 고집하는 것은 출병 그 자체보다 오히려 "사단 증설의 기회로 이용하려는 속셈이 아니냐"고 말하고 있다(尙友俱樂部・廣瀨順晧・櫻井良樹 편, 1996 『伊集院彦吉關係文書』 제1권, 芙蓉書房出版, 330면).

46) [宇垣一成軍務局長] 「二個師團增設主張の意見書」(1912년 11월? 『宇垣一成關係文書』 86, (일본)國會圖書館憲政資料室 소장).

47) 陸軍省軍務局, 「二個師團增設理由書・同所要額」(1912년 12월. 앞의 『宮崎周一史料』 53).

전략적 중요성이 높아졌다고 육군은 인식하고 있었다.

다음으로 육군 특히 데라우치의 측근 가운데 데라우치가 조선총독과 관동도독을 겸임함으로써 양쪽 지역을 통일적으로 지배하기를 기대하는 소리가 높아졌다. 육군에서 1910년대, 만주 · 조선 경영 기관을 통일하라고 하는 논의가 있었던 것은 이미 선행연구에서 지적되었다.[48] 이 글에서는, 만주 정세와 조선 문제가 밀접한 관계를 가지고 있다는 인식이 강해진 것이 그 계기가 되었다는 점에 주목하고 싶다. 1911년 11월 아카시는 데라우치에게 보낸 서한에서 清朝의 위기를 전하면서 다음과 같이 데라우치의 관동도독 겸임을 찬성하고 있다.[49]

> 여러 소식 중 베이징의 존망을 전하지 않는 것이 없습니다 … 또한 도쿄 등에서의 소문으로서 야인배들이 말하는 바에 따르면 각하[寺內]가 關東都督을 겸임하셔야 한다는 풍문도 빈번히 나돌고 있습니다. 이러한 시기에 만주의 질서를 군사적 위력으로 유지하여 조선 초기의 약했던 전철을 밟지 말아야 한다는 것은 내외에서 바라는 것으로 생각됩니다. 따라서 각하가 도독을 겸임하셔야 한다는 풍문이 일어나는 것은 자연스러운 일이라고 생각됩니다.

이 서한 중에서 아카시가 조선침략 초기의 '약했던 전철'(이토 히로부미 한국 통감의 시정을 가리키는 것으로 추측된다)을 상기하면서, 데라우치에게 만주 · 조선을 통한 강압책을 기대하고 있는 것이 눈에 띄는데 이 문제에 대해서는 다음 절에서 살펴보겠다.

또한 아카시는 12월 중국정세에 정통한 모리타 도시토(守田利遠: 奉天 특무기관장)에게서 받은 서신을 데라우치에게 회부하고 있다. 그 서한에서도 신해혁명이 만주에 파급되기 전에 "極東總督府와 같은 것"을 설치하고 조선 · 만주를 합해서 데라우치가 통치하기를 바란다고 말하고 있다.[50] 그리고 데라우치

48) 北岡伸一, 앞의 책, 115~116면 참조.

49) 寺內 앞 明石 서한, 1911년 11월 7일(앞의 『寺內正毅關係文書』 6-22).

50) 明石 앞 守田 서한, 1911년 11월 26일(寺內 앞 明石 서한, 1911년 12월 7일, 앞의 『寺內正毅關係文書』 6-24 수록).

자신도 이와 가까운 구상을 가지고 있던 것으로 추측된다. 약간 후의 일이지만, 1914년경에 작성된 메모에 "조선이 병합되어 우리 영도가 된 후 만주 경영의 필요성이 한층 긴급해진 것," "만주 경영은 유력하고 상당한 권력 있는 중심기관을 필요"로 한다고 적고 있다.[51]

이상에 본 바와 같이 신해혁명기에 육군에서는 중국에 대한 용병 전략 및 조선 치안 문제와 관련하여, 중국(특히 만주)과 조선의 연관성에 대한 인식이 강화되었다. 이에 따라 육군이 추구하고 있던 구체적인 정책 과제에도 이러한 인식이 반영되기에 이르렀다. 조선에 2개 사단을 증설하는 문제는 對中 정책상의 현실적인 필요성 때문에 정치적 쟁점으로서 부상했다. 또한 조선·만주를 데라우치가 장악해 통일적인 대륙정책 수행기관을 마련하라고 하는 논의가 일어났다.[52]

이들 문제에 대한 그후의 경과를 간단하게 살펴보면 제1차 세계대전기까지 육군은 특별한 움직임을 취할 수 없었다. 1912년 말 육군의 2개 사단 증설 요구에 대한 내각의 거부와 이에 따른 정치적 혼란으로 인해 육군의 영향력이 크게 쇠퇴했다. 게다가 1913년 2월에 성립한 야마모토(山本權兵衛) 내각이 조선을 포함한 식민지총독 武官專任制를 개혁하려고 했다. 그에 따라, 데라우치는 한때 사임을 각오하고 있었다. 1914년 3월에 야마모토 내각이 무너진 것으로 개혁은 좌절함). 결국 이미 알려져 있는 것처럼 조선 2개 사단 증설 문제는 1915년 6월에 실현되었다. 만주·조선 경영기관 일원화에 대해서는 데라우치 내각 밑에서 진행되었지만, 외무성의 반대로 인해 통일기관 설치는 보류되어 1917년

51) 寺內,「滿洲經營ニ關スル寺內正毅覺書」(1914년경 山本四郎 편, 앞의『寺內正毅關係文書—首相以前』, 603면).

52) 그밖에 만주문제 및 조선통치와 관련하여 조선총독부가 취한 정책으로는 간도재주조선인정책을 들 수 있다. 이 문제에 대해서는 李盛煥, 1991『近代東アジアの政治力學 間島をめぐる日中朝關係の史的展開』, 錦正社, 100~102면; 外務省 政務局,「滿洲及び支那各地に於ける外交方針扞格の實例」(1913년 6월. 栗原 편저, 앞의 책, 332~335면 수록). 다만 재만 조선인 문제에 대한 총독부의 개입이 육군의 이익을 직접 반영한 것으로 보기 어렵고 신해혁명에 인한 정책 변화도 찾기 어려우므로 본고에서는 이 문제를 제외했다.

7월 關東都督府 강화라는 제도 개편만이 실현되었다.[53]

그런데 이와 같이 육군의 제 요구가 실현되어 갔던 제1차 대전기는 중국 문제에 관련되어 육군의 움직임이 재차 활발히 이루어진 시기이기도 하다. 제4절에서는 특히 조선과 관련되는 對中 군사행동계획을 조명하고 싶다.

4. 제1차 세계대전기

1914년 7월 발발한 제1차 세계대전은 일본의 중국 정책에 대한 제약요인으로 작용하던 유럽열강을 동아시아에서 후퇴시킴으로써 일본이 적극적으로 중국 정책을 취하도록 하는 계기가 되었다. 대전 초기 조선과 관련되는 군사행동계획으로는 첫째, 대전 발발 직후부터 다음해(1915년) 3월경까지, 소위 對中 21개 요구조항을 중국 위안 스카이(袁世凱) 정권에 강요하기 위한 군사행동의 일환으로서, 조선주차군의 만주 파견이 계획되었다. 둘째, 1915년 5월 중국이 21개 요구조항을 수락하기 직전에 조선총독부는 서간도 거류민의 '보호'를 명목으로 조선주차군 국경수비대 출병을 계획하고 있었다. 본 절에서는 이 두 계획을 검토하겠다.

먼저 첫째, 21개 요구조항을 둘러싼 교섭 당시 일본 육군이 중국에 압력을 가하기 위해 세운 출병 계획에 대해 살펴보자. 육군 참모본부에서 영국 · 독일 개전(8월 4일)의 보고를 받은 데라우치 조선총독은 1914년 8월 7일 고토 신페이(後藤新平)에게 보낸 서한에서 다음과 같이 말하였다.[54]

---

53) 北岡伸一, 앞의 책, 264~267면.

54) 後藤 앞 寺內書簡, 1914년 8월 4일(北岡伸, 앞의 책, 164면에서 재인용). 寺內는 8월 9일자 일기에서도 "이 기회에 우리 제국은 중국의 치안을 유지할 책임을 지고 마땅히 미국의 容喙를 거절해야 한다" 고 썼다(山本四郎 편, 앞의 『寺內正毅日記』, 636면).

> 불초[不肖: 寺內]가 보기에는 袁군의 수완으로 중국 전체의 安寧을 유지하기는 어려울 것입니다 … 앞으로 치안을 유지하고 동아의 大局을 뒷받침할 수 있는 것은 우리 제국 이외에는 없다고 생각됩니다. 그런데 앞으로 동맹관계에 있는 열강의 신용을 잃지 않는 한도 내에서 그들의 이권을 보호하면서 동시에 우리 이권을 확보하고 만주, 몽골을 향한 길을 여는 것이 당국의 급선무가 아닌지요.

데라우치는 구미열강을 서로 대립시킴으로써 대외교섭력을 유지해온 위안스카이 정권이 유럽에서의 대전 발발에 의하여 약체화할 것으로 예상하였다. 그리고 袁정권의 통치를 일단 원조하면서 만주·몽골에 대한 권익을 확장할 호기로 삼아야 한다고 생각했다. 이러한 입장은 그 당시 원로 야마가타(山縣有朋)와 공통되는 것이었다.[55]

한편 대전 발발을 중국에서의 권익을 확장할 기회로 간주하면서도 더 강경한 수단으로 그것을 실현하고자 한 것이 아카시였다. 아카시는 데라우치의 천거로[56] 이 해(1914년) 5월에 본국 참모차장으로 취임하였고 육군 전체의 작전 결정에 관여할 수 있는 지위에 있었다. 아카시는 7월 말 이후 데라우치에게 대전이 "우리나라가 동아에 권위를 확립할 호기," "對支 정책 근본 해결"의 계기가 된다는 판단을 드러냈다.[57] 그리고 그 수단으로 위안 스카이 정권과 일본이 '동맹'을 맺을 것, 군사·정치·재정·외교 등에 대해서 일본의 지시를 받도록 할 것, "滿蒙에 관하여 일본은 특별한 관계가 있으므로 그 제의를 존중할 것(만몽은 이렇게 하면서 최종적으로는 합병하는 것을 목적으로 한다: 원주)" 이라고 하는 복안을 제시하였다.[58] 아카시의 구상은 중국을 일본의 보호국으로 전락시키

---

55) 北岡伸一, 앞의 책, 165~166면.

56) 寺內 앞 明石 서한, 1914년 4월 19일(앞의 『寺內正毅關係文書』 6-29).

57) 寺內 앞 明石 서한, 1914년 7월 30일(『寺內正毅關係文書』 6-33), 1914년 8월 20일(『寺內正毅關係文書』, 6-34면).

58) 寺內 앞 明石 서한, 1914년 8월 20일(『寺內正毅關係文書』 6-34). 明石는 岡市之助 육군대신에게도 같은 구상을 제시하고 있었고 육군 내부에서 합의가 이루어질 것을 노리고 있었다(岡 앞 明石 서한, 1914년 8월 16일. 『岡市之助關係文書』 1-2.(일본)國會圖書館憲政

고 일본의 권익이 집중되는 만주 · 몽골에 대해서는 '합병'을 시야에 넣고 완전 지배를 도모하는 것이었다.

1915년에 들어 중국주재 일본대사가 위안 스카이에게 21개 요구조항을 수교하고(1월 18일) 중일간의 교섭이 시작되자 군사력 발동 계획이 구체화되었다. 앞서 언급하였듯이 원로 야마가타나 데라우치 조선총독은 위안 스카이 정권에 대한 원조를 통하여 중국에서의 권익을 확대시키려는 입장이었는데, 그와 동시에 목적을 달성하기 위해서는 군사적 위협도 불사할 생각이었다.[59] 이러한 육군지도자의 의향을 받아들여 아카시도 데라우치에 대해 몇 개 사단을 베이징에 진출시키면 중일교섭은 몇 개월 안에 해결할 수 있겠다고 진언하며 오카(岡市之助) 육군대신에게도 결단을 촉구했다고 말했다.[60] 2월 3일에 아카시는 데라우치에 대해 조선주차군 동원을 포함한 2개 출병안을 제시하였다.[61]

제1안은 교대 파견제가 되어 있는 만주 주둔군과 칭다오(青島) 수비대가 다음에 교대할 때 新舊 부대를 중복 배치함으로써 실질적으로 병력을 증가하는 것이다. 제2안은 몇 개 사단을 동원해서 베이징을 공략하는 것이다. 제2안의 경우에는 먼저 만주주둔군과 조선주차군이 중요한 지역을 점령할 것을 아래와 같이 제안하고 있다.

> 일시적 응급조치로는 만주군의 일부를 北清 要地에 진출시키거나 혹은 관할하고 계시는 조선에서 2, 3대대를 [파견하여] 만주 방면 요지를 응급 점령해야 할 경우도 생길 것으로 생각합니다.

資料室 소장).

59) 1915년 1월 23일 山縣는 明石 참모차장에게 보낸 서한에서, 만약에 중국측이 滿蒙問題에 이의를 제기하면 "단연코 병력을 써서라도 이 목적을 달성할 결심과 각오가 있어야 한다"는 입장을 밝혔다(日本政治外交史研究會 편, 앞의 「『明石元二郎文書』及び解題」, 100면).

60) 寺內 앞 明石 서한, 1915년 1월 29일(앞의 『寺內正毅關係文書』 6-37).

61) 寺內 앞 明石 서한, 1915년 2월 3일(『寺內正毅關係文書』 6-44).

이제 조선주차군의 서간도 출병계획에 대해 살펴보기로 하겠다. 아카시 참모차장은 만주에 대한 조선주차군 출병과는 별도로, 간도 방면에 대한 비교적 소규모의 출병을 이전부터 주장하고 있었던 것으로 보인다. 1915년 2월 데라우치에게 보낸 서한에서는 "작년(1914년)부터 주둔군(조선주차군)에게 주의시켜온 바와 같이, 마땅히 압록강 상류, 통화[通化] 방면 및 북간도에 小部隊를 파견할 필요가 있다"고 말했다.[72)]

이 문제는 1915년 5월 초 구체화되었다. 21개 요구조항을 둘러싼 중일교섭이 최종단계에 접어들면서, 데라우치는 외무성으로부터 일본이 중국정부에 대해 최후통첩을 할지 모른다는 연락을 받았다. 데라우치 총독은 이를 계기로 5월 4일 총독부 外事課와 경무총감부에 대해 서간도 거류민의 귀국 검토를 지시하였다. 아울러 시라이 지로(白井二郎) 總督府附武官(총독부 부속 무관)에게 지시를 내려 조선주차군 사령관·재조선 사단장으로 하여금 철도 연선의 보호에 관하여 협의하도록 하였다. 또한 安東 영사로부터의 거류민 보호 요청에 따라 정무총감과 조선주차군 사령관이 협의한 결과, 5월 7일 조선주차군 신의주 수비대는 압록강 건너편에 있는 "안동수비대와 협력하며 행동할 것"을 결정하고 그를 위한 越境 출병을 준비하였다.[73)]

이러한 서간도 출병은 일본인 및 조선인 거류민의 '보호'뿐만 아니라 독립운동 세력에 대한 탄압을 목적으로 한 것이었다. 5월 6일 정무총감이 데라우치에게 보낸 전보는 아래와 같이 말한다.[74)]

> 시국에 의한 在間島 조선인보호는 우리 쪽에서 가능한 한 보호하도록 주의해야 한다. 이때 전부터 排日의 수괴로 알려져 있는 자도 檢束할 수 있다면 무엇보다 바람직할 것이다.

---

72) 寺內 앞 明石 서한, 1915년 2월 3일(『寺內正毅關係文書』 6-44).

73) 寺內 앞 山縣伊三郎 전보, 1915년 5월 4일, 5월 5일, 5월 7일(山本四郎 편, 앞의 책, 606~611면).

74) 山縣伊三郎 앞 寺內 전보, 1915년 5월 6일(山本四郎 편, 앞의 책, 610면).

그 결과 5월 8일 조선주차군 신의주 수비대 및 헌병경찰은 중일간 국교가 단절될 경우 안동수비대와 협력하여 "內鮮人을 보호 단속"하고 "불량자를 검거"할 준비를 마쳤다.[75] 다음날 중국이 21개 요구조항을 받아들였으므로 출병은 실시되지 않았지만, 만약 출병이 이루어졌다면 1920년의 경신년 대참변을 예고하는 조선인 탄압이 감행되었을 가능성을 부정할 수 없다.

5. 맺음말

1910년대 전반 야마가타벌 육군지도자인 데라우치를 총독으로 두었던 조선은 식민지 경영의 대상으로서만이 아니라 육군의 대륙정책 수행의 중요 거점으로 간주되고 있었다. 특히 육군의 대륙정책이 활발해지던 1911년 10월 이후의 신해혁명기 및 1914년 7월 이후의 제1차 세계대전기에 있어서 데라우치 총독과 그 주변 인물들은 대륙정책의 구체화에 능동적으로 참여했다. 또한 이 시기의 육군의 출병계획은 언제나 조선주차군의 동원을 고려하고 있었다. 이 두 시기에 육군이 조선에 대해 가졌던 전략적 인식과 조선총독부의 치안 인식에는 몇 가지 공통점이 발견된다.

첫째, 일본의 권익이 집중되어 있는 만주의 중요지역을 점령할 계획이 세워지고 조선주차군은 '후방수비'로서 만주 방면에 동원될 계획이었다. 출병계획은 모두 일본 내외의 사정으로 인해 실현되지 않았으나, 육군에게 있어서 조선의 주요한 전략적 의의는 만주의 後背地였다는 점이 분명해졌다. 물론 만주 문제와 조선 문제의 관련성 그 자체는 러일전쟁 이전부터 인식되고 있었다. 그러나 일제가 러일전쟁에 의해 만주 권익을 확보하고 조선지배를 확립함으로써, 조선을 후방기지로 하여 만주에 주한일본군을 파병할 현실적 필요성과 가능성이 생겼다는 점에서 1910년대는 그 이전의 시기와 명확히 다르다.

---

75) 寺內 앞 山縣伊三郎 전보, 1915년 5월 8일(山本四郎 편, 앞의 책, 612면).

둘째, 조선이 중국과 국경을 마주하고 있다는 특수조건 때문에, 조선통치의 안정과 적극적 대륙정책은 밀접한 관련을 가지고 있었다. 즉 조선통치의 안정을 위해서도 적극적 대륙정책이 요구되었다. 신해혁명 당시의 일련의 출병계획의 배후에는 혁명의 영향이 조선에까지 미치지 않을까 우려하는 분위기가 육군지도자와 총독부 내에 있었다. 제1차 대전기에 21개 요구조항 교섭의 결렬에 대비하여 총독부가 서간도에 수비대 파견을 준비할 때는, 이 지방의 독립운동세력 배제와 단속도 검토된 바 있다.

또한 셋째, 아카시(1910~14년 조선주차헌병대 사령관, 1914~15년 참모차장)처럼 조선통치의 중추에 있으면서 두 시기의 군사행동계획에 깊이 관여했던 사람에게는, 병합을 전후한 한국의 상황은 명심해야 할 '선례'가 되어 있었다. 중국에 대해 군사적 위협이 필요하다는 인식이 한국병합의 경험으로부터 나왔다는 것은 흥미로운 사실이라고 할 수 있겠다.

이러한 조선 인식은 1920년대 이후 자주 일어난 조선군의 越境 출병에도 기본적으로 영향을 미쳤다. 간도 출병(1920년), 궈송링(郭松齡) 사건으로 인한 출병(1921년), 중국국민혁명의 진전에 대항한 출병(1928년), 만주사변으로 인한 출병(1931년)은 모두 만주지역에 파병한 것이었고(다만 국민혁명에 대한 출병 때는 조선군으로부터 칭다오(青島)에 비행대를 파견하기도 했다), 간도 출병이나 만주사변 관련 출병이 조선통치의 안정을 위한 것이었던 사실은 잘 알려져 있다. 1910년대는 일본의 대륙정책에 있어서 조선의 전략적 위치가 분명해지고 만주 출병과 조선통치의 연관성이 인식되었다는 점에서 차후로 이어지는 기본적 인식틀이 형성되었다고 할 수 있겠다.

한편 1910년대의 육군과 조선의 관계가 1920년대 이후와 크게 다른 측면도 있다. 본고에서 살펴보았듯이, 1910년대 데라우치 총독은 스스로 능동적인 대륙정책을 입안·추진하고, 조선주차군의 동원도 데라우치를 포함한 육군이 구상했던 대륙정책의 일부를 이루고 있었다. 이것은 만주사변 때 조선군이 오로지 관동군과 연락하면서 출병을 준비하고 결국 본국의 육군 중앙을 무시하고 독단으로 조선군을 월경시켰던 것과 양상을 달리한다. 육군을 완전히 장악할 수 있는 육군 주류파벌의 지도자가 조선총독을 했던 1910년대에는 조건상 조선주차군이 독자적으로 대륙정책을 수행할 수 없었던 것이다.[76]

76) 다만 1910년대에도 조선주차군이 총독에게서 명령을 받지 않은 채 越境 출병을 한 일이 없었던 것은 아니다. 1917년 9월 琿春에서 밀수입에 종사하다가 중국 당국에 체포된 조선인의 인도를 놓고 간도영사관 훈춘 분관 영사관 경찰과 중국 순경 사이에 분쟁이 생겼다. 이 사건을 계기로 조선주차군 慶源 수비대 소속 보병 제73연대 제9중대 약 80명이 월경 출병했다(『外務省警察史』 第19巻(間島ノ部), 영인본, 不二出版, 1998년, 160~172면, 『京城日報』, 1917년 9월 18일, 석간). 松川敏胤 조선주차군 사령관의 설명에 따르면 이것은 훈춘 영사분관에서 요청이 와서 수비대가 상관의 명령을 기다리지 않고 병력을 파견했던 것이었다. 그러나 松川에 의하면 이것은 단지 사령관인 그가 출장 중이었기 때문에 「수비대 근무 규정 제23조」(내용 불명)를 바탕으로 臨機의 조치를 강구한 것이었고, 사건 후 조선주차군 사령관 및 참모장이 長谷川好道 총독에게 보고하여 양해를 받았다(이상, 寺內 앞 松川 서한, 1917년 9월 24일, 앞의 『寺內正毅關係文書』 156-2). 이러한 사건의 과정을 감안하면 조선주차군측에 총독의 통제로부터 벗어나고자 하는 의사가 있었다고 보기는 어렵다.

1910년대 조선총독부의 재정정책
— 세입 · 세출 예산의 분석을 중심으로 —

이윤상 · 김상태

1. 머리말

일본이 본격적인 대한식민지화정책을 추진하면서 가장 큰 관심을 기울였고 또 가장 먼저 침탈을 시작했던 것이 바로 재정부문이었다. 일본은 모든 행성의 기초인 재정부문 침탈을 통해 식민지화의 토대를 만들어갔을 뿐만 아니라, 식민지 지배와 수탈을 강화하기 위해 여러 재정정책을 동원하였다. 이처럼 식민지 지배정책의 본질을 가장 분명하게 보여주는 것이 바로 재정정책이라 할 수 있다.

당시 조선총독부 당국자는 한국처럼 산업경제의 후진성이 강한 지역에서의 재정은 시설의 필요 여부, 우선순위를 정확하게 판정하는 것이 대단히 중요하기 때문에 그 작업이 적정하게 이루어져야 비로소 재정 지출의 골격이 정해지고, 이어서 소요재원의 한도, 그 조달방법 등이 결정되어 세입 · 세출예산이 편성된다고 하고 있지만, 사실은 한국에서의 필요보다는 일본의 필요에 따라 한국의 재정정책이 결정되고 있었다.[1] 제국주의의 효율적인 수탈을 위한 제도적

1) 水田直昌, 1974『總督府時代の財政』, 友邦協會, 15면.

장치로서 재정 · 금융기구의 장악과 자본주의적 재정 · 금융제도의 이식은 식민지를 완전히 자기 통제 아래 두기 위한 필수조건으로서 한국 내에서의 식민지배 재원 조달, 상시적인 잉여유출기구의 수립, 일본 자본주의의 축적을 위한 한국의 財富 이용은 대단히 중요한 것이었기 때문이다.[2] 따라서 일본은 1910년대에 '무단통치'와 토지조사사업의 실시, 회사령의 반포 등 식민지 지배와 수탈을 위한 기초작업을 벌여나가는 한편, 재정부문에서도 일본으로부터의 보충금과 공채를 바탕으로 한 사회간접자본의 확충, 지세 · 주세 · 연초세 제도의 정비 등 일련의 사업을 추진하기 시작하였다.

이 글은 세입과 세출 예산의 분석을 중심으로 하여 1910년대 조선총독부의 재정정책을 검토함으로써 이 시기 일본의 식민지지배정책의 실상과 그 성격을 밝히는 데 도움을 주고자 하는 것이다. 초기의 조선총독부 재정정책은 통감부시기의 재정정책을 상당 부분 계승하고 있기 때문에 먼저 통감부시기 세입 · 세출 예산의 특징을 살펴보고, 이어서 1910년대 조선총독부특별회계에서 나타나는 식민지 초기 재정의 성격을 정리해 보기로 하겠다.

2. 통감부시기의 세입 · 세출 예산

통감부시기 일본의 식민지화정책, 특히 한국 재정에 대한 침탈은 단계적으로 강화되어갔다. 그 첫번째 단계는 1904년 10월 메가타 타네타로(目賀田種太郎)가 한국정부의 재정고문으로 부임하여 재정에 대한 실권을 장악하고 일본 화폐제도의 도입과 국고의 장악 등을 통해 한국의 재정을 식민지 재정으로 만들기 위한 기초작업을 벌여나간 시기이며, 두 번째 단계는 1906년 2월 통감부가 설치되고 이토 히로부미(伊藤博文)가 통감으로 한국의 내각을 사실상 통솔하면서 내정을 좌우해 나간 시기로서 메가타는 이토의 휘하에서 징세제도를 개편하는

2) 정태헌, 1996 『일제의 경제정책과 조선사회』, 역사비평사, 63면.

등 본격적으로 한국 재정에 대한 침탈을 감행하고 있다. 세 번째 단계는 1907년 7월 헤이그 밀사사건을 구실로 고종을 퇴위시키고 일본인들을 대거 한국정부의 고위관료로 임명하여 일본인들에 의해 재정을 비롯한 행정 전반이 운영되는 소위 '차관정치' 의 시기로서 황실재정의 해체, 세원조사, 新稅의 창설 등에 기초한 세입의 확대와 수탈 · 지배에 필요한 기구 및 시설의 확충을 위한 세출의 증대를 통해 한국 재정이 식민지 재정으로서의 성격을 갖게 되는 단계이다.[3)]

따라서 통감부시기의 세입 · 세출도 1907년을 경계로 하여 커다란 성격의 변화를 보였다. 〈표 1〉과 〈표 2〉를 보면 1905 · 1906년 단계에서는 그전 시기와 별다른 차이를 보이지 않는다. 재정고문 메가타를 앞장세운 일본이 세출부문은 어느 정도 통제할 수 있었지만 세입부문은 아직 장악하지 못했기 때문에 세입의 전체 규모나 항목별 비중이 거의 변화하지 않은 것이다. 하지만 일본이 새로운 징세기구를 창설하고 일본인들을 대거 파견하여 재무기관 전체를 장악하는 1907년부터 세입의 규모뿐만 아니라 항목별 구성도 크게 변화하기 시작했다. 세입의 전체 규모는 1906년까지 700만 圜대에서 유지되었으나 1907년에 두 배 가까이 증가한 것을 시작으로 해마다 급증추세를 보였다. 특히 본예산이 편성된 후 추가예산이 자주 편성되어 최종 예산은 본예산보다 훨씬 불어나는 현상을 보였다. 이렇게 해서 결국 1910년의 추경예산은 1905년 예산의 세 배가 넘는 규모에 달했다.

1907년부터 예산 규모가 급증한 것은 일본이 한국의 황실재정을 해체하여 그 수입을 정부의 세입에 포함시키는 한편, 징수기구를 장악하고 나아가 세원까지 철저히 파악할 수 있었기 때문에 가능해진 것이었다. 그러나 그보다 더 중요한 이유는 일본이 식민지화정책을 본격화하면서 한국에 강요한 대규모의 외채에 있었다. 〈표 1〉과 〈표 2〉에서 명백히 드러나듯이 세입예산의 급증은 조세를 중심으로 한 경상비보다 외채를 중심으로 한 임시비의 팽창에 말미암은 것이

---

3) 통감부시기 재정 상황에 대해서는 이윤상, 1996 「통감부시기 일제의 한국 재정 침탈」 『숙명한국사론』 2 참조.

었다.

이러한 외채의 증가는 재정에 심각한 영향을 주었다. 1905년의 화폐정리자금 300만 엔, 국고증권 200만 엔, 금융자금 150만 엔의 도입으로 시작된 외채의 증가 추세는 1906년의 기업자금 1천만 엔, 1908년의 제2차 기업자금 1,796만 엔, 1908년부터의 일본정부 차입금 등으로 가속화되었다.[4] 특히 제1차 및 제2차 기업자금과 일본정부 차입금은 각각 1천만 엔을 넘는 막대한 액수였다. 차입금이라는 것은 자신들이 의도하는 한국의 행정·사법제도 개편에 필요한 한국정부의 세입 부족을 충당하기 위해 일본정부가 1906년 이후 6개년에 걸쳐 약 2천만 엔을 대부한 것을 의미한다. 하지만 이러한 일본으로부터의 막대한 외채는 한국재정의 자주적인 운용을 방해하는 결정적인 요인으로 작용하였다. 일본은 다른 나라로부터의 차관은 철저히 방해하면서 한국에 막대한 규모의 차관을 강요하여 재정부문의 침탈은 물론이고 행정 전반의 식민지화에 이용하고 있었다.

〈표 1〉과 〈표 2〉를 보면 조세부문 역시 1907년을 획기로 커다란 변화를 보이고 있다. 1906년까지는 종전과 비슷한 양상이었으나 1907년 후반기부터 항세의 급증, 1908년부터는 호세의 급증, 1909년 후반기부터 가옥세·주세·연초세 등 '新三稅'의 창설 등 일본의 증수정책이 예산 편성에 그대로 반영되면서 세입의 구조가 변화하고 있다.[5] 증수의 방법으로는 세율의 인상이 아니라 황실재정의 해체와 정부재정으로의 편입, 독립회계였던 항세의 국고 이속, 신세의 창설, 세원조사 등의 조치가 취해졌다. 이에 따라 1907년의 경상비 세입예산도 지세에서 結과 陞摠이 증가되고 호세에서 戶數陞摠이 증가되었으며 광세가 부활됨에 따라 크게 증가하였다.[6] 항세의 경우 독립회계로서 그 수입 중 경비를 제외한 일부분만 국고로 들어갔었으나 1906년부터는 재정고문 메가타가 총세무사를

4) 『韓國財政施設綱要』(1910), 156~160면.

5) 통감부시기 조세증가정책의 기본적인 방향을 담고 있는 '韓國歲計計劃案'의 내용과 그 실현과정에 대해서는 이영호, 1996 「통감부시기 조세증가정책의 실현과정과 그 성격」 『한국문화』 18 참조.

6) 『韓國財政整理報告』 제2회(下) (1906), 2면.

표 1. 통감부시기 세입예산 I (1905~1907년) (단위: 천 圓, %)

		1905		1906		1907			
						본예산		추경예산	
경상비	租稅	5,675	75.9	6,422	85.8	8,181	62.0	9,732	59.1
	(地稅)	4,871	65.1	5,208	69.6	5,866	44.5	5,866	35.6
	(戶稅)	231	3.1	234	3.1	269	2.0	292	1.8
	(驛賭稅)	105	1.4	105	1.4	105	0.8	105	0.6
	(漁鹽藿船稅)	42	0.6	25	0.3	31	0.2	13	0.1
	(水産稅)							5	0.0
	(港稅)	850	11.4	850	11.4	1,870	14.2	2,221	13.5
	(礦稅)					40	0.3	40	0.2
	(雜稅)							12	0.1
	印紙收入			30	0.4	158	1.2	158	1.0
	官業 및 官有財産收入	121	1.6	74	1.0	13	0.1	13	0.1
	(전보)	90	1.2						
	(전화)	3	0.1						
	(우편)	17	0.2						
	(인쇄국)	15	0.2	70	0.9				
	(醫院)					9	0.1	9	0.1
	(官報)	2	0.0	4	0.1	4	0.0		
	(평양광업소 수익금)							4	0.0
	雜收入	0.6	0.0	6	0.0	12	0.1	12	0.1
	旣往年度所屬未納稅收入	1,250	16.7	952	12.7	1,200	9.1	1,200	7.3
	계	7,480	100	7,484	100	9,565	72.5	9,916	60.2
임시비	繰入金								
	(起業資金)					2,325	17.6		
	(海關工事基金)					1,298	9.8		
	公債金繰入							5,562	33.8
	公債金繰替							980	6.0
	계					3,624	27.5	6,542	39.8
합 계		7,480	100	7,484	100	13,189	100	16,458	100

출전: 『奏本』 제86책; 『官報』, 1905년 12월 15일자; 『官報』 1906년 11월 22일자; 『韓國財政施設綱要』, 14~16면(추경예산)

비고: 1904, 1905년의 예산은 元을 圓으로 환산(2元 = 1圓)

표 2. 통감부시기 세입예산 II(1908~1910년)

(단위: 천 圓, %)

		1908				1909				1910			
		본예산		추경예산		본예산		추경예산		본예산		추경예산	
경상비	租稅	10,340	51.0	10,518	45.2	10,468	48.8	11,334	38.8	11,565	55.3	11,565	48.7
	(地稅)	6,469	31.9	6,469	27.8	6,283	29.3	6,219	21.3	6,219	29.7	6,219	26.2
	(戶稅)	503	2.5	503	2.2	584	2.7	584	2.0	591	2.8	591	2.5
	(家屋稅)							216	0.7	216	1.0	216	0.9
	(酒稅)							163	0.6	244	1.2	244	1.0
	(煙草稅)							486	1.7	486	2.3	486	2.0
	(漁鹽藿船稅)	117	0.6	102	0.4	102	0.5	102	0.3	36	0.2	36	0.2
	(水産稅)	100	0.5	100	0.4	100	0.5	100	0.3				
	(關稅)	2,279	11.2	2,454	10.5	3,123	14.1	3,123	10.7	3,127	15.0	3,127	13.2
	(噸稅)	65	0.3	67	0.3	68	0.3	68	0.2	89	0.4	89	0.4
	(礦稅)	81	0.4	81	0.3	132	0.6	132	0.5	152	0.7	152	0.6
	(雜稅)	24	0.1	39	0.2	73	0.3	73	0.3	36	0.2	36	0.2
	印紙收入	195	1.0	195	0.8	234	1.1	234	0.8	286	1.4	286	1.2
	驛屯賭收入			750	0.3	1,198	5.6	1,378	4.7	1,516	7.3	1,516	6.4
	官業및官有財産收入	118	0.6	1,175	5.1	948	4.4	951	3.3	693	3.3	693	2.9
	(醫院)	52	0.1	52	0.2	67	0.3	67	0.2	95	0.5	95	0.4
	(官報)	5	0.0			17	0.1						
	(水道事業 收入)							2	0.0	59	0.3	59	0.3
	(度量衡事業 收入)	35	0.1	35	0.2	43	0.2	43	0.1	80	0.4	80	0.3
	(鑛業 收入)	25	0.1	404	1.7	404	1.9	404	1.4				
	(蔘業 收入)			665	2.9	125	0.6	125	0.4	101	0.5	101	0.4
	(林野 收入)					150	0.7	150	0.5	150	0.7	150	0.6
	(수도공전및제작수입)					28	0.1						
	(鹽業收入)					24	0.1	24	0.1	53	0.3	53	0.2
	(교과서 및 曆書收入)					43	0.2			35	0.2		
	(생산품 수입)					5	0.0			20	0.1		

표 2 (계속)

		1908				1909				1910			
		본예산		추경예산		본예산		추경예산		본예산		추경예산	
	(평양광업소 수익금)			19	0.1			134	0.5	57	0.3	152	0.6
	(官有物 貸下料)					44	0.2			38	0.2		
	雜收入	769	3.8	771	3.3			1,280	4.4	720	3.4	725	3.1
경	(準許 및 手數料)	45	0.2	47	0.2	57	0.3	67	0.2	15	0.1	40	0.2
	(受入金)							21	0.1	340	1.6	340	1.4
	(官有物品賣却貸)	1	0.0			9	0.0			19	0.1		
상	(벌금 및 몰수금)	100	0.4	100	0.4	100	0.5	100	0.3		0.0		0.0
	(稅關 잡수입)	155	0.8	157	0.7	158	0.7	158	0.5	78	0.4	78	0.3
	(辨償 및 違約金)					1	0.0			1	0.0		
비	(未勘金整理收入)							200	0.7	200	1.0	200	0.8
	(雜入)	467	2.3	465	2.0	672	3.1	732	2.5	65	0.3	65	0.3
	既往年度所屬未納稅收入	700	3.5	700	3.0			64	0.2	362	1.7	362	1.5
	경상부 합계	11,424	56.3	13,410	57.6	13,848	64.6	15,178	51.9	14,782	70.7	14,787	62.2
	繰入金	3,603	17.8	5,959	25.6	2,932	13.7						
	(宮殿營造基金)	171	0.8			165	0.8						
임	(起業資金)	1,730	8.5			1,562	7.3						
	(海關工事基金)	1,410	7.0			1,204	5.6						
	(金融資金)	291	1.4										
시	公債金繰入			3,903	16.8			6,437	22.0	2,432	11.6	3,063	12.9
	借入金	5,259	25.9			4,653	21.7	4,653	15.9	2,600	12.4	4,694	19.8
	公債金繰替							200	0.7	1,063	5.1	1,063	4.5
비	前年度剩餘金繰入							957	3.3	37	0.2	37	0.2
	導掌賜金 公債金											120	0.5
	임시부 합계	8,862	43.7	9,862	42.4	7,586	35.4	14,049	48.1	6,132	29.3	8,978	37.8
	총 계	20,286	100	23,273	100	21,434	100	29,228	100	20,915	100	23,765	100

출전: 『官報』, 1907년 12월 20일자; 『官報』, 1908년 12월 28일자, 『官報』, 1909년 12월 27일자; 『韓國財政施設綱要』, 14~16면 (추경예산).

겸하면서 종래 총세무사의 전관에 속하던 관세수입을 일반 조세수입과 같이 직접 국고로 수납하게 되었다. 이에 따라 1905년에 85만 圓에 불과하던 항세가 1910년이 되면 320만 圓으로 증가하고 있다. 호세는 1906·7년에 걸친 호구조사로 말미암아 1908년의 예산이 급증하고 있다. 이러한 과정을 거쳐 이제까지 정부재정 수입의 대부분을 차지해왔던 지세가 아직도 큰 비중이기는 하나 점차 그 비율이 낮아져가는 대신 항세와 驛屯賭收入 등의 비중은 커져가는 동시에 세입의 항목도 다양해지는 경향이 뚜렷해지고 있다.

황실재정의 경우에는 경리원 소속으로 그 수입 중 일부가 국고로 이월되고 있던 驛賭稅, 즉 역둔토의 지대 수입이 탁지부로 이속되면서 역둔도수입으로 명칭이 바뀌고 1907년까지의 10만 圓 수준에서 1909년 이후에는 100만 圓 이상으로 그 액수도 엄청나게 불어났다. 뿐만 아니라 황실 소유의 방대한 司宮庄土도 역둔토로 편입하여 국유지로 만들고 그 수입을 국고 수입으로 하였다. 이것은 황실재정의 급격한 축소와 사실상 통감부에 의해 운영되는 정부재정의 확대를 가져왔다. 더욱이 경리원 소속이던 각종 조세수입(漁·鹽·船稅 및 鑛稅 등)도 1907년부터는 다시 탁지부로 이속되었다. 즉 '광업법', '사광채취법', '수산세규칙' 등의 시행으로 광세·염세·수산세 등이 부활 혹은 신설되는 동시에 정부재정으로 편입되었던 것이다. 이어서 홍삼의 전매 및 삼세 수입이 탁지부로 이속되어 국고 수입으로 들어갔다.[7]

통감부시기 세출예산의 경우에도 1907년을 경계로 하여 그 규모와 성격이 크게 변화하고 있었다. 〈표 3〉을 보면 재정긴축정책에 따라 편성된 1905년의 세출예산은 경상부에서 탁지부의 예산이 전년도에 비해 증가하고 있지만 이것은 주로 紙貨 예산에 의한 差增, 즉 일본화폐와의 환차손에 따른 것일 뿐 전혀 새로운 사업을 준비하는 것은 아니었다.[8] 1906년에는 일본의 식민지화정책에 따른 군부의 축소, 통신원의 폐지에 의해 1905년보다 격감하고 있다. 이때가 바로 세출

---

7) 통감부시기 황실재정의 변화에 대해서는 이윤상, 1996「통감부시기 황실재정의 운영」『한국문화』18 참조.

8)『奏本』제86책 광무 9년 예산.

표 3. 통감부시기 세출예산 Ⅰ(1905~1907년) (단위: 천 圓, %)

		1905		1906		1907			
						본예산		추경예산	
경상비	황실비	727	7.6	1,300	16.3	1,309	9.4	1,339	7.7
	궁내부	161	1.7						
	기로소	12	0.1	15	0.2	17	0.1		
	의정부	29	0.3	37	0.5	62	0.5		
	내부	446	4.7	960	12.1	1,296	9.3	2,368	13.6
	외부	255	2.7	204	2.6				
	탁지부	2,412	18.4	2,170	27.2	4,282	30.7	4,368	25.1
	군부	2,426	25.4	1,379	17.3	1,522	10.9	1,321	7.6
	법부	34	0.4	46	0.6	146	1.0	183	1.1
	경무청	193	2.0						
	학부	109	1.1	154	1.9	286	2.1	206	1.2
	농상공부	28	0.3	29	0.4	277	2.0	406	2.3
	중추원	8	0.1	16	0.2	12	0.1		
	호위대	40	0.4						
	통신원	236	2.5	9	0.1				
	계	7,123	67.7	6,324	79.4	9,214	66.0	10,193	58.7
임시비	궁내부	105	1.1					46	0.3
	의정부	1	0.0						
	내부	18	0.2	189	2.4	1,023	7.3	1,832	10.5
	탁지부	2,307	24.1	1,326	16.7	3,134	22.4	4,714	27.1
	법부					78	0.6	8	0.0
	학부			86	1.1	267	1.9	353	2.0
	농상공부			40	0.5	168	1.2	228	1.3
	계	2,433	25.5	1,643	20.6	4,748	34.0	7,182	41.3
	합 계	9,556	100	7,967	100	13,963	100	17,375	100

출전: 〈표 1〉 〈표 2〉의 자료.

비고: 궁내부 예산은 1906년부터 황실비에 포함.

표 4. 통감부시기 세출예산 II (1908~1910년)

(단위: 천 圓, %)

		1908				1909				1910			
		본예산		추경예산		본예산		추경예산		본예산		추경예산	
경상비	황실비	1,500	7.4	1,500	6.4	1,500	6.7	1,500	5.1	1,800	8.6	1,800	7.6
	궁내부												
	기로소												
	의정부												
	내부	3,528	17.4	3,578	15.3	3,912	17.6	3,996	13.7	4,555	21.8	4,555	19.2
	외부												
	탁지부	6,252	30.8	6,937	29.7	7,011	31.5	9,208	31.5	7,889	37.7	7,889	33.2
	군부	314	1.6	314	1.3	321	1.4	321	1.1				
	법부	1,168	5.8	1,146	4.9	1,900	8.5	1,875	6.4				
	경무청												
	학부	298	1.5	329	1.4	384	1.7	409	1.4	429	2.1	429	1.8
	농상공부	535	2.6	908	3.9	952	4.3	952	3.3	721	3.4	721	3.0
	중추원												
	호위대												
	통신원												
	계	13,599	67.0	14,714	63.0	15,982	71.8	18,263	62.5	15,395	73.6	15,395	64.8

표 4 계속)

		1908				1909				1910			
		본예산		추경예산		본예산		추경예산		본예산		추경예산	
임시비	궁내부												
	의정부												
	내부	1,367	6.7	2,071	8.9	1,555	7.0	1,928	6.6	723	3.5	2,334	9.8
	탁지부	5,028	24.8	6,134	26.3	3,163	14.2	8,447	28.9	3,905	18.7	4,660	19.6
	법부												
	학부	154	0.8	154	0.7	218	1.0	218	0.7	271	1.3	271	1.1
	농상공부	146	0.7	277	1.2	368	1.7	368	1.3	620	3.0	1,103	4.6
	계	6,697	33.0	8,637	37.0	6,286	28.2	10,963	37.5	5,520	26.4	8,370	35.2
합 계		20,296	100	23,352	100	22,268	100	29,227	100	20,915	100	23,765	100

출전: 〈표 1〉 〈표 2〉의 자료

예산의 구조가 점차 변화하기 시작하는 출발점이었다.

하지만 1907년 이후 세출 규모는 비약적인 증가를 거듭하여 1910년에는 1906년의 세 배 가량에 이르고 있다. 경상부의 증가폭보다 임시부의 증가폭이 훨씬 컸는데, 그것은 일본이 '제1차 기업자금'을 비롯한 각종 외채 도입을 통하여 식민지화정책을 추진하였기 때문이다. 즉 한국의 관제를 대폭적으로 개편하는 한편, 많은 일본인 관리들을 이주시켜 한국정부의 중요 관직을 담당하게 함으로써 한국을 식민지로 지배하고 수탈하기 위한 기초적인 사업을 벌이는 데 많은 비용이 소요되었던 것이다. 따라서 1907년부터는 외부 폐지에 따른 외부 소속 예산의 소멸, 군부 예산의 급격한 감소, 내부와 탁지부 소속 예산의 급격한 팽창 등, 한국재정이 식민지 재정으로서의 성격을 뚜렷하게 드러내기 시작하였다.

그러면 항목별로 이 시기 세출예산의 특징을 살펴보기로 하자. 먼저 황실비의 경우 재정고문 메가타는 황실의 지출이 지나치게 많은 데 비해 실제로 황실의 경비로 사용되는 것은 적다고 하면서 황실비를 올려주는 대신 황실 자체의 재정을 해체함으로써 황실재정까지도 장악하려 했다.[9] 메가타는 황실의 환심을 사서 황실재정 정리를 손쉽게 하기 위해서 1905년에 72만 圜에 불과하던 황실비를 1906년에는 130만 圜으로 인상하였고, 1908년에 다시 150만 圜으로, 1910년에는 180만 圜으로 인상하였다. 하지만 이러한 황실비의 증가는 종래 독립되었던 황실재정이 정부재정에 편입되면서 많은 수입원이 통감부 지배하의 탁지부로 이속된 데 따르는 당연한 결과라 할 수 있다.

한편 일본의 외교권 박탈에 따라 외부 예산은 1907년부터 완전히 없어져 버리고, 군부 예산 역시 일본의 한국 군대 약화 및 해산 방침에 따라 급격히 감소하다가 1910년에는 마침내 소멸되어 버리고 말았다. 1905년 전체 세출예산의 25%, 242만 圜에 달했던 군부 예산은 1906년에 137만 圜(전체의 17%)으로 축소되었고 1908년에 이르면 겨우 31만 圜(전체의 1%)에 지나지 않게 되었다. 한국

---

9) 『韓國財政整理報告』 제1회(1905), 4장 참조.

의 군대는 1907년에 강제로 해산되었고 이제 황제 호위병 정도로 겨우 명색만 유지할 뿐이었다. 국가의 존립에 가장 중요한 요소라 할 수 있는 외교와 국방이 모두 일본의 손아귀에 들어갔음을 세출예산을 통해서도 분명히 알 수 있는 것이었다.

반면에 1905년 3만 圜(전체의 0.4%)에 불과했던 법부 예산은 1909년이 되면 190만 圜(전체의 8.5%)에 이를 정도로 급격히 증가하였다. 법부 예산의 급증은 지방관으로부터 사법권을 박탈한 데 따른 재판소의 설치 및 운영비용의 충당을 위한 것이었다.[10] 하지만 1909년에 이르러 한국의 재판권 자체가 일본으로 넘어갔으므로 1910년부터는 아예 법부 예산이 없어져 버렸다.

통감부시기에는 경상부 · 임시부 모두 내부 · 탁지부 소속 예산의 급증이 전체 세출 규모의 확대를 좌우하였을 뿐만 아니라 내부 · 탁지부 소속 예산이 전체 세출예산에서 차지하는 비중도 압도적으로 높아지고 있었다. 경상비와 임시비를 합하면 내부 예산은 1905년 세출예산의 5% 정도에 지나지 않았으나 의병전쟁이 격화되는 1907년에는 34% 수준으로 늘어났다. 탁지부 예산은 이전 시기에도 전체 세출예산에서 차지하는 비중이 군부 다음으로 높았지만 이 시기에 들어오면 그 비중이 더욱 높아져 1905 · 6년에는 전체 세출예산의 약 40%에 달하였고 징수기구의 신설과 일본인의 재정기구 장악 등 일본의 재정 침탈이 본격화되는 1907년 이후에는 50% 이상으로 늘어나고 있었다.

이처럼 세출예산의 구조적 변화를 가장 특징적으로 보여주고 있는 것이 내부와 탁지부의 예산이므로 이를 좀더 상세히 살펴보기로 하자. 먼저 내부 소속 예산으로 경상부에서 주목할 만한 것은 본청비, 경찰사업비, 지방행정비의 급증이다. 본청비와 지방행정비의 경우에는 주로 기구의 확충에 따른 인건비의 증가가 중요한 원인이었다. 경찰사업비는 1906년에는 251,286圜에 지나지 않았으나 1910년에는 2,411,780圜으로 거의 10배 가까운 규모로 급증하고 있다. 그 중

---

10) 『勅令』 제17책, 180~183면; 『한말근대법령자료집』 V, 184~187면; 『勅令』 제50호 地方官官制 改正(1906. 9. 24).

에서도 지방경무비가 더 빠른 속도로 늘고 있는데 이는 전국적으로 반일의병전쟁에 대한 탄압을 위해 경찰업무를 크게 확장시켰기 때문이다. 특히 1907년 군대 해산을 계기로 전국적으로 격렬하게 전개되는 의병 활동으로 말미암은 지방의 혼란 상태에 대처하기 위해 많은 예산이 책정되었다. 내부 임시비에서는 1907년의 경무정리비를 제외하면 治道費와 수도공사비가 거의 대부분을 차지하고 있음을 알 수 있다. 뿐만 아니라 본예산에 속하지 않는 계속비에서도 치도비와 수도공사비는 막대한 액수를 차지했다. 도로건설은 치안 · 군사상의 목적을 위한 것과 일본의 경제적 진출을 손쉽게 하기 위한 것으로 1907년부터 그 사업이 시작되었으며, 수도공사는 주로 한국에 와있던 일본인들을 위한 것으로 일본인들이 많이 거주하던 개항장인 인천 · 평양 · 부산 · 목포 등지에서 1907년부터 시작되었는데 그 예산은 점차 감소하고 있었다.

탁지부 소속 예산으로는 경상부의 경우 본청비, 지방재무비, 국채비, 세관 및 항로표지비 등이 중요하였다. 본청비의 급증은 내부와 마찬가지로 기구의 확충과 일본인 관리들의 고용에 따른 것이었다. 국채비는 1907년 제1차 기업자금의 원리금 지불에 따라 급증하였고 이후 계속되는 국채의 도입에 의해 증가 추세가 지속되었다. 세관 및 항로표지비는 1906년 메가타가 총세무사직을 맡게 되면서 세관의 지출도 역시 국고에서 담당하게 되었고, 일본의 식민지화 정책에 의한 항만공사, 등대 건설 및 항로 표지 사업이 실시되었기 때문에 1907년부터 엄청나게 증가한다. 탁지부의 경상비 예산 가운데 가장 눈에 띄는 것이 지방재무비, 즉 내국세 징수비로서 1907년 '관세관관제' 및 '재무감독국관제'의 제정과 징세사무 및 재무기관의 확충, 일본인 관리들의 고용에 따라 급격히 증가하고 있다. 이외에 면장과 임원에 대한 면교부금의 지급에 의한 것도 포함되어 있다. 이는 한국에서의 수탈을 의미하는 조세징수에 필요한 경비를 다시 한국 민중의 부담으로 전가시키는 것을 뜻한다.

한편 탁지부 임시비에서는 1905년과 1906년의 경우 전년도의 세입 부족을 보충하기 위한 보전금이 탁지부 소속 임시부 예산의 대부분을 차지하였지만, 이것은 일시적인 현상이었고 1907년부터는 일본의 정책 의도에 따라 예산이 배정되고 있다. 그것이 지출금, 영선비, 세관설비공사비, 헌병보조원비 등이었다. 지출금은 대부분 지방 금융조합과 인쇄국, 營林廠 등 관영사업에 대한 보조금으로서 1907년부터 본격적으로 배정되었다. 영선비는 징세기구의 신설과 재무기구의 확충에 따른 각종 청사 시설의 신축·개축비용으로 사용되었다. 1906년에는 그 액수가 미미하였으나 일본인 관리들이 대거 이주하는 1907년과 1908년에 급증했다가 점차 감소하고 있다. 세관설비공사비는 세관의 설비를 확충하기 위한 것으로 탁지부 임시비 예산 가운데 가장 큰 비중을 차지하였으며 군사상 및 산업적 목적하에 항만의 시설 확충에 충당되었다. 헌병보조원비는 의병활동을 탄압하기 위해 고용한 헌병보조원에 대한 급료로서 당시 부족한 경찰과 군대병력을 보충하기 위한 수단으로 책정되었다. 헌병보조원비는 원래 군부 예산으로 책정되어야 할 성격의 비용이었지만 1907년에 일본이 한국 군대를 강제로 해산하고 일본 군대의 헌병으로 치안을 담당하도록 하였기 때문에 탁지부 예산으로 배정된 것이었다. 여기에는 반일 의병전쟁의 격화에 따라 헌병보조원이 확충되는 1908년부터 상당한 액수가 배정되었다. 이외에 일본이 별도의 계속사업비로 편성해 놓은 것들을 살펴보아도 대한병원 건설비, 임시 희사 확장비, 공업전습소 건설비 등 교육과 복지를 위한 것들도 있었지만 그것은 구색을 갖추기 위한 것에 지나지 않았고, 대부분은 치도비, 수도공사비, 해관공사비 등으로 사용되었는데,[11] 이것 역시 앞으로 한국을 식민지로 지배하고 일본자본의 침투를 쉽게 하며 수탈을 강화하기 위한 시설을 확충한다는 일본의 침략적 의도를 명백히 드러내는 것이었다.

한편 통감부는 일본정부의 기구였기 때문에 한국정부의 예산과는 별도의 예산을 가지고 있었다. 그 세입은 전적으로 일본정부의 재정을 담당하는 대장성에 의존하였지만 세출은 한국에서 사용되는 것이었기 때문이다. 통감부 세출의 추이를 정리한 〈표 5〉를 보면 1905년에 27만여 엔에 불과했던 세출 총액이 1906년에는 200여만 엔, 1908년에는 700여만 엔으로 급증하고 있다. 이는 통감

11) 『官報』, 1906년 11월 22일자 「光武 11년도 예산설명서」.

표 5. 통감부 세출예산(일본 대장성 소속) (단위: 엔)

		1905	1906	1907	1908	1909
경상비	봉급	47,046	396,407	385,337	321,564	353,781
	廳費	29,018	67,776	75,794	70,673	81,239
	수선비	7,581	30,697	15,759	13,597	14,600
	死傷手當			90		5
	배상 및 소송비					5
	여비	31,947	82,009	81,842	69,304	69,377
	잡급 및 잡비	12,429	113,420	259,260	250,155	219,843
	재판 및 등기비	120	1,989	4,620	7,333	2,790
	감옥비	1,567	24,839	52,524	111,364	151,361
	간도파출소비				75,949	75,715
	전신료	1,606	16,690	36,346	31,506	18,720
	宴會費	2,130	13,116	13,987	14,196	14,200
	포상비			1,620	271	250
	기밀비	100,000	210,000	200,000	200,000	200,000
	경찰비	19,041	266,170	220,468		
	권업모범장비		167,893			
	관측비			20,580		
	합 계	252,488	1,391,010	1,367,872	1,165,916	1,201,886
임시비	보조비		14,930	40,000	350,000	365,000
	(재한국거류민 교육비)		14,930	20,000	30,000	40,000
	(조선해수산조합)			20,000	20,000	25,000
	(동양척식주식회사)				300,000	300,000
	영선비		621,841	104,999	287,365	276,363
	한국정부 立替金			1,769,503	5,259,580	4,653,540
	통감부 임시기밀비			100,000	20,000	20,000
	전염병 예방비					13,000
	통감부 특허국				43,913	
	임시검역비			100,000		
	開廳費	20,716				
	임시사건비			132,441		
	합 계	20,716	636,771	2,246,943	5,960,859	5,327,903
총 계		273,205	2,027,782	3,614,815	7,126,775	6,529,789

출전: 『統監府統計年報』, 各年度

비고: 1910년도에는 병합과 회계기간 변경으로 통계 작성 어려움.

부와 이사청의 인건비 및 경비의 증가와 한국에 진출한 일본인과 동양척식회사에 대한 보조비, 한국정부 입체금(차입금)의 증가가 주된 원인이었다. 특히 한국정부 입체금은 1907년의 176만 엔(통감부 전체 예산의 49%)을 시작으로 1908년에는 525만 엔(74%), 1909년에는 465만 엔(71%)에 달하여 통감부 예산의 중심을 이루었다.

세입 · 세출 예산의 분석을 통해 지금까지 살펴본 통감부시기 재정운영의 특징을 종합해보자. 먼저 세입부문에서는 황실재정이 해체되어 역둔토 · 홍삼전매 · 광산 · 잡세 등 많은 재원이 통감부 지배하의 정부재정으로 편입되고, 토지 · 호구 · 소금 · 담배 · 술 등 세원에 대한 조사를 통해 가옥세 · 주세 · 연초세 등 '新三稅' 가 창설되는 등 조세수탈이 강화되었으며, 독립회계로 운영되던 항세 등이 국고로 편입됨으로써 이 시기의 재정수입은 급격히 증가하였다. 이러한 재정수입의 급증이 가능했던 이유는 새로운 징세기구를 설립하고 일본인 관리를 대거 이주시켜 한국의 재정기구를 완전히 장악한 데에도 있었다. 더욱이 일본은 대규모의 군대를 동원하여 재정 침탈에 대한 한국인의 저항을 탄압함으로써 한국을 식민지로 만들기 위한 비용을 한국에서 수탈한다는 사신의 목적을 달성해 나갔던 것이다. 그러나 이렇게 급증하는 재정수입으로도 식민지화를 위한 각종 기구와 시설의 확충, 그리고 일본인 관리들의 이주와 고용을 위한 비용을 충당할 수 없었기 때문에 일본은 막대한 규모의 차관 · 공채를 한국 정부에 강요하는 한편 자신들이 이를 독점적으로 제공함으로써 한국재정을 일본에 예속시켜 나갔다.

세출부문에서는 식민지화를 위한 기구의 확충과 교통시설의 정비에 예산이 집중됨으로써 내부와 탁지부 소관 예산이 급격히 팽창하고 있었다는 것이 가장 두드러진다. 기구의 확충은 특히 지방경찰 및 지방 재무비의 급증이 특징적인데, 이것은 결국 한국을 식민지로 만들기 위한 비용을 한국에서 거두어들이면서 이에 대한 반발 · 저항은 헌병과 경찰을 동원한 치안 강화를 통하여 탄압하려는 의도를 가진 것이었다. 한편 교통시설의 정비는 주로 일본의 경제적 침략과 수탈을 손쉽게 하려는 것으로, 도로공사비와 항만 관계 설비비의 급증이 두

드러지게 나타났다. 반면에 국가의 존립에 필수적인 외교 · 국방 · 사법에 대해서는 일본이 강제로 그 권한을 박탈해감에 따라 해당 세출예산 자체가 소멸되어 버리는 결과를 낳았다. 따라서 고종이 강제로 물러나고 일본이 한국에 대한 식민지화 작업을 본격화하는 1907년 이후에는 한국의 세출예산이 국가의 존립과 발전을 위해 사용된 것이 아니라 일본의 식민지 지배와 수탈을 위한 토대를 다지는 데 사용되었던 것이다.

3. 1910년대 조선총독부의 세입예산

1910년 8월 일본은 한국을 병합하여 식민지로 만들고, 최고 통치기구로 조선총독부를 설치하여 한국사회를 급속히 식민지적 구조로 개편하기 시작하였다. 조선총독부의 초기 정책은 식민지 지배와 수탈을 위한 기구 · 시설을 정비하여 식민지 지배를 안정화하는 데 있었다. 따라서 헌병경찰제도를 채택하여 한국인들을 일상적으로 감시하고 민족운동을 탄압하는 한편, 철도 · 도로 · 항만 등 사회간접자본을 확충하고 토지 · 임야 등에 대한 조사를 통해 재원을 파악하는 데 역점이 두어질 수밖에 없었다.[12)]

재정부문을 보면 일본은 병합 직후인 1910년 9월 30일 칙령 406호를 반포하여 한국의 재정을 조선총독부특별회계로 일본의 재정에 편입하였으며, 조선총독부특별회계는 그 세입과 일반회계(일본)의 보충금으로 세출에 충당하도록 하였다. 그리고 같은 날 칙령 407호로 '조선총독부특별회계규칙'을 공포하여 예산 운용과 관련된 대강의 절차를 마련하였다.[13)] 한편 종래 한국은 1월 1일부터

12) "(병합) 당시 아직 폭도의 잔당이 각지에 출몰하고 총독정치에 대하여 좋지 않은 마음을 가진 자가 적지 않은 실정이어서 반도 통치의 제1보를 밟아나감에 있어 먼저 치안의 유지, 생명 · 재산의 安固를 제1의 요체로 하였다"(『施政三十年史』, 11면).

13) 『官報』, 1910년 9월 30일 칙령 406호 「조선총독부특별회계에 관한 건」; 『官報』, 1910년 9월 30일 칙령 407호 「조선총독부특별회계규칙」.

12월 31일까지를 회계연도로 하였지만 일본은 4월 1일부터 다음해 3월 31일까지를 회계연도로 하고 있었으므로 1910년도의 조선총독부특별회계는 일본의 회계연도에 맞추기 위해서 1911년 3월 31일까지 연장할 필요가 있었고, 따라서 1910년 10월에 1,200만 엔이 예산외 지출로 책정되었다.[14] 이제 한국의 재정은 조선총독부특별회계에 속하여 일본 大藏省의 감독 아래 놓이게 되었고 일본 회계감사원의 감사를 받게 되었던 것이다.[15] 하지만 한국의 재정은 일본의 재정으로 편입되었음에도 불구하고 일본정부의 일반회계가 아니라 특별회계로 분리되어 별도의 취급을 받게 되었는데, 이렇게 한국의 재정을 일반회계가 아니라 특별회계로 분리시킨 것은 또 하나의 일본 식민지였던 대만과 같이 될 수 있는 한 빨리 일본정부 일반회계에서의 경비 지출을 폐지하여 현지의 재정을 '독립'시키기 위한 것이었다. 더욱이 조선총독부 초기 단계에는 러일전쟁의 후유증으로 인한 일본정부의 심각한 재정위기 때문에 이러한 '재정독립'을 강행하지 않을 수 없었다.[16]

그러면 이제 〈표 6〉과 〈표 7〉을 통해 1910년대 조선총독부특별회계의 세입을 검토해 보자. 1910년의 경우에는 8월에 병합이 되고 10월부터 다음해 3월까지는 별도의 예산이 편성되어 집행되었기 때문에 예외로 하면, 우선 세입 규모면에서 1911년의 4,800만 엔에서 1919년에는 7,700만 엔으로 약 1.6배 증가하고 있다. 앞서 통감부에 의한 한국재정 운영이 본격화되는 1908년부터 1910년까지의 본 예산이 2천만 엔 내외였고, 추경예산도 가장 많았던 1909년에 2,900만 엔이었던 것과 비교하면 총독부시기에는 세입예산이 2~3배의 증가를 보여주는 것이다.

---

14) 『官報』, 1910년 10월 10일.

15) 1910년대 예산회계제도와 조선총독부특별회계의 추이에 대해서는 김대준, 1974 「일제하 한국의 예산회계제도의 연구」 『연세논총』 11; 김대준, 1975 「1911년부터 1920년까지 조선총독부특별회계의 추이분석」 『연세논총』 12 참조.

16) 堀和生, 1982 「朝鮮における植民地財政の展開」 『植民地期朝鮮の社會と抵抗』, 未來社, 198~200면.

한편 조세를 중심으로 하는 경상비의 비중은 통감부시기의 60% 내외에서 1913년까지 50% 전후로 떨어졌다가, 1914년부터는 다시 60~70%까지 높아지고 있다. 하지만 이러한 경상비의 비중 확대가 바로 총독부가 운영하는 한국재정의 내실화를 의미하는 것은 아니었다. 오히려 이는 총독부 초기에 일본으로부터 막대한 자금을 들여와 식민지 지배기구 및 시설을 일시에 확장하려는 정책을 추진하다가 1913년에 이르러 한국에서의 조세 증징과 함께 일본에서 들여오는 임시비의 보충금을 줄여나감으로써 '한국재정의 독립' 을 이룬다는 '재정자립계획' 으로 전환하였기 때문이다.

1910년대 조선총독부특별회계의 특징을 가장 분명하게 보여주는 것이 바로 일본 일반회계로부터의 보충금이었다. 앞서 언급했던 칙령 406호의 제1조를 보면 '조선총독부의 회계는 특별히 그 세입 및 일반회계의 보충금으로 그 세출에 충당한다' 고 되어 있다. 일본 당국자의 구상에 따르면 '조선총독부의 세출은 조선총독부 세입으로 충당하되 당시 조선은 民度가 매우 낮아서 식민통치의 발전에 필요한 경비 전부를 부담할 수 없는 상태에 있었기 때문에 그 부족분은 당분간 일본 정부의 보충금으로 충당하며, 점차 조선이 개발되어 경제력이 충실해지면 일본의 재정상의 부담을 경감시켜 마침내는 조선의 재정을 자립·자영의 상태에 이르도록 하는 것을 목표로 하겠다' 는 것이다.[17] 이에 따라 1911년부터 1913년까지 매년 조선총독부 세입예산의 20%를 넘어서는 1,200만 엔 정도의 보충금이 일본의 일반회계에서 충당되었다.

그러나 조선총독부 경상세입이 경상세출을 웃돌기 시작한 1913년에 이르러서는 '재정자립계획' 을 수립하여 향후 5개년에 걸쳐서 일반회계로부터의 보충금을 완전히 단절하고 한국(총독부) 재정의 독립을 이루겠다는 방침을 세웠다.[18] 그 방법으로는 세출의 억제와 더불어 조세의 증수와 새로운 조세의 창설로 세입을 획기적으로 늘린다는 것이었다. 이러한 '재정자립계획' 은 당시 후발

17) 『明治大正財政史』 18, 28면.

18) 『朝鮮總督府施政年報』 1913년, 64면.

자본주의국가로서의 일본의 경제력과 재정 상황을 반영한 식민지 재정정책이라 할 수 있는데, 이는 결국 식민지에서의 증세, 즉 조세수탈을 강화함으로써 식민지를 무상으로 경영하겠다는 의도 아래 구상된 것으로 당시 일본의 官學者에 의해 '한국 재정의 독립'이라고 평가되었지만, 당시 일부 일본인들까지 총독부의 '재정자립계획'에 대하여 비판하면서 그것의 폐기를 주장하기도 했다.[19]

1910년대 일본 식민통치정책의 핵심은 일본 육군에 의한 정치적 독립영역의 형성이었다. 즉 일본 육군, 그 중에서도 초대총독인 데라우치 마사다케(寺內正毅)와 연결된 세력이 일본 국내의 정치적 동향에 좌우되지 않고, 일본 국내의 정치세력으로부터 어떤 간섭도 받지 않으면서 자유롭게 한국을 통치하려는 것이었다. 따라서 재정정책 역시 그러한 방향으로 결정될 수밖에 없었다. 데라우치 등은 이전에 이토의 한국정책이 경비가 많이 드는 것이라고 비판해왔기 때문에 자신의 정책이 무엇보다도 경비가 많이 들지 않는 것이라는 점을 증명할 필요가 있었다. 더욱이 당시에는 일본의 재정까지 심각한 어려움에 처해 있었으므로 일본의 한국에 대한 지출은 가능한 한 삭감할 필요가 있었다.[20] 이러한 사정에 따라 한국의 재정적 독립을 목적으로 한다는 '재정자립계획'이 수립되었던 것이다.

이러한 '재정자립계획'에 따라 많을 때는 조선총독부 전체 세입의 25%에 달했던 보충금이 1914년부터는 매년 100만 엔에서 200만 엔 정도씩 감소하여 1918년에는 300만 엔이 되었다가 1919년에는 완전히 폐지되었다(〈표 7〉 참조). 그러나 이것은 일시적인 현상에 지나지 않았다. 조선총독부 세입의 증가를 훨씬 초과하는 세출의 확대로 말미암아 바로 다음해인 1920년부터 보충금은 다시 부활되었을 뿐만 아니라 그 전보다 더욱 증가하는 추세를 보이고 있었다. 이는 보충금이 본래 조선총독부 재정의 부족을 충당한다는 취지보다는 군사적 또는

19) 小田忠夫, 1938「併合初期における朝鮮總督府財政の發達」『朝鮮經濟の硏究』第三, 岩波書店); 최태호, 1992「조선총독부의 재정정책」『한국독립운동사연구』6, 487면.

20) 森山茂德, 1989「日本の朝鮮統治政策(1910~1945年)の政治史的硏究」『法政理論』23-3·4, 75면.

표 6. 조선총독부 세입예산 I (1910~1914년) (단위: 천 엔, %)

		1910		1911		1912		1913		1914	
경상비	조세	9,062	41.2	10,897	22.4	11,348	21.5	12,485	21.5	16,537	27.8
	인지	344	1.6	659	1.4	745	1.4	1,146	2.0	1,430	2.4
	역둔토	1,064	4.8	1,262	2.6	1272	2.4	1,161	2.0	1,613	2.7
	관업 및 관유재산	424	1.9	10,877	22.3	13,047	24.7	14,825	25.6	17,520	29.5
	잡수입	716	3.3	373	0.8	321	0.6	490	0.8	623	1.0
	계	11,610	52.8	24,068	49.4	26,732	50.5	30,106	51.9	37,724	63.5
임시비	공채 및 차입금	7,301	33.2	12,324	25.3	12,597	23.8	12,627	21.8	9,441	15.9
	일반회계 보충금	2,885	13.1	12,350	25.3	12,350	23.3	12,350	21.3	9,000	15.1
	전년도 이월금	180	0.8			1,213	2.3	2,506	4.3	2,773	4.7
	관유물 불하대금							400	0.7	475	0.8
	전시이득세										
	계	10,367	47.2	24,674	50.6	26,160	49.5	27,883	48.1	21,689	36.5
합계		21,977	100.0	48,742	100.0	52,892	100.0	57,990	100.0	59,413	100.0

출전: 『朝鮮總督府施政年報』 및 『朝鮮總督府統計年報』, 各年度

비고: 1910년도는 1910년 10월부터 1911년 3월까지의 결산액

통치적인 목적에서 비롯된 것이었기 때문에 당연한 결과였다고 할 수 있을 것이다.

1920년부터 나타나는 보충금의 부활과 급증은 제1차 세계대전으로 인한 일본경제의 호황도 하나의 배경이 되었다. 일본경제는 러일전쟁을 전후해서 엄청난 군사비 지출 때문에 국제수지의 역조가 계속 누적되어 1904~1913년에 11억 4천만 엔에 달함으로써 경제성장이 한계에 부딪치고 심한 불경기에 시달리고 있었다. 이러한 불경기는 1차대전이 일어나고 얼마동안 무역이 두절되고

표 7. 조선총독부 세입예산 II (1915~1919년) (단위: 천 엔, %)

		1915		1916		1917		1918		1919	
경상비	조세	16,537	27.0	16,685	27.9	18,089	28.9	21,714	33.7	24,781	32.0
	인지	1,430	2.3	2,403	4.0	2,467	3.9	2,913	4.5	4,425	5.7
	역둔토	1,613	2.6	1,521	2.5	1,466	2.3	1,426	2.2	4,674	6.0
	관업 및 관유재산	18,190	29.7	20,098	33.6	21,745	34.7	16,113	25.0	21,222	27.4
	잡수입	623	1.0	855	1.4	812	1.3	493	0.8	540	0.7
	계	38,394	62.7	41,562	69.4	44,578	71.2	42,668	66.1	52,643	67.9
임시비	공채 및 차입금	9,441	15.4	10,585	17.7	13,071	20.9	13,886	21.5	15,085	19.4
	일반회계 보충금	8,000	13.1	7000	11.7	5,000	8.0	3,000	4.7		
	전년도 이월금	4,915	8.0	702	1.2			4,784	7.4	9,227	11.9
	관유물 불하대금	475	0.8					200	0.3	200	0.3
	전시이득세									406	0.5
	계	22,831	37.3	18,587	31.1	18071	28.8	21,834	33.8	24,918	32.1
합계		61,225	100.0	59,849	100.0	62,649	100.0	64,503	100.0	77,561	100.0

출전: 『朝鮮總督府施政年報』 및 『朝鮮總督府統計年報』, 各年度

해운이 침체되면서 더욱 격화되었다. 하지만 1915년부터 전쟁경기가 시작되자 수출이 급증하고 국제수지가 획기적으로 개선되면서 1914년에 16억 엔의 대외채무를 가진 채무국이었던 일본은 전쟁이 끝나는 1918년에 이르러 19억여 엔의 대외채권을 가진 채권국으로 변신하는 등 대단한 호황을 맞이하고 있었던 것이다.[21)]

1910년대 조선총독부특별회계의 또 하나의 특징은 공채 및 차입금의 비중이

21) 김종현, 1991 『일본근대경제사』, 비봉출판사, 141~142면.

크다는 것이었다. 전체 세입에서 차지하는 비중이 가장 작았던 1915년에도 15%나 되었고, 다른 해에는 대개 20% 내외의 수준을 유지하고 있었다. 일본은 장래 예상되는 여러 가지 사업을 빈약한 한국의 재정으로 충당하는 것은 불가능하다는 판단 아래 1911년 '朝鮮事業公債法'을 제정하여 필요한 자금을 공채에 의해 조달한다는 방침을 정했다. 이 법은 식민지 지배를 위해 시급한 철도의 부설, 도로와 항만의 수축 등에 필요한 재원을 공채 또는 차입금에서 조달하도록 한 것이었다.[22] 그리고 그 한도는 법률안의 개정에 따라 크게 증가하였으며, 이에 따라 공채의 발행도 늘어갔다. 공채는 조세징수를 통해 상환되는 것으로, 결국 한국인의 부담을 의미하는 것이었음에도 불구하고 공채의 발행, 상환의 시기와 방법, 상환해야 할 공채 종류의 선택, 취급기관 등 모든 것이 일본 大藏省의 관리하에 일본 정부에 의해 결정되었다는 데 커다란 문제가 있었다.[23] 식민지 경영비를 식민지에서 조달한다는 일본의 기본적인 방침이 여기서도 그대로 적용되었던 것이다.

〈표 8〉을 통하여 1910년대의 세목별 조세수입을 보면 역시 地稅가 가장 큰 비중을 차지하고 있었다. 지세는 1910년의 66%를 정점으로 하여 1919년에는 46%로 점차 감소하고 있지만 1910년대 전체를 놓고 보면 조세수입의 51%를 차지하였다. 이것을 소비세의 비중이 급격하게 커지는 1920대 이후, 그리고 소득세의 비중이 커지는 1934년 이후와 비교하면 지세 중심의 조세구조가 1910년대의 뚜렷한 특징이라는 것을 알 수 있다.[24] 이 시기의 조세구조가 지세를 중심으로 하였기 때문에 앞서 언급했던 '재정자립계획'에 따라 세입을 확충하고자 했던 일본은 지세수입의 증가를 위해 1914년 종래 지세제도의 미비점을 보완하여 지세의 부과·징수 및 감면 방법과 납세의무자를 확정하는 동시에 지세율을 약 40% 인상한 '地稅令'을 공포하였다.[25] 그 결과 1913년까지 600만 엔대에 머물

22) 水田直昌, 앞의 책, 144~156면.

23) 우명동, 1986「일제하의 우리나라 재정분석(1)」『성신연구논문집』24, 73~76면.

24) 정태헌, 앞의 책, 41~49면.

25)『官報』, 1914년 3월 16일 地稅令.

표 8. 조선총독부 세목별 조세수입 (단위: 천 엔, %)

	1910		1911		1912		1913		1914	
지세	6,001	66.2	6,245	57.4	6,273	51.6	6,474	51.9	9,535	57.8
호세	313	3.5	621	5.7	641	5.3	714	5.7	719	4.4
가옥세	75	0.8	132	1.2	129	1.1	130	1.0	175	1.1
주세	163	1.8	198	1.8	210	1.7	239	1.9	372	2.3
연초세	256	2.8	204	1.9	221	1.8	260	2.1	770	4.7
광세	143	1.6	200	1.8	194	1.6	203	1.6	208	1.3
관세	2,026	22.4	3,122	28.7	3,540	29.1	4,325	34.6	4,636	28.1
톤세	43	0.5	81	0.7	900	7.4	96	0.8	92	0.6
소득세		0		0		0		0		0
사탕소비세		0		0		0		0		0
잡세	42	0.5	69	0.6	51	0.4	44	0.4	31	0.2
합 계	9,062	100	10,872	100	12,159	100	12,485	100	16,507	100

	1915		1916		1917		1918		1919	
지세	9,540	57.7	9,899	59.3	9,916	54.8	11,502	53.0	11,469	46.3
호세	719	4.3	777	4.7	792	4.4	804	3.7		0
가옥세	175	1.1	222	1.3	231	1.3	238	1.1		0
주세	372	2.2	693	4.2	1,136	6.3	1,257	5.8	2,037	8.2
연초세	770	4.7	814	4.9	942	5.2	1,762	8.1	2,853	11.5
광세	208	1.3	290	1.7	428	2.4	627	2.9	835	3.4
관세	4,636	28.0	3,727	22.3	4,372	24.2	5,055	23.3	6,642	26.8
톤세	92	0.6	78	0.5	82	0.5	71	0.3	70	0.3
소득세		0	162	1.0	163	0.9	286	1.3	293	1.2
사탕소비세		0		0		0		0	652	2.6
잡세	31	0.2	27	0.2	27	0.1	112	0.5	29	0.1
합 계	16,537	100	16,685	100	18,089	100	21,714	100	24,781	100

출전: 『朝鮮總督府施政年報』 및 『朝鮮總督府統計年報』, 各年度

비고: 1910년도는 1910년 10월부터 1911년 3월까지의 결산액

던 지세 총액이 1914년부터는 900만 엔대에 이르렀고, 1918년부터는 1천만 엔을 넘어서게 되었다. 한편 1914년에는 '地稅令'과 동시에 '市街地稅令'을 반포하여 집단호수 1천 호 이상의 지역을 시가지로 지정하고 그 구역 내의 택지, 논밭, 잡종지 등에 시가지세를 부과하기 시작했다.[26)]

조세수입에서 지세 다음으로 큰 비중을 차지한 것은 무역에 따른 관세였는데, 1910년대에는 관세가 조세수입의 20~30% 정도를 차지하여 지세와 관세를 합하면 전체 조세수입의 80~90%에 달하였다. 한편 1910년대 후반에 들어와서는 주세, 연초세 등 통감부시기에 신설된 소비세의 비중이 점차 증가하여 1919년에는 주세와 연초세의 합계가 전체 조세수입의 20% 정도나 되었다. 이것은 1916년에 '酒稅令'이 반포되어 '주류의 개량, 생산자의 감소, 제조장의 집약' 등을 통하여 주세와 주조업에 대한 정확한 파악과 자가용주 제조에 대한 통제가 이루어졌으며, 1914년에 '煙草稅令'이 제정되어 소매가의 10%를 부과하는 연초소비세 및 영업세의 성격을 띤 연초제조세의 신설 등으로 연초세가 크게 증가하였기 때문이다.[27)] 이러한 소비세의 증가 추세는 결국 1910년대에 전체의 60%를 차지하던 직접세의 비율이 1920년대에는 35% 정도로 감소하는 결과를 가져오기도 했다.[28)]

4. 1910년대 조선총독부의 세출예산

일본이 '재정자립계획'을 세우는 등 세입의 확대와 세출의 억제를 꾀했음에도 불구하고 1910년대 조선총독부특별회계의 세출예산은 1911년의 4,800만 엔에서 1915년의 6,200만 엔으로 계속 증가하다가 1916년에는 5,900만 엔으로 조금 감소하지만, 이후 다시 증가추세를 보이며 1919년에는 7,700만 엔에 달하였

26) 『官報』, 1914년 3월 16일 市街地稅令.

27) 『官報』, 1916년 7월 25일 酒稅令; 『官報』, 1914년 3월 16일 煙草稅令.

28) 정태헌, 앞의 책, 43~47면.

다. 이처럼 세출예산이 팽창한 주된 이유는 총독부 초기에 식민지 지배와 수탈을 위한 기구와 시설을 대대적으로 확장하여야 했기 때문이다. 특히 철도 · 도로 · 항만 등 사회간접자본의 확충에 많은 자금이 투입되었다.

1910년대 조선총독부의 세출예산을 정리한 〈표 9〉와 〈표 10〉을 보면 경상비에서는 철도작업비, 경무비, 국채정리기금 등이, 임시비에서는 철도건설 및 개량비, 토목비, 임시토지조사비 등이 큰 비중을 차지하고 있었다. 특히 경상비의 철도작업비가 전체 세출의 12% 안팎, 임시비의 철도건설 및 개량비가 전체 세출의 15% 안팎을 차지할 정도로 철도건설은 총독부 초기의 중요사업이었다. 이미 러일전쟁을 전후한 시기부터 일본은 한국의 철도망 장악을 정치 · 군사 · 경제 침략의 최우선 과제로 설정하고 있었고, 한국을 식민지로 만든 이후에는 대륙침략을 위하여 한국과 만주의 철도망을 연결 · 확충하고자 하였다. 1911년 군부의 원로인 야마가타 아리토모(山縣有朋)가 제출한 '군사상의 요구에 기초한 조선 · 만주에서의 철도경영방책'이라는 의견서가 바로 그러한 구상을 체계적으로 제시한 것이었다.[29] 이에 따라 1911년에 한국 철도와 만주 철도를 연결하는 압록강 철교가 개통되었고, 1914년에는 대선에서 목포에 이르는 호남선과 용산에서 원산에 이르는 경원선이 완공되었으며, 원산에서 회령에 이르는 함경선이 착공되었다.

1918년부터 한국의 철도경영을 남만주철도회사에 위탁하였기 때문에 철도작업비는 세출예산의 경상비에서 사라졌지만, 그 대신 임시비의 철도건설 및 개량비 항목이 1918년부터 증가하고 있었다. 앞서 언급했듯이 1차대전으로 일본경제가 호황국면에 들어서면서 일본정부는 '적극재정'으로 전환하였고, 조선총독부도 철도건설을 중심으로 한 계속사업비를 1917년까지의 1억 3천만 엔에서 1918년에는 한꺼번에 2억 엔으로 늘렸던 것이다.[30] 이에 따라 조선총독부 세출예산 임시비의 철도건설 및 개량비, 토목비, 평양광업소 확장비 등 사회간

29) 정재정, 1999『일제침략과 한국철도』, 서울대출판부, 117～126면.

30) 堀和生, 앞의 글, 209면.

표 9. 조선총독부 세출예산 I (1910~1914년) (단위: 천 엔, %)

		1910		1911		1912		1913		1914	
	이왕가 세비	750	4.2	1,500	3.1	1,500	2.9	1,500	2.6	1,500	2.5
	총독부	1,370	7.6	2,805	5.8	2,937	5.6	3,026	5.2	3,390	5.7
	재판 및 감옥비	1,075	6.0	2,513	5.2	2,734	5.2	2,782	4.8	2,597	4.4
	경무비	1,943	10.8	2,859	5.9	3,182	6.0	3,308	5.7	3,331	5.6
경	지방청	1,965	10.9	4,233	8.7	4,210	8.0	4,304	7.4	4,116	6.9
	학교	107	0.6	273	0.6	292	0.6	356	0.6	345	0.6
	세관	424	2.4	604	1.2	571	1.1	620	1.1	590	1.0
	평양광업소			746	1.5	842	1.6	813	1.4	790	1.3
	권업모범장	92	0.5	206	0.4	209	0.4	221	0.4	197	0.3
상	체신비	147	0.8	2,844	5.8	3,146	5.9	3,432	5.9	3,599	6.1
	철도작업비			5,278	10.8	6,217	11.8	7,034	12.1	7,712	13.0
	수선비	58	0.3	317	0.7	328	0.6	403	0.7	330	0.6
	국채정리기금 특별회계 전입	957	5.3	1,733	3.6	2,387	4.5	5,118	8.8	5,202	8.8
비	조선의원 및 제생원					450	0.9	450	0.8	400	0.7
	중앙시험소					115	0.2	148	0.3	158	0.3
	영림창						0		0.0		0
	예비금	200	1.1	1,000	2.1	1,000	1.9	1,000	1.7	1,000	1.7
	잡비	582	3.2	979	2.0	231	0.4	236	0.4	349	0.6
	계	9,672	53.7	27,891	57.2	30,352	57.4	34,751	59.9	35,607	59.9
	권업비			316	0.6	373	0.7	407	0.7	245	0.4
	헌병보조원비	576	3.2	1,051	2.2	1,097	2.1	1,139	2.0	1,110	1.9
	조선부대비			248	0.5	188	0.4	148	0.3	144	0.2
임	임시토지조사비	408	2.3	1,757	3.6	2,380	4.5	3,433	5.9	3,601	6.0
	보조비			1,436	2.9	2,553	4.8	2,723	4.7	3,284	5.5
	임시출자금			790	1.6	790	1.5	107	0.2	780	1.3
	영선비	936	5.2	1,251	2.6	1,846	3.5	1545	2.7	1,394	2.3
시	토목비	4,337	24.1	4,479	9.2	4,027	7.6	4,904	8.5	3,905	6.6
	철도건설 및 개량비		8,500	17.4	9,000	17.0	8,500	14.7	8,500	14.3	
	조사비					116	0.2	175	0.3	478	0.8
비	평양광업소 확장비	447	2.5	79	0.2	40	0.1	40	0.1	40	0.1
	염전제조비	299	1.7	225	0.5		0.0		0.0		0.0
	기타	1,342	7.4	717	1.5	133	0.3	118	0.2	325	0.5
	계	8,344	46.3	20,850	42.8	22,540	42.6	23,239	40.1	23,806	40.1
합 계		18,016	100.0	48,747	100.0	52,892	100.0	57,990	100.0	59,413	100.0

출전: 『朝鮮總督府施政年報』 및 『朝鮮總督府統計年報』, 各年度

비고: 1910년도는 1910년 10월부터 1911년 3월까지의 결산액

표 10. 조선총독부 세출예산 II (1915~1919년) (단위: 천 엔, %)

		1915		1916		1917		1918		1919	
경상비	이왕가 세비	1,500	2.4	1,500	2.5	1,500	2.4	1,500	2.3	1,500	1.9
	총독부	3,417	5.5	3,301	5.5	3,480	5.6	3,910	6.1	5,192	6.7
	재판 및 감옥비	2,597	4.2	2,724	4.6	2,839	4.5	3,142	4.9	3,615	4.7
	경무비	3,360	5.4	3,314	5.5	3,350	5.3	3,486	5.4	3,826	4.9
	지방청	4,213	6.8	4,274	7.1	4,291	6.9	4,979	7.7	5,713	7.4
	학교	345	0.6	468	0.8	464	0.7	620	1.0	773	1.0
	세관	594	1.0	596	1.0	607	1.0	666	1.0	719	0.9
	평양광업소	790	1.3	786	1.3	1,054	1.7	1,718	2.7	1,832	2.4
	권업모범장	197	0.3	211	0.4	216	0.3	205	0.3	316	0.4
	체신비	3,686	5.9	3,776	6.3	3,860	6.2	4,039	6.3	4,667	6.0
	철도작업비	7,871	12.7	7,690	12.8	7,687	12.3		0.0		0.0
	수선비	330	0.5	320	0.5	338	0.5	380	0.6	421	0.5
	국채정리기금특별 회계 전입	6,401	10.3	5,012	8.4	5,471	8.7	7,675	11.9	6,033	7.8
	조선의원 및 제생원	400	0.6	420	0.7	420	0.7	450	0.7	709	0.9
	중앙시험소	169	0.3	113	0.2	115	0.2	136	0.2	151	0.2
	영림창		0.0	1,205	2.0	1,448	2.3	1,462	2.3	2,149	2.8
	예비금	1,000	1.6	1,000	1.7	1,500	2.4	1,500	2.3	1,500	1.9
	잡비	349	0.6	363	0.6	363	0.6	476	0.7	580	0.7
	계	37,219	59.9	37,073	61.9	39,003	62.3	36,344	56.3	39,698	51.2
임시비	권업비	245	0.4	233	0.4	251	0.4		0.0		0.0
	헌병보조원비	1,110	1.8	1,104	1.8	1,104	1.8	1,177	1.8	1,290	1.7
	조선부대비	144	0.2	128	0.2	128	0.2	128	0.2	146	0.2
	임시토지조사비	3,601	5.8	3,785	6.3	1,346	2.1	225	0.3		0.0
	보조비	3,698	6.0	3,051	5.1	3,012	4.8	4,001	6.2	4,210	5.4
	임시출자금	814	1.3	64	0.1	64	0.1	64	0.1	64	0.1
	영선비	1,404	2.3	1,084	1.8	1,292	2.1	2,259	3.5	3,793	4.9
	토목비	4,027	6.5	3,203	5.4	3,961	6.3	3,637	5.6	6,221	8.0
	철도건설 및 개량비	8,500	13.7	8,390	14.0	9,420	15.0	10,000	15.5	10,000	12.9
	조사비	524	0.8	561	0.9	614	1.0	792	1.2	1,029	1.3
	평양광업소 확장비	40	0.1	446	0.7	1,655	2.6	1,856	2.9	2,248	2.9
	염전제조비	299	0.5		0.0	374	0.6	344	0.5	447	0.6
	기타	805	1.3	728	1.2	428	0.7	3,671	5.7	8,415	10.8
	계	24,912	40.1	22,776	38.1	23,640	37.7	28,154	43.7	37,862	48.8
합계		62,131	100.0	59,849	100.0	62,642	100.0	64,498	100.0	77,561	100.0

출전: 『朝鮮總督府施政年報』 및 『朝鮮總督府統計年報』, 各年度

접자본을 확충하기 위한 자금이 크게 증가하였다.

경상비에서의 경무비와 임시비에서의 헌병보조원비는 일본이 1910년대 식민지 지배정책의 하나로 채택했던 헌병경찰제도를 확충하여 식민지 지배에 저항하는 민족운동을 탄압하기 위한 것으로서 1910년에 7,900명 정도였던 헌병·경찰의 숫자가 1918년에는 1만 4천 명으로 두 배 가까이 증가하였다.[31] 특히 헌병보조원비는 이미 통감부시기부터 고조된 의병운동을 탄압하기 위해 책정된 것이었는데 총독부에 들어와서도 식민지 지배의 정착을 위하여 그대로 유지되고 있었다.

한편 임시비의 토목비는 각종 관청의 건설과 도로·교량·항만의 확충에 사용되었고, 임시토지조사비는 1910년대에 일본이 추진한 가장 큰 사업이었던 토지조사사업에 투입된 자금이었다. 임시토지조사비는 사업이 완료되어감에 따라 1917년부터 급격히 감소하다가 사업이 종료된 1919년에 소멸되었다.

1910년대 조선총독부특별회계의 세출예산을 기능별 구성으로 나누어 보면 가장 큰 비중을 차지했던 것이 철도와 통신을 중심으로 한 官業費로서 1911년에서 1919년에 이르기까지 9년간 세출 총액의 약 32%에 달하고 있었다. 이 시기에는 철도와 통신 이외에도 세입의 확대를 위해 총독부가 蔘業, 鹽業, 평양광업소, 營林廠, 수도사업 등 많은 사업을 직영하였다. 다음으로는 도로·교량·항만·세관의 건설과 개량을 위해 사용되었던 토목비가 약 13%, 공채 및 차입금을 상환하기 위한 국채비가 약 8%, 식민지 지배기구를 운영하기 위한 중앙 및 지방행정비가 약 12%, 경무비·재판비·감옥비 등 탄압기구에 투입된 경비도 약 12%에 달했다.[32]

이상에서 살펴본 1910년대 조선총독부특별회계 세출예산의 특징을 정리하면 통감부시기부터 시작된 식민지 지배와 수탈을 위한 토대구축사업에 막대한 예산이 투입되었다는 것으로 요약할 수 있을 것이다. 총독부비, 재판 및 감옥

31) 박경식, 1986 『일본제국주의의 조선지배』, 청아출판사, 45~46면.
32) 김옥근, 1994 『일제하 조선재정사론고』, 일조각, 63~66면.

비, 경무비, 지방청비 등 식민지 지배를 위한 행정 · 사법 · 경찰기구의 강화와 철도 · 도로 · 항만 등 식민지 수탈에 필요한 사회간접자본의 확충을 위해 많은 자금이 지출되었을 뿐만 아니라 식민지 지배에 대한 한국인의 저항을 탄압하고 식민지 지배 기반을 확충하기 위해 통감부시기부터 활용해오던 헌병보조원제도를 그대로 유지하면서 임시비 항목에서 헌병보조원비로도 적지 않은 예산을 책정하고 있었던 것이다.

5. 맺음말

세입 · 세출 예산의 분석을 중심으로 1910년대 조선총독부의 재정정책을 검토한 결과 이 시기에는 통감부시기의 식민지화정책을 계승하여 식민지 지배와 수탈을 위한 토대를 구축하고 그것을 확충하는 데 초점이 맞춰졌다는 것을 확인할 수 있었다. 그러면 이제 지금까지의 논의를 정리해보기로 하자.

통감부시기 예산운용의 특징은 먼저 세입부문에서 황실재성이 해체되어 많은 재원이 통감부 지배하의 정부재정으로 편입되고, 토지 · 호구 · 소금 · 담배 · 술 등 세원에 대한 조사를 통해 조세수탈이 강화되었으며, 독립회계로 운영되던 항세 등이 국고로 편입됨으로써 재정수입이 급격히 증가하였다는 데에 있었다. 그러나 이것으로도 식민지화를 위한 각종 기구와 시설의 확충, 그리고 일본인 관리들의 이주와 고용을 위한 비용을 충당할 수 없었기 때문에 일본은 막대한 규모의 차관 · 공채를 한국정부에 강요함으로써 한국재정을 일본에 예속시켜 나갔다. 세출부문에서는 식민지화를 위한 기구의 확충과 사회간접자본의 정비에 예산이 집중되었다는 점이 두드러진다. 특히 지방경찰 및 지방 재무비의 급증이 특징적인데, 이것은 결국 한국을 식민지로 만들기 위한 비용을 한국에서 거두어들이면서 이에 대한 저항은 헌병과 경찰을 동원하여 탄압하려는 의도를 가진 것이었다.

1910년 일본이 한국을 병합하면서 한국의 재정 역시 일본의 재정에 편입되었다. 하지만 한국의 재정은 일본정부의 일반회계가 아니라 조선총독부특별회계로 분리되어 별도의 취급을 받게 되는데, 이는 가능한 한 빨리 일본정부 일반회계에서의 경비 지출을 폐지하기 위한 것, 즉 '식민지경영비'를 식민지에서 수탈하기 위한 것이었다. 더욱이 당시에는 러일전쟁의 후유증으로 인한 일본정부의 심각한 재정위기 때문에도 이러한 방식을 취하지 않을 수 없었을 것이다.

1910년대 조선총독부특별회계의 특징을 가장 분명하게 보여주는 것이 한때 전체 세입의 25%에 달하기도 했던 일본 일반회계로부터의 보충금이었다. 보충금은 당시 한국의 재정수입으로는 일본이 필요로 하는 식민지 지배와 수탈을 위한 기반시설의 구축자금을 충당할 수 없었기 때문에 당분간 일본정부에서 보조한다는 것이었다. 하지만 이러한 보충금은 조선총독부의 재정운용에 적지 않은 문제를 낳고 있었다. 따라서 조선총독부는 경상세입이 경상세출을 웃돌기 시작한 1913년에 이르러서 '재정자립계획'을 수립하여 향후 5개년에 걸쳐서 일반회계로부터의 보충금을 완전히 단절하고 한국(총독부) 재정의 '독립'을 이루겠다는 방침을 세웠다. 그 방법으로는 세출의 억제와 더불어 조세의 증수와 새로운 조세의 창설로 세입을 획기적으로 늘린다는 것이었다.

1910년대 일본의 식민지 지배정책의 핵심은 일본 육군에 의한 정치적 독립영역의 형성이었다. 즉 일본 육군, 그 중에서도 초대총독인 데라우치와 연결된 세력은 일본 국내의 정치세력으로부터 어떤 간섭도 받지 않으면서 자유롭게 한국을 통치하려는 구상을 가지고 있었다. 더욱이 당시에는 일본의 재정형편도 대단히 어려웠으므로 일본의 한국에 대한 지출은 가능한 한 삭감할 필요가 있었다. 결국 일본 정치세력 사이의 이해관계와 당시 일본의 미약한 경제력이 이러한 '재정자립계획'을 낳았던 것이다.

1910년대 조선총독부특별회계의 또 하나의 특징은 공채 및 차입금의 비중이 크다는 것이었다. 일본은 식민지 지배기구를 확충하는 데 필요한 자금을 빈약한 한국의 재정으로 충당하는 것은 불가능하다는 판단 아래 1911년 '조선사업공채법'을 제정하였는데, 이 법은 식민지 지배와 수탈을 위해 시급한 철도의 부설, 도로와 항만의 수축 등에 필요한 재원을 공채 또는 차입금에서 조달하도록 한 것이었다. 이에 따라 공채의 발행이 급증하는 추세를 보였고, 공채 및 차입금이 전체 세입예산에서 차지하는 비중도 20% 내외의 수준을 유지하고 있었다.

일본이 '재정자립계획' 을 세우는 등 세입의 확대와 세출의 억제를 꾀했음에도 불구하고 1910년대에 조선총독부특별회계의 세출은 증가 추세에 있었다. 세출 증가의 주된 이유는 식민지 지배 초기에 식민지 지배와 수탈을 위한 기구와 시설을 대대적으로 확장하려는 데 있었고, 따라서 철도 · 도로 · 항만 등 사회간접자본의 확충에 많은 자금이 투입되었다. 특히 철도 건설에 투입된 자금은 경상비와 임시비를 합하면 전체 세출예산의 30%에 육박할 정도였다. 경무비는 일본이 1910년대 식민지 지배정책의 하나로 채택했던 헌병경찰제도를 확충하여 식민지 지배에 저항하는 민족운동을 탄압하기 위한 것이었고, 통감부시기에 의병운동을 탄압하기 위해 책정된 헌병보조원비도 이 시기까지 유지되고 있었다.

전체적으로 보아서 1910년대 조선총독부의 재정정책은 통감부시기의 그것을 계승하여 식민지 지배와 수탈을 위한 토대구축사업에 막대한 자금을 투입하려는 것이었다고 할 수 있다. 그러나 외채에 의존하여 러일전쟁을 치른 데서도 드러나는 일본의 미약한 경제력 때문에 이러한 정책이 순조롭게 추진되기는 어려웠고, 여러 가지 사업이 축소되거나 지연되는 결과를 낳았다. 이러한 상황이 일본 정치세력 사이의 이해관계와 결부되어 '식민지경영비' 를 식민지에서 수탈하는 것을 의미하는 '재정자립계획' 을 가져왔던 것이다.

제2부 한국사회의 변화

1910년대 식민지 조선의 형사법과 조선인의 법적 지위
1910년대 일제의 식민지 교육정책과 한국인의 대응
1910년대 상업회의소와 조선인 자본가
1910년대 일제의 보건의료정책

1910년대 식민지 조선의 형사법과 조선인의 법적 지위

도 면 회

1. 머리말

일본의 식민지 조선 지배정책을 바라보는 관점은 크게 세 가지로 구분할 수 있다. 첫째는 동화정책인데, 이는 다시 정반대의 두 가지 관점을 내포하고 있다. 우선, 피지배자인 조선인의 관점에서 볼 때 일본은 한민족의 주체의식을 빼앗고 일본인으로 동화시키는 것을 목적으로 하는 한민족 말살정책 또는 '민족말살주의'를 추진하였다고 한다. 이러한 관점은 일본이 1910년 한국을 병합하면서 '완전히 그리고 영구히' 지배할 것을 천명하고 일시동인 · 내지연장주의 · 내선융화 · 내선일체화 · 황국신민화 등을 표방하면서 조선을 영원히 지배할 것을 목적으로 하고 있었다고 본다.[1)] 이와 반대로 식민지 지배자인 일본 제국주의 입장에서 동화주의는 곧 식민지 민족의 일본 '국민화'를 의미하는 것이었다. 이러한 관점에 서게 되면 일본의 식민지 조선 지배정책은 조선 및 그 주민을 일본의 영토 및 국민으로 통합할 것을 지향하며, 구체적으로는 식민지에 일본과

1) 김운태, 1990 「일본 식민 통치체제의 확립」 『한국의 사회와 문화』 제11집, 8~11면; 강창일, 1994 「일제의 조선 지배정책」 『역사와 현실』 12호, 38~43면.

같은 제도를 실시하고 '국민화'를 위하여 교육을 비롯한 문화정책을 실시하는 것이다.[2)] 이 관점은 식민지 조선을 '문명화'하고 '일본화'하여야 할 열등한 지역으로 간주함으로써 식민 지배자의 시혜적 측면을 강조하는 것으로, 조선총독부측의 지배담론이나 일본인 학자들의 연구에 일관되게 나타나고 있었다.[3)]

두 번째 관점은 동화정책의 대척적 개념인 차별정책으로서 일본이 식민지 시기 내내 조선을 차별적으로 지배하는 식민지주의를 견지하였다는 관점이다. 이러한 관점에 선 연구자들은 일본이 식민통치의 기본이념으로 표방한 동화주의가 이념이나 정책 방침이었다기보다 정치적 선전을 위한 언설에 가까웠다고 본다.[4)] 연구자에 따라서는 식민지 말기에 가서 동화정책이 비로소 실현되었다고 보는 입장과 식민지 시기 내내 지속적으로 차별정책이 실시되었다고 하는 입장으로 나누어질 수 있으나 이러한 차이는 사소한 것에 불과하다. 이 관점에 의하면 일본의 통치정책은 동화정책을 내세우는 순간에도 결국에는 "조선인의 민도나 황민화된 수준이 낮다"는 이유, 일본의 편협한 혈족 내셔널리즘, 한일 민족간 평등을 두려워하는 일본 통치능력의 한계, 일본화를 거부하는 조선인측의 저항 등으로 인하여 차별정책을 유지하였다고 본다.[5)]

그런데 이러한 두 가지 관점 외에, 일본의 통치정책을 동화정책이나 차별정책 어느 한 쪽으로 규정하기 어렵다고 보는 관점도 있다.[6)] 오쿠마 에이지(小熊英二)는 일본과 조선을 구분하는 민족 단위의 경계가 불변이라고 보는 관점에 서면 일본이나 조선은 민족 내지 국가 단위로 영원히 불변하는 각각의 동일성을 갖는 것으로 생각하게 되기 쉬우며, 일본이나 조선 내부의 상호대립, 예컨대

2) 권태억, 2001 「동화정책론」 『역사학보』 제172집, 363면.

3) 박경식(국역본), 1986 『일본제국주의의 조선지배』, 청아출판사, 33~36면.

4) 한국과 일본의 대부분의 연구자들이 이러한 관점을 취하고 있다. 이에 대해서는 이승일, 2003 「조선총독부의 법제정책에 대한 연구」 한양대 박사학위논문, 1~13면; 정연태, 2004 「조선총독 寺內正毅의 韓國觀과 植民統治」 『한국사연구』 124, 175~177면 등에 잘 정리되어 있다.

5) 정연태, 위의 글

6) 小熊英二, 1998 『〈日本人〉の境界』, 新曜社.

일본 내부의 관청간 대립이나 조선 내부의 지역 · 계급 · 성별 등의 차이가 경시될 우려가 있다고 전제하였다. 이어서 그는 일본의 통치정책을 연구할 때, 두 가지 점을 중시할 것을 제안하였다. 첫째, 조선총독부는 관청으로서의 기득권에 간섭을 받지 않으려고 조선을 일본으로부터 분리시키려는 지향을 가지고 있었던 점,[7] 둘째, 일본 대 식민지라는 양자 문제로서가 아니라 여기에 '구미'라는 제3항을 더한 삼자간의 문제로 검증을 진전시켜야 한다는 점이다. 그리하여 그는 일본이 '식민지'와의 사이에 경계를 긋는 형태로 '일본인'을 내세우는 '배제정책', 즉 차별정책을 취하면서도, 일본 제국을 위협하는 '구미'라는 '그들'에 대항하는 '일본'이라는 '우리'를 확장하기 위하여 '포섭', 즉 동화정책을 취하였다고 주장한다.[8]

본고의 주제인 법제 정책 분야를 보더라도 이러한 세 가지 관점이 나타나고 있다는 점은 매우 흥미롭다.[9] 기존의 법제 연구자들은 동화정책과 차별정책이 일본의 법제정책에 모순적으로 나타나고 있다고 파악하고 있다. 예컨대, 일본의 조선에서의 민사법제정책은 동화정책을 전제로 하여 조선의 관습을 법적으로 부정하고 일본 민법을 수용하였다고 파악하는 반면,[10] 형사법제정책에서는 조선태형령, 소송촉진주의, 예심제도의 변용 등으로 철저한 민족간 차별정책을 취하였다고 파악한다.[11] 즉, 민사법 분야에서는 동화정책이, 형사법 분야에서는 차별정책이 추진되었다고 할 수 있는 것이다.

---

7) 이러한 경향은 민족주의의 발흥을 선발 자본주의 국가인 영국이나 스페인의 식민지였던 미합중국이나 스페인령 아메리카의 크레올 계층에서 찾는 베네딕트 앤더슨의 논의와도 맥락이 닿는다. Benedict Anderson(윤형숙 역), 1991『민족주의의 기원과 전파』, 도서출판 나남, 제4장「구제국과 신국가」참조.

8) 小熊英二, 앞의 책, 3~12면.

9) 이승일, 앞의 논문 참조.

10) 이승일의 논문에서 인용되고 있는 박병호, 이병수, 정종휴, 윤대성, 정긍식 등 대부분의 법제사학 연구자들이 이에 속한다.

11) 한인섭, 1991「치안유지법과 식민지통제법령의 전개」『박병호교수환갑기념II 한국법사학논총』; 신동운, 1991「일제하의 형사절차에 관한 연구」『박병호교수환갑기념II 한국법사학논총』; 신동운, 1986「일제하의 예심제도에 관하여」『서울대학교 법학』27권 1호.

이러한 양자택일적 관점을 탈피하려는 관점 또한 제기되고 있다. 우선 민사법 분야 연구에서 이승일은 일본의 정책을 본국 정부와 조선총독부와의 갈등관계 속에서 파악하여야 한다는 전제하에 조선총독부가 "조선 관습의 성문법화와 법제 일원화"를 지향한 반면, 일본정부는 일본 민법을 원칙으로 조선과 일본의 법제 차이를 최소화하려 하여 양자간의 갈등을 중심으로 법제정책이 추진되었다고 본다.[12] 이러한 논의는 일본정부=조선총독부라는 기존의 상식적인 등식을 깨고 일본의 동화정책이 전면적으로 추진되지 못하고 차별정책이 마지막까지 추진될 수밖에 없었던 원인을 조선의 관습과 조선총독부 관료들의 지향에서 찾았다는 점에서 의미가 있다.

한편 형사법 분야에서 문준영은 일본의 정책이 단순한 차별정책이 아니라 일본이 대만에서 먼저 확립하여 관동주 및 조선 등 다른 조차지 · 식민지로 도입 응용한 식민지형 형사사법제도라고 보아야 한다고 하는 논의를 제기하였다.[13] 이는 일본과 조선이라는 양자 관계 속에만 갇혀 있던 형사법제 연구의 시야를 일본제국과 그 관할 식민지라는 다자간 관계로 확대하여 식민지형 형사사법제도라는 표준형(module)을 추출하고, 더 나아가서 이 표준이 개정되어 가면서 각 식민지 사이에 상호 작용해가는 모습을 추적하였다는 의미를 갖는다.

본고에서 검토하고자 하는 1910년대 형사법규와 조선인의 법적 지위에 대한 연구는 앞서 보았듯이 대체로 식민지적 차별정책과 조선인에 대한 폭압을 중심으로 조명해왔을 뿐, 일본의 형법과 형사소송법 의용이라는 동화주의적 구조는 연구 대상에서 거의 제외되어 왔다고 해도 과언이 아니다. 다시 말해서 형사법제 내부에 동화주의와 차별주의가 동시에 존재하는 원인이나 그 역사적 성격에 대해서는 총체적인 고찰을 해오지 않았다. 그 결과 일본의 형사법제가 시행되면서 조선인에게 부각된 문명적 통치구조는 시야에 들어오지 않게 되고 조선인들이 식민지 지배에 대해 보일 수 있었던 협력적(굴종적) 측면을 간과하게 만들

---

12) 이승일, 앞의 논문.

13) 문준영, 2001 「제국일본의 식민지 형사사법제도의 형성」 『법사학연구』 23호.

어 왔다.

본고에서는 일본의 형사법제에 동화주의라는 측면이 결코 정치적 언설이나 기만에 그친 것이 아니라 상당 부분 실현되면서도 조선인에 대한 차별주의를 지니고 있었다는 점을 밝히고자 한다. 이를 위해서 1910년대 조선의 형사법제에 나타난 조선인에 대한 지배정책의 성격, 그 속에서 조선인의 법률적 지위를 조선의 식민지화 이전 상태와 비교 정리함으로써 일본의 조선통치가 갖는 성격을 구명하고자 한다.

2. 식민지 조선의 법체계와 조선인에 대한 재판 관할

1) 식민지적 법체계

일본은 한국을 '조선'이라는 지역명으로 개칭하고 자신의 영토로 편입하였음에도 불구하고 일본의 제국헌법이나 법률, 칙령들을 조선에 그대로 실시하지 않고 일본과 체계를 달리하는 제령과 기타의 법령을 실시하였다. 이에 대해서 초대 조선총독으로 부임할 데라우치에게 제시된 일본측의 문서는

> 한국을 병합하여 제국 영토의 일부로 하더라도 한반도의 사정은 제국 내지와 원래 동일하지 않다. 그 문화도 역시 용이하게 내국인과 동일한 정도에 달하지 못할 것이므로 제국 내지에서의 모든 법률 규칙을 합병과 동시에 적용할 수 없음은 물론, 동 반도에 대해서는 그 민정 풍속 및 관습 등에 비추어 문화의 정도에 따라 주민의 행복을 증진하고 그 지식을 개발하고 점차 내국 인민으로 동화시키는 데 적절한 법제를 공포하여 내지와 동화하는 데 이르기까지는 제국 내지와는 특수한 통치를 할 필요가 있다는 것은 말할 나위도 없다. …잠정적으로 동 반도의 통할에 대해서는 제국헌법의 條章을 적용하지 않고, 반도 민인의 생활을 안정시키고 그 행복을 증진하는 데 적절한 시정을 할 필요에 바탕을 두고 대권으로 직접 통치한다는 취지를 조서 중에 언명할 필요가 있다.[14)]

라고 하여 동화주의를 실시해야 하지만 일본과의 동화가 이루어질 때까지 차별적 정책을 실시해야 하므로 조선에는 일본 헌법의 각 조항을 그대로 실시할 수 없다고 언명하였다. 이 입장이 곧 식민지 조선을 통치하는 기조가 되었다.

이에 따라 일본 천황은 합병조약 시행 당일 칙령 제324호로「조선에 시행할 법령에 관한 건」[15]을 공포하여 식민지 지배를 위한 법제적 기초를 마련하였다. 그 주요 내용은, 조선에서 법률 제정이 필요한 사항은 내각총리대신을 거쳐 천황의 재가를 얻은 후 조선총독의 명령으로 제정할 수 있는데, 이를「제령」이라 칭하였다. 또 일본 법률의 전부나 일부를 조선에 시행할 필요가 있는 경우에는 칙령으로 정하되, 제령은 칙령에 의하여 조선에 시행된 법률과 특히 조선에 시행할 목적으로 제정한 법률 및 칙령에 위배할 수 없다고 하였다.

같은 날 위의 칙령에 근거하여 제령 제1호「조선에서의 법령의 효력에 관한 건」이 공포되었다. 이 제령은 합병으로 인해 생길 수 있는 법적 공백 상태를 방지하기 위한 것으로서, 조선총독부를 설치할 때[16] 조선에서 그 효력을 잃을 일본 법령과 한국 법령은 당분간 조선총독이 발한 명령으로 그대로 그 효력을 갖도록 하였다. 그리고 역시 같은 날 칙령 제335호에 의해「특허법」,「의장법」,「상표법」,「실용신안법」,「저작권법」등 5개 일본 법률이 최초로 조선에 시행되었다.[17]

이후 일련의 칙령과 제령 등에 의하여 조선에 시행되는 법령은 다음과 같은

---

14) 山田三良,「併合後半島統治と帝國憲法との關係」山本四郎 編『寺內正毅關係文書』, 京都女子大學, 63면.

15) 이 칙령은 이듬해인 1911년 3월 24일 칙령 제30호에 의하여 효력을 잃게 되고, 같은 날 동일한 제목, 동일한 내용의 법률 제30호가 제정되었다.

16) 조선총독부는 같은 날 칙령 제319호「조선총독부 설치에 관한 건」에 의하여 명목상 설치되고 같은 해 9월 30일 칙령 제354호「조선총독부관제」에 의해 실질적 체제를 갖추게 되었다.

17) 김병화, 1976『속 근대한국재판사』, 한국사법행정학회, 368면. 합병과 동시에 조선에 시행된 일본 법률이 특허 · 의장 · 상표 · 디자인 · 저작권 등 주로 자본주의 상품 및 지적 재산권에 관한 것이었다는 사실은 조선과 일본이 동일한 자본주의 권역으로 편입되었다는 사실을 상징적으로 보여준다.

체계를 갖추게 되었다.[18)]

① 제령
② 칙령으로 조선에 시행된 법률
③ 특히 조선에 시행할 목적으로 제정된 법률 및 칙령
④ 규정의 내용상 당연히 조선에 그 효력을 미친 법률 및 칙령
⑤ 병합 당시 특히 그 효력의 존속을 인정한 대한제국 법령 및 일본국 법령
⑥ 조선총독부령
⑦ 경무총감부령
⑧ 道令
⑨ 도경무부령
⑩ 島令

이 중에서 ① 제령은 「조선민사령」, 「조선형사령」 등 중요한 법령 대부분을 포함하고 36년간 총 676건이 공포되었는데, 이 중에서 기존 제령을 개폐한 것을 제외하더라도 270건에 달하였다. 제령은 조선에만 시행할 내용을 중심으로 제정되었지만, 소수의 조선적 특례 사항을 포함하여 일본 법률을 조선에 시행할 때도 제령으로 제정 공포하였다. 후자의 경우 대체로 제령 조항 중에 "무슨 무슨 법에 의한다"라고 하여 依用이라는 형식을 취하였으며, 이후 의용된 일본 법률이 개정되면 역시 개정 법률 시행일부터 그 개정 법률에 의하게 되었다.

② 칙령으로 조선에 시행된 법률은 앞서 본 바와 같은 특허법, 의장법, 실용신안법, 상표법, 저작권법 등으로 36년간 조선에 시행된 법률은 총 130건에 달하였다.

③ 특히 조선에 시행할 목적으로 제정된 법률 및 칙령은 앞의 「조선에 시행할

---

18) 梶村秀樹 · 姜德相, 1970 「日帝下朝鮮の法律制度について」 『日本法とアジア』, 勁草書房; 日本 外務省 편, 1971 「日本統治時代の朝鮮」 『外地法制誌』 제4부의 2(1990년에 公刊).

법령에 관한 법률」이나 1911년에 제정된 「조선은행법」을 들 수 있으며, 「조선총독부관제」, 「조선총독부중추원관제」, 「조선총독부지방관관제」 등 관리의 관등, 봉급, 여비, 징계 등에 관한 규칙 및 「조선주차헌병조례」, 「조선교육령」, 「보통학교령」 등을 들 수 있다.

④ 규정 내용상 당연히 조선에 그 효력을 미친 법률 및 칙령은 지역 여하에 관계없이 사람이나 물건이나 사업에 따라 효력을 가지는 법률이나 칙령이다. 예컨대 「恩給法」 등 은급관계 법률은 은급법 적용을 받아야 할 일본 본토나 식민지 관서 공무원 또는 그 유족이기만 하면 그 사람에 따라 속인적으로 어떠한 지역에서도 시행되었다.

⑤는 1910년 8월 29일 제령 제1호 「조선에서의 법령의 효력에 관한 건」으로 합병 당시 당분간 그 효력의 존속을 인정한 대한제국 법령 및 일본국 법령들로서, 합병 당시는 상당수에 달하였으나 점차 폐지되어 갔다. 그러나 일본의 패망 이전까지 대한제국 시기 법령으로 「보안법」, 「출판법」, 「신문지법」, 「학회령」, 「국유미간지이용법」, 「이민보호법」 등 법률 · 칙령 · 훈령 합 17건, 일본법으로 「보안규칙」, 「출판규칙」, 「신문지규칙」 등 통감부령 및 통감부훈령 16건이 존속하고 있었다. 여기서 주의해야 할 점은 대한제국 시기 법령은 조선인에게만, 일본법은 일본인에게만 적용된 점이다. 예컨대 조선인은 「출판법」, 일본인은 「출판규칙」으로 동일한 행위에 대해 다른 법령에 의해 재단되었다.[19]

⑥ 조선총독부령은 「조선총독부관제」 제4조에 의해 총독이 발하는 명령으로 1년 이하의 징역이나 금고, 구류, 200엔 이하의 벌금 · 과료 등 칙령과 같은 정도의 벌칙을 부과할 수 있고 제령과 달리 칙재를 거칠 필요도 없었다.

⑦ 경무총감부령은 헌병경찰제도를 뒷받침한 점에서 중요하다. 경무총장은

---

19) 스즈키 게이오는 일본법인 「보안규칙」, 「신문규칙」 등이 조선인에게도 적용되었다고 주장하지만(鈴木敬夫, 1989 『법을 통한 조선식민지 지배에 관한 연구』, 고려대학교 민족문화연구소, 61~84면), 원칙적으로 이들 법령은 조선 주재 일본인의 행위에만 적용된 것이다. 이에 대해서는 朝鮮總督府 法務局, 1936 『朝鮮の司法制度』, 72~73면; 日本外務省 編, 앞의 책 참조.

정무총감과 동등한 지위에 있었다. 이는 1919년 8월 관제 개편에 의해 없어지지만 이미 공포 시행된 것은 조선총독부령으로 간주하여 존속되었다. ⑧ 道令과 ⑩ 島令은 지방관인 道長官(1919년 이후는 道知事로 개칭)·島司가 관내 행정사무에 관하여 직권 또는 위임 범위 내에서 발하는 명령이고, ⑨ 도경무부령은 ⑦ 경무총감부령과 같이 1919년 이후에는 없어지지만 도의 경무부장이 발하는 명령으로 무단통치를 지탱하는 역할을 했던 법령이다.

위와 같은 법체계에 대해 지적할 수 있는 것은, 첫째, 조선에는 실질적으로 일본 헌법의 적용이 배제됨으로써 일본인에게 부여된 언론·집회·결사·출판의 자유나 참정권 등 기본권이 도입되지 않았다는 점이다.

둘째, 정상적인 법체계에서 중심이 되어야 할 법률이 예외적인 경우가 되고, 일본천황의 칙령이나 식민지에 특수한 법형식인 제령이 법체계의 중심을 차지하여 식민지 주민의 의사가 입법에 반영될 수 있는 통로가 원천적으로 봉쇄되었다는 점이다.

셋째, 경무총감부령이나 도경무부령과 같은 경찰입법이 광범하게 인정되고 정무총감이나 도지사가 발하는 명령보다 실질적으로 우위에 있어서 특히 1910년대는 半軍政이라고 해도 과언이 아닌 상태가 계속되었다.[20)]

넷째, 병합 당시 그 효력의 존속을 인정한 대한제국 법령 및 일본국 법령과 「조선태형령」 등 몇몇 제령을 제외한 나머지 법령류는 조선인은 물론 조선에 거주하고 있는 일본인에게까지 적용되었다는 점이다. 일반적으로 조선 거주 일본인도 이들 식민지 법체계하에 놓여 있었다는 점은 간과되고 있지만, 이 점은 조선총독부가 조선인·일본인을 구별하지 않고 동일한 통치 대상으로 삼고 있음을 보여주는 증거이다.[21)]

이러한 법체계를 일본 법령이 조선에 실시될 때의 변용 여부를 중심으로 다시 파악해 보면, 첫째, 일본 법률이나 칙령이 변용되지 않고 그대로 시행되는 것

---

20) 梶村秀樹·姜德相, 앞의 글.

21) 이에 대해서는 小熊英二, 앞의 책, 195~208면 참조.

(②④), 둘째, 일본의 법률을 의용 형식으로 시행하되 조선에만 적용되는 특수 항목을 담고 있거나 조선의 사정에 맞추어 변용된 제령 · 법률 · 칙령 및 조선총독부령 · 경무총감부령 · 도령 · 도경무부령(①③⑥⑦⑧⑨⑩), 셋째, 내용이 변용되지 않고 조선인과 일본인에 따로따로 적용되는 합병 이전 대한제국 법령과 일본국 법령(⑤)으로 분류할 수 있다. 이들 법령은 일본에서 시행되는 법령과 내용상으로 유사하거나 일본의 제반 제도에 상응하게끔 조정된 것이 대부분이고 일부는 조선에만 "특수하게 존재한다"고 인정된 상황에 맞추어 제정되었다는 점에서 동화주의적 측면이 우선적이고 차별주의적 측면이 부차적이었다고 할 수 있다.

그러나 이같은 법체계로 인하여 일본 본토와 식민지 조선 사이에는 동일한 내용의 법령을 적용할 때 복잡한 문제를 낳았다. 칙령으로 시행한 법률이나 조선에 시행할 목적으로 제정한 법률들은 일본 본토와 조선에 완전히 공통적으로 적용될 수 있었다. 그러나 제령은 총독이 법률의 위임에 기초하여 발포하는 것으로 그 효력이 조선 내에 국한되기 때문에 설령 제령의 내용이 일본 본토 법률과 동일하다고 해도 형식적으로는 다른 법령이라고 할 수밖에 없다. 형사상의 사례를 들자면, 일본인이 본토에서 '형법'상의 죄를 범하고 조선에 건너와도 조선총독부재판소는 이를 처벌할 수 없고, 조선인이 조선에서 범한 「조선형사령」상의 범죄도 역시 본토에서는 이를 처벌할 수 없었다. 동일인이 일본 본토와 조선에서 연속적으로 여러 개의 죄를 범한 경우에 본토 및 조선에서는 각기 지역 내에서 행한 범죄에 한해서만 처벌할 수 있었다. 또 조선총독부재판소에서 형벌을 언도받고 형을 마친 후 일본 본토에서 동일한 죄를 범하더라도 이를 累犯으로 가중 처벌할 수 없게 되며, 일본 본토의 재판소에서 처벌받은 자 역시 조선에서 동일한 범죄를 저지르더라도 누범으로 가중 처벌할 수 없었다.

그리하여 일본 법조계에서는 제령과 같은 위임입법 제도를 철폐하고 일본 법령을 통일적으로 시행하도록 하자는 여론도 제기되었으나, 조선총독부와 일본정부는 조선인이 일본 본토민과 동일한 정도로 완전히 동화될 때까지 제령 제정권을 철폐할 수 없다는 입장을 견지하였다. 그 대신 일본정부는 각 지역 법령을 각각 다른 법체계하에 존속시키면서도 그 효력을 서로 공통하게 하는 정책을 채택하여 1911년부터 「공통법」 제정 작업에 들어갔고 여러 차례 수정을 거친 끝에 1918년 6월부터 시행하였다.[22)]

「공통법」의 형사상 규정 중 주요한 것만 보자면, 우선 조선에서 죄를 범한 자는 대만이나 일본 등 다른 지역에서 처벌할 수 있게 하여(제13조) 法域이 다르면 범죄자를 처벌하지 못하던 문제를 해결하였다. 또 조선에서 "일본 법령에 의할 것"을 규정한 경우에는 조선과 일본이 서로 법령을 같이 하는 것으로 간주하여 일본에서 일본 형사법상의 죄를 범하고 온 자를 조선총독부재판소에서 「조선형사령」을 적용하여 처단할 수 있게 하였으며, "일본 법령에 의할 것"을 규정하지 않은 경우에는 범죄지인 일본의 법령을 적용하도록 하였다. 일본에서 범죄를 저지른 조선인을 태형이 존재하는 조선에서 처단할 경우 태형 언도를 할 수 있게 하되, 「형법」상 죄를 범하지 않은 대만인을 조선에서 처단할 경우 대만에 「태형령」이 있더라도 그에 대해서는 「조선태형령」을 적용하지 못하게 하였다(제14조). 그리고 한 지역에서 형사소송이나 즉결처분 또는 가출옥에 관하여 행한 재판, 처분, 기타 수속상의 행위는 각 지역 상호간 그 효력을 인정하는 것으로 하여, 일본에서 징역형 언도를 받고 그 집행을 마친 자는 조선에서도 역시 전과자로 인정되고 다시 죄를 범할 때에는 누범으로 형을 가중할 수 있게 하였다(제18조). 이처럼 법규 적용의 통일성을 확보함으로써 일본은 제국 내의 각각 다른 법역에서 일어나는 형사 범죄 처벌이나 기타 법률 해석에 통일을 기할 수 있게 되었다.

2) 조선인의 국적상 지위와 재판 관할

조선의 법체계가 일본과 다르게 성립함으로써 조선인의 국적상 지위와 재판 관할 문제 역시 일본과 다를 수밖에 없었다. 일본은 병합 이후부터 조선인을 일

22) 司法部長官 國分三亥, 「共通法に就て」『朝鮮彙報』 1918년 6월호. 번역된 「공통법」 전문은 김병화, 1976 『續近代韓國近代裁判史』, 韓國司法行政學會, 379~381면 참조.

본인으로 취급한다는 대원칙을 세웠지만, 실제상에서는 여러 가지 차별적 정책을 취하였다. 우선 조선총독부는 병합 직후부터 조선인 관리·경찰관·통역 등이 일본인과 유사한 성명을 만들어 민적에 등록하는 행위를 금지하였다. 일본인과 혼동하기 쉬운 성명으로의 개칭은 혼인·입양에 의해 일본인의 家에 들어가는 경우 등에 한정하고 그 이외는 불허함으로써 조선인과 일본인을 이름에 의해 구별하고자 하였다.[23)]

이처럼 조선 국내의 일본인과 조선인을 구분하는 문제는 민적제도 실시에 의해 해결해 나갔지만, 조선총독부가 정책적으로 심각하게 고려한 것은 간도나 연해주에 거주하는 조선인, 특히 청국이나 러시아에 귀화한 조선인 문제였다. 이 문제는 이미 이토 히로부미가 초대 통감으로 재직할 때부터 유념한 것이었다. 그는 1908년 중반 대한제국 각 재판소로 부임하는 일본인 사법관에 대한 훈시에서 러시아나 청국에 귀화한 조선인이라고 주장할지라도 그들에게 치외법권의 특전을 인정하지 말고 모두 한국인으로 취급하여 재판하여야 한다고 지시하였다.[24)] 이러한 방침은 1910년 7월 8일 일본 내각회의에서 조선인의 국법상의 지위에 관한 원칙으로 다음과 같이 확정되었다.[25)]

1) 조선인은 특히 법령 또는 조약으로 별단의 취급을 할 것을 정한 경우 이외에 오로지 일본 본토인과 동일한 지위를 갖는다.
2) 간도 재주자에 대해서는 전항 조약의 결과로 현재와 똑같은 지위를 가지는 것으로 간주한다.
3) 외국에 귀화하여 현재 이중 국적을 가진 자에 대해서는 추후 국적법이 조선에 행해질 때까지 우리 이해관계에서는 일본 신민으로 간주한다.

1)의 원칙은 일본의 기본적인 입장이었으므로 설명을 요하지 않는다. 2)의

23) 水野直樹, 2002「朝鮮植民地支配とあ名前の'差異化'」『植民地主義と人類學』, 山路勝彦·田中雅一 編, 關西學院大學出版會, 147~160면.

24) 남기정 역, 1978『일본의 사법부 침략실화』, 육법사, 96~97면.

25)「朝鮮施政方針及施設經營」『寺內正毅關係文書』, 180~181면.

원칙은 1909년 일본과 청국이 체결한 「간도에 관한 일청협약」에 의하여 龍井村·局子街·頭道溝·百草溝 등 상업지역의 조선인은 일본인으로 취급하여 재판하지만, 그 이외의 지역에 거주하는 조선인은 청국 법률 관할에 속하게 한다는 것이다.[26] 이 점에서 상업지 이외의 간도 거주 조선인은 일본의 사법제도 영역 밖에 존재하면서 독립운동을 할 수 있는 여지가 있었다고 할 수 있다. 3)의 원칙은 조선인 중 미국 또는 러시아에 귀화하여 독립운동에 참여한 경우 이들이 조선에 들어와 외국인의 권리 의무를 행사할 때는 형사 처벌하기 어렵기 때문에 모든 조선인의 외국 귀화를 인정하지 않겠다고 한 것이다.

이러한 조치는 1915년 중국과 「남만주 및 동부 내몽골에 관한 조약」을 체결한 이후에도 그대로 유지되지만 부분적인 변화가 일어났다. 즉, 간도 지역의 영사재판에서는 조선인이나 일본인이나 동일한 법률 적용을 받도록 하여 조선인 형사 범죄인은 「조선형사령」이 아니라 일본의 「형법」에 의해 재판하되, 조선인의 신분관계에 한해서만 「조선민사령」을 적용하도록 하였다. 이는 신분관계가 속지적이 아니라 속인적인 법률에 의해 규제되기 때문이다.[27]

이를 최종적으로 정리해보자면, 간도 지역 일본 영사관이 조신인을 재판할 때는 신분관계를 제외하고는 모두 일본 본토의 법규를 적용하였다. 그리고 영사재판에 대한 상소나 영사관이 예심을 한 죄의 공판을 조선총독부재판소가 담당할 경우에는 판결시 적용할 실체법규는 간도에 시행되는 일본 본토 법규를 적용하지만 소송 절차는 「조선민사령」, 「조선형사령」이 정한 바에 따르도록 하였다.[28] 이로써 조선인은 간도의 상업지역에서는 신분관계를 제외하고는 일본

---

26) 「간도협약」에 의하면, 이들 상업지역은 외국인의 거주 및 무역을 위해 개방한 지역이므로 영사재판권 관할 지역이 되고, 나머지 간도 지역의 조선인에 관한 민사 형사 소송은 청국 관헌이 관할하게 되었다. 다만 인명에 관한 사건이 발생했을 때에는 청국 관헌이 일본영사관에 조회하여야 하며, 일본영사관에서 보기에 불법적인 재판을 했다는 혐의가 있다고 판단할 경우에는 공정한 재판을 기하기 위하여 따로 관리를 파견하여 복심할 것을 청국에 청구할 수 있다고 하였다. 外務省, 1965 「間島に關する日淸協約」 『日本外交年表竝主要文書 (上)』, 原書房, 324~325면.

27) 秋山 參事官, 「間島在住朝鮮人ニ對スル司法關係ノ件」(1915년 9월), 위의 책, 386면.

인과 거의 동일한 법적 지위를 가졌지만, 일단 조선 내로 들어오게 되면 조선인으로서 차별적 지위를 가지게 되었다. 즉, 조선인은 일본제국 외부에 대해서는 일본인이지만 일본제국 내부에서는 조선인인 이중적 법적 지위를 가지고 있었다.[29)]

조선인의 재판 관할상 문제와 마찬가지로 문제시되었던 것은 조선에서의 최고 재판기관을 어떻게 할 것인가였다. 당초 일본정부가 원칙적으로 표명했던 동화주의를 추진한다면 재판시 법령을 적용하거나 해석할 때의 통일성을 기하기 위하여 상고심을 관할하는 최고재판소는 유일무이하여야 한다. 그러나 이미 일본과 조선은 법역이 달라 조선에서는 조선고등법원이 최고재판소로서의 기능을 수행하고 일본 본토의 대심원과는 관련없는 기관으로 존속하고 있었다. 이로 인하여 동일한 사실에 대한 법률 해석과 적용이 조선고등법원과 일본 대심원에서는 다르게 이루어지고 있었다.

대만에서도 이러한 문제가 발생하여 1898년에 대만복심법원의 판결에 대한 상고를 일본 대심원에서 관할한다고 하는 법안이 제정되었다가 최종적으로 귀족원 심의과정에서 부결되었던 적이 있었다.[30)] 조선에서도 병합 직후부터 조선에서의 심급은 지방재판소-공소원의 2심제로 하고 최종심은 일본 본토의 대심원에서 관할하게끔 해야 한다는 요구가 일었으나 조선총독부는 이를 여러 가지 이유를 들어 기각하였다.[31)] 조선총독부가 이들 여론을 기각한 이유는 3심제가 일본 본토나 유럽 국가들과 유사하여 조선 주재 외국인들의 치외법권을 철거할 수 있는 명분이 되었으므로 이 기조를 변경해서는 안 된다는 것이었다. 그러나

---

28) 朝鮮總督府法務局, 1922 「間島ニ於ケル領事裁判ニ關スル件」(1920. 12. 民第85號 拓植局次長에게 보내는 法務局長 回答) 『朝鮮司法例規』, 大成印刷社, 3면.

29) "종래 한국 신민이었던 자가 병합에 의해 당연히 일본 국적을 취득한다고 하더라도 그로 인해 한국인은 전연 일본인과 동일하게 되는 것이 아니고 다만 외국에 대해 일본 국적을 취득한 데 불과하다는 것을 주의하여야 한다"(山田三良, 「併合後における韓國人の國籍問題」(1910. 7. 15) 『寺內正毅關係文書』, 62면).

30) 이에 대해서는 문준영, 앞의 글, 106~108면 참조.

31) 남기정 역, 앞의 책, 203~219면

보다 큰 이유는 여러 법조인들이 지적하는 대로 조선총독부가 조선 내에서는 일본 본토 정부로부터 통제를 받지 않는 독자적 통치권을 유지하고자 한 점에 있었다고 보아야 할 것이다. 즉, 조선에 일본의 「재판소구성법」을 시행하여 상급심 관할을 일본 대심원으로, 조선총독부재판소의 판사 · 검사에 대한 감독권을 일본의 사법대신 관할하로 옮길 경우 조선총독의 통치권이 크게 위축되고 총독정치의 일원성을 깨뜨리게 되므로 조선총독이 이를 절대로 받아들이지 않으리라는 지적이 그것이다.[32)]

3. 일본 형사 절차법규의 의용과 경찰사법권 도입

대외적으로는 일본인이지만 대내적으로는 조선인인 지위가 1910년대 형사재판 절차에서는 어떻게 규정되었던가? 이는 조선총독부라는 擬似 국가가 피의자 또는 피고인으로 인지된 조선인의 신체를 어떻게 취급하는가, 조선인의 인권을 어느 정도 보장하고 있었던가를 보여주는 주제이다.

조선인에 대한 형사재판은 「조선형사령」이 공포되는 1912년 3월까지는 1910년 10월 1일 제령 제5호 「조선총독부재판소령」과 칙령 제238호 「한국인에 係한 司法에 관한 건」, 1910년 8월 29일 공포된 제령 제1호 「조선에서의 법령의 효력에 관한 건」에 의해 대한제국 시기에 공포된 「형법대전」, 「민형소송규칙」, 「형사재판비용규칙」 등에 규정된 절차에 따라 이루어졌다.[33)] 이는 물론 강점 초기 일본 식민 당국의 준비가 충분히 이루어지지 않았기 때문이다. 이와 달리 조선

32) 이 점에서 볼 때도 식민지 조선에 대한 통치정책은 일본 본토 정부가 먼저 결정하는 것이 아니라 일차적으로는 조선총독을 정점으로 하는 조선총독부 관료층의 입장에서 이루어지는 것으로 보아야 할 것이다.

33) 대한민국국회도서관 편, 「통감부재판소령」 『한말근대법령자료집』 IX, 1~10면; 朝鮮總督府 法務局, 1936 『朝鮮の司法制度』, 72~73면. 「통감부재판소령」은 합병 직후 법령 내용은 그대로 두고 「조선총독부재판소령」으로 명칭만 변경되었다.

거주 일본인에 대한 형사재판은 일본의 「형법」과 「형사소송법」 등에 규정된 절차에 의해 이루어졌다. 그리고 여기에 1910년 12월 15일 제령 10호로 공포된 「범죄즉결례」에 의해 즉결심판 절차가 도입되었다.

이에 의하여 재판기관은 일본의 재판기관 조직과 같은 구재판소-지방재판소-공소원-고등법원의 4급3심제를 취하고 있었다. 구재판소는 ① 1년 이하의 징역 · 금고 또는 벌금에 해당하는 죄, ② 구류 또는 과료에 해당하는 죄, ③ 한국법규에 의하여 1년 이하의 징역, 벌금, 태형 또는 구류형에 해당하는 죄, ④ 官物 · 墳墓石物 · 穀物 등의 각종 절도, 절도범의 窩主, 강도 共謀 · 主謀罪, ⑤ 遺失物 詐取罪 등에 대해 제1심을 담당하였다.

지방재판소는 3인의 판사가 합의부를 구성하여 ① 구재판소의 권한 및 고등법원의 특별권한에 속하지 않는 형사소송의 제1심을 맡으면서도, ② 구재판소 판결에 대한 控訴와 구재판소의 결정 · 명령에 대한 抗告 등 제2심을 관장하였다.

공소원은 3인의 합의부로 ① 지방재판소가 내린 제1심 판결에 대한 공소, ② 지방재판소가 제1심으로 내린 결정 · 명령에 대한 항고를 담당하였으며, 고등법원은 5인의 판사로 합의부를 구성하여, ① 지방재판소나 공소원의 제2심 판결에 대한 상고, ② 지방재판소가 제2심으로 내린 결정 · 명령 및 공소원의 결정 · 명령에 대한 항고를 담당하는 한편, 일본 황족에 대한 危害 또는 위해 미수죄, 내란 및 내란 예비음모죄, 조선 왕족이 범한 禁錮 이상의 죄, 또는 한국 법규상 禁獄 이상의 형에 해당하는 죄를 單審制로 관장하였다.[34)]

1910년 8월 29일부터 1912년 3월까지는 조선인과 일본인에 대해 적용하는 법규를 달리했으므로 형사재판 절차가 민족별로 상이할 수밖에 없었다. 「형법

---

33) 대한민국국회도서관 편, 「통감부재판소령」 『한말근대법령자료집』 IX, 1~10면; 朝鮮總督府 法務局, 1936 『朝鮮の司法制度』, 72~73면. 「통감부재판소령」은 합병 직후 법령 내용은 그대로 두고 「조선총독부재판소령」으로 명칭만 변경되었다.

34) 外務省 編, 1960 「朝鮮總督府裁判所令」 『制令 前編』, 188면; 『朝鮮法令輯覽』(大正9年版) 第14輯 「裁判所構成法」 및 第15輯 「刑法」.

대전」과 「민형소송규칙」 등은 대명률을 기본으로 하여 갑오개혁 이후 제정된 형사 관련 신식 법규들과 일본의 민사·형사 소송법을 참조하여 제정된 만큼 여기에는 조선왕조 이래 전통적으로 내려오던 형사정책이 상당히 반영되어 있었다.[35] 그리고 조선인 판사·검사는 원고·피고 모두 조선인인 민사사건, 피고인이 조선인인 형사사건만 취급하도록 하여 조선인 판사·검사가 일본인 사이 또는 조선인·일본인 사이의 민사사건, 일본인이 피고인인 형사사건은 취급하지 못하도록 하였다(「조선총독부재판소령」 제25조). 이러한 조선인 판사·검사의 민족별 사건 관할 차별 규정은 3·1운동 이후인 1920년 3월 24일 제령 제3호 「조선총독부재판소령중개정」으로 삭제될 때까지 1910년대 내내 유지되었다.[36]

이 시기에 도입된 새로운 형사재판 절차가 즉결심판이었다. 즉결심판은 통감부 시기인 1909년 10월 16일 칙령 제240호 「한국에 재한 범죄즉결령」으로 도입되었다가 1910년 12월 15일 제령 제10호 「범죄즉결례」에 의해 처벌 대상이 확대되었다. 즉, 1909년에는 처벌 대상이, ① 구류 또는 과료 형에 처해야 할 죄, ② 한국법규에 따라 태형, 구류 또는 30원 이하 벌금에 처해야 할 죄였는데, 1910년의 제령에서는 ① 구류 또는 과료 형에 해당하는 죄, ② 3개월 이하 징역 또는 100엔 이하 벌금 또는 과료 형에 처해야 할 도박죄 또는 구류 또는 과료 형에 처해야 할 「형법」 제208조의 죄,[37] ③ 구재판소 관할사건으로 3개월 이하 징역형에 처해야 할 「형법대전」 제5편 제9장 제17절 및 20절의 죄,[38] ④ 구재판소

35) 「형법대전」, 「민형소송규칙」 등의 형사관련 법규에 대해서는 김병화, 앞의 책; 도면회, 1998 「1894~1905년간 형사재판제도 연구」, 서울대 박사학위논문; 도면회, 2001 「갑오개혁 이후 근대적 법령 제정과정」 『한국문화』 27; 문준영, 1998 「대한제국기 『형법대전』 제정에 관한 연구」, 서울대 법학과 석사논문 참조.

36) 外務省 編, 앞의 책, 188~194면.

37) 형법 제208조의 죄란, "폭행을 가하였으나 타인을 상해하는 데까지 이르지 않았을 때에는 1년 이하 징역 또는 50엔 이하의 벌금 또는 구류 또는 과료에 처한다. 이 항의 죄는 고소를 받아야 죄를 논한다"라 하여 사람을 죽이거나 부상을 입히지 않은 경미한 상해죄를 말한다(朝鮮總督府 編, 『朝鮮法令輯覽』 第15輯, 「刑法」 第208條).

관할사건으로 3개월 이하 징역, 금고, 금옥 또는 구류, 태형 또는 100엔 이하 벌금 또는 과료 형에 처해야 할 행정법규 위반죄로 확대되었다.[39] 여기서 주목할 점은 처벌 대상 범죄가 일본 형법상의 도박죄와 상해죄, 대한제국기에 빈번했던 타인이나 친속에 대한 폭행죄 등이 추가되었을 뿐만 아니라, 식민통치를 위하여 대량으로 제정 공포된 행정법규를 위반한 죄에 대해서까지 처벌 대상을 확대한 점이다. 이후 1912년 3월 18일 제령 제12호 「범죄즉결례중개정」으로 처벌 대상 행위 중 「형법대전」 관련 조항은 삭제되었지만 조선총독부는 이로써 식민지 강점 초기의 정책 수행을 원활하게 할 수 있는 수단을 확보한 것이다.

이와 아울러 주목되는 점은 즉결심판의 주체가 헌병경찰이라는 점이다. 법규상으로는 "경찰서장 또는 그 직무를 행하는 자"(제1조)라고 되어 있는데 조선총독부는 1910년 6월 29일 공포한 「통감부경찰관서관제」를 그대로 계승하여 조선에 헌병경찰제를 시행하였다.[40] 즉, 경찰관서를 중앙에 경무총감부, 지방에 경무부(각 도) 및 경찰서(각 군)로 구성하고 경무총감부의 장인 경무총장은 한국주차헌병대장인 육군 장관으로 임명하며, 경무부장은 각도 헌병대장인 헌병 佐官으로 임명하며, 그 산하의 경시 또는 경부에는 한국에 근무하는 헌병 장교 또는 헌병 준사관 하사관을 특별 임용할 수 있다고 하여 헌병대장이 모든 경찰업무를 지휘 총괄하는 체제로 구성하였다.[41]

이들 군 단위 이하의 경찰서장 또는 경찰분서장을 맡은 일본 헌병분대장 또는 분견대장은 정식재판 절차에 의하지 않고 피고인의 진술을 듣고 증빙을 조

38) 「형법대전」 제17절은 싸움으로 인해 다른 사람을 구타한 행위, 사사로이 타인을 묶거나 私家에 감금한 행위 등에 관한 규정이고 제20절은 조부모, 부모, 자손, 남편이나 남편의 친속을 구타하여 상해한 행위 등에 관한 규정이다.

39) 外務省, 앞의 책, 260~262면.

40) 이에 대해서는 松田利彦, 1993 「朝鮮植民地化の過程における警察機構」 『朝鮮史研究會論文集』 제31집; 도면회, 1999 「일제 식민 통치기구의 초기 형성과정」 『일제식민통치연구 1: 1905~1919』, 백산서당 참조.

41) 이는 뒤에 서술하는 예심제도와 함께 조선인의 형사법상 지위를 극히 열악하게 한 핵심적인 요소였다.

사한 후 즉시 언도하였는데, 피고인을 호출할 필요가 없거나 또는 호출하여도 출두하지 않을 때는 즉시 그 언도서 등본을 본인 또는 그 주소로 송달하도록 하였다. 즉결 언도를 받은 자가 이에 불복할 때는 즉결 언도일로부터 3일(출석 즉결의 경우) 또는 5일(궐석 즉결의 경우) 내에 언도한 관서에 의견서를 제출하여 관할 재판소에 정식 재판을 청구할 수 있었다. 그리고 구류 언도를 받은 경우 필요한 때는 위 정식재판 청구기한 안에 피고인을 구류할 수 있었다(동령 제1조~제5조).

조선총독부는 강점 직후에는 일본인과 조선인에 대한 형사재판을 각기 다른 법규들에 의하여 운영하다가 1912년 3월 18일 재판제도에 대한 대대적인 개편을 하였다. 우선, 같은 날 제령 제4호로 「조선총독부재판소령」을 대폭 개정하였는데, 이는 같은 시기에 진행된 조선총독부 통치기구 전반에 대한 감축과 궤를 같이 하는 것이었다. 위에서 보듯이 개정 이전에는 최고재판소인 고등법원 아래 3종의 재판소를 두고 사건의 비중에 따라 제1심을 구재판소 또는 지방재판소가 관장하고 이 두 재판소가 행한 판결 · 명령 · 결정에 대한 제2심을 공소원이 관장하는 복잡한 구조였다. 이러한 구조는 식민지 통치를 간이하고 신속하게 행하려고 했던 조선총독부로서 불만스럽지 않을 수 없었다.

총독부는 재판기관을 지방법원 · 복심법원 · 고등법원의 3계급으로 구분하고 필요한 경우 지방법원 사무의 일부를 취급하는 지방법원지청을 설치하고 제1심은 지방법원, 제2심은 복심법원, 최종심 및 특별한 사건 재판은 고등법원이 관장하게끔 하였다. 이로 인하여 고등법원 1, 복심법원 3, 지방법원 8, 지방법원지청 60개 소로 되었는데 이는 그 이전의 재판소 수에 비하여 20개 소나 감축된 것이었다. 아울러 지방법원은 판사 단독으로 재판을 하고 특별히 규정한 몇몇 범죄 사건에 대해서만 3인 합의부를 구성하여 재판을 맡게 하였다.[42]

같은 날 제령 제11호 「조선형사령」과 제령 제13호 「조선태형령」을 공포하여 동년 4월 1일부터 시행하였다. 「조선형사령」은 "형사에 관한 사항은 본령 기타

42) 「朝鮮施政方針及施設經營」『寺內正毅關係文書』, 245면; 남기정 역, 앞의 책, 156~158면.

법령에 특별한 규정이 있는 경우 이외에는" 형법, 폭발물취체벌칙, 형법시행법, 형사소송법, 메이지 22년 법률 제34호(결투죄에 관한 건), 통화 및 증권 모조 취체법, 메이지 38년 법률 제66호(외국에서 유통하는 화폐지폐은행권 위조 변조 및 모조에 관한 건), 印紙범죄처벌법, 해저전신선보호만국연합조약벌칙, 보통치죄법 · 육군치죄법 · 해군치죄법 교섭의건처분법, 외국재판소의 촉탁으로 인한 공조법 등의 법률에 의해 재판한다고 하여(동령 제1조), 일본의 현행 형사 절차법규와 실체법규를 거의 대부분 조선에 실시하되 여러 가지 식민지적 특례를 덧붙인 것이다.

따라서 조선의 형사재판 절차는 일본의 그것과 유사한 형태로 운용되었다. 公訴 · 私訴의 구분과 각각의 시효, 재판 관할, 제척 · 기피 제도, 예심 절차, 각급 법원의 공판 절차, 控訴 · 상고 · 항고 등의 상소 절차, 고등법원의 특별권한에 속하는 소송, 재판 집행, 변호인 제도 등이 도입되었다.

이처럼 근대 일본의 형사재판 절차를 도입한 것은 원래 조선총독부의 의도는 아니었다. 초대 총독 데라우치 마사다케의 통치방침은 "내선일렬주의에 반대한 조선 격리주의로 별종의 조선왕국을 형성"하는 이른바 '특별 통치주의"였기에 일본의 제도를 식민지 조선에서도 시행하려 한 일본정부의 공식적 입장과는 반대되는 것이었다.[43] 조선총독부의 당초 구상은 「통감부재판소사법사무취급령」을 「조선총독부재판소사법사무취급령」으로 개정하고 「조선민사령」, 「조선형사령」을 제정하여 조선 거주 일본인에게는 일본의 민법과 상법, 형법, 형법시행법을 적용하되 조선인간의 민사사건과 조선인이 피고인인 형사사건에 대해서는 종전과 같이 대한제국의 재판 관련 법규를 적용한다는 입장이었다. 그러나 이들 법안은 일본정부에 의해 폐기되고 가능한 한 일본 본토에서 시행되는 법률을 의용하는 방향으로 1912년 3월 18일 「조선민사령」, 「조선형사령」이 제정되어 4월 1일부터 시행되었다.[44]

---

43) 염복규, 2004 「1910년대 일제의 태형제도 시행과 운용」 『역사와 현실』 53, 200면.

44) 문준영, 2001 「제국일본의 식민지 형사사법제도의 형성」 『법사학연구』 제23호, 127~132면. 문준영은 이처럼 일본정부측이 지향했던 방향이 실현된 점에 대해서, 조선총독

이로써 앞 시기에 민족별로 달리 적용되던 이원적인 재판 절차는 해소되었지만, 「조선형사령」에는 일본 본토의 형사 절차법규에 없는 특수한 절차들이 상당수 존재하였다. 총독부측은 이에 대해 "조선의 풍속 · 관습 · 감정 등이 일본과 달라 곧바로 일본 본토의 법규로 다스리기 어려운 점이 적지 않아" 이러한 특례를 두었다고 하면서도 이들 특례가 "피고인에 대해 상당히 불리한 점을 면할 수 없으나 어쩔 수 없는 바로서 조선에서 민도의 향상, 문화의 진전 등에 따라 가까운 장래에 철폐되어야 할 성질의 것"이라고 조선인에 대한 인권 탄압을 인정하고 있었다.[45]

이들 특례는 앞서 언급한 헌병경찰의 즉결재판권 외에도 당초 인권보호를 위해 도입한 예심제도하에서 사법경찰관의 권한 강화, 공판 절차의 간소화 등 대체로 인권보다는 형사재판의 신속화를 목표로 한 것들이 대부분이라고 할 수 있다.

예심제도는 「통감부재판소사법사무취급령」에 의해 도입되어 주로 일본인 피고인에 대한 형사재판에 적용되다가 1912년 「조선형사령」에 의해 전면적으로 실시되었다.[46] 일본 「형사소송법」에서 예심제도를 도입한 목적은 검사나 피고인으로부터 독립한 제3자인 예심판사가 사건을 공판에 회부할 것인가 아닌가를 객관적으로 미리 심리하여 범죄 성립의 확신을 얻은 경우에만 공판을 시작하게 함으로써 범죄혐의가 불충분함에도 불구하고 검사가 함부로 기소하는 것을 방지하여 피고인을 보호하고자 하는 것이었다. 따라서 검찰이나 사법경찰관은 현행범 등 극히 제한된 경우가 아니면 독자적인 강제수사를 할 수 없었다. 이같이 인권보호를 위하여 마련된 예심제도가 조선에서는 식민지적 지배를 위해 변용되었다. 식민지조선에서는 일본과 달리 검사 또는 사법경찰관 등 수사

부가 일정한 양보를 하는 대신 「조선형사령」에서 헌병경찰에게 검사에 준하는 강제 처분 권한을 갖게 만들었으리라고 추정하고 있다.

45) 朝鮮總督府 法務局, 1936 『朝鮮の司法制度』, 82~83면.

46) 이하 예심제도 운영에 대해서는 신동운, 1986 「일제하의 예심제도에 관하여」 『서울대학교 법학』 제27권 2호.

기관이 예심판사에 준하는 강제처분권을 갖게 되었고, 이로 인하여 예심제도는 원래의 목적인 인권보호가 아니라 인권탄압을 위한 제도로 변용되었다.

일본 「형사소송법」에서는 현행범인 경우에만 제한적으로 검사가 범죄현장에 임검하여 예심판사에게 속하는 강제처분을 하도록 되어 있었으나, 「조선형사령」에서는 현행범 수사의 경우 검사뿐만 아니라 사법경찰관도 예심판사에 속하는 처분을 할 수 있었고 또 임검도 생략할 수 있었다(「조선형사령」 제11조). 비현행범 수사의 경우에도 검사 또는 사법경찰관은 "수사의 결과 급속한 처분을 요하는 것으로 생각할 때"에는 공소제기 전에 영장을 발하여 검증, 수색, 물건 차압을 하고 피고인, 증인을 신문하거나 감정을 명할 수 있었다(동령 제12조). 검사는 구류장을 발하여 피의자의 신병을 확보한 후 20일 이내에 공소를 제기하면 되었고(동령 제15조), 사법경찰관은 구류장을 발할 권한은 없었으나 14일간 피의자를 유치할 수 있었다(제13조).

조선총독부 검찰 · 경찰의 강제수사처분에 대해서는 일본 「형사소송법」 중 예심에 관한 규정이 준용되었기에(제14조), 수사기관이 작성한 각종 조서가 예심판사의 조서와 동일한 법적 효력을 갖게 되었다. 그리고 일본 「형사소송법」에서는 예심청구 의무를 엄격히 규정하고 있었으나, 조선에서는 "구류 또는 과료에 처할 사건 이외에 번잡한 사건의 경우에는 예심을 구할 수 있다"고 규정함으로써(제16조 단서) 예심 청구 여부를 검사의 재량에 맡겼다. 아울러 일본 「형사소송법」 규정상 예심판사가 피의자를 무기한 구류할 수 있었으므로 조선에서 예심판사에 준하는 강제처분권을 지닌 검찰 또는 사법경찰관 역시 피의자를 무기한 구류할 수 있었다. 이러한 상황하에서 인권이 보호받을 수 없었던 것은 극히 당연한 일이었다.

한편, 공판절차에 관하여도 일본의 「형사소송법」에 없는 여러 가지 특례를 규정하여 재판을 대단히 신속하게 진행할 수 있도록 하였다. 일본의 「형사소송법」상 중죄사건에 대해서는 공판을 개정하기 전에 재판장 또는 판사가 피고인에게 변호인을 선임하였는지 여부를 묻고 변호인이 선임되지 않았을 때는 직권으로 당해 재판소 소속의 변호사 중에서 변호인을 선임하게 되어 있었으나 「조선형사령」에서는 이 규정을 적용하지 않게끔 하였다(동령 제25조). 1년 이하의 징역이나 금고 또는 300엔 이하의 벌금을 언도한 제1심 판결에 대해서는 증거에 관한 이유를 생략할 수 있도록 하여 판결서 작성을 간소화하였다(동령 제26조).

이처럼 「조선형사령」은 일본 「형사소송법」을 거의 그대로 실시하되 조선총독부의 통치 편의를 위하여 사법경찰관과 검사에게 일본에는 없는 강제처분권을 부여함으로써 형사재판을 신속하고 효율적으로 진행하고자 하였다. 이러한 재판 절차를 대한제국 시기의 그것과 비교해 보면 재판 절차가 합리화 · 신속화되었다는 점은 확인할 수 있다. 대한제국 시기의 재판은 일본 법관들의 회고담에 의하지 않더라도 당대의 신문은 물론 대한제국 정부 스스로도 인정할 만큼 재판이 지체되고 고문과 남형이 일상적으로 이루어지고 있었기 때문이다.[47]

그러나 조선인은 물론 일본인들까지 조선의 형사재판에 대해 문제로 삼았던 것은 예심판사에 준하는 사법적 강제처분권을 지닌 일본 헌병경찰의 폭압이었다. 1910년대 조선을 여행한 일본의 자유주의 지식인인 나카노 마사오카(中野正剛)는 헌병 경찰의 문제점을 다음과 같이 말하고 있었다.[48]

> 각 지방 재판소에 판사는 있어도 검사는 없다. 헌병은 실로 검사의 직무를 위탁받은 것이다. 하사에서 특진한 헌병 위관은 법률 소양이 전혀 없이 사법관 직무를 행한다. 그 위험은 미루어 알 수 있을 것이다. 제국신민은 헌법에 의하여 "법률에 정한 재판관의 재판을 받을 권리"를 보증받고 있다. 그러나 조선에서는 일본 신민은 일종의 변태적인 헌병 재판에 굴종하지 않으면 안 된다. … 조선의 헌병이라는 자는 행정 사법 양부에 걸쳐서 그 권력을 떨칠 뿐 아니라 학자의 영역에 속해야 할 언론의 지도, 교육가의 영역에 속해야 할 사회 풍속의 개선, 흥신소 영역에 속할 신용 조사, 실업가 영역에 속해야 할 경제계의 연구 등 모든 일에 대해 그 힘을 기울이지 않으면 안 된다. 게다가 그들은 군사적 정신에 의해 명령으로 그 직무를 집행해야 하는 자이며 그 지식의 천박함에도 불구하고 정말 글자 하나에 눈앞의 공을 급히 하지 않으면 안 되는 자이다. 이 때문에 그들은 자연히 위에서 명령한 바를 즉시 인민에게 강요하고 한번 내린 명령은 결코 돌이키지 않는 것이 어쩔 수 없는 것이다.

---

47) 이에 대해서는 도면회, 1998 앞의 글, 285~289면 참조.

48) 中野正剛, 1915『我が觀たる滿鮮』, 政教社, 51~52면.

이상에서 보았듯이 1910년대 조선에 실시된 형사재판 절차는 조선인 · 일본인에 각기 달리 적용되다가 1912년 4월 이후에는 「조선형사령」에 의해 조선인 · 일본인 구별 없이 동일하게 적용하게 되었고 이는 대한제국 시기 재판 절차에 비하면 매우 합리화 · 효율화되었음을 확인할 수 있다. 그러나 「조선형사령」에 규정된 식민지적 특례, 특히 헌병경찰의 사법권에 대한 반발은 조선인이나 일본인 모두에게서 나타나고 있었다.

4. 일본 형사 실체법규의 의용과 일상적 감시 처벌

형사 실체법규란 절차법규와 달리 국가가 국민의 행위 중 어떤 것을 범죄시하고 어떤 형벌을 내릴 것인가를 규정한 법규이기 때문에 국가의 사회통제 방향을 보여주는 기준이라고 할 수 있다. 앞서 본 바와 같이 조선총독부는 1910년 8월부터 1912년 3월까지는 민족간 적용 법규를 달리하여 조선인에게는 대한제국기에 제정된 형사법, 일본인에게는 일본의 형사법을 적용하고 있었다. 즉, 조선인에게는 대한제국기에 제정된 「형법대전」을 비롯하여 「철도사항범죄처단례」(1900년 1월 법률 제3호), 「신문지법」(1907년 7월 법률 제1호), 「보안법」(1907년 7월 법률 제2호), 「출판법」(1909년 2월 법률 제6호)을 적용하였다. 조선 거주 일본인에게는 일본 본토의 각종 형사법 및 통감부가 제정한 「보안규칙」(1906년 4월 통감부령 제10호), 「신문지규칙」(1908년 4월 통감부령 제12호), 「출판규칙」(1910년 5월 통감부령 제20호)을 적용하였다.

이러한 이원적 형사법 구조는 1912년 3월 18일 「조선형사령」 및 동년 3월 25일 조선총독부령 제40호 「경찰범처벌규칙」의 공포와 함께 종말을 고하고 4월 1일부터는 일본 형사법을 의용한 일원적 형사법 체계로 바뀌었다. 「조선형사령」은 앞서 본 바와 같이 일본의 「형법」, 「폭발물취체벌칙」, 「통화급증권모조취체법」, 「인지범죄처벌법」 등을 의용함으로써 일본의 근대 형사법을 조선에 실시하는 것이었다. 따라서 조선인의 범죄에 대한 형벌의 종류나 형량은 일본인의 동일한 범죄에 대한 것과 동일하게 판결을 내릴 수 있게 되었다.

그런데 조선총독부는 「조선형사령」의 부칙에서 대한제국의 「형법대전」을 폐지하면서도 조선인 중 사람을 모의살해한 자, 고의로 살해한 자, 부모·조부모 등 존속을 살해한 자, 강도나 절도할 때 살인하거나 상해를 입힌 자, 강도나 절도할 때 부녀를 겁간한 자, 재산을 약탈하려고 인가에 들어가 병기를 사용한 자, 무리를 지어 무기를 들고 민가에 난입한 자, 분묘를 파헤치거나 시신을 숨긴 자, 노인·유아를 유인하거나 끌고가 숨긴 자, 방화하거나 분묘를 파헤치거나 빈소를 파괴한다고 위협한 자 등에 대해서는 "당분간" 「형법대전」의 처벌 규정을 존속시킨다고 하였다. 그리고 이들 범죄를 재판할 때 마땅히 적용할 법조항이 없을 경우 다른 법조항 중 가장 가까운 것을 끌어와 적용하게끔 하였다(이상 제41조).

일본 형법에서는 대체로 여기에 열거된 것과 동일한 범죄에 대해 최고형이 사형으로부터 무기징역, 10년 이하, 심지어 3년 이상 등으로 규정된 데 반하여 「형법대전」에서는 한결같이 교수형 아니면 무기징역으로 규정되어 있었다.[49] 이처럼 「형법대전」상의 극형을 남겨두었을 뿐 아니라 근대 형법의 원칙인 죄형법정주의를 무시하고 조선왕조 때 사용하던 "인율비부(引律比附)" 조항까지 존속시킨 이유에 대해 사법행정을 총괄하던 조선총독부 사법부장관 고쿠부 산카이(國分三亥)는 다음과 같이 언급하였다.

> 이 시대에 조선의 특종 범죄로 제일 먼저 손꼽을 만한 것은 분묘에 관한 범죄라고 하는데, … 대부분은 이 암장(暗葬)이다. 둘째 분묘에 관련한 강도범을 들 수 있다. 즉 타인의 시신 또는 유골을 파헤쳐 그 生首 또는 두골을 탈취하여 은닉하고 그 자손 또는 부형에게 통고하여 금전을 강탈하는 행위, 셋째는 과부 강탈 범죄이며… 넷째로 조선에 특히 많은 것은 姦婦姦夫가 공모하여 本夫를 살해하는 범죄이다. 내지(일본: 필자)에서도 이러한 종류의 범죄는 전혀 없다고 할 수 없으나 극히 드물어 몇 년

---

49) 각 범죄에 대해 정범과 종범, 조력자와 수행자(隨行者), 미수범 등에 대한 형량이 각각 다르기 때문에 여기서의 형량은 정범에 대해 규정한 형량을 의미한다.

을 통하여 겨우 한 건을 헤아리기에 불과한데 조선에서는 1년에 수십 건이나 많음에 달함은 놀랄 만하다.[50]

당시 집단적 흉도의 무리를 지어 각처를 횡행하는 자가 상당히 많고 불령배가 이곳저곳에서 출몰하고 혹은 창검을 들고 인가에 돌입하거나 혹은 외딴 곳에서 행인을 습격하고 살륙 겁취를 자행하고 범죄 양상이 잔인을 극함이 적지 않은 상황이었다. 이들 범인에 대해 곧바로 내지(일본: 필자) 형법을 적용 처벌해도 도저히 징치 목적을 달할 수 없을 것이라는 우려가 있어 잠시 동안 중형으로 이를 다스려야 일반 민중의 생명 재산을 안전하게 할 수 있으리라는 취지였다.[51]

총독부의 입장이 치안의 확보와 잔인한 범죄를 근절시키기 위해서라고 할 수 있다면, 당시 조선인의 법의식 측면에서 보더라도 이들 범죄에 대해서는 극형을 요구하는 것이 일반적이었다. 식민지 강점 이전인 1901~1904년간 민인들이 대한제국 법부에 올린 訴狀을 분석한 결과에 의하면, 총 975건의 소장 중 260건이 살인 관련 소장인데 그 중에서 가장 많은 비중을 차지하는 것은 자신의 가족 친족을 살해한 혐의를 받는 正犯 또는 干犯을 시급히 처결하라는 내용이다. 이는 소장 내용 중의 '목숨으로 갚아야 한다(償命)'라는 개념에서도 보이듯이 사람을 죽인 자는 반드시 죽여야 한다는 일반적인 법감정이 바탕에 깔려 있는 것이다. 그리하여 재판소에서 정상을 참작하여 종신 이하의 역형에 처하더라도 범인을 사형에 처하라는 요구가 대부분을 이루고 있었다. 또, 자살사건으로 처리된 사망사건에서도 사망자 친족들은 한결같이 죽은 사람을 자살하게 만든 관련자들의 생명을 처단하라고 요구하고 있다.[52]

그러나 이러한 극형 위주의 「형법대전」 조항을 적용한 것은 많은 무리를 낳았다. 「형법대전」에 정해진 형은 각 죄가 사형을 법정형으로 하기 때문에 감형할 수 있는 범위가 상당히 좁고 실제 운용을 할 때도 범죄의 질과 양형상의 균형

---

50) 國分三亥, 「司法事務上より觀たる社會的事物の變遷」 『朝鮮彙報』, 1915년 5월, 8~11면.

51) 國分三亥, 「朝鮮刑事令改正の要旨」 『朝鮮彙報』, 1918년 1월, 48면.

52) 도면회, 2003 「解說」 『法部訴狀』 5, 규장각, 17~18면.

을 맞추기 곤란한 문제가 누누이 발생하였다. 즉 범죄로 인하여 생긴 피해가 극히 경미하고 범죄 수단이 매우 유치하더라도 旣遂犯인 이상 작량 감형을 해도 징역 10년 이하로 처단할 수 없으며, 미수범이라고 해도 징역 5년 이하로 경감할 수 없었다. 이에 반하여 일본「형법」의 규정에 의할 때는 형벌의 범위가 광범위하고 기수범은 사형 내지 2년 이하의 징역, 미수범은 무기 또는 1년 이상의 징역으로 처단할 수 있으므로 범죄의 경중에 따라 그에 합당한 형벌을 결정하기 때문에 죄와 형벌에 불균형이 없도록 할 수 있었다.[53)]

결국 총독부는 1917년 12월 8일 제령 제3호「조선형사령중개정」으로 위의「형법대전」규정을 삭제하였다. 물론 이는 총독부측이 주장하듯이 "경무기관의 정비와 제반 제도의 개혁과 맞물려 민심이 점차 안정하고 그 이전과 같이 집단적 강도 또는 잔학 수단의 살인도 사라졌기 때문"[54)]이기도 하였다. 예컨대 강도죄의 경우 1911년 범인 수 1,219명이고 그 중 사형에 처해진 자가 62명인데 1916년에는 총수 554명, 사형수는 겨우 7명에 불과한 정도로 치안 상태가 양호해졌다는 것이다.[55)]

1917년 말에「형법대전」규정 적용이 사라짐으로써 형사재판에 적용할 실체법규는 일본 형사법으로 일원화되었다. 그러나 여전히 일원화되지 않은 부분이 있었다. 그것은 일상적 범죄에 대한 형벌의 이원화로서, 앞서 언급한 즉결심판 대상이 되는 행위에 대해 일본인에게는 구류 또는 과료형을, 조선인에게는 태형을 실시한 점이었다.

조선총독부는 1912년 3월 18일 제령 제12호「범죄즉결례중개정」, 제령 제13호「조선태형령」을 공포하는 한편, 치안 규제를 더욱 강화하기 위하여 같은 해 3월 25일 조선총독부령 제40호「경찰범처벌규칙」을 공포하여 4월 1일부터 시행하였다.「경찰범처벌규칙」은 일본의「경찰범처벌령」을 모방하여 만든 1908년 통감부령 제44호「경찰범처벌령」규정을 확대 강화한 것이었다.「경찰범처벌령」

53) 國分三亥, 앞의 글, 51면.

54) 朝鮮總督府 法務局, 1936『朝鮮の司法制度』, 82면.

55) 國分三亥, 앞의 글, 48면.

(이하 「처벌령」)은 식민지화 이전 조선 거주 일본인을 대상으로 제정된 것이고 「경찰범처벌규칙」(이하 「처벌규칙」)은 식민지화 이후 일본인·조선인 모두에게 적용되었기 때문에 양자의 내용을 비교해 보는 것이 필요하다.[56)]

우선, 「처벌령」에서 구류 또는 과료형 부과 대상이 79개 항목인 데 비하여 「처벌규칙」에서는 87개 항목으로 되어 있어 통감부 시기보다 처벌 대상이 확대되었다. 그리고 「처벌규칙」 제1조 87개 항목 중에는 「처벌령」에 없는 항목이 24개 추가되어 있어 조선인에 대한 경찰의 감시 방향을 가늠해 볼 수 있다. 위의 87개 항목을 「처벌령」에 규정되어 있던 것과 새로 추가된 것으로 나누어 보면 〈표 1〉과 같은데, 언론·집회와 관권 도전 행위가 가장 많이 추가되었고, 그 다음으로 사회질서·도로교통·경제질서 교란 행위가 추가되었다.

이러한 「처벌규칙」은 위생과 도로교통은 물론 "불온한 행동"과 집단행동을 막기 위한 항목, 일본인과 조선인간 이해관계의 충돌이나 언어 소통 문제에 대처하기 위한 여러 항목이 중첩된 방대한 구조를 지니고 있다. 그러한 의미에서 「처벌규칙」은 일본의 「경찰범처벌령」과 달리 식민지 지배를 위해 필요한 치안의 강화와 이민족간의 경제·문화적 갈등에 대처하는 항목이 추가되었다. 이 점에서 「처벌규칙」은 이중의 의미에서 조선총독부의 편의를 위해 활용되었다. 첫째, 식민지 통치에 필요한 치안을 손쉽게 확보할 수 있었다. 즉, 대한제국기에 제정되었던 「보안법」, 「출판법」, 「신문지법」 등 치안법과는 별도로 단체 가입 권유(8호)나 문서 등의 게시·낭독·반포(20호), 관공서의 소환 불응(30호), 경찰관서의 지령이나 명령 위반(32호) 등의 행위까지 단속 대상으로 규정하여(8호 및 20호), 「조선형사령」만으로는 단속이 불가능한 정치적 행위까지 간단히 처벌할 수 있었다.[57)]

둘째, 「처벌규칙」은 조선사회를 일본의 근대 사회와 유사한 일상적 감시망

---

56) 鈴木敬夫, 앞의 책, 77~93면; 『통감부법령자료집(中)』, 서울: 대한민국국회도서관, 360~361면; 野村調太郎 編, 1932 『改訂 朝鮮民刑事令』, 松山房, 41~48면.

57) 李鍾旼, 2004 「輕犯罪の取締法令に見る民衆統制」 淺野豊美·松田利彦 編, 『植民地帝國日本の法的構造』, 信山社, 335~347면.

표 1. 「경찰범처벌규칙」 처벌 대상

	「경찰범처벌령」에 규정된 행위	새로 추가 규정된 행위
사회질서·도로교통 교란	- 밀매음을 하거나 매개 혹은 기거하는 자(3호) - 극장, 연예장, 기타 공중이 모인 장소에서 모인 사람들을 방해하는 자(38조) - 공중이 자유로 통행할 수 있는 장소에서 떠들고, 드러눕고 또는 취해서 배회하는 자(39호) - 공중이 자유로 통행할 수 있는 장소에서 함부로 車馬, 舟筏 기타 물건을 두거나 또는 교통방해가 되는 행위를 하는 자(40호) - 공중이 자유로 통행할 수 있는 장소에서 위험이 발생할 우려가 있을 때 點燈 등의 예방 장치를 하는 것을 게을리 하는 자(41호) - 복잡한 장소에서 제지에 응하지 않고 혼란을 가중시키는 행위를 하는 자(43호) - 출입이 금지된 장소에 함부로 출입하는 자(44호) - 수재 기타 사변이 일어나 제지를 받아들이지 않고 그 현장에 들어가거나 또는 그 장소에서 퇴거하지 않거나 또는 관리로부터 도와달라는 요구를 받고서도 고의로 이에 응하지 않는 자(45호) - 가로에서 야간 등화하지 않고 수레 또는 우마를 사용하는 자(46호) - 허가를 얻지 않고 길가나 바닷가에서 노점 등을 여는 자(47호) - 제지에 응하지 않고 길가에 음식물 또는 상품을 진열하는 자(48호) - 공중의 눈에 띄는 장소에서 어깨나 몸을 드러내거나 둔부나 다리를 노출하는 등 추태를 보이는 자(56호) - 길거리에서 대·소변을 보거나 보게 하는 자(57호) - 자기 또는 타인의 신체에 문신을 새기는 자(81호)	- 제사·장의·축의 또는 그 행렬에 대해 장난하거나 방해하는 자(36호) - 한밤중이나 일출 전에 함부로 가무음곡이나 떠들썩한 행위를 하여 타인의 안면을 방해하는 자(37조) - 관서의 독촉을 받고도 붕괴 우려가 있는 건조물을 수선하거나 또는 무너질 우려가 있는 물건을 다시 쌓는 일을 게을리 하는 자(42호) - 石戰이나 기타 위험한 놀이를 하거나 또는 하게 하거나 가로에서 공기총 등을 갖고 놀거나 놀게 하는 자(50호) - 전선 근처에서 종이연을 날리거나 또는 기타 전선의 장해가 될 만한 행위를 하거나 또는 하게 하는 자(49호)
경제질서 교란	- 협력, 기부를 강요하고 억지로 물품 구매를 요구하며 혹은 기예를 보이거나 노동력을 공급해서 보수를 요구하는 자(5호) - 이익을 취할 목적으로 억지로 물품, 입장권 등을 배부하는 자(6호) - 입찰을 방해하고 공동입찰을 강요하고 낙찰인에 대해 그 사업이익의 분배 혹은 금품을 강요하거나 또는 낙찰인에게 이유없이 이를 받는 자(10호) - 타인의 업무 또는 기타 행위에 대해 장난하거나 방해하는 자(17호)	- 함부로 시장 또는 이와 유사한 장소에서 업자의 출품 또는 입장을 강요하고 또는 물품매매 위탁을 강요하는 자(9호) - 입찰자와 공모하여 경쟁입찰 취지에 반하는 행위를 하는 자(11호) - 재물을 매매하거나 노력을 수급할 때 부당한 대가를 청구하거나 상당한 대가를 지불하지 않고 부정한 이익을 꾀하는 자(12호)

표 1 (계속)

	「경찰범처벌령」에 규정된 행위	새로 추가 규정된 행위
경제질서 교란	- 도제, 직공, 婢僕, 기타 노역자 또는 피고용자 등에 대해 이유없이 그 자유를 방해하거나 가혹한 취급을 하는 자(34호) - 허가를 받지 않고 극장 등의 흥행장을 여는 자(86호) - 渡船, 교량 등의 장소에서 정액 이상 통행료를 청구하거나 정액 통행료를 지불하지 않고 통행하거나 또는 이유없이 통행을 방해하거나 배의 통행 요구에 응하지 않는 자(87호)	
언론·집회	- 남을 유혹하는 유언비어 또는 허위보도를 하는 자(21호) - 신청하지 않은 신문, 잡지, 기타 출판물을 배부하고 그 대금을 요구하거나 또는 억지로 그 구독신청을 강요하는 자(14호) - 신청하지 않은 광고를 하고 그 대금을 요구하거나 또는 억지로 광고를 신청하도록 요구하는 자(15호) - 과대 또는 허위광고를 해서 부정한 이익을 꾀하는 자(16호)	- 단체 가입을 강요하는 자(8호) - 타인의 사업 또는 개인사에 관하여 신문, 잡지, 기타 출판물에 게재하지 않을 것을 약속하거나 또는 허위 사실을 게재하거나 또는 게재할 것을 약속하고 금품을 받고 그밖의 부정한 이익을 꾀하는 자(13호) - 함부로 다중을 취합하여 관공서에 청원 또는 진정을 남용하는 자(19호) - 불온한 연설을 하거나 불온한 문서·도화·시가를 게시, 반포, 낭독하거나 큰 소리로 읊는 자(20호)
관권 도전	- 관공직, 位記, 훈작, 학위, 칭호를 조작하거나 법령이 정한 복식, 휘장을 僭用하고 혹은 이와 유사한 것을 사용하는 자(27호) - 관공서에 대해 부실한 진술을 하거나 혹은 진술의 의무가 있는 자가 이유없이 진술을 하지 않거나 또는 사정을 알고서 부실한 代書를 하는 자(28호) - 관공서가 게시하거나 또는 관공서의 지휘에 의해 게시된 禁條를 범하거나 그 설치에 관련된 榜標를 훼손 또는 철거하는 자(31호)	- 이유없이 타인의 금전 거래 등에 간섭하고 또는 함부로 소송, 쟁의를 권유, 교사하고 기타 분쟁을 야기하게 할 만한 행위를 하는 자(18호) - 고의로 허위 통역을 하는 자(25호) - 자기 또는 타인의 업무에 관하여 관허가 있다고 사칭하는 자(26호) - 본적·주소·씨명·연령·신분·직업 등을 사칭하고 투숙 또는 승선하는 자(29호) - 이유없이 관공서의 소환에 응하지 않는 자(30호) - 경찰관서에서 특별히 지령 또는 명령하는 사항에 위반하는 자(32호) - 부정한 목적으로 타인을 은닉하는 자(33호)

표 1 (계속)

	「경찰범처벌령」에 규정된 행위	새로 추가 규정된 행위
위생 문란	- 함부로 禽獸의 시체 또는 오염물을 내버리고 그 제거를 게을리 하는 자(59호) - 자기가 점유한 장소 내에서 老幼의 불구 또는 질병으로 인해 구조를 요청하는 자 또는 사람의 死屍, 死胎가 있는 것을 알고 속히 경찰관리 또는 그 직무를 행하는 자에게 신고하지 않는 자. 전항의 死屍, 死胎에 대해 경찰관리 또는 그 직무를 행하는 자의 지휘 없이 그 현장을 변경하는 자(74호) - 사람의 사시 또는 사태를 은닉하거나 다른 물건과 혼동하도록 위장하는 자(75호) - 허가를 얻지 않고 사람의 사시 혹은 사태를 해부하거나 이를 보존하는 자(76호) - 일정한 음식물에 다른 물질을 섞어 부정한 이익을 꾀하는 자(77호) - 病斃한 금수의 육류 또는 덜 익은 과일, 부패한 음식물 등 건강을 해칠 음식물로 영리를 꾀하려고 하는 자(78호)	- 매장한 말, 양, 돼지, 개 등의 시체를 파헤치는 자(79호) - 굽거나 삶거나 세척하거나 가죽을 벗기지 않고 그대로 먹을 수 있는 물건에 뚜껑을 덮지 않고 상점 앞에 진열하거나 행상하는 자(80호)
공공건조물·사유물 침해	- 사람이 마실 정수를 오염시키거나 사용을 방해하거나 그 수로를 막는 자(60호) - 하천, 도랑 또는 하수로의 소통을 막을 수 있는 행위를 하는 자(61호) - 도랑, 하수로를 훼손하거나 관서의 독촉을 받고도 그 수선 내지 준설을 소홀히 하는 자(62호) - 관서의 독촉을 받고도 도로의 청소 또는 撒水를 하지 않거나 제지에 응하지 않고 결빙기에 도로에 물을 뿌리는 자(63호) - 함부로 타인의 標燈 또는 社寺, 도로, 공원, 기타 공중용 常燈을 끄는 자(65호) - 神祠, 불당, 예배소, 묘소, 碑表, 形像, 기타 그와 유사한 물건을 손상하는 자(66호) - 함부로 타인의 가옥이나 공작물을 더럽히거나 거기에 貼紙, 張札 등을 붙이거나 또는 타인의 標札, 招碑, 賣貸家札, 기타 榜標類를 더럽히거나 철거하는 자(67호) - 함부로 타인의 田野, 園囿에서 채소, 과일을 따거나 화훼 등을 꺾어 가져가는 자(68호) - 타인이 소유 혹은 점유한 토지를 침범하여 공작물을 설치하여 처마나 기둥을 내고 목축이나 경작을 하는 등 現狀에 변경을 가져올 만한 행위를 하는 자(69호)	- 관서의 독촉을 받고도 굴뚝의 개조, 수신 또는 청소를 게을리 하는 자(64호) - 전주·교량·게시장 혹은 기타 다른 건조물에 함부로 말이나 소를 매어놓는 자(70호)

표 1 (계속)

	「경찰범처벌령」에 규정된 행위	새로 추가 규정된 행위
	- 교량 또는 제방을 훼손할 우려가 있는 장소에 舟筏을 매는 자(71호) - 함부로 타인이 매어놓은 우마, 기타 짐승류 또는 舟筏을 풀어놓는 자(72호) - 함부로 타인의 田圃를 통행하거나 거기에 우마차 등을 침입시키는 자(73호)	
부랑행위	- 이유없이 남의 주거 또는 보호 중인 저택, 건조물 및 선박 내에 잠복하는 자(1호) - 일정한 주거 또는 생업 없이 이곳 저곳 배회하는 자(2호) - 이유없이 면회를 강요하고 또는 强談, 협박행위를 하는 자(4호) - 구걸을 하거나 또는 시키는 자(7호) - 함부로 타인의 신변을 가로막거나 따라다니는 자(35호)	
미허가의료	- 망녕스럽게 길흉화복을 말하거나 기도 · 부적 · 주문 등을 하거나 또는 부적류를 수여하여 사람을 현혹시키는 행위를 하는 자(22호) - 병자에 대해 금압, 기도, 부적, 주문 또는 정신요법 등을 실시하거나 神符, 神水 등을 주고 의료를 방해하는 자(23호) - 함부로 최면술을 실시하는 자(24호)	
맹금수류	- 함부로 개나 기타 짐승류를 풀어놓거나 사람을 놀라게 하는 자(51호) - 맹수, 광견 또는 사람을 무는 습성이 있는 짐승이나 가축을 묶어놓기를 게을리 하는 자(52호) - 공중의 눈에 띄는 장소에서 우마, 기타 동물을 학대하는 자(54호) - 위험한 정신병자의 감호를 소홀히 하고 옥외에 배회하도록 하는 자(55호)	- 鬪犬 또는 鬪鷄를 시키는 자(53호)
방화 · 화재	- 타인의 신체나 물건에 해가 미칠 만한 장소에서 물건을 태우거나 放射하는 자(58호) - 가옥, 기타 건조물 또는 인화하기 쉬운 물건의 근처 또는 산야에서 함부로 불을 피우는 자(82호) - 석탄, 기타 자연 발화 우려가 있는 물건의 취급을 소홀히 하는 자(83호) - 함부로 총포 발사를 하거나 화약 등의 폭발할 만한 물건을 가지고 장난하는 자(84호) - 허가를 받지 않고 煙火(봉홧불)를 제조하거나 판매하는 자(85호)	

출전: 대한민국국회도서관 편, 1973 『統監府法令資料集(中)』, 360~361면; 野村調太郞 編, 1932 『改訂 朝鮮民刑事令』, 松山房, 41~48면.

안에 가두어 놓고 있었다. 즉, 구걸에 대한 규제(7호), 소위 '미신' 및 '유사종교'에 대한 규제(22호 · 23호), 출판물 · 광고 규제(13호 · 14호 · 15호 · 16호), 노동자나 동물 학대에 대한 규제(34호 · 54호) 등이 있을 뿐 아니라, 부랑자(혹은 '위험인물')(1호 · 2호)나 밀매음(3호), 각종 단체 행위 등으로 문제를 일으키는 자(4호)에 대한 단속 등 식민지사회를 일본사회와 같이 근대적 구조로 바꾸기 위한 사회통제 기능까지 있었음을 확인할 수 있다.

그리고 이러한 감시망을 확실히 하기 위한 형벌로서 조선인에게만 태형을 실시하는 정책을 구사하였다. 1912년 「조선태형령」에 의해 조선인에게만 실시된 태형에 대해서는 그간 많은 연구가 이루어져 태형 실시의 배경과 상황, 식민지 통치수단으로서의 효과 등등에 관하여 많은 사실이 밝혀져 있다. 이들 연구는 대체로 태형 실시가 일제의 야만적인 차별정책이라는 관점,[58] 또는 식민지형사법제도라는 관점에서 이루어져 왔지만,[59] 본고에서는 이를 대한제국 시기 태형 운영 구조, 일본 본국의 빈약한 재정 상황 및 무단통치 상황과 연관시켜 보고자 한다.

우선 대한제국기인 1903~1908년간 황제의 칙명에 의해 편찬된 『增補文獻備考』의 「刑考」를 통해 보면 태형 · 장형에 처해야 할 범죄 종목이 832개, 유형 · 徒刑에 처해야 할 범죄 종목이 841개가 된다.[60] 갑오개혁 이후 1905년 「형법대전」 제정 이전까지는 『대명률』과 『대전회통』 「형전」의 규정 및 갑오개혁 이후 제정된 신식 형사법규에 의해 태형과 장형을 태형으로 통합하고 유형 · 도형을 역형으로 통합하고 역형 1년 이상에는 태형을 병과하였으므로[61] 앞의 『증보문

58) 文定昌, 1965 『軍國日本朝鮮强占三十六年史(上)』, 柏文堂, 81~84면; 金龍德, 1969 「3 · 1運動 以前의 笞刑」 『3 · 1운동 50주년 기념논문집』, 동아일보사.

59) 문준영, 2001 「帝國日本의 植民地 刑事司法制度의 形成」 『法史學硏究』 23; 염복규, 2004, 「1910년대 일제의 태형제도 시행과 운영」 『역사와현실』 제543호.

60) 심재우, 2005 「조선후기 범죄와 사회통제 연구」, 서울대 박사학위청구논문 초고, 39~40면.

61) 도면회, 앞의 글, 110~111면.

헌비고』「刑考」의 유형·도형에 해당하는 범죄에 모두 태형을 부과했다고 할 수 있다. 따라서 태형을 부과할 수 있는 범죄 종목은 위 두 종류를 합친 총 1,673개가 된다.

이후 1905년 5월 시행된 「형법대전」에서는 역형 1년 이상에 부가하던 태형은 삭제되었으나 태형 적용 조항은 200여 개를 넘는 숫자였고, 1908년 7월 통감부에 의해 법조문 총 680개조 중 290여 개조가 삭제된 개정 「형법대전」[62] 역시 태형을 적용할 수 있는 조항이 1백 수십 개 조항을 헤아린다. 그리고 태형 대신 贖錢을 받는 제도가 있었으나 빈궁한 민인들은 속전을 낼 만큼 경제적 여유가 없을 경우 태형을 감내하고 있었음을 여러 자료에서 볼 수 있다.[63] 뿐만 아니라 대한제국기에는 민형사 재판에서 신문할 때 사실을 진술하지 않는 피고에게 箠(작은 笞)와 가죽 채찍으로 고문을 가할 수 있었으므로[64] 민사 피고든 형사 피고인이든 일상적으로 태형에 노출되어 있었다고 할 수 있다.

그렇다면 일제하 조선인에게만 실시된 태형은 대한제국기에 일상화되었던 태형과 얼마나 큰 차이가 있었는가? 우선 규격 면에서 대한제국기의 태에 비하여 길이가 3척 5촌(약 105cm)에서 1척 8촌(54cm)으로 줄고 무게도 약 102그램(30돈)에 불과하지만, 타격부 끝의 폭은 2푼 7리(0.81cm)에서 7푼(2.1cm)으로 넓어졌다.[65] 그밖에 태형 시설의 규격, 집행방법 등을 엄밀하게 규정하였으나 실제 태형을 당했던 조선인들의 증언을 종합하면 "태를 맞으면 절대 걸을 수 없고 사람의 등에 업혀 나오며" "태 90에 죽음이 아니면 폐인"이 될 정도였고, 외국인 선교사들도 "경찰·감옥서에서 행해지는 태형의 잔인함은 도저히 조선인들이 참을 수 없는 것"이었다고 할 만큼 태형이 결코 법령에 규정된 대로 실시

---

62) 도면회, 2001「갑오개혁 이후 근대적 법령 제정과정」『한국문화』27, 350면.

63) 도면회, 1998 앞의글, 171~172면.

64) 「형법대전」 제100조, 제121조.

65) 도면회, 1998 앞의글, 59면;「笞刑に就て」(承前完)『朝鮮彙報』, 1917년 11월호, 84면. 그런데 여기서 타격부라고 하는 것은 대한제국기에는 태 단면의 직경, 일제하에는 폭을 말하는 것으로 다소 차이가 있을 수 있다.

되지 않았음은 분명하다.[66)]

이처럼 태형은 대한제국기에 비하여 법령상으로는 개선되었지만 실제 집행 시에는 잔인함을 극한 것이었다. 조선총독부는 태형을 조선내 일본인은 제외하고 조선인에게만 실시한다고 한 이유에 대해서

> 교육을 못받은 죄수의 대부분은 영예심과 수치 관념 없는 열등자이기 때문에 이 같은 범인에 대해 短期 자유형을 부과하더라도 완전히 행형의 효과를 거두기 어려움은 … 명백하다. 이들 범인에 대해 효과가 있는 형벌을 찾으려면 오로지 본 제도의 채용이 있을 뿐이다. 왜냐? 정신적 고통을 늦게 느끼는 자에 대해서는 신속히 고통을 실감할 수 있는 체형을 과하는 것밖에 방법이 없다."[67)]

라고 하였다. 그러나 이보다 더 중요한 이유는 그들 스스로 밝히고 있듯이, "감옥에서 행형비의 절약 및 구금밀도의 완화"를 위한 것이었다. 총독부측 계산에 의하면, 감옥시설을 늘리지 않은 상태에서 재판사건 및 즉결사건에 태형을 적용한 결과 행형비 절약액은 1914~1916년 3개년 평균액 50만 3,677엔 38전으로서, 같은 3개년 평균 감옥비 124만 6,615엔의 40.4%에 상당하였다. 그리고 이들 태형 처단자를 기본형이었던 징역, 구류 또는 벌금·과료 불납으로 인한 노역장 유치 집행을 위해서 감옥에 구금할 경우에는 신규 감옥 11개 소를 신설해야

---

66) 김용덕, 앞의글, 139~140면. 그런데 이러한 태형의 위협은 사실 이상으로 과장되었을 가능성이 있다. 태형에 관한 연구의 대부분은 1919년 3·1운동기에 태형을 받았던 조선인의 증언을 바탕으로 하고 있다. 비폭력 저항으로부터 시작하여 폭력 시위로까지 발전한 3·1운동에 대해 일본 헌병경찰이 무자비한 탄압을 한 상황은 명명백백한 사실이므로 태형을 실시하더라도 증언자들의 말처럼 가장 야만적이고 잔인하게 집행했으리라는 것은 추측할 수 있다. 그러나 1910년대 내내 1년에 2~5만 명이 태형으로 처벌당하고 있었던 것을 생각하면(염복규, 앞의 논문, 206면의 표 참조), 1919년 이전에 태형을 받은 조선인 모두가 "남의 등에 업혀 갈 정도"나 "죽음 아니면 폐인이 되는" 상태는 아니었으리라고 추측된다. 1910년대 사료가 매우 빈약한 형편이므로 이에 대해서는 추후의 연구 과제로 미루고자 한다.

67) 「笞刑に就て」(承前完) 『朝鮮彙報』, 1917년 11월, 83면.

하는데 그 비용은 최소한 275만 엔을 지출해야 하는 것으로 집계되고 있었다.[68]

따라서 조선총독부는 가능한 한 징역형이나 금고·구류형보다는 태형을 실시하는 방향으로 기울게 되었다. 이는 1915년 6월 데라우치 총독이 사법관회의에서 훈시한 내용에서도 확인된다. 그는 당시 옥사 설비를 개선하고 죄수를 범질과 죄의 종류에 따라 엄정하게 분리 수용하는 것이 필요하지만, 재정 관계상 갑자기 옥사를 증축 신설할 수 없으므로 금고나 징역형과 같은 단기 자유형을 부과하지 말고 가능한 한 태형을 집행할 것을 간접적으로 지시하고 있다.[69]

그리하여 조선인에게는 「조선태형령」에 의하여 ① 3개월 이하의 징역 또는 구류에 처해야 할 때, ② 100엔 이하 벌금 또는 과료에 처해야 할 자이되 조선 내에 일정한 주소를 갖지 않거나 재산이 없다고 인정될 때 사정에 따라 태형을 실시할 수 있었다. 여기서 3개월 이하 징역 또는 구류, 100엔 이하 벌금 또는 과료형은 앞의 「조선형사령」에 의해 도입된 일본의 각종 형사법, 「범죄즉결례」와 「경찰범처벌규칙」에 의하여 도박죄, 상해죄, 각종 행정법규 위반죄 등 광범위한 범위에 걸쳐 조선인에게 선고할 수 있었다.

감옥비의 절약과 신속한 응징효과를 위해서 실시된 태형은 「경찰범처벌규칙」 및 1910년대에 무수히 공포된 각종 행정법규를 위반한 조선인에게 일상적이고 살인적인 폭력으로 존속하였던 반면, 조선총독부는 값싸고 효율적으로 식민지를 통치할 수 있었다. 그러나 총독부는 3·1운동이라는 거대한 저항에 부닥치면서 이러한 차별적 형벌을 폐지할 수밖에 없었다.

---

68) 「笞刑に就て」(承前完) 『朝鮮彙報』, 1917년 11월, 81~82면. 250만 엔은 1917년 조선총독부 경상세출 총액 3,900만 엔의 6.4%에 해당하는 액수이며, 같은 해 재판·감옥비 274만 6,167엔과 거의 비슷한 액수였다(『朝鮮總督府施政年報』, 1927, 19면). 당시 1910년대 조선총독부의 재정은 이처럼 막대한 액수를 감내할 만큼 여유가 충분하지 않았던 것이다.

69) 「司法官ニ對スル寺内總督訓示」 『朝鮮彙報』, 1915년 8월, 8면.

5. 맺음말

일본은 대한제국을 '식민지 조선'이란 지역명으로 자국 영토에 편입하고 조선인을 일본 국민으로 편제하였음에도 불구하고 전면적인 동화정책을 실시할 수 없었다. 그리하여 일본 법령을 「제령」이라는 위임입법 형식에 의해 의용하거나 조선의 사정에 맞추어 일본 법령을 부분적으로 변용한 형태로 실시하였으며, 법역을 달리함으로써 발생하는 법령 적용상의 곤란을 막기 위하여 「공통법」을 제정하여 식민지와 본국간의 법률적 동일성을 확보하려고 하였다.

이러한 기조는 1910년대 일본이 식민지 조선에서 실시한 형사법 분야에서도 확인되었다. 형사법 분야 역시 법제적 측면에서는 기본적으로 내지연장주의 또는 동화정책을 취하면서도 식민지의 특수성을 반영한 차별정책을 실시하였는데, 이러한 차별정책 역시 그들의 표현에 의하면 항상 "동화를 위한" 기초 전략이었다. 즉, 1910년대 조선인은 실체법규상으로 일본인과 거의 동일한 법령들의 적용을 받고 있었던 반면, 절차법규상으로는 일본인에 비해 야민적인 대우를 받고 있었다고 할 수 있다. 이는 조선인에 대한 헌병경찰의 자의적인 즉결과 형벌 집행, 생명의 위협을 수반한 태형의 적용, 변호인의 조력을 받을 권리 제한, 상소권의 제한 등등으로 나타났다. 그리고 조선인의 이러한 차별적 법적 지위에 대해 조선총독부측은 재정 부족과 조선인의 민족성, 조선내 변호사의 부족 등을 구실로 삼고 있었다.

그러나 이처럼 조선과 일본을 '異法地域'으로 설정하는 것은 조만간 한계를 노정할 수밖에 없었다. 1912년 「조선형사령」 실시에 의하여 조선인들은 근대 유럽을 모방한 일본 근대법 체계하에 놓여지고, 한편으로는 차별적이고 야만적인 「조선태형령」과 다른 한편으로는 일본의 형사관련 법규를 통해 근대적 합리성을 체득하게 되었다. 이는 일본인과 동등한 정치적 참여권, 법적 권리를 요구하는 열망으로 연결되어 7년 후 3 · 1 운동으로 폭발하였다. 사이토 마코토가 신임 총독으로 부임한 1920년대 이후 조선총독부는 「형법대전」 일부 조항과 「조선태형령」 등 차별적인 형사 실체 법규를 폐지하였다. 또한, 조선인 판검사에 대한 차별, 규정 폐지 「조선형사령」의 부분적 개정, 형사 재판 절차상에서의 강압적 규정 등의 조치를 취하지 않을 수 없었다. 그리하여 형사법 분야에서 조선인의 법적 지위는 일정한 차별 속에서도 점차적으로 일본 본토의 그것에 접근해 갔다.

1910년대 일제의 식민지 교육정책과 한국인의 대응

오 성 철

1. 문제제기

식민지 교육정책은 언제나 피식민지인의 교육적 행위와 상호작용하며 그에 반응하여 조정되고 변형된다. 한국에서의 식민지 교육정책 역시 한국인의 주체적인 교육적 행위와 갈등, 충돌하고 경쟁하는 과정 속에서 전개될 수밖에 없었다. 통감부시기에 식민지 교육이 도입되기 이전에 이미 갑오개혁 이후 대한제국에 의해 설립된 소수의 관립 소학교 그리고 지방관이나 재야 지식인에 의해 설립된 사립 소학교들이 존재하고 있었다. 또한 같은 시기에 한국인이 주도하는 이른바 '일반계 사립각종학교', 그리고 서구 선교사에 의한 '종교계 사립각종학교' 등이 상당한 규모를 이루며 확산되고 있었다. 전통적 초등교육기관이었던 서당 역시 광범하게 존재하고 있었고, 그 중 일부는 근대적 교육기관으로서의 전환을 모색하고 있었다. 일제의 식민지 교육은 애초부터 한국인의 이와 같은 주체적인 근대 교육의 시도와 각축하지 않을 수 없었다.

선행 연구에서는 대체로 통감부 및 1910년대 교육 상황을 식민교육 대 민족교육이라는 이분법적 구도 속에서 파악하고 있다.[1)] 즉 사립각종학교 중심의 교육구국운동으로 대표되는 민족교육에의 노력을 일제가 부정 · 억압하면서, 한편으로 식민지 교육을 이식, 강제하였다는 인식이다. 이는 기본적으로 타당하다. 다만, 단순한 이분법적 구분을 넘어서서 양자가 어떠한 갈등, 경쟁 관계에 있었는지, 사립학교 및 식민지 교육에 대한 한국인의 대응 양식이 어떤 것이었는지, 그리고 그것이 식민지 교육정책의 형성에 어떠한 영향을 초래했는지를 보다 입체적으로 규명할 필요가 있다. 최근 식민지 교육을 분석하는 데 있어 일제의 식민지 지배정책과 한국인의 교육적 행위간의 관계에 주목하는 시도들이 나타나고 있다.[2] 이 글에서도, 통감부 및 1910년대 시기 일제의 식민지 교육정책의 전개 과정을 한국인의 교육적 대응과의 연관 속에서 포착하려 시도할 것이다.

2. 한국인의 주체적인 근대 교육 모색: 통감부시기 사립학교 설립운동

1905년 이후 통감부에 의해 식민지 교육체제가 도입되기 전에 한국인들은 이미 주체적으로 근대 교육을 모색하고 있었다. 근대 교육체제의 기원은 1894년의 '갑오교육개혁'으로까지 거슬러올라갈 것이다. 다만, 대한제국 정부 주도에 의한 근대교육 개혁 구상은 재정적인 이유 등으로 인해 충실히 실현되지는 못하였고, 대신에 민간부문에서 근대 교육의 모색이 활발히 시도되었다. 민간부문의 근대 교육 운동의 발전에 결정적인 계기가 된 것은 1907년 제2차 한일협약과 군대 해산 이후의 사립학교 설립운동의 전개였다. 이는 통감부 자신이 '교육열의 발흥'이라고 명명할 정도로 거국적인 사회운동이었다.

통감부는 1907년 이후 급증하는 사립학교 설립운동을 다음과 같이 파악하고 있었다.

---

1) 이만규, 1988『朝鮮教育史 II』, 거름; 鄭在哲, 1985『日帝의 對韓國植民地教育政策史』, 서울: 일지사.

2) 우용제 외, 1998『근대한국초등교육연구』, 서울: 교육과학사; 오성철, 2000『식민지 초등교육의 형성』, 서울: 교육과학사.

> 메이지 40년에 제2차 일한협약이 체결되어 각부에 일본인이 관리로 임용되고 군대가 해산되자, 해산된 장교 및 병사 중에서 학교 교원이 된 자가 많았고 사립학교가 속속 만들어지게 되었다. 이 무렵이 되자 이전까지의 교육에 대한 냉담한 태도는 일변하였고 특히 이 협약의 체결 이후 교육열이 발흥하였다. … 그 원인은 무엇인가? … (1) 한국의 현상을 타파하지 않으면 안 되는데, 타파의 제일보는 학교에서 자제에게 병식 훈련을 가르치는 것이라 하여 학교를 병영으로 만들고 교육을 군대 교련과 마찬가지로 만들려 하는 자, (2) 국리민복의 증진은 교육에 의하지 않으면 안 되기 때문에 교육을 융성히 하여 한국을 빈약, 곤비의 상태에서 구해야 한다고 하는 자, (3) 단지 교육열에 부화뇌동하여 학교 설치에 광분하는 자, (4) 학교의 설립자가 되는 것을 자기 명예라고 믿어 자기 재산을 제공하거나 외치며 기부를 구하여 학교를 세우는 자, (5) 학교 설립의 미명하에 사리를 채우려는 자 등이 모여 소요를 일으켰는데, 그 동기는 이처럼 여러 가지이지만 귀착하는 바는 일본의 보호에서 벗어나 독립의 실을 거두려는 것이었다.[3)]

통감부에 의해 교육열 발흥의 원인으로 거론된 다섯 가지 중 마지막을 제외하면 어느 것이나 결국은 당시의 교육열이 독립을 지향하는 민족주의 운동의 표출이었음을 의미하는 것이다. 따라서 그 교육의 목적과 내용은 정치적 성격을 강하게 지닌 것이었다.

> … 헛되이 학도를 모아 아침부터 저녁까지 유희 체조 또는 토론을 학교의 중요 과목으로 하여 병식체조, 나팔태고를 훈련의 방법으로 오해하며, 심지어는 그 사용하는 교과서를 보아도 시사를 분개하는 불온한 문자로 가득 차 있고, 그 노래하는 창가는 학생을 선동하는 위험한 어조로 충만해 있다.[4)]

사립학교 교육은 유희, 병식 체조와 창가, 정치적 내용의 교과서, 그리고 시사에 대한 토론 등이 주축으로 되어 있었다. 이는 결국 사립학교가 민족주의적

---

3) 幣原坦, 1919「朝鮮教育論」『日本植民地教育政策史料集成(朝鮮篇)』(渡部學・阿部洋 編, 1990), 第25巻, 東京: 龍溪書舍 40~41면.

4) 學部, 1910「韓國教育ノ現狀」『日本植民地教育政策史料集成(朝鮮篇)』(渡部學・阿部洋 編, 1990), 第63巻, 東京: 龍溪書舍, 3~4면.

의식과 아이덴티티 창출을 지향하고 있다는 점, 그리고 체육이나 음악 교과의 도입과 교육 내용의 정치적 세속화 등에서 근대적 교육기관이었음을 의미하는 것이다. 근대 교육 출현의 계기의 하나는 그것이 국민 국가 형성에 필수적인 문화적, 이데올로기적 아이덴티티 창출 메커니즘의 필요성이기 때문이다.

사립학교 운동은 단순히 개별적으로 학교를 설립하여 학생을 가르치는 수준을 넘어서서 그 자체가 근대적인 국민 동원 장치로 발전할 가능성이 있었다. 예컨대 1909년에 개최된 평안남도와 황해도의 사립학교 연합 대운동회는 참여한 학교 수만 200여 교에 달하였고 칠팔천 명을 상회하는 인원이 참가하였다.[5] 즉 사립학교를 중심으로 사회운동이 전개될 가능성이 컸다는 의미이다. 이 사건 이후 통감부는 군 단위를 넘어서는 연합운동회를 금지한다.

통감부는 사립학교의 시설이나 조직, 교육과정의 미비 등을 들어 그 의미를 폄하했지만, 한편으로는 그것이 민간 차원에서 개별적으로 학교를 설립하는 수준을 넘어서서 종합적인 근대 교육체제로 발전할 가능성을 간과하지 않았다. 실지 당시 초등 수준의 사립학교뿐만 아니라 중등 및 고등 교육기관까지 갖춘 종합적인 근대 교육체제의 틀이 이미 사립학교 안에서 성장하고 있었던 것이다.

> 특히 평양에서는 규모가 꽤 정돈된 중학교 2교가 있으며 이미 대학교를 창설하였고 경성에서는 장로파 및 감리파가 모두 꽤 정돈된 중학교를 가지고 있으며 장로파는 대학교를 건설 중이다. 기타 개성에서는 감리파의 중학교가 있고 최근 장대한 여학교를 건설하였다. 이렇게 기타 각지에 동 정도의 학교를 설립하여 어느 것이나 다수의 초등학교를 졸업한 자가 중학교에 들어가고 다시 대학교에 들어갈 길을 열어놓고 있다. 즉 교육의 내용은 불완전을 면하기 어려우나 계통 있는 교육기관을 갖추고 있는 정황이다.[6]

이는 종교계 사립학교의 예이지만, 외국 선교사가 운영하는 종교계 사립학교와 한국인이 운영하는 일반계 사립학교의 경계가 그만큼 뚜렷한 것은 아니었

---

5) 幣原坦, 1919 앞의 책, 42면.

6) 學部, 1910 앞의 책, 53면.

다. 당시 선교사의 치외법권적 권한 때문에 통감부가 종교계 사립학교에 대해 노골적인 탄압을 가하기 어렵다는 점에 착안, 한국인이 종교계 사립학교의 외피를 적극적으로 활용하는 경우가 많았기 때문이다. "다수의 종교학교 중 외국 선교사가 직접 지도하는 것은 소수의 초등학교와 중등 이상의 학교이며 기타는 한인목사의 경영에 맡겨져 다른 사립학교와 동일하게 일반 한인의 현 정부에 대한 오해 편견하에서 사이비한 교육을 하는 것도 적지 않"[7]은 상황이었던 것이다.

사립학교의 규모는 1908년 당시 통감부의 추계로도 이미 학교수에서 사, 오천을 헤아릴 정도로 광범한 것이었으며,[8] 「사립학교령」을 발포하여 설립인가제 등을 통해 본격적인 견제를 가한 이후에도 여전히 적지 않은 세를 유지하고 있었다. 1910년 3월 말 당시에도 2,250교에 달하였다.[9] 식민지 교육을 이식하려던 일제가 직면한 것은 이와 같은 한국인의 주체적이며 대규모적인 근대 교육 운동이라는 현실이었다.

일제가 한국 내정에 개입하기 시작한 것은 1904년 8월 제1차 한일협약 체결 이후이다. 재무고문에 메가타 타네나로(目賀田種太郎)와 외교고문에 스티븐스가 고용되는 것을 필두로, 이듬해에 시데하라 타이라(幣原坦)가 학정참여관(학부고문)에 용빙됨으로써 교육부문에서의 식민지적 개입이 시작된다. 시데하라는 실질적으로 일본정부의 지휘 감독하에서 학부고문 활동을 전개하였다.[10]

---

7) 學部, 1910 앞의 책, 57면.

8) 學部, 1908 「第二回公立普通學校校監會議要錄」 『日本植民地教育政策史料集成(朝鮮篇)』 (渡部學・阿部洋 編, 1990), 第65卷, 東京: 龍溪書舍, 31면.

9) 學部, 1910 앞의 책, 49면.

10) 당시 학부대신 이재극과의 계약에 따르면 시데하라는 교육에 관한 모든 사항을 자문하고, 의정부 회의에 참여하며 교육에 관한 의견을 의정부에 제출할 권한을 가지고 있었다. 학부대신은 교육에 관한 모든 사항을 시데하라의 동의를 거쳐 시행하도록 되어 있었으며, 그는 교육 관련 사항을 고무라 일본제국 외상에게 보고하여 동의를 얻도록 되어 있었다. 渡部學・阿部洋 편, 1990 「別集「舊韓末教育史資料-幣原坦・隈本繁吉關係文書-」

그가 학정참여관에 취임한 직후 저술한 「한국교육개량안」은 이후 식민지 교육정책의 기본적인 틀을 제시한 것으로 평가되고 있다. 그 주요 논지는 첫째, 일본제국정부의 대한정책에 수반하여 한국을 일본의 보호국으로 만드는 데 적당한 교육을 실시할 것, 둘째, 한국민에게 선량하고 평화로운 미성을 함양할 것, 셋째, 일본어를 보급할 것, 넷째, 종래 한국의 국교인 유교를 파괴하지 않으면서 신지식을 개발할 것, 다섯째, 학제는 번욕을 피하고 비근하게 할 것 등이었다. 특히 학제 제정의 원칙으로 '간이', '실용', '속성'의 세 가지를 천명하였다.[11] 뒤이어 통감부가 성립하고 초대 통감에 오른 이토 히로부미는 1907년의 2차 한일협약 이후, 이전의 고문정치보다 더욱 직접적인 내정 간섭을 할 수 있는 차관정치제도를 도입하였다. 이토는 1907년 8월 학부차관에 타와라 마고이치(俵孫一), 학부서기관 쿠마모토 시게기치(隈本繁吉) 등을 임명하였다. 후술하겠지만 쿠마모토는 1910년 이후 총독부 체제에서 초대 학무과장이 되어 통감부와 총독부간의 교육정책의 연속성을 추진하게 된다. 통감부는 곧바로 학부편찬 교과서를 편집함과 아울러, 각종 학교 법령을 공포하였다. 당시 공포된 법령은 사범학교령(3년제), 보통학교령(4년제), 고등학교령(4년제), 고등여학교령(3년제), 실업학교령(3년제), 외국어학교령 등이었다. 이는 대체적으로 시데하라의 구상에 기초한 것이었다. 1922년 제2차 조선교육령이 발포되기까지 기본적으로는 이 틀에 입각한 식민지 교육체제가 지속된다.

이 교육체제의 핵심은 「보통학교령」(1908)이다. 학부는 갑오개혁으로 인해 형성된 소학교 중심의 신학제를 부정하며 그에 대신하여 보통학교제도를 도입하였다. 보통학교는 갑종보통학교(통감부가 신설한 것), 을종보통학교(이전의 소학교를 보통학교로 재편한 것), 보조지정보통학교(사립학교를 보통학교로 재편한 것) 등으로 구성되었다. 소수의 보통학교를 신설하고, 기존의 관공립소학교 그리고 일부의 사립학교를 보통학교로 전환하며 일본인 교감제를 도입함으

に關して」『日本植民地教育政策史料集成(朝鮮篇)』, 第63卷, 東京: 龍溪書舍, 4면.

11) 渡部學・阿部洋 편, 1990 위의 책, 5면.

로써 실질적인 식민지 교육기관으로 재편하는 구도였다. 이 정책으로 인해 당시 전국적으로 존재하던 수천여 개의 사립학교는 정규적인 교육체제의 권외로 일거에 주변화된다. 통감부는 보통학교의 증설에 주력하기보다는 그를 통한 사립학교의 견제에 주력하였다.

갑오교육개혁을 통해 창설된 초등교육기관인 '소학교'라는 명칭을 폐지하고 '보통학교'라는 전례 없는 명칭이 도입된 이유는 무엇이었을까? 애초에는 시데하라가 '국민학교'라는 명칭을 고안했지만, 학부대신으로부터 조선에서 전통적으로 民은 관직에 나가지 않은 백성, 臣은 관직에 출사한 사람을 의미한다는 지적이 있어, '국민'이라는 명칭 대신에 '보통'이라는 명칭으로 변경되었다는 사연이 전해지고 있다.[12] 그러나 '국민'이 되었건 '보통'이 되었건 그와 같은 새로운 명칭 고안은 기본적으로 '간이', '비속', '속성'이라는 시데하라의 식민지 교육 학제 구상에서 비롯된 것이다. 그것은 한국 교육에서 소학교-중학교-대학교로 이르는 근대적 학제의 발전을 억제하고, 초등교육을 실질적인 종결 교육기관으로 만들려는 의도에서 비롯된 것이다. '소' 학교는 '중'학교, '대'학교의 존재를 전제로 하는 교육기관의 의미를 지니고 있었기 때문이다.

애초부터 보통학교는 '사립학교' 운동에 대응하는 식민지 교육의 거점으로서 출발하였다. 당시로서는 아직 안정된 식민지 지배체제가 구축되지 않았고, 형식적으로 대한제국이 유지되고 있었으며, 전국 각지에서 의병운동이 거세게 전개되는 가운데 반일감정이 극도로 고조되고 있었던 상황이었다. 사립학교에 대한 전면적인 부정은 사태를 정치적으로 더욱 심각하게 악화시킬 가능성이 높았다. 그러나 일제로서는 민족주의 운동의 차원에서 전개되는 '교육열의 발흥'을 그대로 방치할 수도 없었다.

> … 교육열의 왕성이 도리어 사회의 질서를 해치고 한국의 전도를 날로 위태롭게 하는 경우가 많다. 이러한 정세는 본래 자연 방임을 허락할 수 없는 것이나, 그 유폐가 간과할 수 없는 것이라 하여 이를 억압하게 되면 어찌될 것인가. 그렇지 않아도

12) 幣原坦, 1919 앞의 책, 127면.

> 당국의 시설에 편견 불만을 가지고 현상에 불안해하는 일반의 민심을 날로 기로에 빠뜨려 분규에 분규를 거듭하게 하고 마침내 스스로 그 잘못을 깨우칠 기회를 없앨 수도 있다. 이것이 바로 신중 주도하게 이에 대처하는 방책을 강구하지 않으면 안 되는 소이이다. 생각건대 최근의 정세에 대처하는 요는 헛되이 이 기운을 억압하는 것이 아니라 오히려 선도 개선의 길을 가르치는 것, 즉 오해를 풀게 하고 誤想을 바로잡아 교육의 추세를 著實穩健한 풍조로 만드는 것이다. 그리하여 학부는 신교육에 적응하는 학교를 전국 주요 지점에 설립하고 우선 교육의 모범을 사실로 보여 서로 의존하고 모방하여 민심의 귀추를 바르게 하고 학교의 상태를 개선시키고자 하였다.[13)]

'誤想'에 빠진 사립학교를 이른바 '선도 개선'하는 '모범교육'으로 보통학교제를 출발시킨 것은 식민지 지배에 대한 반발과 저항의 완화라는 '정치적 판단'의 산물이기도 했다. 이러한 정치적 판단을 불가피하게 만들 만큼, 한국인의 주체적인 근대 교육의 모색이 활발한 것이었다는 의미로 해석되어야 한다.

그렇다면 그 '모범교육'의 실체는 무엇이었을까?

> 대저 모범교육이란 교육의 모범을 사실로 보여주는 것을 말하는 것으로서 저실근면하게 타일 선량한 국민으로서 그 본분을 그르치지 않는 청년자제를 양성함과 아울러 다른 학교가 뒤따를 수 있는 모범으로 만들어 遊惰輕薄하게 헛되이 시사를 논의하는 고래의 폐습을 교정하는 것이다. 그 학과목은 처세에 필수적인 것을 선택하여 국어, 한문, 일어는 물론 산수, 지력, 이과 등 실제의 생활에 적응 근절한 지식 기능을 가르치고 특히 중요시해야 할 덕육에 관해서는 유도의 기본인 오륜오상의 도를 주안으로 하고 또한 현시의 사회에 필요한 공덕심, 의무심의 함양에 애쓰며, 근면, 저실, 기율, 신용 등의 덕목을 통해 실제적 인물을 양성하는 것을 교양의 본의로 하고 있다.[14)]

모범교육이란 이른바 '헛되이 시사를 논의하는 고래의 폐습을 교정'한다는

13) 學部, 1910 앞의 책, 4면.

14) 學部, 1910 앞의 책, 6면.

이유로, 한국인의 근대 교육에서 민족주의적, 혹은 정치적 요소를 제거하고 그것을 이른바 '처세에 필수적인' 실용적인 교육 그리고 '선량한 국민'을 만드는데 유효한 복고적 덕목인 '오륜오상', 그리고 근면, 저실, 기율, 신용 등의 규율적 덕목으로 대치하는 것이었다. 여기서 '실용'이 무엇을 의미하는 것인지, 그것이 식민지 지배집단과 한국인에게 각기 어떻게 달리 이해되었는지, 그것이 어떤 새로운 식민지 교육의 모순을 야기하는지는 후술하게 될 것이다.

'모범교육'으로서의 보통학교정책은 동전의 양면처럼 사립학교에 대한 다각적인 견제, 탄압과 짝을 이루어 전개되었다. 다만 통감부시기만 해도 사립학교에 대한 대응방식은 전면적이고 파괴적인 공세주의보다는 측면과 후면에서 사립학교를 압박하고 고사시키는 방식이었다.

> 사립학교에 대해 엄격한 의미에서 한국의 이익을 논한다면, 엄밀한 사립학교령을 발하여 불충분한 학교를 폐멸시키는 쪽이 이익이지만, 이는 … 오해를 일으킬 터이다. 그리고 이 오해가 불식되지 않는 이상은 원만하게 일이 처리되지 않아 필경 세상을 어지럽힐 우려가 있기 때문에, 이 나라의 불이익이 된다 할지라도 정략상 금일의 경우는 점진주의를 취하지 않으면 안 된다. 그리고 실제상으로 보아도 그릴 필요가 있다. 왜 그런가 하면, 사립학교의 수는 전국을 통틀어 사오천이기 때문이다.[15)]

사,오천을 헤아리는 규모의 사립학교에 대해 '정략상'의 견지에서 취할 수밖에 없었던 '점진주의'적 정책의 내용은 무엇이었을까? 그것은 크게 사립학교 교육내용에 대한 통제와 사립학교의 재정적 존립 기반 파괴로 양분될 수 있다. 먼저, 1908년 발포된 「사립학교령」은 사립학교 설립 인가제와 교과서 검인정 제도를 주요 골자로 하고 있었다. 그리고 교과서 검인정 제도는 사립학교의 교육내용에 대한 식민지적 통제를 목적으로 한 것이었다. 예컨대 1910년 5월 말 현재 사립학교로부터의 교과서 검정 출원 부수는 총 117부였지만 그 중 검정을 인가한 것이 55부, 불인가 처분을 내린 부수는 18, 조사 중인 것이 44부여서 인

---

15) 學部, 1908 앞의 책, 31면.

가를 내린 것은 출원 신청의 절반에 불과했다. 그리고 교과서 사용 인가제의 경우에도, 사용 인가 신청 부수는 380부였지만 사용 불인가 부수가 68부에 달했다. 사용 불인가 부수를 교과목별로 보면 수신 8, 국어 13, 한문 10, 일어 10, 영어 기타 1, 역사 12, 지리 8, 창가 1, 농상공 1, 법제경제 1, 교육 3 등이어서 인가제의 도입이 사립학교 교육의 정치성을 근절하는 데 있었음을 알 수 있다.[16)]

사립학교에 대한 가장 치명적인 타격방식은 학교 운영의 재정 기반을 파괴하는 것이었다. 구체적으로는 첫째, 지방세 제도를 창설함으로써, 기존에 사립학교의 재원의 하나로 지방관이 관행적으로 징수해 오던 각종 잡세, 즉 도선세, 여객세, 시장세 등을 지방비로 편입하는 방식, 둘째, 사립학교 재원으로 활용되던 궁내부 소속 역둔토나 공유 재산이던 각종 학전, 즉 養士田, 養齋田, 贍學庫田, 향교재산, 서원전 등을 국유 혹은 지방세 수입으로 이관하는 방식, 셋째, 「기부금품모집취체규칙」(1909년 4월 각령 제2호)을 발포하여 기부금 모집에 내부 학부 양 대신의 인가를 받도록 함으로써 기부 재원을 박탈하는 방식 등이었다.[17)]

이상과 같은 통감부의 집요한 견제를 받아 사립학교는 1909년을 기점으로 점차 감소하게 된다. 1910년 1년간 폐교된 학교는 140교이며, 1910~11년간에는 376교가 폐교되게 된다.[18)] 결과적으로 1908년 당시 사,오천을 헤아리던 사립학교 수는 1910년에는 사립 보통학교 16교, 고등학교 2교, 실업학교 7교, 각종학교 1,402교, 종교학교 823교 등으로 절반 이상 격감하였다.[19)] 그러나 잔존하던 사립학교의 대부분은 각종 불이익과 견제에도 불구하고 보통학교로의 전환을 거부하며 식민지 교육체제의 주변부에 이른바 '각종학교'로 남아 있으면서 여전히 한국인의 주체적인 근대 교육기관으로서의 아이덴티티를 유지하고 있었다는 점에 주목해야 한다. 그리고 그 규모는 여전히 보통학교를 능가하는 것이었다.

---

16) 學部, 1910 앞의 책, 58~60면.

17) 學部, 1910 앞의 책, 64~65면.

18) 渡部學·阿部洋 편, 1990 앞의 책, 26면.

19) 學部, 1910 앞의 책, 49면.

한편, 당시까지 양적으로 가장 큰 비중을 차지하던 전통적인 서당에 대해 통감부는 일단 온존책을 취하였다. 기본적으로 서당은 사립학교와 비교할 때, 정치적 차원에서는 이른바 '무해유익'한 것으로 파악되었기 때문이다.

> … 쇠퇴하는 조선인 사립학교 중에서 오로지 서당만이 의연히 남아 구태를 벗지 못하고 있을 뿐만 아니라 그 수에 있어서도 곳에 따라서는 도리어 증가하고 있다. 이는 구한국정부시대부터 현재의 총독부에 이르기까지 가능한 한 이를 보존하고 점차 지도 개발하려 했기 때문이다. 또한 보통교육의 기관이 아직 내지처럼 이루어지지 않은 상황에서 서당을 폐지하면 서당에 재학하는 20만의 아동은 취학의 길을 잃게 된다. 이는 조선 현재의 상태에 적응하는 소이가 아니다. 그런데 지방 당국자는 교육의 쇄신을 서둔 나머지 그 폐지 개조를 주장하는 자도 있다. 그러나 무해유익한 서당을 폐지하면 아동 취학의 길을 잃게 할 뿐만 아니라 서당 교사의 의식주를 궁핍하게 하여 인심을 불안하게 하니 총독부가 취할 바가 아니다.[20)]

이러한 서당 온존 정책은 대만에서의 선행 경험을 반영한 것이었다. 대만에서는 논란 끝에 향신층으로부터 식민지 협력 메커니즘을 구축한다는 의도하에 회유책의 일환으로 전통적인 '서방'을 온존시킨다거나 한국의 '보통학교'에 상응하는 '국어학교'(후의 공학교)에서 당분간 한문교육을 실시하는 정책을 취하는 것으로 정책이 귀결되었다. 다만 이때의 유학 교육 내용은 식민지적인 환골탈태를 거친 것이었다. 즉 전통적인 유교의 사상 내용 중에서 경국지학의 요소나 왕도정치의 요소 등 정치적인 저항의 가능성을 내포한 요소를 탈각하고 오륜오상과 같은 덕목만을 채용하여 식민지적으로 재편하여 활용하려 한 것이다. '무해유익한 서당'의 의미는 여기에 있었다. 한편으로 그 안에는 재지양반층에 대한 회유책으로서의 의미도 포함되어 있었다.

그러나 당시 한국인의 서당 취학에 깃든 의미가 통감부가 말하는 '무해유익'의 그것과 동일했다고 보기는 어려울 것이다. 지금 그 의미를 정확히 파악하기는 어렵지만, 1910년대에 들어서도 보통학교에 대한 한국인의 거부가 지배적인

20) 幣原坦, 1919 앞의 책, 236~237면.

경향 속에서 서당이 오히려 2배 이상 격증하는 현상을 볼 때, 한국인의 서당 취학 행위 안에는 일제의 식민지 지배에 대한 문화적 저항의 요소가 포함되어 있었음을 방증하는 것이 아닐까?

3. 식민지 교육에 대한 한국인의 대응

사립학교를 견제, 억압하면서 통감부에 의해 제시된 보통학교 교육에 대해 한국인들은 어떻게 대응했을까? 결론부터 말하자면, 출범 당시부터 1910년대 말까지 보통학교는 순조롭게 한국사회에 정착하지 못했다. 사립학교의 보통학교로의 전환도 순조롭지 않았으며, 보통학교에 대한 민족주의적인 반감과 저항은 의연 강하게 유지되었다. 그것은 무엇보다도 보통학교에서의 일본어 교육에 대한 저항으로 나타났다.

> 일어는 금일 일한 관계상 보통교육에서 필수과목으로서의 지위를 가지고 있으므로 관공립 일반 학교에서 중요과목으로 교수하며, 특히 보통학교의 초년급부터 이를 부과하는 것을 가지고 도리어 두드러지게 불쾌한 생각을 갖고 말하기를, 한국의 언어를 일본의 언어로 변경시키는 것이라거나 한국의 국민성을 멸실시키려고 기도하는 것이라거나, 나아가 하급 지방민의 경우에는 말하기를 일본어를 가르친 후 일본의 병대로 만들려 하는 것이라거나 일본에 납치하여 노동자 또는 노예로 만들기 위한 것이라고 하는 웃지 않을 수 없는 천박한 오해 역시 심하다.[21]

보통학교가 한국의 언어를 일본의 언어로 바꾸려 한다거나 한국의 국민성을 멸실시키려 하는 곳이라는 것, 한국인을 '일본의 병대'로 만들거나 일본에 납치하여 노동자 또는 노예로 만들려는 것이라는 등 보통학교에 대해 당시 한국인이 가졌던 인식이 통감부 관료의 표현처럼 '웃지 않을 수 없는 천박한 오해'이

21) 學部, 1909「韓國教育」『日本植民地教育政策史料集成(朝鮮篇)』(渡部學・阿部洋 編, 1990), 第63卷, 東京: 龍溪書舍, 11면.

기는커녕, 보통학교의 본질에 대한 적확한 통찰이었음을 부언할 필요는 없을 것이다.

그런데 보통학교에 대한 당시 한국인들의 부정적 대응이 오로지 민족주의적인 저항에서만 비롯되었다고 보기 어려운 점도 존재한다. 즉 보통학교에 대한 부정적 대응 속에는 전통적 교육관이나 계층 질서의 관성적 영향도 부분적으로는 작용하고 있었다는 것이다.

> 조선인이 신제 교육에 대해 불편을 느끼고 불평의 생각을 갖는 소이가 있다. 그것은 양반 가정에서 일어나는 것이다. 무릇 신제 교육은 모든 계급을 통틀어 아동의 취급을 평등하게 하는 것이기 때문에 상민은 기뻐하는 데 비하여 양반은 불만족을 느끼고 있다. 왜 그런가 하면 종래 한문의 복습을 학문이라 해온 가정의 아동에 대해서도 신제 교육에서는 동일하게 한문시간이 적고 국어가 많으며 게다가 그들이 매우 싫어하는 농업 등을 평등하게 부과하기 때문이다. 그리고 보통학교의 학습만으로는 특히 힘이 드는 것이 아니라 하여 다시 서당에 자녀를 보내 한문을 배우게 하는 자가 많다.[22]

여기서 거론되는바, 상민층과 양반층 자제가 함께 교육받는 것에 대한 불만, 한문 교과의 비중이 작거나 농업 등을 부과하는 데 대한 불만 등은 한국의 전통적인 교육관의 관성적 영향으로 해석할 수 있다. 이는 근대 교육의 형성 초기 단계에서 보이는 과도기적인 현상에 해당한다. 다만 이러한 현상이 한동안 존재했다 할지라도 그것을 당시 한국인이 근대 교육 자체에 대해 거부하고 저항했다는 의미로 확대 해석하는 것은 곤란하지 않을까? 당시에는 보통학교에 대한 거부 현상과 동시에 한편에서는 사립학교에의 교육열이 강하게 고조되고 있었기 때문이다.

한국인의 완강한 저항에 직면할 수밖에 없었던 보통학교를 정착시키기 위해 통감부가 취한 선전의 논리는 '실용적 교육'이라는 것이었다. 그것은 "자제에게 일상생활에 필수적인 사항을 회득시켜 참으로 몸을 힘쓰게 하고 자신을 바

---

22) 幣原坦, 1919 앞의 책, 105면.

쳐 의식주의 안고(安固)를 추구"[23]하도록 하는 교육이라는 것이었다. '민족의 독립'이라는 공동체적 가치를 '의식주의 안고'라는 개인적 가치로 대치시켜 보통학교 교육의 가치를 설득하는 전략이었다. 이는 한편으로는 보통학교를 통해 양반층을 식민지 협력 메커니즘 안으로 포섭하려는 전략으로 구체화되어 나타났다.

> … 보통학교에 입학하는 아동에 관해서는 양반 자제가 많이 오기를 바란다. 단지 하층노동자 자제만이 온다고 하면 유감이며 학교의 품위 유지 면에서 생각해도 국익으로 생각해도 좋지 않다. … 학부가 시설하고 있는 보통학교는 이 나라 보통교육의 모범학교이며 신교육의 유일한 학교이다. 그런데 유생이나 양반 자제는 보통학교에 입학하기를 싫어하고 구래의 학교에 들어가는 자가 많으니 유감이다. 장래 정치계에 입신하거나 실업계 종교계에 들어서고자 해도 문명적 상식의 양성은 매우 중요한 일이다. 소위 신교육을 받아 지식을 연마하고 덕성을 기르지 않으면 장래 도저히 사회적 지위를 유지할 수 없다. 그런데 불행하게도 오늘날 완고하여 그 잘못을 깨닫지 않고 여전히 구태를 고치지 않는다면 장래에는 하층노동사회의 자제에게 압도되지 않을 수 없다. 하층사회의 자제 쪽이 문명류로 정식의 교육을 받아 실력을 양성하고 있는 이상은 자연히 사회상의 지위가 전도되고 따라서 사회 상태에 커다란 변동을 초래하게 됨은 확신하여 의심할 수 없는 것이다.[24]

'소위 신교육을 받아 지식을 연마하고 덕성을 기르지 않으면 장래 도저히 사회적 지위를 유지할 수 없'을 것이라며 양반층의 기득권 유지 욕구를 자극하는 논리는 일종의 식민지적 분할 통치전략의 교육적 표현이라고 할 수 있을 것이다.

양반층만이 아닌 일반 한국인을 대상으로 식민지 교육의 '실용성'을 보다 현실적인 예를 들어 설득하는 논리도 등장하였다. 그것은 '일본어' 습득의 일상적 효용성에 관한 논리였다.

---

23) 學部, 1910 앞의 책, 2~3면.

24) 學部, 1908 앞의 책, 18면.

> … 점차 한국에 내주하는 일본인이 많아지고 일상생활에서 일본인과 접촉하거나 거래할 기회가 날로 증가하자 금일의 상태에서 한국인이 일어를 학습하는 것은 일상생활에서 필요하고 편리함은 물론, 자기의 권리 재산을 보호하는 데 일어를 모르기 때문에 혹은 불량한 일본인 혹은 일어를 아는 불량한 한인 때문에 불이익을 받는 사실을 각득하기에 이르렀다.[25)]

일본 식민자의 횡포를 스스로 거론하면서까지 일본어 학습, 결국 보통학교의 효용성을 선전했다는 것은 당시 보통학교가 순조롭게 한국사회에 정착하기 어려웠던 현실을 반영하는 것이다. 그러나 한편으로는 일본어 습득이 근대적인 직종으로의 취업이나 일본인과의 의사소통, 일상적인 관계에서 필수적인 조건이 되어 가면서, 그에 따라서 한국인의 교육적 행위 내부에서 식민지 교육의 자장 속으로 이행해 들어가는 변이가 서서히 나타난 것도 사실이다.

> … 구어(일본어)의 상달과 함께 소재 일본인과의 교재상 편리를 느끼기에 이르고 순사, 헌병보조원, 제 관아의 고원 또는 판임관의 채용에 관해서도 일어의 지식을 그 조건으로 하는 경향이 일어남으로써 당초 일어를 혐오하는 부형들도 금일에는 나아가 이를 환영하기에 이르렀다. 이 경향은 단지 보통학교에만 그치는 것이 아니라, 일반 사립학교에도 일어를 부과하지 않으면 입학자를 얻는 데 곤란하기에 이르렀다. 평안 양도처럼 야소교의 세력이 강하고 배일사상이 강하다고 일컬어지는 지방에서도 일반 사립학교와 야소교학교를 막론하고 일어를 부과하여 생도 및 부형의 희망에 부응하고 있다.[26)]

이는 1910년 당시의 교육적 상황의 일단이다. 여기서 주목해야 하는 것은 사립학교 교육에까지 도입된 '일본어' 교과 혹은 보통학교 교육은 한국인에게는 근대적 직종으로의 취업, 교육을 통한 지위 획득 등 경제적, 사회적인 차원의 실리 확보라는 의미로 받아들여지고 있었다는 것이다.

1908년의 통계를 보면 보통학교의 학교수는 49교, 학생수는 6,140명인데 연

---

25) 學部, 1910 앞의 책, 21면.

26) 學部, 1910 앞의 책, 26~27면.

령별로 14세 이하 4,165명, 15세 이상 1,975명이고, 학생 중 기혼자 수는 1,011명(전체의 16.5%)에 달하였다. 즉, 초기 보통학교 학생의 약 1/3 정도는 당시로서는 성년층으로서 구체적인 직업 획득을 위해 취학했음을 알 수 있다. 그리고 학생의 직업별 배경을 보면 농업 1,749명(28.5%), 공업 186명(3.0%), 상업 2,962(48.2%), 관리 760명(12.4%), 기타 493명(8.0%) 등으로 되어 있다.[27] 상업과 관리 출신이 절반 이상을 점하고 있다. 이 직업군에서 상대적으로 먼저 식민지 교육에 대한 수용이 시작되었음을 추측할 수 있다.

애초 통감부는 사립학교 교육의 정치성을 비판하며 보통학교의 실용성을 내세웠다. 그 실용성은 한국인에게는 어떻게 이해되고 있었을까? 일제에게 있어서의 '실용성'이란 사회 역사적인 의식을 결여한 채 개개인의 직분에 맞게 저실근면하게 노동하는 순치된 피식민지인의 양성을 의미하는 것이었다. 그런데 동시에 보통학교의 정착을 위해 앞서 언급한 양반층에 대한 설득 논리에서처럼 보통학교가 근대적인 직종의 취업이나 사회적인 지위 유지에 유리하다는 논리도 한편으로는 선전하고 있었다. 이 양자는 '독립'과 같은 공동체적 가치가 아닌 '처세'나 '치산'과 같은 개인적인 가치라는 점에서는 유사하나 그 사이에 균열이 야기될 가능성이 있었다. 보통학교 교육을 통해 한편으로는 한국인의 근대적인 직종으로의 취업 욕구가 고조되고, 사회 이동의 포부가 고양된다. 그러나 그러한 욕구와 포부는 일제가 구상하는 식민지 체제가 흡수할 수 있는 수준을 넘어설 가능성이 크며, 결과적으로는 식민지 통치에 질곡을 야기할 수도 있었다는 것이다. 실지로 이러한 균열과 모순은 이미 통감부시기부터 발아하기 시작했다.

초기 보통학교에 취학한 한국인들은 단지 보통학교 교육에 만족하지 않고 중등 교육기관으로 쇄도하게 된다. 〈표 1〉은 1910년도 중등학교 입학경쟁 상황에 관한 것이다.

1910년 당시 8개 관공립 중등학교 입학지원자는 5,521명이었으며 그 중

27) 學部, 1908 앞의 책, 66면.

표 1. 1910년도 중등학교 입학 상황

연도	입학지원자			수험자			입학자		
	1909	1910	비교 증감	1909	1910	비교 증감	1909	1910	비교 증감
관립한성사범	본1,912	1,744	-168	1,476	1,358	-28	98	104	6
	속345	545	200	260	424	164	96	90	-6
동고등학교	194	1,019	825	155	751	596	50	102	52
동평양고등학교	209	166	-43	136	108	-28	72	78	6
동한성외국어학교	1,138	1,608	470	683	990	307	307	316	9
동고등여학교	99	155	56	89	127	38	79	87	8
동법학교	913	118	-795	590	70	-520	108	50	-58
동인천실업학교	67	94	27	57	61	4	52	70	18
공립부산실업학교	41	72	31	41	54	13	41	54	13
계	4,918	5,521	603	3,487	3,943	456	903	951	48

자료: 學部, 1910「韓國教育ノ現狀」『日本植民地教育政策史料集成(朝鮮篇)』(渡部學 · 阿部洋 編, 1990), 第63卷, 東京: 龍溪書舍, 39면.

951명만이 입학함으로써 약 5:1 정도의 경쟁률을 보이고 있다. 이 입학지원자 규모는 당시 보통학교 학생 전체 규모에 상당하는 것이었다. 입학경쟁이 극히 제한된 범위 내에서이기는 하나 매우 치열했음을 알 수 있다. 이러한 경쟁률의 이면에는 관공립 식민지 중등교육이 근대적인 직업 취득에서 실질적인 효과를 보여준다는 현실이 있었다.

1906년부터 1910년까지의 관공립 중등학교 졸업자 총 1,507명 중에서 약 2/3 정도가 관공리, 교원 등으로 취업하였다. 식민지 교육 형성의 초기 과정에서 나타나는 이러한 현상, 즉 식민지 교육체제에 포섭된 극소수의 한국인들이 실질적으로 근대적인 직종에 취업하는 데 성공하는 현상은 이후 식민지 교육에 대한 한국인의 대응방식에 변이를 초래하는 요인의 하나로 작용했을 것이다. 그러나 근대 부문으로의 이동을 위해 보통학교를 통로로 활용하려는 한국인의 의도, 그것에서 비롯된 중등학교 입학경쟁 등의 현상은 비록 극소수의 한국인에

표 2. 통감부시기 중등학교 졸업생 취업 상황

직명	1906년 이전	1907	1908	1909	1910	합계
관공리	143	50	90	96	37	416
교원	117	34	65	92	102	410
실업	22	9	10	49	9	99
의사	24	13	4	0	0	41
변호사	4	0	0	0	0	4
가업	82	8	15	16	2	123
타교입학	6	5	27	12	47	97
외국유학	8	4	6	1	4	23
사망	45	0	0	5	0	50
불명	114	17	20	17	76	244
합계	565	140	237	288	277	1,507

비고: 본표는 학부소관법학교, 관립한성사범학교, 관립한성고등학교, 관립평양고등학교, 관립한성외국어학교, 과립인천실업학교, 농상공부소관농림학교, 공업전습소, 내부소관대한의학교 및 재단법인 사립선린상업학교 등 10개 교에 관한 것이며, 창립 이래의 졸업자에 관해 조사한 것이다. 취업미정자는 불명 부분에 합산하였다. 융희 4년 불명자는 졸업직하로서 취업미정에 포함하였다.

자료: 學部, 1910, 위의 책, 39면.

게만 제한적인 것이었으나, 동시에 통감부가 의도하는 식민지 교육의 '실용성' 그리고 그와는 다른 의미를 갖는 한국인의 '실용성'의 두 가지 관념이 상호 충돌하는 것이기도 했다.

애초 '소학교'라는 명칭을 폐기하고 '보통학교'라는 기이한 명칭을 애써 구안한 데서 알 수 있듯이, 통감부는 중등 이상의 교육 보급은 극력 억제하고, 보통학교를 통해 한국인을 식민지적으로 순치시키려는 구상을 갖고 있었다. 그럼에도 보통학교에 대한 한국인의 인식은 그와는 달랐다. 이러한 균열은 새로운 문제를 야기할 수박에 없었다.

> 보통학교 교양방침은 전술한 바와 같이 선량하며 실용적인 인민을 양성하는 데 있으며 그 졸업자는 부형과 함께 가업에 종사하거나 또는 사회에 나가 실무에 종사

> 하는 것을 그 본령으로 해야만 한다. 그런데 다수의 생도는 더욱 나아가 졸업 후 사범학교, 고등학교, 외국어학교, 공업전습소, 농림학교 등 고등 정도의 학교에서 배울 것을 바라기 때문에, 이들 학교는 최근 현저히 입학지원자가 증가하였다. 이러한 현상은 오히려 보통학교 본래의 목적을 벗어나 계급학교로 만들어버릴 문제가 있으므로 특히 농포(農圃), 농림 등을 두어 생도에 대해 실용적 지식을 제공하는 데 힘쓰고 졸업 후 관아회사에 봉직하거나 사인의 사업에 사용되거나 또는 가업에 종사하는 등 보통학교 본래의 목적을 다하도록 할 것을 기하고 있다.[28)]

'보통학교'를 중등학교로의 진학을 위한 '계급학교'가 아니라 실질적인 종결교육으로 구상하고 있던 통감부로서는 중등교육 입학경쟁은 사립학교 문제와는 또 다른 차원의 모순이었다고 할 수 있다. 그리고 그것은 단순히 입학경쟁의 격화라는 수준에 그치는 것이 아니라 식민지 통치에 긴장과 위기를 유발할 가능성조차 있다고 인식되고 있었다.

> 이 나라에서 으뜸가는 결점은 온건 착실한 인물이 없으며, 또한 아직 실업사상이 발달하지 않았다는 것이다. 고로 금일 교육상 가장 노력해야 할 일은 이들 결점을 고치는 것임을 주의해야 한다. 즉 실제적 지식을 양성하고 공론가의 배출을 경계하며, 근로의 취미를 회득시키고, 특히 관리가 되는 것을 유일한 목적으로 하는 사상을 경계하고, 실업의 취미를 느끼게 하고 실업사상을 보급시키는 것이 매우 필요하다고 생각한다. … 세인이 일반적으로 관리만을 희망하지만, 모든 사람이 관리가 될 수 없기 때문에 관리가 되는 데 실패한 사람이 다수 나타나게 되고, 이러한 종류의 사람들은 그 지위를 얻지 못하여 곧 불평하는 무리가 되고, 불평하는 무리가 자라나서 나라가 소요하는 결과가 된다.[29)]

실지로 1910년 보통학교 졸업자 979명 중에서 가사실무종사를 희망한 학생은 191명에 불과했으며 80%에 가까운 770명이 중등학교로의 진학을 희망하고 있었다.[30)] 이미 보통학교는 통감부의 애초 구상과는 달리 '계급학교'로 전화되

28) 學部, 1910 앞의 책, 29면.

29) 學部, 1908 앞의 책, 37~38면.

30) 學部, 1910 앞의 책, 30면.

고 있었던 것이다. 종결교육으로서의 보통학교 대 준비교육으로서의 보통학교, 혹은 식민지 교육정책에서의 '실용성' 대 한국인의 근대적 사회 이동의 포부를 내포한 '실용성'이라는 두 인식의 충돌은 식민지 교육체제가 도입되는 그 순간부터 발아되기 시작했으며, 식민지 지배가 지속될수록 완화되기는커녕 더욱 심화되어 간다. 이는 사립학교의 민족교육 대 보통학교의 식민교육이라는 대립 축과는 또 다른 대립 축이 되어 전 시기의 식민지 교육을 그 내부에서 교란시키는 모순으로 작용하게 된다.

4. 1910년대 식민지 교육정책과 한국인의 대응

1900년대 말 한국인의 주체적인 근대 교육 운동인 사립학교 운동을 억압하며 보통학교제로 대표되는 식민지 교육체제가 도입되었으나, 후자는 순조롭게 한국사회에 정착할 수 없었다. 비록 한국인 일부 집단 내에서 보통학교로 포섭되는 교육적 행위의 변이가 일어나기 시작했지만, 여전히 사립학교는 무시할 수 없는 규모로 존재하고 있었다. 이러한 상황에서 1910년 8월 일제의 본격적인 식민지 통치가 시작된다. 요컨대 1910년대 식민지 교육정책 역시 통감부시기에 해결하지 못한 난제와 대결하는 것일 수밖에 없었다. 한편으로는 사립학교를 억압하고, 또 한편으로는 보통학교를 정착시키는 것, 그러나 동시에 근대 교육에 대한 한국인의 욕구를 냉각시키며 식민지적 '실용성'으로 한국인을 순치시키는 것 등이 1910년대 정책의 주된 내용이었다고 할 수 있다.

먼저 사립학교에 대한 탄압의 과정을 살펴보도록 하자.

조선총독부는 사립학교에 대해 통감부시기의 이른바 '점진주의'적 대응전략을 폐기하고 보다 직접적이고 전면적인 탄압을 가하게 된다. 데라우치는 1910년도 각도지방장관회의에서 그와 같은 폭력적인 탄압의 시작을 다음과 같이 노골적으로 천명한다.

> 사립학교 가운데는 … 독립을 고취하고 또한 제국에의 반항을 장려하는 것과 같은 방법을 쓰는 것이 있다. … 만일 조선의 소년에게 그와 같은 사상을 양성했다면 어떠한 결과가 생길 것인가에 대해서 조선인은 스스로 깊이 반성해야 할 것이다. 가령 독립을 부르짖고 그 결과 드디어 일본에 반항하기에 이르렀다고 가정하자. 그 결과 조선인은 과연 행복을 증진시켰다고 할 수 있을까. 일본은 실력으로서 이를 진압할 것이고, … 조선인은 이로서 불이익을 얻을 뿐이다.[31)]

총독부는 1908년 제정된 「사립학교령」을 폐지하고, 1911년 「사립학교규칙」을 새로이 제정하였다. 그 주요 내용은 학교 설립, 폐쇄, 학교장 및 교원의 채용시 총독부의 인가를 받도록 한 것, 수업연한, 교과목, 교과과정, 생도정원, 학년, 학기 입학자 규정은 총독부의 인가를 받도록 한 것, 교과서는 총독부 편찬 혹은 검정을 거친 것으로 한 것, 법령 규정 위배시 학교의 폐쇄, 학교장 교원의 해고를 명할 수 있도록 한 것 등이었다. 그리고 이로는 불충분하다고 판단한 총독부는 1915년에는 다시 「개정사립학교규칙」을 발포한다. 그 내용 중에서 주목할 것은 학교 설립시 조선총독의 인가 목적, 명칭, 위치, 학칙, 설립자를 변경할 시 조선총독의 인가를 받도록 한 것, 학교장 또는 교원을 변경할 시 도장관의 인가를 받도록 한 것, 교과과정은 보통학교규칙, 기타 규칙에 규정된 이외의 교과과정을 가르칠 수 없도록 한 것(기 인가된 종교계 학교는 10년간 유예), 교과용도서는 조선총독부 편찬 혹은 조선총독의 검정을 경과한 것을 사용할 것, 기타의 경우 조선총독의 인가를 받도록 한 것, 그리고 교원은 사립학교교원시험 합격자, 기타 교원면허장을 가진 자에 한하도록 한 것 등이다.[32)] 요컨대 사립학교의 교육과정을 관공립학교의 그것과 완전히 동일하게 만들어버림으로써, 보통학교와의 차이를 무화시킨 것이다.

이렇게 되면 종교계 사립학교에서의 종교교육은 불가능해지며, 사립학교와 관공립학교의 차이점이라고는 재원 조달의 차이에 불과하게 된다. 더구나 교원

31) 鄭在哲, 1985『日帝의 對韓國植民地教育政策史』, 서울: 일지사, 294~295면에서 재인용.

32) 高橋濱吉, 1927 앞의 책, 423~425면.

에도 대폭 제한 규정을 두어 관공립학교 교원과 거의 동일한 자격을 가진 교원만이 채용될 수 있도록 하였다. 결과적으로 사립학교는 열악한 시설, 부족한 재원, 관공립 상급학교로의 진학 자격 박탈, 수업료 징수 등과 같은 불리한 조건이 그대로 유지된 채로 독자적인 목적과 내용으로 교육하는 것이 불가능해지게 됨으로써, 전면적으로 그 존재 기반을 부정당하게 된 것이다. 일부 기독교계에서 격렬하게 반발함으로써 종교계 사립학교의 경우, 「개정사립학교규칙」의 적용 시한의 유예를 보장받기는 했으나, 1915년 이후 식민지기 동안 사립학교는 양적인 규모에서 보통학교에 비해 열세에 놓이게 되고, 존립 유지 자체가 힘겨운 상황에 놓이게 된다.

1918년에는 「서당규칙」을 제정하여 서당에 대해서도 견제를 시작한다. 즉 서당이 부윤 · 군수 · 도사의 감독을 받도록 하고, 금고 이상의 형을 받은 자나 일제에 항거한 불온한 자는 서당 교원에 취임할 수 없도록 하였으며, 서당에서 일반 학교와 유사한 교육을 하지 못하도록 못박았다. 본격적인 탄압에 직면한 사립학교가 서당으로 전화되어 교육적 정체성을 유지할 수 있는 길을 원천적으로 봉쇄하기 위한 조치였다.

사립학교에 대한 파괴와 동시에 총독부는 본격적으로 식민지 교육체제의 정비에 착수하였다. 그것은 「조선교육령」(1911년 칙령 제229호) 발포로 시작하였다.

통감부시기부터 핵심 교육관료였던 쿠마모토 시게기치(隈本繁吉)는 총독부시기에 초대 학무과장이 되어 통감부시기 교육정책과의 연속성을 유지하는 역할을 수행한다. 쿠마모토는 총독부가 직면한 교육정책의 과제를 다음과 같이 토로하였다.

> … 금후 일본제국의 통치에 대해 가장 장해를 일으키는 것은, 필시 이 민족적 자각심일 것이다. 그렇다면 금후의 교육 시설에서는, 이 점에 특히 유의하여, 그들에게 민족적 자각심을 각성시키지 않도록 하는 데 노력해야 함은 극히 긴요하다고 할 수 있다. 이 점에서 고찰할 때, 초등교육 이외에 해야만 하는 교육상의 시설은, 그들의 생업에 직접 관계되는 것에 한하고, 그럼으로써 착실 온건한 교육을 가르치고, 제국 통치하에서 행복한 생활을 향락하게 하는 방향으로 그들을 지도할 필요가 있다.[33]

쿠마모토는 「조선교육령」 제정의 기본원리로 다음과 같은 세 가지 방침을 견지하였다. 첫째, 교육은 일상생활에 필수적인 사항을 습득시키는 것이라는 점, 둘째, 학교교육의 주안인 덕육은 유교도덕과 규율, 절제, 청결, 공덕 등 일상 필수의 덕목을 기본으로 하는 것, 셋째, 정치와 교육과의 혼동을 경계하고, 근면하게 업에 종사하는 것[34] 등이었다. 요컨대 사립학교를 억압하며 한국 근대 교육에서 민족주의적 정치적 요소를 탈각시키고, 그를 대치하는 식민지 교육체제에서는 초등-중등-고등으로 이어지는 근대적인 학제를 부정하고, 초등 수준에 실질적으로 교육을 한정하여 저급한 실용교육과 종결교육으로 만드는 학제를 정착시킨다는 발상이었다. 데라우치 자신이 조선교육령 시행에 관한 훈령 중에서 이를 노골적으로 천명하였다.

> 요컨대 보통학교는 반드시 상급학교의 예비교육을 하는 곳이 아니며 그 교육은 바로 수신, 처세에 기여하는 바가 되어야 하므로, 당사자 특히 교원된 자는 교과서에 기재된 사항을 교수하는 데 족하지 말고 교칙의 취지를 체득하여 능히 이를 응용하여 그 교양의 효과를 완전히 해야 한다.[35]

애초 보통학교의 정착을 위해 통감부가 동원했던 논리, 즉 '사회적인 지위 유지를 위한 학력 취득 수단으로서의 보통학교'라는 논리는 이제는 더 이상 반복되지 않았다. 1910년대 보통학교의 성격은 통감부시기의 그것보다도 더욱 '간이', '비속', '실용'의 성격을 강화한 것이었다.

> 구제, 즉 조선교육령 공포 전의 보통학교 교육의 요지와 다른 점은 그 목적에서 국민성의 함양과 국어의 보급을 언명하고 수업연한을 토지의 상황에 응하여 단축할

33) 隈本繁吉, 1910 「教化意見書」(渡部學 · 阿部洋(編) (1990) 「別集 「舊韓末教育史資料-幣原坦 · 隈本繁吉關係文書-」」 『日本植民地教育政策史料集成(朝鮮篇)』, 第63卷, 東京: 龍溪書舍, 45면에서 재인용)

34) 渡部學 · 阿部洋 편, 1990 앞의 책, 47면.

35) 高橋濱吉, 1927 『朝鮮教育史考』, 京城: 帝國地方行政學會朝鮮本部, 389면.

> 수 있도록 하며, 또한 과정을 한층 간략하게 한 점에 있다. 즉 보통학교의 교과목은 독서, 산술에 치중하고 역사지리는 없애며, 국어 및 조선어 과정 중에 가르치도록 하고, 필수학과 이외에 토지의 상황에 응하여 이를 배우도록 한 것처럼 시세 민도에 조응하여 적절한 교육을 실시하려 한 것에 다름 아니다. 또한 보통학교는 반드시 상급학교에 대한 예비교육을 하는 곳이 아니라 조선의 아동에게 일반보통의 지식을 가르치고 그 일상생활에 기여하도록 하는 데 있으며, 그 교양의 방침 역시 졸업 후에 바로 실무에 적응할 수 있도록 하는 것을 주안으로 하였다. … 헛되이 상급학교에 입학하는 것을 장려하는 것은 불가하다. 보통학교는 계급교육의 기관이 아니라 자신 교양이 목적임을 잊어서는 안 된다.[36)]

4년제 보통학교조차도 지방에 따라 3년으로 단축할 수 있도록 한 것, 그리고 교과목에서 역사지리를 폐지한 것, 보통학교의 종결 교육화를 위해 농업초보와 상업초보 등 실용적 교과의 비중을 높인 점 등에서 드러나듯이 1910년대 보통학교는 통감부의 그것을 기본적으로 계승한 것이면서도 동시에 통감부시기 말기에 발아하기 시작한 중등학교 입학경쟁의 심화나 사회이동 욕구의 고양에서 비롯되는 모순을 완화하기 위하여 '간이', '실용', '속성'의 성격이 더욱 강화되었다는 점에서 달랐다.

「조선교육령」 제1조는 "교육은 교육에 관한 칙어의 취지에 근거하여 충량한 국민을 육성하는 것을 본의로 한다"라고 되어 있다. 이 조항만으로 본다면, 1910년대 식민지 교육정책의 목적이 통감부시기의 그것과는 달리 적극적인 '동화'로 전환되었다는 의미로 파악될 수도 있다. 그런데 '동화' 즉 한국인을 '충량한 (일본) 국민'으로 만든다고 하는 것이 1910년대에 얼마만큼의 실질적인 내실을 수반하는 식민지 교육정책의 목적이었는지에 대해서는 좀더 검토할 필요가 있다.

코마고메 타케시(駒込武)는 대만에서의 식민지 통치 경험을 정리하면서, 식민지 통치노선에서의 두 가지 선택지에 대해 다음과 같이 정리하고 있다.

---

36) 高橋濱吉, 1927 위의 책, 405~406면.

> 통치방침 일반과 마찬가지로 교육정책에서도 선택지는 크게 두 가지로 나뉘어져 있었다. 하나는 식민지주의에 추수하여 문화통합의 차원에서도 대만을 통합의 권외로 간주하여 식민지 경영에 필요한 최저한 정도의 교육을 실시하려는 발상, 또 한 가지는 「일시동인」적 해석에 기초하여 천황제를 오히려 적극적으로 밀고나가 교육에 의한 문화통합의 창출을 중시하는 것, 이는 제도론적으로는 내지연장주의의 구상과 결합되는 것이 된다.[37)]

그는 일반적 추상적인 언설로서 일제에 의해 반복적으로 외쳐진 '동화'라는 것과 실제로 전개된 제도나 정책에서의 '동화'를 구분한다. 후자의 '동화'가 실질적인 내실을 갖기 위해서는 문화적으로는 동일한 언어, 세계관을 통해 '공감의 공동체'를 만들어야 하며 동시에 법제도상에서 일본인과 식민지인을 동일시해야 한다. 이는 일본제국에 소속된 자로서의 권리와 의무를 피식민지인에게도 동일하게 부여하는 것을 의미한다.

그런데 일제가 대만을 식민지 지배하는 초기 과정에서 실지로 취한 정책노선은 '내지연장주의'가 아니라 '식민지주의'였다. 의무교육제는 차치하고라도 학제상의 동일성조차 폐기한 채, 1898년 창설된 애초의 6년제 공학교(조선에서의 보통학교에 상당)조차도 1910년에 실질적으로 4년제로 축소하였으며, 식민지 지배체제 유지에 필요한 수준 이상으로 중등 및 고등 교육을 허용하지 않았다. 교육의 이념은 '도덕적으로 순량한 인민', 즉 '생산에 힘쓰고 노동을 사양하지 않고, 유순하게 복종하는 인민'의 양성으로 귀착되었다. 다만 '국어(일본어)를 통한 동화'는 일종의 타부 영역이 되어 식민지 교육의 자명한 전제로 유지되었다. 결과적으로 혈족 내셔널리즘(내지인과 외지인간의 혈족적 분리와 차별)에 기초한 법적, 제도적 배제와 동시에 언어 내셔널리즘(식민지인에게 일본어 강제)을 통한 문화적 포섭이 모순된 채로 공존하게 되었다. 이 틀은 1910년 이후 조선의 식민지 지배에도 거의 유사하게 적용되었다고 할 수 있다.

더구나, 대만과는 달리 식민지 교육에 대한 저항이 상대적으로 완강했으며,

---

37) 駒込武, 1996『植民地帝國日本の文化統合』, 東京: 岩波書店, 42면.

토착 엘리트를 협력 메커니즘 속으로 포섭하기 어려웠던 한국의 경우 1910년대 정책의 기조는 그만큼 언설로서의 '동화'를 겉으로 외치면서도, 실질은 '분리와 차별'의 강화였다고 할 수 있다. 예컨대 핵심적인 식민지 관료였던 모찌지 로쿠사부로오(持地六三郎: 1900년대 초 대만총독부 학무과장, 1912년 이후 조선총독부 토목국장, 체신국장)는 대만과 조선의 차이를 다음과 같이 지적하였다.

> (1) 조선은 대만 면적의 6배, 인구의 5배, 기후 풍토상으로는 열대의 대만이 「천혜의 산물이 풍요」로운 데 비하여 (조선은) 「천혜」가 박약하다는 자연조건에서 유래하는 차이, (2) 조선은 「오랜 역사와 문명」에의 「자부자존심」, 「오랜 기간 독립국가였다고 하는 국민적 감정」이 침투해 있다는 역사의 차이, (3) 청조로부터 할양된 대만에서는 영유 후 2년간에 걸쳐 국적 선택의 자유가 주어져 대륙에의 귀환이 인정되었던 데 반하여, 조선에서는 「형식상으로는 정복하여 합동한 것이 아니라 조선이 임의로 일본과 병합했다」는 식민지화 경위의 차이, (4) 대만에서는 구정부와 관련 없는 「창시적 시정」이 가능한 데 반하여, 조선에서는 「임의의 합방」이라는 명목으로 인해 종래의 정책을 전제로 한 「계승적 시정」을 전개하지 않을 수 없었다는 것, (5) 대만에서는 관리의 뒤를 이어 실업가가 들어간 데 대하여, 조선에서는 실업가가 선행했기 때문에 거류민이 「대체 조선을 개척한 것은 누구인가, 우리가 고심참담한 결과가 아닌가」라는 어조로 강한 발언권을 지니고 있다는 것, (6) 조선에서는 미국 선교사의 세력이 강하며, 정치에 뜻을 품은 많은 조선인이 「망국」 과정에서 기독교도가 되었다는 미션의 영향력의 차이[38)]

모찌지가 거론하는 여섯 가지 항목의 차이 중에서 (2) '독립국가로서의 국민적 감정'이나 (4) '창시적 시정'이 불가능한, 식민지 지배 이전의 주체적인 정책과 상황, 그리고 (6) '미션의 영향력' 등의 요인은 교육부문에서는 사립학교 운동 등 한국인의 주체적인 근대 교육의 모색이 쉽게 부정할 수 없는 규모로 전개되고 있었다는 현실과 관련된다. '식민지 교육'을 '근대 교육'의 모습으로 식민지에 이식함으로써 피식민지인의 근대 교육에 대한 지향성을 식민지 교육 내부로 포섭하는 일이 조선의 경우에는 그만큼 용이하지 않았다는 의미이다. 달리

38) 駒込武, 1996 위의 책, 77면에서 재인용.

말하면 조선에서는 보통학교로 대표되는 '식민지적 근대 교육'이 사립학교로 대표되는 '주체적 혹은 서구적 근대 교육'과 힘겹게 대결하지 않을 수 없었다는 것이다. 이 경우 '동화' 이데올로기의 한 축인 이른바 '문명화' 담론을 식민지 권력이 독점하기 어렵게 되며, 그만큼 동화노선이 현실화되기 어려워진다. 또 한편으로 (5) 일본인 식민자의 '강한 발언권'이라는 요소는 총독부가 재조선 일본인과 피식민지 한국인간의 지배-종속적 관계의 유지를 정책 결정의 고려사항으로 그만큼 의식하지 않을 수 없었다는 점을 의미한다. 일본인 식민자와 유사한 수준과 내용의 교육을 피식민자에게 제공할 경우 이 지배-종속 관계가 동요될 가능성이 컸던 것이다.

이 점을 감안할 때, 조선교육령 1조에 명문화된 '충량한 국민'을 '동화' 개념과 관련하여 보다 조심스럽게 해석할 필요가 있지 않을까? 코마고메는 「조선교육령」 기초시 참고자료로 제출된 「교화의견서」(1910)[39]를 근거로 1910년대 식민교육정책의 성격을 '동화'라기보다는 '분리와 차별'로 파악하였다. 이 문서에서 저자는 '조선인의 동화'(재패니메이션)란 '그들로 하여금 일본 민족의 언어, 풍속, 습관 등을 채용 모방하게 하고, 나아가 일본 민족의 충군 애국의 정신(충의심)을 체득시키는 것'이나, 조선민족에게는 일본민족과 동일한 '충의심'을 갖게 하는 것이 도저히 불가능하다는 것, 그러나 '충량한 신민'으로 만들 수는 없어도 '순량한 신민'으로 만들 수는 있다고 하는 논리를 전개하고 있다.[40] 그것의 실질적인 내용은 "교육제도 면에서는 '초등교육 및 직업교육'만으로 한정하고, '제국의 화평을 해할' 가능성이 있는 고등의 학교는 만들지 않으며, '민도에 상응하는 간이한 시설'로 한다. 교육내용 면에서는 '널리 일본어를 보급시킴'과 동시에 덕육에 관해서는 '제국 및 황실에 대한 감사보은의 정을 훈도하는데 그치고', 생업에 필요한 성실, 근검, 규율, 청결 등의 제 덕목을 교육하며, '안온하게 자활하는 제국의 순량한 신민'을 형성하는 것을 목적으로 한다. 다만 조

39) 이 문서는 당시 학부 서기관이던 쿠마모토 시게기치(隈本繁吉) 또는 그와 가까운 학무국 담당자가 데라우치 총독에게 제출한 의견서로 추정된다.

40) 渡部學・阿部洋 편, 1990 앞의 책, 44~45면.

선인을 '종속적 지위'에 두는 것이 대전제이며, '기타는 일체 정당한 자유경쟁에 방임하여 우승열패의 자연도태를 행하는 것이 옳다'는 것이다.[41] 즉 한국인을 종속적 지위에 존치시키며, 다만 일본어를 보급하고, 제국 및 황실에 대한 감사 보은을 주입하고 성실 등의 덕목만을 교화시키는 교육이 조선교육령에서 명목상으로 표방한바, '충량한 국민 양성'의 실제 의미였다고 코마고메는 해석한다.

1910년대 식민지 교육정책은 적극적으로 '동화' 노선을 추진하여 일본 신민을 창출한다는 포지티브 전략보다는, 민족주의적 의식의 고양과 독립이라는 공동체적 동기에서건, 아니면 교육을 통한 근대적 사회이동이라는 개인적 동기에서건 한국인의 근대 교육에의 활발한 모색을 부정하고 저지하는 네가티브 전략으로 특징지어지는 것이다. 그런 만큼 1910년대 식민지 교육은 한국인에게는 적극적인 수용의 대상이 될 수 없었던 것이기도 하다.

1910년대 한국인의 교육적 대응을 제 학교의 양적인 추세를 통해 파악해 보자. 〈표 3〉은 '보통학교'와 서당, 사립각종학교간의 관계 양상을 보여준다.

1911년에도 보통학교는 서당이나 사립각종학교에 비해 열세였다. 보통학교 학생수는 3만 2천여 명이었던 반면, 서당은 14만 천여 명, 사립각종학교는 5만 7천여 명이었다. 1911년「사립학교규칙」발포 및 1915년「개정사립학교규칙」으로 이어지는 총독부의 집요한 사립학교 탄압정책으로 인해, 1915년에 가서야 보통학교 학생수는 6만여 명을 넘어서며 가까스로 사립학교 학생수를 앞지른다. 그러나 여전히 보통학교는 한국인의 주된 취학 대상이 되지 못했다. 오히려 1910년대에는 서당의 학생수가 급격하게 증가하는 양상을 보였다. 서당 학생수는 1911년도에 14만여 명이었으나 1921년까지 11년간 두 배 이상 증가하여 29만 8천여 명에 달하게 된다. 보통학교 학생수가 서당 학생수를 능가한 것은 바야흐로 1923년의 일이다. 1910년대 식민지 교육은 1919년도의 보통학교 취학률(전체 4.4%, 남자 7.4%, 여자 1.2%)[42]에서 단적으로 드러나듯이 전반적으로

41) 駒込武, 1996 앞의 책, 89면에서 재인용.

표 3. 초등학교 종류별 학교수 및 학생수: 1911~1923

연도	보통학교		서당		사립각종학교	
	학교수	학생수	학교수	학생수	학교수	학생수
1911	306	32,384	16,540	141,604	1,467	57,532
1912	355	43,562	18,238	169,077	1,317	55,313
1913	371	49,323	20,468	195,689	1,285	57,514
1914	405	53,019	21,358	204,161	1,207	53,865
1915	415	60,660	23,441	229,550	1,082	51,724
1916	434	67,628	25,486	259,531	969	48,643
1917	463	75,583	24,294	264,835	822	43,643
1918	490	80,013	23,369	260,975	775	35,197
1919	517	80,632	24,030	275,920	690	34,975
1920	595	107,285	25,482	292,625	653	51,008
1921	715	159,241	24,193	298,067	617	57,074
1922	855	237,949	21,057	280,862	653	71,157
1923	1008	305,864	19,613	256,851	637	68,439

자료: 朝鮮總督府, 각년도『統計年報』

한국인의 냉담과 거부의 대상이었다. 일제는 보통학교의 증설에도 적극적이지는 않아서, 3개 면에 하나의 보통학교를 설립하는 이른바 삼면일교제 정책이 1918년에 가서야 발표되는 정도에 머물렀다.

그러나 그 이듬해 3 · 1운동이 발발하면서 사태는 급반전하게 된다. 보통학교에 대한 한국인의 대응에 극적인 전환이 이루어지고, 1910년대 이전의 사립학교 운동에 버금가는 교육열이 나타났다.

> 지방에 있던 완고한 자들도, 만세운동의 중견이 신교육을 받은 자와 학교 학생으로서 그 행동이 기민하고 질서가 있음을 목격하고는, 신교육이 반드시 조국의 관념을 멸각시키는 것이 아니며 오히려 신교육이 아니면 안 된다는 생각을 품기에 이르러, 취학아동은 일제히 격증하였으며 기설 학교만으로는 수용하기 곤란하게 되자,

42) 오성철, 2000 앞의 책, 133면.

당국은 갑자기 학교 건설에 노력하여 삼면일교, 이면일교를 추진하였고, 지금은 일면일교의 실현도 가까운 장래에 보게 된 것이다.[43]

3 · 1운동 이후 다시 부활한 한국인의 '교육열' 현상에 직면한 총독부는 삼면일교제 실시기한을 단축할 수밖에 없었다. 1918년 12월에 발표된 '삼면일교제'는 애초에는 1919년부터 1926년까지의 8개년 계획이었으나 3 · 1운동 이후인 1920년 1월에 실시 기간을 1922년까지로 단축하기로 방침을 바꾸어 결과적으로 4개년 계획으로 이루어졌다. 이후 보통학교의 양적 우위는 식민지 말기까지 계속 이어지게 된다. 식민지 전 시기에 걸쳐 한국인의 교육적 대응의 변이를 보여주는 것이 〈그림 1〉이다.

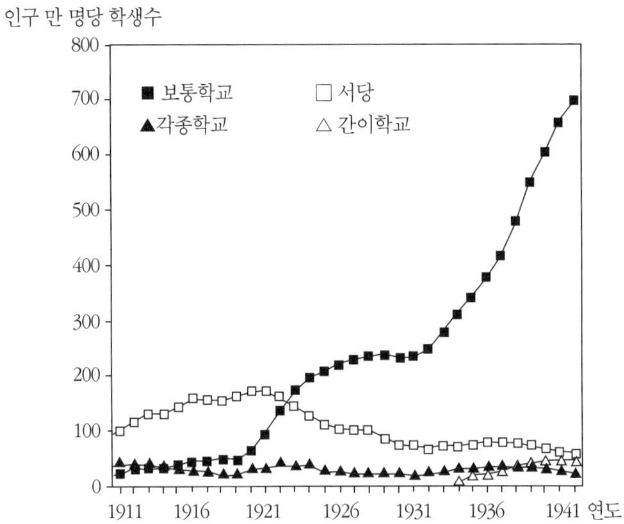

- 인구수 및 각 학생수는 조선총독부 『통계연보』에서 추출하였다.
- 인구 만 명당 학생수는 매년도 전체 한국인 인구를 만 명 기준으로 하여 관공사립보통학교, 서당, 사립각종학교, 간이학교 학생수를 환산한 수치이다.

그림 1. 식민지기 보통학교, 간이학교, 서당, 각종학교 취학자

43) 朝鮮總督府警務局, 1929 『朝鮮に於ける同盟休校の考察』, 4~5면.

식민지 말기인 1942년의 학생수를 보면 보통학교 177만 9,661명, 간이학교(2년제 식민지 교육기관. 1934년 창설) 11만 7,211명, 서당 15만 3,784명, 사립각종학교 6만 5,745명이었다.[44] 서당과 사립각종학교는 1920년대 이후 보통학교에 비해 열세에 놓이게 되지만, 그럼에도 불구하고 식민지 말기까지 일정 규모를 유지하였다.[45]

5. 결 론

식민지 교육은 군사적, 정치적 정책처럼 일방적이고 폭력적인 강제를 통해 실현되는 것이라기보다는 교육의 대상이 되는 피식민지인의 자발적인 교육 행위와 어떤 식으로든 조응하는 방식을 통해 전개된다. 그렇기 때문에 식민지 교육은 근대 교육에 대한 피식민지인의 지향에 제한적으로라도 부응하지 않는 한 순조롭게 식민지 내부에 정착할 수 없다. 만약 피식민지인들에게 있어 식민지 교육이라는 선택지 외에 다른 대안석인 근대 교육의 길 — 그것이 주체적인 모색의 산물이든, 아니면 식민자가 아닌 다른 타자 예컨대 선교사에 의한 근대 교육 도입이든 — 이 존재하는 상황이라면 그만큼 식민지 교육의 전개는 지난한 과정이 되지 않을 수 없다.

통감부시기를 포함하여 1910년대 말까지의 교육적 상황은 한편에서 사립학교를 통한 한국인의 주체적인 근대 교육의 모색, 또 한편에서는 일제에 의한 식민지 교육의 이식이 치열하게 각축하던 상황이었다고 요약할 수 있다. 1910년 이후 압도적인 전제적 권력을 바탕으로 한 식민지 지배 과정에서 한국인의 근대 교육운동은 좌절되어 갔지만, 그것이 곧바로 식민지 교육의 순조로운 정착으로 이어진 것도 아니었다. 식민지 교육체제의 본격적인 형성은 3·1 운동 이후의

44) 오성철, 2000 앞의 책, 113면.

45) 1920년대 이후의 식민지 교육정책의 전개와 그에 대한 한국인의 대응에 관한 자세한 내용은 오성철, 2000 앞의 책 참조.

한국인의 교육적 대응의 극적인 전환 이후에 비로소 시작되었다. 그러나 그 과정 또한 식민지 지배집단의 의도가 성공적으로 관철되는 과정이었다고 하기는 어렵다. 비록 근대 교육을 통한 독립과 민족적 아이덴티티 형성이라는 과제는 좌절되었고 결과적으로 1920년대부터는 식민지 교육이 지배적인 위치를 점하게 되었지만, 이번에는 식민지 교육의 내부에서 또 다른 갈등과 모순이 전개되기 시작했다. 필자는 졸고에서 1920년대 이후의 보통학교를 '동상이몽'(同床異夢)의 장으로 비유했었다. 보통학교에 대해 한국인들이 갖는 의미나 인식은 시간의 흐름에 따라 변화되었으며, 특히 3·1 운동 이후의 그것은 식민지 지배집단의 그것과는 매우 다른 내용을 지니며 보통학교에 대한 적극적인 대응으로 발현되었다. 달리 말하면 1920년대 이후 보통학교의 정착과 확대는 서로 다른 그 두 인식의 '동상이몽'적 결합을 통해 가능했다는 뜻이다. 그리고 그 인식의 차이에서 비롯되는 모순, 예컨대 식민지적 종결 교육기관으로서의 보통학교 대 근대적인 사회이동을 위한 준비 교육기관으로서의 보통학교라는 모순은 식민지 말기까지 지속되며 식민지 교육 및 사회를 내부에서 동요시켰다. 기실 이러한 모순은 이미 보통학교가 출범할 당시부터 그 안에 배태되어 있었던 것이기도 하다.

그런데 이상의 소결은 식민지 지배집단으로서의 통감부 혹은 총독부, 그리고 피식민지인으로서의 한국인이라는 이항적인 틀을 갖고 그려본 포괄적인 전체상일 뿐이다. 본고에서는 식민지 교육에 대한 한국인의 대응을 식민교육 관료의 회고나 통감부의 관변 문서, 혹은 전국적인 취학 통계만을 근거로 피상적으로 파악하는 데 그쳤다. 초기 보통학교 취학자에 관한 단편적인 자료에서도 드러나지만, 식민지 교육에 대한 한국인의 대응이 균일한 것이었다고 보기는 어렵다. 같은 한국인이라 해도 계층이나 직업군에 따라 근대 교육 및 식민지 교육에 대한 대응 양식에 무시할 수 없는 변이가 있었을 것이다. 이는 식민지적 계층 질서의 형성과 식민지 교육간의 관련, 식민지 내 협력 메커니즘의 구축 과정과 관련하여 보다 정치하게 규명되어야 할 주제이기도 하다. 앞으로는 그와 같은 구체적인 변이에 주목하며 1910년대 교육 현실을 보다 입체적으로 조명하는 세밀화와 같은 연구가 활발해져야 할 것이다.

1910년대 상업회의소와 조선인 자본가

조 재 곤

1. 머리말

근대 국민국가 수립의 기회가 좌절된 20세기 전반의 일제강점기는 망국적 사태인식이 첨예화되는 시기였다. 일제의 강고한 지배정책으로 시내직 과제를 해결하려는 지난한 움직임은 좌절되었고, 자주적 입장에서의 이행 방안 모색도 어려웠다.

일제강점 초기 정치경제 환경의 재편과정에서 상인층의 역할과 그 변화상을 살피는 것은 식민지 경제구조의 재편의도와 근대상업체제의 변형, 상인과 상업자본의 궁극적 지향 문제 등과 긴밀한 관계를 갖고 있는 것이므로 중요한 의미를 갖는다. 그런데 강점 직후인 1910년대는 식민통치체제가 완비된 단계가 아니었고, 경제적 측면에서 보면 대한제국과 일본 자본이 자리를 바꾸는 과도기였다. 그 과정에서 조선인들은 '국망'이라는 역사적 조건 속에서 이를 적극 활용하려는 층과 관망하는 입장에서 기득권을 보존하려는 층, 아니면 저항적으로 나가는 층으로 분화되는데 이러한 입장은 상업자본가들도 마찬가지였다.

본 연구에서는 식민지 초기 상업기구의 식민지적 재편과 그 전개 과정에 대해 분석하고자 한다.[1)] 주 내용은 1910~19년의 기간을 중심으로 전국 주요 도시의 조선인과 일본인의 이원적 형태로 활동하였던 상업회의소와 그 구성원을 중심으로 한 상인과 상업기구의 존재형태와 청산과정, 통합 후의 상업회의소의 역할 등을 파악하는 데 있다. 식민지 시기 상업회의소는 조선총독부의 식민지 경제정책과 상인자본가의 활동이 응축된 기구이자 공간으로서 역할하였다. 따라서 그 단계별 변화양상을 추적하는 것은 '상품시장이자 원료공급지'로서의 식민지 경제구조의 대강을 파악하는 데 일정한 의미가 있다고 생각되며, 연구를 통해 이 시기 조선인 자본가들의 지향과 활동의 역사적 성격을 제시할 수 있을 것이다. 나아가 이는 우리 현재 상업구조의 관행에 대한 연원, 상업자본의 원류를 파악하는 데 조금이나마 도움을 줄 것으로 생각된다.

2. 조 · 일 상업회의소의 통합과정

이미 대한제국의 강제병합 이전인 1908년과 1910년 조선인으로 구성된 서울의 상업회의소에서는 경비 부족 등을 이유로 일본인측 상업회의소와 합병을 시도하기도 하였다. 그러나 대한매일신보를 필두로 한 사회의 부정적인 여론 때문에 이는 성사되지 못하였다.[2] 조선인 상업회의소와 일본인 상업회의소의 통

---

1) 일제강점 초기 상업회의소에 관한 주요 연구로는 조기준과 전성현의 작업을 들 수 있다. 大韓/서울商工會議所, 1976 『商工會議所九十年史(上)』; 전성현, 2000 「한말~일제초기 경성상업회의소의 설립과 활동」 『역사연구』 8; 전성현, 2002 「日帝初期 '朝鮮商業會議所令' 의 制定과 朝鮮人 商業會議所의 解散」 『韓國史硏究』 118. 그런데 『商工會議所九十年史(上)』를 집필한 조기준은 통합상업회의소로 개편된 이후의 시기를 '민족상인의 수난시대'(153면)로 규정하여 상업회의소 구성원들의 '민족적 성격'을 강조하였고, 이와 달리 전성현은 상업회의소를 '체제에 순응하며 주어진 틀 속에서 나름대로 생존을 모색' (2000 위의 논문, 104면)한 '예속적 성격' (2002 위의 논문, 78면)을 가진 단체로 규정하였다. 조기준의 연구는 식민지 시기 상업회의소의 내용을 살피는 소개서로서의 의미를, 전성현은 많은 관계자료를 바탕으로 내용을 실증적으로 밝히는 데 큰 역할을 하였다. 그러나 이 두 연구 모두 조선인 상업회의소에만 초점을 두어 통합과정에서 일본인 상업회의소의 역할과 양자간의 관계설정, 역사적 평가 등의 문제는 별로 부각되어 있지 않다.

합문제는 일제의 대한제국 병합 직후부터 구체적으로 다시 논의되었다. 1910년 9월 조선인들이 '泥峴商業會議所'라 불렀던 서울의 일본인 상업회의소에서는 '한성상업회의소' 혹은 '종로상업회의소'라고도 불렸던 조선인의 경성상업회의소와 합동 대 간친회 구성을 위한 협의를 하였다.[3] 이어 양측 대표들은 연명으로 '상호 의지 소통을 도모함과 동시에 친밀의 誼를 맺을 목적'으로 한다는 안내서를 조선과 일본의 유력 상인에게 발송하고 9월 20일에 양 회의소 합동 간친회를 열었다.[4] 이 때에는 의견만 제시되었을 뿐 양측 상업회의소 통합은 구체적인 실행단계로 발전하지는 못하였다.

상업회의소의 청산과 통합 논의가 진행되는 시기는 제1차 세계대전 이후 일본의 대륙정책과 밀접한 관련이 있었다. 1914년 무렵의 전쟁 특수는 일본인 실업가들이 만주 방면에 눈을 돌리고, 생산물 수출을 장려하는 기회였다. 국제경기는 1915년 후반부터 본격적인 호황에 들어갔고 일본의 상품수출도 급격히 확대되었다.[5]

그렇지만 초기 단계에서 이와 같은 호황이 조선상인들에게는 전혀 미치지 못하였다. 조선에서는 1914~15년 일시적 통화불황이 조래되었나.[6] 1914년 12월 경성상업회의소에서 임원회를 열고 錢荒으로 인한 재정공황 상태와 계속되는 상점 철폐의 원인과 해결방안에 대한 의견서를 제출케 하여 난국을 타결하자고 결의하였다.[7] 그러나 1915년 정월에 이르기까지 종로의 商況은 신통치 않았고, 특별한 선달 대목도 기대할 수 없었다.[8] 그 때문에 '상업회의소 무용론'이 나오

---

2) 전성현, 2000 「한말~일제초기 경성상업회의소의 설립과 활동」 『역사연구』 8, 157면.

3) 『每日申報』, 1910년 9월 13일.

4) 四方博 편, 1941 『京城商工會議所二十五年史』, 京城商工會議所, 132~133면.

5) 橋本壽朗, 1988 『大恐慌期の日本資本主義』, 東京大學出版會, 24면.

6) 1910년대, 특히 제1차 세계대전과 관련한 조선의 경제 문제에 대한 개략적 이해는 金俊輔, 1977 『韓國資本主義史硏究(III)』, 一潮閣, 197~230면; 金載珍, 1984 『韓國經濟發展과 經營理論』, 경북대학교출판부, 202~250면 참조.

7) 『每日申報』, 1914년 12월 16일.

8) 『每日申報』, 1915년 2월 4일.

표 1. 조선인 상업회의소 운영현황

구분 / 회의소명	의원수	특별 의원수	회의 횟수	의사 건수	선거 권자	피선거 권자	재정규모(圓)		
							1913	1914	1915
경성상업회의소	50	9	13	45	890	890	2,812	6,090	6,552
인천상업회의소	24	2	4	7	150	50	839	971	650
개성상업회의소	40	6	3	14	100	60	643	900	1,054
수원상업회의소	23	4	9	13	60	40	1,308	1,308	1,380
강화상업회의소	11		8	11	224	224	144	210	210
대구상무소	25	2	16	28	220	120	491	1,020	1,100
김천상업회의소	20		6	14	210	210	230	1,181	1,200
부산상업회의소	20	5	11	34	114	56	1,681	1,569	1,690
평양상업회의소	18		20	50	300	200	450	465	465
의주상업회의소	150	22	24	58	80	80	350	450	458
진남포삼화상업회의소	30	10	54	100	79	61	2,409	1,870	2,000
원산상의소	40		4	23	110	70	822	986	685
함흥상업회의소	30	10	32	56	100	50	542	542	542
북청상업회의소	40	8	17	17	85	85	480	150	140
계	521	78	221	470	2,722	2,196	13,201	17,784	18,126

자료: 大韓商工會議所, 1984『商工會議所百年史』, 70면에서 재인용.

기까지 하였다.

조선총독부 조사자료를 근거로 1915년 12월 말 현재 조선인 · 일본인 상업회의소의 현황을 각기 살펴보면, 의원 수에서는 조선인이 일본인의 2배 이상이 되나, 예산액에서는 일본인 상업회의소가 조선인의 3배 정도 우위에 있었다.

일본인 상업회의소는 일찍부터 일제의 조선지배정책을 측면에서 도왔다.[9] 그런데 당시 일본측 입장에서 보면 이제 식민지가 된 마당에 조선과 일본의 상

9) 이에 대해 田中麗水(田中市之助)는 "크게는 일청 · 일로 양 전역을 맞아 제국의 외교, 군사상 다사다난한 그 사이에 처하여 在留邦人의 발전과 경제적 근거를 쌓기 위하여 각 회의소가 국책에 순응하여 위험과 불안을 무릅쓰고 조선개척 경영에 헌신적 분투노력"하였다고 기록하고 있다. 田中麗水 編, 1936『全鮮商工會議所發達史』, 釜山日報社, 121면.

표 2. 일본인 상업회의소 운영현황

구분 / 회의소명	의원수	특별 의원수	회의 횟수	의사 건수	선거 권자	피선거 권자	재정규모(圓)		
							1913	1914	1915
경성상업회의소	32	3	23	42	261	177	6,797	9,656	9,684
인천상업회의소	24	1	38	58	359	315	5,322	6,777	6,594
군산상업회의소	10	1	29	75	101	101	1,873	1,544	1,449
목포상업회의소	16	2	20	65	113	101	5,939	7,571	6,315
대구상업회의소	12	4	45	78	205	194	2,272	2,741	2,588
부산상업회의소	22	3	25	109	224	185	7,862	8,213	7,809
마산상업회의소	20	4	34	74	152	152	1,197	1,621	1,531
진남포상업회의소	18	4	35	30	185	115	3,683	5,080	4,372
평양실업협회	29		18	50	59	59	600	960	1,440
원산상업회의소	20		36	75	178	114	7,486	7,710	7,343
청진상업회의소	12	1	12	31	40	39	1,186	1,016	1,209
계	215	23	315	687	1,877	1,552	44,217	52,889	50,334

자료: 위와 같음.

업회의소가 각기 있어 통일되지 않은 것은 매우 불편한 일이 아닐 수 없었다. 또한 조선을 경제적으로 예속시키기 위한 중요 식민기구로서 이전과는 다른 형태의 상업회의소 구성은 급무이기도 하였다. 그 결과 통합회의소의 설립을 적극 추진하게 되었다. 이에 대해 당시 경성상업회의소 부회두였던 예종석은 새롭게 '內鮮을 깨기 위한 일환'이라고 회고한 바 있다.[10]

이러한 상황에서 조선총독부는 양측 상업회의소의 통합을 직접 지시하였다. 1915년 10월 1일 조선상업회의소령 시행 직후 총독 데라우치 마사다케(寺內正毅)는 하라다 긴노스케(原田金之祐)와 한상룡을 불러 신·구 회의소의 인수인계를 원만히 수습할 것을 명하였다.[11] 이에 일본인회의소는 하라다가 조선측

10) 『京城商工會議所二十五年史』, 135면.

11) 한상룡은 총독부의 조선상업회의소령 발포 이후 "朝鮮郵船社長 原田金之祐씨 및 내가 寺內 총독에 불려가 양 회의소를 해산하고 신 회의소의 설립 알선을 하라고 명받았다"

회의소는 한상룡이 해산시키고, 채무도 해결하고자 하였다. 이렇듯 조선인과 일본인 상업회의소의 개편과 통합은 식민지 당국자의 이해관계와 밀접한 관련을 맺고 있었다. 해산 절차에 조선총독이 개입함으로써 처음부터 자율적이거나 동등한 입장에서의 합병에 관한 최소한의 형식도 없음을 알 수 있다.

1915년 7월 상업회의소령이 공포되자 각지의 상업회의소는 기구와 임원을 재편하는 한편 총독부 당국에 인가신청을 위한 준비에 착수하였다. 그런데 서울과 인천같이 조선인과 일본인들이 긴장관계를 가지면서 활동하던 곳은 각자의 기구를 해산하고 다시 기구와 인원을 통합하는 방향으로 재편되었다. 일본상인의 활동이 우세하던 군산이나 대전 · 청진 같은 곳은 임원과 운영체계를 일부 재편하는 방향에서 그쳤다. 반면 조선상인들이 우세하였던 평양이나 개성은 통합 과정에서 적지 않은 진통이 있었다. 평양은 이후 1920년대부터 상업회의소를 둘러싸고 조선인 자본가와 일본인 자본가의 대립이 치열하였다. 1911년 식민지 당국이 일본인 서기장을 두기 위해 노력한 바 있었던 개성은[12] 설립인가가 취소되기도 하였다. 마산의 일본인 상업회의소의 해산을 제하면 일본인 상업회의소가 이미 있었던 지역을 중심으로 통합이 이루어졌다. 김천 · 강화 · 북청 등 중소도시의 조선인 상업회의소는 1915년 통합과정에서 완전히 해체되었다. 각 지방별 상업회의소가 설립되기까지의 사정과 특성을 간략히 보면 〈표 3〉과 같다.

그런데 기존의 회의소를 해산하고 새롭게 설립하는 지역이 있는가 하면, 과거의 회의소를 계승하여 정관을 일부 변경하고 상업회의소 설립을 수속하는 지역도 있는 등 지역 사정에 따라 각기 달랐다.[13] 평양과 부산 · 군산은 반려 후 다시 제출케 하여 설립을 인가하였고, 청진은 '상공업의 발달이 아직 이에 이르지 못한다'는 이유로 반려되었다.[14] 그 외에 대전 · 개성 · 함흥 등 여타 지역의

고 회고한 바 있다(韓翼教 편, 1941『韓相龍君を語る(第一卷)』, 韓相龍氏還曆紀念會, 147면).

12)『每日申報』, 1911년 1월 19일.

13)『每日申報』, 1916년 2월 3일.

표 3. 각 지역별 상업회의소 개편·통합과정과 그 특성

명칭	통합(설립) 년도	개편과정	운영주체	비고
경성 상업 회의소	1915년 12월	1887년 일본인상업회의소 설립. 1896년 조선인 한성상업회의소 설립. 1905년 재 발족. 1915년 10월 설립인가 신청. 1915년 11월 평의원 선거.	공동 운영	1918년 9월 조선상업회의소연합회, 만선상업회의소연합회 조직.
인천 상업 회의소	1916년 1월	1885년 일본인상업회의소 설립. 1885년 조선인 객주상회 설립 1897년 1월 인천신상협회 조직. 1905년 조선인상업회의소 설립.	공동운영	러일전쟁시 戰地조사 보고. 1915년 시정5주년기념 총독 공로상.
개성 상업 회의소		1907년 9월 개성상업회의소 설립. 1915년 상업회의소령 발포로 해산. 1916년 3월 설립인가 신청, 5월 반려	조선인 주도	1931년 7월 개성상공회의소 설립.
군산 상업 회의소	1916년 5월	1907년 5월 일본인상업회의소 설립. 조선인은 1907년 群山客主會 명의로 활동	일본인 주도	1930년 11월 군산상공회의소로 개칭.
목포 상업 회의소	1916년 6월	1898년 조선인 木浦客主會(士商會) 설립. 1899년 일본인상업회의소 설립. 1913년 제1회 전남실업연합회 개최.	일본인 주도	1912년 부속기관으로 상공연구회 설립.
청진 상업 회의소		1908년 일본인 淸津商話會 결성. 1909년 청진상업회의소로 재구성. '시기상조'를 이유로 1915년 폐쇄.	일본인으로 구성	1930년 11월 청진상공회의소로 인가 활동.
원산 상업 회의소	1916년 5월	일본인 1881년 2월 (원산)항회의소 설립. 동년 10월 거류민총대역소와 상법회의소로 분립. 조선인 1882년 원산상의소 설립. 1891년 재원산진 일본인상업회의소 설립. 1908년 8월 원산상업회의소로 개칭.	공동운영	
평양 상업 회의소	1916년 5월	조선인 1906년 평양상업중의소 설립. 일본인 러일전쟁 이전 평양일본인상회 결성. 1907년 평양상업회의소 설립. 1912년 평양실업협회 설립.	조선인 주도	

표 3 (계속)

명칭	통합(설립) 년도	개편과정	운영주체	비고
진남포 상업회 의소	1916년 6월	1907년 5월 일본인상업회의소 설립. 1908년 12월 조선인 진남포삼화상업회의소 설립.	일본인 주도	
대구 상업 회의소	1916년 5월	조선인 1906년 대구민의소 설립. 1907년 대구상무소 설립. 1908년 9월 대구상업회의소로 개칭. 1906년 12월 일본인 상업회의소 구성. 1910년 조선인과 일본인 연합으로 대구상업회의소 설립.	공동운영	
부산 상업 회의소	1916년 3월	1879년 일본상인 항회의소 설립. 1893년 1월 부산항일본인상업회의소로 개칭. 1908년 부산상업회의소로 개칭. 조선인 1889년 부산객주상업회사 설립. 1908년 동래상업회의소 설립. 1910년 부산 조선인상업회의소로 개칭	공동운영	조선에서 일본인 상업회의소의 효시. 1905년 전일본상업회의소연합회 가입.
수원상업 회의소		1908년 4월 조선인상업회의소 설립. 1916년 4월 해산.	조선인 주도	1914년 상업회의소 산하에 상업강습소 부설. 1942년 4월 수원상공회의소 설립.

자료: 田中麗水 編, 1936『全鮮商工會議所發達史』, 釜山日報社, 9~33면;『每日申報』, 1911년 1월 19일; 1911년 9월 22일; 1914년 12월 22일; 大韓/서울商工會議所, 1976『商工會議所九十年史(上)』, 82면; 大韓商工會議所, 1984『商工會議所百年史』, 62~64면을 참조하여 작성.

상업회의소는 임의단체로 활동하면서 계속해서 인가신청서를 총독부 당국에 제출하였고, 1930년 5월「조선상공회의소령」제정 이후에 설립이 인가되었다.

그러한 과정에서 지역별 특이점을 보면, 1907년 大邱商務所의 구성원들은 국채보상운동의 중심인물들이었다.[15] 평양지역의 조선인 상공업자와 상업회의

14) 『每日申報』, 1916년 6월 14일.

15) 오미일, 2002『한국근대자본가연구』, 한울, 226면.

소 구성원 중 다수는 서북학회와 대한자강회 · 대한협회에 참가하여 활동한 경험을 갖고 있었다.[16] 1902년 이래 임의단체로 시작한 이 지역 진출 일본상인들은 주로 중소자본가로서 조선인 상인들과 치열한 경쟁관계에 있었고, 상업회의소의 재편과 이후 운영과정에서 마찰이 계속되었다.[17]

수원상업회의소에서는 상업교육 실시를 위해 별도로 상업강습소를 세웠고, 1914년에 이르기까지 110명의 생도를 대상으로 국어 · 산술 · 상법 · 부기 등 상업에 필요한 학문을 교수하는 한편 강습소 부설 직물공장도 설치하였다.[18] 그러나 대부분의 상업회의소는 초기부터 자신들의 입장을 크게 펼치지 못하고 일본인이 주도하는 상업회의소 체제로 흡수되어 갔다.

3. 「조선상업회의소령」의 주요 내용과 문제점

1910년대 일제의 상공업정책은 일본을 위한 식량과 원료의 공급지, 상품시장으로 조선을 개편하고, 상품 유통기구를 정비 통제하는 수단을 마련하는 데 초점이 있었다.[19] 특히 조선에서 1910년대 전반은 제1차 세계대전 이후 재생산구조가 크게 변화하기 시작하였고, 식민지의 여러 가지 제도가 기능하기 시작하는 1910년대 후반에는 1920년대 이후와 연속적인 측면이 농후하게 나타난다.[20] 그 하나의 절차로서 「조선상업회의소령」이 제정되었다.

이미 1910년 강제병합 직후부터 일본상인의 입장에 부응하는 상업회의소 관

16) 오미일, 위의 책, 213~220면.

17) 강명숙, 2000 「1920년대 日本人 資本家들에 대한 朝鮮人 資本家들의 抵抗 — 평양상업회의소를 중심으로」 『國史館論叢』 90 참조.

18) 『每日申報』, 1914년 12월 22일.

19) 권태억, 1989 「식민지 초기 일제의 경제정책과 조선인 상공업」 『3 · 1민족해방운동연구』, 청년사, 116면.

20) 梶村秀樹, 1989 「1910年代 朝鮮의 經濟循環과 小農經營」 『近代朝鮮의 經濟構造』, 比峰出版社, 234~235면.

련 법규를 제정하라는 압력은 시작되고 있었다. 제9회 일본상인연합회의 서울과 인천 상업회의소에서는 "차제에 모국(일본) 상업회의소법 혹은 이와 같은 법규를 발포하여, 그럼으로써 그것을 통일하여 일본 상공경제에 관한 공공기관으로서 상공업자를 지도 감독하는 데 지장 없는 권능을 부여해 주기를 간절히 바람"이라는 청원서를 총독부 당국에 제출한 바 있다.[21)]

1912년 서울의 일본인 상업회의소는 총독부에 상업회의소법 발포를 거듭 요구하였다. 같은 해 10월 동경에서 개최된 일본상업회의소연합회에서도 "주요 도시에 조선인 상업회의소는 존재하나 미미할 뿐만 아니라 내지인 상업회의소와 하등의 연락이 없는 등 실제의 활동을 방해하기 때문에 이미 병합한 이후인 지금은 이와 같은 동일기관이 두 개나 존립할 필요가 없으므로 통일된 공공기관"을 희망한다는 이유로 조선총독에게 상업회의소법 발포를 청원하였다.[22)] 이렇듯 계속되는 요구를 받아들여 총독부 당국은 1913년 11월부터 관련 법안을 구상하게 되었다.

1914년 12월 단계에 가면 상업회의소령은 총독부 농상공부에서 制令으로 성안하여 참사관들의 심의를 거쳐 총독의 결재와 법제국을 통한 상주 절차만을 남겨놓게 되었다.[23)] 결국 1915년 7월 14일 制令 제4호로 「조선상업회의소령」을, 8월 府令으로 「시행규칙」을 발포하고, 그해 10월 1일부터 시행하였다.

전문 22개조 「조선상업회의소령」의 주요내용은 다음과 같다.[24)] 먼저 제2조에 사무 범위를,

> 一. 상공업의 개선발달에 필요한 법안을 조사 발표할 사.
> 二. 상업의 상황 및 통계를 조사 발표할 사.
> 三. 상업자의 위촉에 의하여 상공업에 관한 사항을 조사할 사.
> 四. 관청의 명에 의하여 상공업에 관한 사항을 조사하고 또는 그 자문에 응할 사.

---

21) 『京城商工會議所二十五年史』, 139~140면.
22) 『京城日本人商業會議所月報』 제65호, 2~3면.
23) 『每日申報』, 1914년 12월 2일.
24) 전문은 『全鮮商工會議所發達史』, 4~8면 참조.

五. 관계인의 청구에 의하여 상공업에 관한 紛議를 중재할 사.

六. 조선총독의 인가를 받아 상공업에 관한 영조물을 설립하고 또는 처리하며 기타 상공업의 개선발달의 필요시설을 爲할 사

로 규정하였다. 이어 조선총독의 인가 조항(제5조), 조선총독의 평의원 정수의 1/5 이상 특별평의원 임명 조항(제8조), 임원 선임 또는 해임시 조선총독의 인가 조항(제10조), 상업회의소 정관의 변경, 해산과 경비 예산 및 부과징수 방법의 평의원회 결의와 총독 인가조항(제11조), 청산에 관한 사항은 조선총독이 이를 정한다는 조항(제13조), 총독의 상업회의소 사무와 재산상황 보고, 검사 조항(제14조), 총독의 정관, 경비 예산, 부과징수 방법의 변경 명령 조항(제15조), 평의원회의 결의 또는 역원의 법령과 정관 위반, 또는 '공익을 해한다고 인정될 때' 에는 총독이 결의 또는 행위의 취소, 임원의 해임, 상업회의소의 해산 명령 등을 할 수 있다는 조항(제16조), 상업회의소의 상표 독점권(제17조) 등이다.

한편 「조선상업회의소령 시행규칙」으로 제2조에 1. 명칭 및 사무소의 소재지, 2. 지구, 3. 임원의 권한 · 임기 · 선임 · 퇴임 및 해임에 관한 규정, 4. 중재에 관한 규정, 5. 서무 및 회계에 관한 규정, 6. 정관위반자의 처분에 관한 규정, 7. 정관 변경에 관한 규정, 8. 해산에 관한 규정, 9. 조선상업회의소령 제2조 제6호에 의하여 시설을 만들 때에 그것에 관한 규정 등을 제시하였다. 그러나 제3조, 제5조에 日本臣民 우위규정, 제21조에 총독의 자격정지, 취소, 청산인 해임권 등을 규정하여 일본인 중심의 상업기구로서 기능하도록 법적으로 규정하였다. 이후의 법령에는 별도로 조선인과 일본인의 구분을 두지 않았고, 규정 이외의 것은 일본의 상업회의소법을 준용하였다.

이 같은 상업회의소령의 공포는 1910년 12월 제정된 「회사령」을 보완하는 의미를 가지고 있다. 회사령은 조선인 기업의 설립과 발전을 억압하는 측면이 강하였다.[25] 상업회의소령은 의원의 자격을 명확히 정하고 세금 불납자에 대한

25) 회사령에 대해서는 孫禎睦, 1984 「會社令研究」『韓國史硏究』 45; 전우용, 1997 「1910년대 객주통제와 '조선회사령'」『역사문제연구』 2 참조.

처결권이 없었던 것을 보완하는 내용 등을 명시하였던 점에서는 일본 국내의 상업회의소령과 유사한 것이다.

그런데 조선상업회의소령과 일본상업회의소령은 적지 않은 차이가 있었다. 일본에서는 '상공업에 관한 법규의 제정 · 개폐 · 시행에 대한 의견을 행정청에 개진 또는 상공업의 이해에 관한 의견을 표시할 것'과 '관청의 명령에 의해 상공업에 관한 감정인 또는 참고인을 추천할 것' 등을 규정하였는 데 반해 조선에서는 '관청의 명령에 의하여 상공업에 관한 사항을 조사하고 또는 그 자문에 응할 것'을 규정하여 회의소의 어느 정도의 자율성조차도 박탈하였다. 관청의 명령을 강조한 이러한 규정은 심지어 부산의 일본인 상업회의소 의원까지도 '사무권한의 수동적인 규정'이라고 언급할 정도로 논란이 있는 것이었다.[26)]

이 법령의 가장 큰 문제로는 상업회의소에 대해 조선총독이 전방위적 영향력을 미치도록 규정하고 있었다는 점을 들 수 있다. 총독은 임원을 선임하거나 해임할 수 있는 권한과 상업회의소의 정관 또는 예산과 경비 징수방법의 변경을 명할 수 있었다. 또한 평의원의 정수 및 선거, 평의원 및 특별평의원의 임기, 퇴임 및 해임, 대표자, 회의에 관한 사항을 정할 수 있었다. 조선인과 일본인 평의원 수와 비율도 총독의 사전인가를 받게 되어 그 결과 운영권은 일본인들에게 장악되었다.[27)] '1지구 1회의소 제도'를 채택함으로써 '內鮮人이 和衷協同하여 상공업의 발달을 기도'[28)]하고 동시에 재래 회의소를 정리하여 난립을 막는다고 하였으나 실제 일본상인의 입장 그대로 반영한 것이자 조선의 대다수 상인들에게 독소조항을 적용하는 것이었다. 나머지 사안 역시 상업회의소 구성원들의 민주적이고 자율적 결정에 의한 것이라기보다는 총독부 주도의 식민 경제정책의 일환에서 작성된 것이었다.

이렇게 일본인들에게 유리하게 마련된 것이 「조선상업회의소령」이었다. 또

---

26) 전성현, 2002 「日帝初期 '朝鮮商業會議所令'의 制定과 朝鮮人 商業會議所의 解散」 『韓國史研究』 118, 96~97면 참조.

27) 『商工會議所九十年史(上)』, 133면.

28) 『京城商工會議所二十五年史』, 141면.

한 서울과 거의 대부분의 지방 상업회의소에서는 납세 실적을 차등 적용함으로써 일본인 유력 상인들이 회의소의 주요 임원진을 장악하게 되었다. 이들은 풍부한 자산력을 기반으로 중소상인 중심의 조선상인들을 압도하고 있었다. 그 결과 조선상인들은 적극 협조하거나 아니면 그들과 필적할만한 규모의 자산을 가지지 않고서는 상업회의소 구성원으로서 발언권을 가지기 어려웠고, 점차 일본상인들의 활동과 반비례하여 회의소의 운영에서 소외되지 않을 수 없었다.

4. 지역별 개편 사정과 절차

1915년 8월 상업회의소령 시행규칙 발표에 따라 서울의 일본인상업회의소에서는 합동 상업회의소 구성문제와 관련하여 미리 정관을 작성하여 8월 16일 발기인회를 열어 심의하였다. 그런데 발기인회는 경성부 영업세 연 13원 이상, 시가지세 100원 이상의 자격자 30인 이상으로써 조직하였다.[29] 부 영업세 13원 이상 납부자로 회원의 자격을 제한하려는 실제 이유는 자본력 유무를 구실로 수적 우위를 보이던 조선인측을 회의소 운영에서 적극 배제하려는 의도가 있었기 때문이었다.[30] 이는 조선인 자본가들에게 대등한 자격을 주게 된다면 소수 인원인 일본인 자본가들이 상업회의소의 운영에서 배제될 수밖에 없다는 우려감에서 나온 것이다.

정관의 논의와 새로운 상업회의소 설립과정에서 조선인들은 처음부터 제외되었고, 서울의 일본인 상업회의소가 주도하였다. 10월 24일 일본인 상업회의소는 우선 양국인 통합 상업회의소 설립을 위한 총회를 열어 통합에 앞서 30인

---

29) 『每日申報』, 1915년 8월 17일.

30) 1915년 11월 당시 13원 이상의 부 영업세 납부자는 조선인 155명, 일본인 447명으로 총 602명이었다. 일본인은 조선인보다 거의 3배 정도가 되는 많은 숫자였다. 또한 1년간 납세액에 있어서도 일본인은 4만 2,177원 9전, 조선인은 1만 463원 52전으로 인원수와 거의 비슷한 비율을 보이고 있었다. 『每日申報』, 1915년 11월 3일.

이상을 위원으로 하는 발기인회를 구성하고, 새로운 법령에 따른 회의소의 인가를 신청하기로 결정하였다.[31] 준비의 전권을 위임받은 일본인 대표 하라다는 일본인 113명, 조선인 50명으로 발기인을 구성하고 10월 29일 일본인 상업회의소에서 제1회 발기인 총회를 개최하였다. 여기에서 하라다를 위원장으로 하는 7명의 실행위원을 뽑았고, 이들은 추후 정관을 기초하고 회원자격자 2/3 이상의 동의를 얻어 관청에 인가를 신청하는 계획을 마련하였다.[32] 실행위원들은 11월 1일 제2회 발기인회를 열어 준비 결과를 보고하였고, 새로 작성한 정관은 회원 자격자 2/3 이상의 연서를 받았다. 「경성상업회의소정관」[33]의 주요내용을 보면, 먼저 임원은 회두 1, 부회두 2, 상의원 4로 하며 임기는 2년으로 하였다. 회두는 부회두 및 상의원의 감리, 의원의 임면, 정관 위반자의 처분, 200원 이내의 예비비 지출, 역원회 이외의 會務 관장, 평의원의 사직 승인 등의 권한이 있었다. 종래 "회두는 본 회의소를 대표하여 일체 사무를 통할함"이라는 규정에 비하면 막강한 권한을 가진 것이다. 회두에게는 회비 강제징수권뿐 아니라 100원 이내의 정관위반자 처분권까지 부여되었다. 부회두는 회계사무를 감독하며 회의소 소유재산과 비품을 관리하고 회계상의 책임을 담당하였다. 상의원은 상공업의 상황 및 통계조사와 상공업 개선발달에 필요한 조사를 담당하였다.

이 정관에서는 그저 '民'에 지나지 않았던 조선인과 일본인 모두를 '대일본제국의 주체'인 '臣民'으로 격상[34]하고 서로간에 구별을 두지 않는 듯 하였지만 실제 중요한 의결사항에서는 모두 '日本臣民'이 우위를 점하는 조항을 설정하고 있다. 즉, 합명회사의 사원, 합자회사 또는 주식합자회사의 무한책임사원, 주식회사 취체역의 반수 이상을 '일본신민'으로 삼는 것을 명문화하였고(제5

31) 『每日申報』, 1915년 10월 24일.

32) 『每日申報』, 1915년 10월 30일.

33) 정관 전문은 『京城商工會議所二十五年史』, 144~147면 참조.

34) 이 문장 표현은 고모리 요이치(小森陽一), 송태욱 역, 2002 『포스트 콜로니얼—식민지적 무의식과 식민주의적 의식—』, 도서출판 삼인, 107면에서 옮겨 보았다.

조), 평의원 선거시 조선인과 일본인이 동수인 경우 일본인이 책임을 맡도록 하였다(제23조).

회원 유자격자 2/3 이상의 동의를 구하는 과정에서 일부 조선상인들의 반발을 불러일으켰지만,[35] 한상룡 · 예종석 · 김한규 등의 설득으로 결국 진정되었다. 일본인 상업회의소에서는 조선인과 일본인 413명의 동의를 얻어 11월 9일 총독부 당국에 회의소 설립 신청서를 제출하였고, 정관은 그해 12월 4일 인가를 받았다.

1915년 11월부터 서울의 상업회의소에서는 임원 선거운동을 시작하였고, 12월 15일의 선거에서 15명의 1급 평의원에 조선인측은 상업은행장 조진태, 농공은행장 백완혁, 한성은행장 한상룡 등 3명이, 나머지 12명은 일본인이 당선되었다. 통합상업회의소는 하라다 긴노스케(原田金之祐)를 회두로, 부회두로 조진태와 니시무라 미치히코(西村道彦)를 확정하고, 상의원은 일본인 3명과 한상룡이 선출되었다.[36]

새로운 상업회의소는 조일 양국 자본가의 공동관리를 표방하였다. 그렇지만 "실질적으로 이 내지인(일본인)측 상업회의소이고, 그 다년간 요망한 법인 자격을 획득하여, 반도인측 상공업자의 협력을 얻어 발전이 강화되는 단계" 에 있었다는 지적처럼,[37] 통합 상업회의소의 주도권은 일본인 상공업자에게 있었고 조선상인들은 객체적 존재에 불과하였다.

상업회의소령이 공포되자 조선인과 일본인 대표자간에 재편하게 될 상업회의소의 방향을 둘러싸고 다양한 논의가 이어졌다. 전 농상공부 대신 자작 조중응은 우선 재정(부채)정리부터 행한 후 양 단체가 '일치협력'하여 합병하면 이

---

35) 조선인 회원 자격자 155인 중 다수를 점했던 牛肉商과 상업회의소 평의원 출신 중 일부는 부과세 징수조항을 철폐하라면서 날인에 불응하였다. 『每日申報』, 1915년 11월 4일.

36) 『每日申報』, 1915년 12월 22일.

37) 『京城商工會議所二十五年史』, 1~2면. 이 책을 저술한 경성제국대학 교수 경제사학자 시카다 히로시(四方博)는 통합 상업회의소의 설립은 '반도주재 일본인 상공업자의 긴 苦鬪의 足跡'이라고 표현하였다.

후 의원선거나 업무상 불편은 자연히 해결되리라고 전망하였다. 상업회의소 회두 백완혁은 조중응과 마찬가지로 통합 상업회의소는 조선인과 일본인 상호 이익증진에 도움을 줄 것으로 전망하였다. 일본인 상업회의소 회두 하라다 긴노스케는 합병 5년이 지난 당시까지도 일본인 · 조선인이라는 特種의 명칭을 사용하는 것은 모순이라면서, 양국 자본가가 서로 '정신상 화친협동'하자고 제안하였다.[38] 이상의 3인 모두는 회비의 강제징수권 설정 문제를 큰 이슈로 삼았다. 1915년 12월 통합된 서울의 상업회의소는 黃金町 二丁目에 새로운 사옥을 마련하고 1916년 3월부터 회비 체납자에 대해 강제처분을 실시하였다. 이는 효력을 보아 약 9개월여 만에 징수액이 1만 6천여 원에 이르는 매우 양호한 성적을 기록하고 있었다.[39]

서울에 이어 같은 해 12월에는 인천과 군산, 1916년 1월에는 평양 · 부산 등지에서도 설립인가 청원서를 준비하였다. 부산에서는 회원 자격자가 일본인 513명, 조선인 27명의 합 540명으로 일본인이 19/20이라는 압도적인 숫자를 차지한 것으로 나타났다.[40] 같은 달 인천에서 선출된 평의원 30명 중 조선인은 7명으로 전체의 1/4 정도에 불과하였다.[41]

---

38) 『每日申報』, 1915년 7월 17일.

39) 『每日申報』, 1916년 12월 9일. 그런데 처음 징수과정에서 90인에 달하는 체납자는 6인의 조선인을 제하면 나머지 84인이 모두 일본인이었다는 데 특징이 있다(『每日申報』, 1916년 3월 14일).

40) 『每日申報』, 1916년 1월 22일.

41) 『每日申報』, 1916년 1월 23일. 평의원의 나이와 출신지역, 직업은 다음과 같다(『每日申報』, 1916년 1월 27일; 1916년 1월 28일).

손성칠(64) 개성. 전 조선인상업회의소 회두. 현 부협의원.

정치국(52) 부산. 공동우선주식회사 인천지점장. 인천부 참사.

장석우(45) 강화. 共益社 인천지점장.

심능덕(45) 서울. 자산가. 적십자사 정사원.

최응삼(49) 해주. 인천부 협의원, 객주단합소 조합장. 신용조합 이사.

전문화(43) 부산. 중매업. 勸業所 부소장.

주명서(36) 의주. 큰 점포를 가진 대상인.

표 4. 지역별 상업회의소 구성원과 예산액(1917년 5월 31일 현재)

회의소명	회원	의원	특별의원	예산(圓)
경성상업회의소	725	30	4	17,784
인천상업회의소	376	30	4	7,818
군산상업회의소	126	18	3	3,271
목포상업회의소	92	12	2	4,905
대구상업회의소	180	20	3	2,552
부산상업회의소	527	30	5	7,012
평양상업회의소	338	24	4	5,691
진남포상업회의소	127	16	3	5,128
원산상업회의소	203	20	3	9,126
총계	2,694	200	31	63,287

자료: 『每日申報』, 1917년 5월 31일.

그런데 유권자 자격문제를 둘러싸고 각 지역별로 적지 않은 진통이 따랐다. 이 중 특히 평양의 사례가 주목된다. 먼저 회원 자격에 대하여 조선인 상업회의소에서는 일본인은 영업세 5원 이상, 국세 20원 이상, 조선인은 3원 50전, 10원을 내는 자에게 회원 자격을 주자는 타협방안을 제시하였고, 핵심인원은 정회두 1명, 부회두 2명으로 하되 조선인측이 정·부회두 각 1명씩을 담당하겠다는 안을 제시하였다. 그러나 일본인 상업회의소측은 이를 받아들이지 않았고, 조선측 대표 정인숙 등은 '3원 50전의 안'을 철회하는 대신 회원 정수를 반분하자고 주장하였으나 이 역시 거절당했다.[42] 한편 평의원 선출에 대해서 조선인 측에서는 조선인 14명, 일본인 15명의 평의원 선출을 주장하였으나 일본측 대표 조선은행 아베(阿部) 지점장은 서울의 실례와 일반적 추세를 들어 평의원 비율을 일본인 18명, 조선인 12명으로 구성하고, 서울처럼 서기장 밑에 양국인 1명씩으로 부서기장을 두는 방안을 제시하였다.[43]

42) 『每日申報』, 1915년 11월 26일; 1915년 12월 4일; 1915년 12월 5일.

43) 『每日申報』, 1915년 12월 26일.

조선인측은 이에 동의하지 않았지만, 향후 상황은 일본측 입장대로 전개되었다. 평양은 1916년 7월 양국인 합동회의에서 회두는 일본인, 부회두는 조선인·일본인 각 1명씩, 6명의 상의원은 조선인 2명, 일본인 4명으로 하기로 하였다.[44] 결국 민족별로 대등한 임원편성을 기획하였던 평양 조선상인들의 노력은 수포로 돌아간 것이다.

1910년대 말 3·1운동 이후에도 일본인 중심의 상업회의소 운영구도는 대다수 지역에서 별반 변화가 없었다. 1919년 6월 인천상업회의소에서는 총 24명의 평의원 당선자 중 조선인은 4명에 불과하였다.[45] 같은 해 9월 목포상업회의소의 평의원 선거 당선자는 모두 12명이었는데 그 중 조선인은 2명에 지나지 않았다.[46] 11월 서울의 상업회의소 평의원 선거시 배분된 수는 1급에 조선인 2명, 일본인 13명, 2급에 조선인 6명, 일본인 9명이었다.[47]

5. 통합상업회의소의 활동

통합 이후 상업회의소의 활동은 호구통계, 물가시세, 임금조사, 운수·교통, 농산물 생산 실태, 상업조사, 회사·은행·공장·광산업 현황, 무역 상황, 우편통계, 직업 및 노동력, 금리조사, 학자들의 조사보고서, 해외시찰 보고서, 고용상황, 영국·프랑스·독일·미국 등 서양 각국 상업회의소 실태 조사보고서의 번역, 상업회의소의 月報와 「朝鮮經濟年鑑」을 비롯한 각종 상업자료 발간 등 다방면에 걸친 것이었다.[48] 주요활동을 보면, 상업회의소에서는 총독부와 각

44) 『每日申報』, 1916년 7월 5일.

45) 『每日申報』, 1919년 6월 27일.

46) 『每日申報』, 1919년 9월 3일.

47) 『每日申報』, 1919년 11월 21일.

48) 『京城商業會議所月報』 제7호(1916년 7월)~제24호(1917년 12월), 서울대학교 중앙도서관 고문헌자료실 소장본 참조. 『京城商業會議所月報』 제8호의 목차는 錄事/調査/貿易/運輸交通/通信/參考資料/雜錄 순이며, 제24호에는 錄事와 調査 사이에 時事가 추가되었다.

표 5. 종류별 조사내용과 조사건수(1915년 말 현재)

조사내용	건수	조사내용	건수
일반경제 및 거래상황	57	연초	9
미곡	16	토지가격	8
잡곡	25	상표, 기타 특허	13
해산물	18	대나무	5
물가	24	澱粉	6
과실	15	두부	5
蜂蜜	14	燐寸	5
綿絲布	10	광물	15
莚席	9	잡화상	9
러시아 방면 거래	13	술, 味噌, 醬油	9
石鹼(잿물)	6	모피, 돈피	8
眞田, 帽子	5	硝子(유리)	8
석유	5	가마니, 새끼 등 藁製品	13
소금	5	麻	8
석탄, 연탄, 코크스	18	生絲, 柞蠶, 繭	15
牛皮, 牛骨, 牛肉	14	시국 영향	10
紙類	16	鐵 및 金物	9
약품, 기타 화학공업	13	거래시장	8
제조공업	12	금융	5
노동자 임금	10	인삼	5
綿	8	땅콩, 감자	8
염료	8	계	496

자료: 『京城商業會議所月報』 제24호(1917년 12월호), 5~6면 참조.

지역에서 의뢰한 안건에 대해 각 의원으로부터 조사된 의견을 제출받아 자문에 응하였다.

이 중 일반경제, 시국 영향, 물가조사 등의 큰 문제를 의뢰하는 자는 일본 본국 및 총독부 당국 또는 각급 기관과 학교 등이고, 나머지는 시찰을 위해 조선에 온 일본인들에게 자문한 것이었다. 세부적인 생산물 관련 문제는 주로 일본과

표 6. 조사 의뢰자 국가 및 지역별 분포와 수(1915년 말 현재)

조선 지역		일본 지역		외국	
세부지역	인원	세부지역	인원	세부지역	인원
서울	190	大阪府	32	러시아	9
경기도	20	兵庫縣	19	프랑스	4
전라남도	27	北海道	13	미국	8
경상북도	16	岐阜縣	9	스페인	1
함경남도	16	佐賀縣	5	만주	24
황해도	9	大分縣	4	중국	5
충청남도	10	巖手縣	2	홍콩	1
전라북도	13	群馬縣	1		
평안남도	25	宮城縣	1		
함경북도	9	長野縣	4		
충청북도	4	東京府	23		
경상남도	24	愛知縣	14		
평안북도	10	靜岡縣	11		
강원도	14	山口縣	14		
총독부	17	熊本縣	6		
京城府廳	26	和歌山縣	4		
외국영사관	11	奈良縣	3		
		茨城縣	2		
		山梨縣	1		
		鳥取縣	1		
		京都府	13		
		廣島縣	13		
		福岡縣	9		
		岡山縣	9		
		長崎縣	5		
		山形縣	3		
		滋賀縣	3		
		新潟縣	2		
		千葉縣	1		
계	251	계	226	계	52

자료: 『京城商業會議所月報』 제24호, 7~9면 참조.

조선의 자본가들로부터의뢰 받은 것이다. 특별히 주목되는 것은 러시아와의 거래 문의가 13건이나 된 것인데 이는 극동 및 시베리아 방면 러시아 국경의 치안 불안 문제와 관련이 있었다.

조선지역에서의 조사의뢰는 190건의 서울이 압도적으로 많았다. 각 지역별로 의뢰비율은 전남 · 평남 · 경남 · 경기 · 함남의 순서였고, 충북과 황해 · 함북은 부진하였다. 일본 및 외국지역의 의뢰는 총 278건으로 그 중 오사카와 고베 · 도쿄로부터 의뢰가 가장 많았다. 홋카이도 방면의 의뢰자가 많았던 반면 대만 방면의 의뢰는 한 건도 없었다. 만주 방면의 24건은 조선물산의 조사와 거래를 희망하는 현지 일본인들로부터의 의뢰였다.

그런데 당시 조선인들은 상업회의소를 거의 이용하지 않았다. 조선 각 지역의 의뢰도 조선인들로부터 나온 것이라기보다는 조선거주 일본상인들이 주종을 이루었다. 전체 건수 중 조선인들이 의뢰한 것은 겨우 12건뿐이었고, 그 중 9건도 학생이 방학 중 과제물 작성을 위해 방문 조사한 것이기 때문에 실제 상업회의소 조사를 활용한 것은 단지 3건에 불과하였다. 그런데 이것조차도 지방 벽지에서 의뢰한 것이었다 한다.[49)]

상업회의소에서는 1916년 9월의 임시총회에서 분과설치를 가결하여 상업부 · 공업부 · 금융부 · 운수부를 두어 위원장과 위원을 선임하고 분과규정도 마련하였다.[50)] '가정공업장려안' 같은 일반인들의 현상응모도 행하였다.[51)] 상업회의소에서는 해외무역 시찰도 하였다. 1916년 9월 20일에는 러시아 방면의 무역조사를 위해 원산으로부터 블라디보스톡에 임원을 파견하여 시베리아 철도편으로 바이칼 호수의 이르크츠크에 이르기까지 조사하였다. 이들은 시찰뿐 아니라 조선생산품을 소개하는 한편 현지 생산품의 무역을 교섭하려는 의도를 가지고 있었다.[52)] 상업회의소가 조선을 교두보로 하여 대륙 진출의 첨병 역할까

49) 『京城商業會議所月報』 제24호, 8~11면.

50) 『京城商業會議所月報』 제9호(1916년 9월호), 1~2면.

51) 『每日申報』, 1916년 4월 22일.

52) 『京城商業會議所月報』 제9호, 3면.

지 기획하였음을 알 수 있다.[53]

데라우치 총독은 1916년 4월 세계대전 이후 당시의 조선 상황을 호황으로 판단하고 이를 지속시키기 위해서는 상업회의소가 앞장서서 국외의 商勢를 조사 연구하고 내외 상인들의 협력을 도모할 것 등을 당부하였다.[54] 그 구체화된 작업으로 상업회의소에서는 「朝鮮經濟年鑑」을 제작하였다.[55] 이 책은 경제에 관한 법률 · 칙령 · 명령 및 제 관청 · 세관의 보고, 시장 및 수확보고, 회사 · 은행의 조사와 관련된 각종 통계, 주요 회사 · 은행의 公課狀 및 元簿, 중앙 및 지방 상업회의소의 보고, 경제학자의 저서 소개 등을 담은 상업조사 및 지침서로 역할하였다.

경성상업회의소에서는 1918년 11월 고등상업학교 설립을 계획하여 상업회의소연합회의 동의를 얻었다.[56] 원래 대한제국 시기부터 지방의 사립학교 설립은 지역 유지 역할을 하던 상업회의소 임원 · 지주 · 유림 · 종교지도자들이 주도하였고 이들에 의해 각종 형태의 학교들이 설립된 바 있다. 그러나 "(조선인은) 정치적 활동을 개시함보다도 오히려 상공실업 방면에 활동 진전할 시세에 있다 할지라"[57]는 12월 오무라 유노죠(大村友之丞) 서기장의 언급처럼 식민지 상업기구 담당자들은 고위 정책과정에 참여할 인재양성보다는 총독부 권력에 도전하거나 자치를 생각하지 않는 상황에서 단순히 기능적 역할만을 교수하는데 주안점을 두고 있었다. 고등상업학교 설립은 1919년 7월 7일 부산상업회의소에서 총독부에 청원서를 제출하면서부터 본격적으로 전개되었다.[58]

다음, 상업회의소의 주요 활동으로는 전조선상업회의소연합회 개최와 만선상업회의소연합회 설립을 들 수 있다. 상업회의소에서는 1918년 9월 19일부터

53) 그러나 시카다 히로시는 '적색정권의 수립을 보고 이 희망은 그림의 떡으로 돌아갔다'고 언급하였다. 『京城商工會議所二十五年史』, 22면.

54) 『每日申報』, 1916년 4월 5일.

55) 『京城商業會議所月報』 20호(1917년 8월), 50~51면.

56) 『每日申報』, 1918년 11월 30일.

57) 『每日申報』, 1918년 12월 6일.

58) 『每日申報』, 1919년 7월 10일.

3일간 제1회 전조선상업회의소연합회를 서울의 동양척식주식회사에서 개최하였다. 이때 농상공부장관 고하라(小原)는 평양상업회의소에서 제출한 無順炭의 판매가격 인하를 남만주철도주식회사에 요구하는 건에 관하여 총독부와 '滿鐵'간의 교섭 진행상황을 보고하면서 만주 및 시베리아의 연구조사 필요성을 언급하였다.[59] 이때 특별히 철도 문제를 제기하였던 이유는 제1차 세계대전 이후 농산물의 생산 증가와 그 수출이 활기를 띠는 과정에서 신속한 상품수송 문제와 만주 · 시베리아 방면의 철도가 밀접한 관련이 있기 때문이었다.

제2회 조선상업회의소연합회 역시 1919년 10월 서울에서 열렸는데, 朝鮮米 증수, 회사령 철폐, 주택문제 해결, 공설시장 및 간이식당 설치, 간이생명보험법 시행, 실업교육 및 勸業機關 정비 등의 문제가 주요 결의사항이었다. 1920년 9월의 제3회 연합회의 주목되는 건의안은 '일부 조선인 사상의 악화방지에 관한 청원의 건'이고, 동척과 식산은행의 일반자금 융통확장, 割增金附債券을 발행할 것 등의 청원이었다.[60]

1930년대 초반부터 본격화되는 일본제국주의의 만주프로그램은 일찍이 대한제국 시기부터 준비되고 있었다. 러일전쟁 개전 직전인 1903년 10월 인천 일본인 상업회의소의 회두 가라이 에이타로(加來榮太郎) 일행은 압록강 수역 조사원의 명의로 상거래를 빙자한 현지 간첩행위를 하였다.[61] 서울의 일본인 상업회의소에서는 1913년 만주와 조선의 실업가들의 연락과 제휴를 위한 만선 일본인 상업회의소 연합회를 개최하고자 하였다. 그들은 봉천 · 요양 · 대련 등의 각 실업회에 권유장을 발송하는 한편, 만주의 상공업 조사를 위한 시찰단 조직을 계획하였다. 이후 1915년 10월 13일부터 4일간에 걸쳐 조선상업회의소연합대회 및 전국상업회의소 · 조선만주실업단체 懇和會를 개최하였다.[62] 그러나

59) 『每日申報』, 1918년 9월 20일. 그런데 이날 참석한 위원 중 조선인은 경성상업회의소 常議員 韓相龍이 유일하였다.

60) 『全鮮商工會議所發達史』, 85 · 90~91면.

61) 그들의 조사 보고서는 "거의 결사적 대사업을 완성하여 제국 외교상과 아울러 군사행동에 공헌한 공적은 자못 크다"고 전해질 정도였다. 『全鮮商工會議所發達史』, 12면.

이 연합회는 조선 상인이나 실업가가 제외된 일본인 중심의 기구였다. 통합 회의체로서의 만선상업회의소연합회는 조선과 일본측 상업회의소가 통합한 후에 다시 구성되었다. 전조선상업회의소연합회의 결과로 1918년 3월 14~16일에 경제적 '滿鮮一體'의 입장에서 만선상업회의소 서기장 회의를 서울에서 개최하였다. 이후 같은 해 9월 25일 만주의 대련에서 조선과 만주 주재 일본인 실업가와 조선실업가들의 주도로 제1회 만선상업회의소연합회가 열렸다. 1919년 10월 13일 서울에서 제2회 연합회를, 같은 해 11월 4일 제3회 연합회를 개최하였다.

6. 식민경제기구로서의 역할

군사력을 선두로 하여 식민지 조선에 진출한 일본 자본주의는 식민지의 경제적 지배 강화를 목적으로 하고 있었고, 조선시장은 '식료품 원료의 수입과 제품의 수출시장'이라고 하는 전형적인 농업식민지화가 무단통치의 강행과 더불어 진행되고 있었다. 일본은 식민지의 값싼 농산물과 노동력 확보 및 자국 공산품 수출로 조선의 생산구조를 재편하고 나아가 식민성 투자를 통해 식민지 조선의 항구적인 경제지배를 계획하였다.[63] 특히 1910년대는 식민지 원료확보정책의 준비작업이 시작되는 기간으로 일본 본국의 정책에 부응할 법적 · 제도적 장치로서 새로운 형태의 상업회의소가 필요하였고, 총독부 권력의 강제로 이를 추진하였다.

통합된 상업회의소의 역할을 보면, 먼저 일본 본국 자본의 통로 역할을 하였다. 제1차 세계대전의 특수는 일본경기를 회복시키는 한편 일본자본의 조선 진출의 계기를 마련하였다. 이후 설비 확장과 제조업 부문에서 활기를 띠게 되었

62) 『每日申報』, 1915년 10월 12일.

63) 藤原彰 外, 1983 『近代日本史の基礎知識「増補版」』, 有斐閣, 243면; 松本俊郎, 1983 「植民地」『一九二十年代の日本資本主義』, 東京大學出版會, 299~300면.

고, 일본인들에 의해 1916~20년 사이에 공장 설립과 공산품 생산이 크게 증가하였다.[64] 1918년 5월 경성상업회의소 서기장 오무라 유노죠 또한 "실은 근래 내지(일본) 자본가가 조선에 유리한 사업에 관하여 당 회의소로 조회하는 자가 계속해서 끊이지 않는다."[65]고 이 시기 일본 자본가의 '조선 러시' 추세를 언급하였다.

1914~15년의 불황타개책으로 일본인 임원 주도로 상업회의소의 통합이 이루어졌고, 당시의 각종 경제지표에 따르면 이후 호황이 시작된 것으로 되어 있다. 그 결과 일본상인에게 부가 집중되어 호황을 맞게 되었지만, 반면 대다수의 영세한 조선상인들은 부의 분배에서 소외되어 있었고 오히려 쇠락하였다. 예컨대 "조선사람의 상업계를 보면 진고개를 낫(낮)이라 할진대는 여기는 그믐밤이라 할 모양으로 적막하다"[66]라는 당시 신문기사는 이를 적절히 반영하는 하나의 사례라 하겠다. 일본인이 개발한 진고개(泥峴) 일대는 일본인상업회의소가 있었던 곳이자 식민지 상권의 중심지였다.

1918년 조선에 대한 일본인 실업가의 투자가 이어져 일본인 상사회사는 세계대전의 영향을 받아 화학공업과 조선업 등이 새로 발흥하였으나 조선인은 거의 영향을 받지 않았다. 일본인 자본가에 국한된 전쟁의 특수는 "講和에 의하여 悲境에 빠진 자가 없으나 이 반면에 전쟁 중 재계호황의 영향을 받아 異常의 발전을 보인 자가 없음은 유감이라"는 언급처럼 조선인 자본가를 비켜갔다.[67]

상업회의소는 통합 이후 식민지 민중과 괴리, 갈등을 증폭시키고 있었다. 조선인측 상업회의소를 주도한 인물로는 조진태·백완혁·조병택·백인기·한상룡·예종석·김기영 등을 들 수 있다. 이들의 활동을 살펴보면 당시 상업회

64) "특히 大正 5년 이래 大正 9년의 財界 反動에 이르는 약 4개년간에 걸치는 일반 재계의 호황과 구주대전에 의한 物資需供關係의 변동에 의해 각종 사업의 발흥에 의지하여 종래 설비의 확장, 신규사업을 계획하는 자들이 속출하고. …" 京城商業會議所, 「朝鮮に於ける工業生産品」『朝鮮經濟雜誌』 제108호(1924년 12월호), 2면.

65) 『每日申報』, 1918년 5월 23일.

66) 『每日申報』, 1916년 12월 29일.

67) 『每日申報』, 1919년 2월 17일.

표 7. 경성상업회의소 주요인사들의 정치, 경제적 활동

이름	주요활동	출신	비고
趙鎭泰	러일전쟁 이후 재정고문 메가다 다네타로의 화폐개혁에 도움을 줌 1907년 6월 한일동지회(한일친목회) 한국측 참여자 1907년 10월 일본황태자봉영 한성부민회 평의원 1909년 10월 각 단체조례대표단(이토오 히로부미 장례식) 실업계 대표 1909년 11월 국민대추도회 위원 1910년 한성수형조합장 1913년 6월 경성실업구락부 회원	府使	시전상인
白完爀	1898년 중추원의관. 대한천일은행 감사 역임 러일전쟁 이후 재정고문 메가다 다네타로의 화폐개혁에 도움을 줌 1907년 10월 일본황태자봉영 한성부민회 평의원 1909년 11월 국민대추도회 위원 1913년 6월 경성실업구락부 회원 1915년 경성상업회의소 회두	무과	시전상인 아버지로부터 약간의 재산을 물려받아 사업 확장 송병준 등과 친밀
趙秉澤	죽동궁 민영익의 신임과 청일전쟁시 많은 군량미를 일본군에 헌납. 그 공로로 사업 확장. 대한천일은행 주주 재정고문 메가다의 권고로 한일은행 창립 1907년 10월 일본황태자봉영 한성부민회 掌儀위원장 1909년 11월 국민대추도회 위원	무과	'자수성가형' 주식소유권 문제로 수년 백인기와 분쟁
韓相龍	3년 간 일본유학. 1903년 한성은행 총무, 전무 취체. 경성상업회의소 회두. 동척 설립위원 및 이사 1907년 10월 일본황태자봉영 한성부민회 외교위원장 1909년 11월 국민대추도회 위원 1910년 한국은행 총재 1913년 6월 경성실업구락부 회원 1913년 일본정부로부터 한국 '병합' 기념장 받음 1915년 상업회의소 통합 주도	관립 외국어학교	이윤용, 이완용이 외숙
白寅基	아버지 전 참령 白南信의 外劃을 기반으로 성장 재정정리사업 시절 창고회사 설립 1907년 10월 일본 황태자 봉영 한성부민회 內事위원장 1909년 11월 국민대추도회 위원 1910년 3월 종로 상업회의소에서 발기인을 구성하여 설립한 실업청년구락부 발기인. 1913년 6월 경성실업구락부로 재구성	전북 전주	*경성실업구락부는 일제의 경제침략을 알선하는 단체

표 7 (계속)

이름	주요활동	출신	비고
芮宗錫	1890년 電郵學校 생도와 전우총국 주사로 관직을 시작 1904년 러일전쟁 시기 일본군의 전지시찰에 도움을 주어 출세 1909년 11월 국민대추도회 위원 1909. 7~1910. 9 국시유세단 발기인이자 규칙제정위원, 사무간사 1909. 12~1910. 9 국민연설회 회계. 원각사 사무소를 상업회의소로 이전	경기 삭령	'수완가로 유명' 조중응, 유길준과 친밀
金基永	1899년 대한천일은행장 1905년 7월 한성상업회의소 대표 1907년 10월 일본 황태자 봉영 한성부민회 평의원	경기 개성	개성상인

자료: 趙璣濬, 1974『韓國企業家史』, 博英社, 128~139면; 김경일, 1993「韓相龍: 친일 예속 자본가의 전형」『韓國學報』71, 60~91면;『高宗實錄』, 고종 31년 10월 17일;『每日申報』, 1912년 12월 7일, 12월 10일, 12월 25일, 12월 29일, 1913년 6월 26일.

의소의 현실적 처지와 지향의 내용을 어느 정도 이해할 수 있을 것이다.

이상에서 보듯이 상업회의소의 주도층은 무과나 무관 등 관리와 시전 및 객주, 일본유학생 출신 등 다양한 형태의 실업가로 구성되어 있었다. 그런데 대한제국이 일제의 준 식민지화되는 계기였던 러일전쟁과 그 과정에서 일제에 의해 강제적으로 이루어진 재정정리사업은 당시 농민과 소상인들의 몰락을 초래하였지만,[68] 이들은 대자본가로 발돋움하는 데 중요한 기회로 그것을 적극 활용하였음을 알 수 있다. 이들 모두는 통감부시기 일제의 침략정책에 협조하였다. '위기를 기회로 만든 인물'로 알려진 백인기는 30대 중반의 한상룡을 제하면 상업회의소의 다른 사람들보다 비교적 젊은 30대 초반이었다. 苧布商으로 재물을 모은 조병택은 은행자본가이자 자수성가형으로 분류된다.

이들 인사 중 특히 한상룡은 예종석과 더불어 일본당국에 가장 적극적으로 협력하였다고 평가된다. '제2의 시부자와 에이이치(澁澤榮一)'를 열망하던 한

68) 金才淳, 1990「露日戰爭 직후 일제의 화폐금융정책과 조선상인층의 대응」『韓國史研究』 69 참조.

상룡은 자산가라기보다는 전문경영인에 가까웠다. '半島 財界史의 縮圖'[69]라는 당시 표현처럼 그는 일본자본과 기업을 조선에 알선하는 교량 역할을 하였다. 예종석은 10세에 상경하여 18세부터 자수성가한 인물로 알려져 있다. 그는 1909년 5월 통감부가 후원한 일본관광단 시찰단원으로 동경의 은행재벌 오오쿠라 기하치로(大倉喜八郎)의 집에서 개최된 만찬회에서 추밀원의장 이토오 히로부미의 '한일의 친목'이란 연설에 이어 한성부민회 대표를 대신하여 답사를 한 바 있다.[70]

경성상업회의소의 핵심인사 중 조진태와 백인기는 1920년대 중추원 참의로 '민족정기를 세우는 국회의원 모임'에서 조사 발표한 '일제하 친일 반민족행위자 1차 명단'에 등재되어 있고, 한상룡은 1926년 '大正親睦會' 구성원으로 조사 명단에 등재되어 있다. 거론되지 않은 여타 인사들도 사상과 지향 또한 이들과 대동소이하다.

당시 일반인과 소상인들은 상업회의소의 활동과 역할에 부정적인 시각을 가지고 있었다. 이는 3·1운동과 상업회의소와의 관계설정에서 알 수 있다. 1919년 서울에서 거족적인 반제운동인 3·1운동이 시작된 지 며칠 후인 3월 9일 경성상업회의소 서기장 오무라는 서울의 조선인 상점 철시에 유감을 표시하였고, 13일 이후에는 연일 종로 廣信號에서 조선상인 대표자들과 만나 개점을 촉구하였다.[71] 그는 조선상인들의 자발적인 철시투쟁을 '협박과 뇌동 소요, 불온사상'에서 기인한 것으로 보고 있었고, 대화가 여의치 않으면 강경책을 취할 것임을 언급하였다.[72] 심지어 대구상업회의소에서는 4월 1일부로 일반시민에게 다음과 같이 공고하였다.

---

69) 韓相龍氏還曆紀念會 編, 1941 『韓相龍君を語る』, 501면.

70) 그러나 이때 함께 참석하였던 정인관으로부터 "(너는) 일진회 중 협잡으로 저명한 자인데 어찌 감히 이같이 당돌하느냐"며 크게 비난을 받은 적이 있었다. 『皇城新聞』, 1909년 5월 13일.

71) 『每日申報』, 1919년 3월 20일.

72) 『每日申報』, 1919년 3월 21일.

금번 大邱 鮮人商民은 不逞한 者의 脅迫에 因하여 閉店하였으나 至今하여 憲의 周到한 用意로 市民保護方法이 備함으로써 爾後 市民은 決코 不逞한 徒로 因하여 何等 脅迫을 蒙치 아니할 지며 金(今?) 若脅喝을 畏怖하여 閉店 등에 輕擧를 繼續하여 每日 商業賣買를 停止함과 如함은 經濟上 그 損失이 實로 莫大할 뿐 아니라 一般에게 미치는 不利가 역시 적지 아니하니 各位는 以後 諸 官憲의 保護를 信賴하여 從前과 如히 安心하여 營業에 從事하시기를 爲하여 玆에 勸勉함.

大正 8年 4月 1日 大邱商業會議所 各位[73]

더 나아가 3·1운동이 진정 기미를 보일 시점인 7월 9일 경성상업회의소에서는 "생각건대 금년 봄의 不逞鮮人의 暴擧는 이미 표면 평정에 돌아갔다 하나 이들의 心的 狀態는 아직 반드시 심상치 아니할 지며 도리어 除惡의 度를 加하는 兆가 不無하도다. 이런 심적 경향은 반드시 조세관세에 영향이 미칠지며"[74]라 하면서, '불령선인의 폭거' 영향으로 세금징수에 차질이 생겼다고 주장하였다. 나아가 이입세를 철폐하면 타격을 받는 산업을 예시하고, 특히 제조업과 가죽제품 일부는 3할 이상의 고율 보호관세를 설정하자고 제안하여 3·1운동의 여파로 전개된 현실을 세수 부족분 확충의 기회로 삼고자 하였다.[75]

같은 해 10월 9일 니시무라(西村) 총독부 식산국장은 전선상업회의소연합회 연설에서 조선의 경제계는 호전되는 상태라고 말하지만, 산업 상황은 아직도 유치함을 면치 못하였다고 주장하였다. 이러한 상황이 전개된 이유를 그는 3·1운동시의 '배일적 경향'에서 찾았으며, 그 때문에 회사 설립시에는 조선인과 일본인이 '日韓併合의 根本義에 鑑하여 협력일치'해야 한다고 당부하였다.[76]

각 지역 상업회의소와 총독부 당국은 산업 부진의 직접적인 원인을 조선인들의 배일운동에서 찾고자 하였지만, 이미 1918년 11월 세계대전 종식 때부터 일본 자본주의는 타격을 받고 있었다. 전쟁의 종료는 중화학공업을 비롯한 대부

73) 『每日申報』, 1919년 4월 6일.

74) 『每日申報』, 1919년 7월 7일.

75) 『每日申報』, 1919년 7월 8일; 1919년 7월 10일.

76) 『每日申報』, 1919년 10월 12일.

분의 산업생산을 위축시켰고, 식민지 시장의 축소를 가져왔다. 당시의 통계치를 보면 1918년 9월부터 1919년 초에 이르는 기간 用船料의 1/4, 銑鐵의 1/5, 船價의 40%, 鋼材의 30%까지 가격이 급락하였음을 알 수 있다.[77)]

더욱이 일부 상인들에게만 부의 기회가 돌아가는 식민지 당국의 차별적인 금융정책으로 상업회의소의 구성원에서 제외된 조선인 소상인들은 민족적 차별을 받고 있었다. 3·1운동 이후 여론탐지를 위해 조선에 왔던 일본인들에게 상인들은, "상업에 가장 긴요한 것은 금융기관이다. 그런데 그 기관인 조선은행·東拓·식산은행 등은 일본인에 대해서는 아주 좋은 편리를 제공하지만, 우리들 조선인에 대해서는 정말로 냉혹하다. 경우에 따라서는 거의 융통받을 수 없다. 따라서 일본인과는 이러한 핸디캡 때문에 도저히 商業戰에서 대항할 수 없다"[78)]라고 하여 차별적인 금융정책에 항의하였다. 이미 융희 3년(1909) 경성 조선인상업회의소는 11월 25일 『商工月報』 창간호 발간사에서 "滅國의 新法은 兵戰이 아니라 商戰이오, 興邦의 비결은 養軍이 아니라 養富"라고 강조한 바 있었지만, 현실에서 이는 바람에 불과하였다.

이 같은 시기 朝日 양측 상인들을 아우르는 대표기관을 자임하였던 상업회의소는 조선총독부의 엄호 아래 일본 상인과 소수의 조선인 자본가들의 온상으로서만 역할하였다. 그 결과 앞의 니시무라 같은 식민당국자가 표방하였던 '조선인과 일본인의 협력' 은 그들에게만 필요한 것이었고, 정책적 고려 대상에서 완전히 배제되어 있던 조선의 소상인들은 치열한 '상업전' 에서 패배하지 않을 수 없었다.

---

77) 橋本壽朗, 앞의 책, 87~88면.

78) 同光會本部, 1923. 2 「朝鮮民情視察報告」, 11면(권태억, 앞의 논문, 120~121면에서 재인용).

7. 맺음말

경제적 측면에서 볼 때, 일제가 대한제국을 강점하여 식민지로 만든 것은 재부 수탈을 극대화하는 한편 독점자본주의 체제를 강화시켜 자국이 부국으로 나가기 위한 데 있었다. 이에 상업체제의 식민지적 재편을 위한 여러 가지 제도적 장치가 마련되었다. 다른 한편으로는 식민경제체제 구축에 도전하거나 저항하는 어떤 노력도 구조적으로 봉쇄하고자 하였고, 기존의 상업기구를 개편하여 자신들의 입장이 최대한 반영되는 그런 기구로 삼고자 하였다.

일제강점 초기에 전개된 각종 경제사업들의 목표는 이전 국부병강의 근대화 추진을 목표로 한 우리민족의 입장과는 배치하는 것으로, 그들의 노골적인 침략에 복무하였다는 의미를 갖는다. 또한 조선인 상업자본가들은 별다른 위상을 발휘하지 못하고, 일본제국주의가 부여한 새로운 특권에 기생하면서 기득권을 지키려고 하였던 것으로 보인다. 그러나 강고한 식민통치는 이후에 가면 그나마 적극적인 협력자로서의 길을 가지 않고서는 현상유시나 운신조차도 이려웠다고 이해할 수 있다.

상업회의소는 일본인 · 일본자본의 진출과 관련하여 새로운 도시를 발전시키는 데 적지 않은 역할을 하였다. 그러나 신흥도시에서 산출된 부도 대다수 조선인들과는 거리가 멀었다. 조선총독부와 일본인 상업회의소의 주도로 통합이 이루어진 상업회의소는 일본정부와 일본인 자본가뿐 아니라 극히 일부 조선인 자본가의 이익을 위한 민간단위의 '식민경제정책 하부 실행기구'로 전락하였다. 그 결과 일본인 자본가와 더불어 상업회의소 또 다른 구성원인 조선인 자본가들은 식민경제정책의 본질을 제대로 이해하지 못하고 이에 저항할 스스로의 능력을 상실하거나 오히려 방조하면서, 결국 일본제국주의의 지배정책에 의해 구사되는 피동적인 '충량한 식민지 자본가'의 모습으로 전락하였다.

그간 제국주의의 각종 침략 문제와 관련하여 한국 근대사 연구는 '침략과 저항' 혹은 '타율적 수용'이라는 등식 적용에 익숙해 있었고, 저항이데올로기와 민족운동을 통한 자주적 민족국가 설립노력 등에 많은 작업이 진행되어 왔다. 이러한 경향은 식민사관을 극복하고 자생적 발전논리를 마련하는 데 적지 않은 공헌을 하였다고 생각한다. 그러나 대상인 · 대자본가 중심의 경성상업회의소 주도층들의 자본축적 과정과 이후의 활동에서 알 수 있듯이 식민지가 되기 이전부터 자발적이고 적극적인 수용의 사례들이 적지 않았음에도 불구하고 '자성적' 입장의 접근방식은 짐짓 무시되고 있다.

「조선상업회의소령」이 발포되기 직전인 1915년 6월 19일 경성상업회의소 회두 백완혁은 매일신보와의 긴 인터뷰에서 경쟁의 시대에 '우수한 일본인'을 본받아 실력양성을 하여야 할 것이며, 그들을 '오해' 말고 더불어 '협동진취'의 길로 나가야 할 것을 주장하였다. 그는 '묵은 사상[舊思想]'을 가진 우리는 '新思想'을 가진 일본인들과 '진정한 융화'를 하여야 한다고 역설하였다. 당시 상업회의소 조선인측 대표 자본가의 생생한 현실인식과 전망을 살필 수 있다. 1910년대 상업회의소 설립과 통합문제를 통해 살펴본 한국 근대자본가의 전형적인 모습은 이렇게 이지러진 형태로 우리에게 다가왔고, 그 뒤에는 일본 제국주의와 조선총독부가 있었다.

1910년대 일제의 보건의료정책

— 한의학정책을 중심으로 —

신 동 원

1. 머리말

이 글은 1910년대 전후 한의학과 과학, 정치에 관한 글이다. 이 글에서 나는 세계질서에 편입된 조선의 달라진 환경에서 한의학이 겪은 경험을 살피는 한편, 거기에 영향을 준 인자를 분석하고, 크게 바뀌게 된 한의학의 성격에 대한 역사적 의미를 논할 것이다.

이 글은 우선 현대 한의학의 기원을 분석한다. 현대 한국 한의학의 특징이라 할 수 있는 의사와 한의사가 이원화한 것, 한의사가 면허제도 안에 포섭된 것, 한의사가 반드시 서양의학을 학습해야 하는 것, 한의사가 사회가 필요로 하는 의학적 판단인 각종 진단서를 발급하게 된 것 등이 바로 이 시기에 확립되었다. 이전의 한의 시술자에게는 서양의학 시술자라는 경쟁자가 없었으며, 그들이 일정한 표준적인 틀로 묶이지 않은 다양한 수준과 형태의 시술자가 뒤섞여 있었다. 또한 그들은 자신의 고유 의학체계에 따라 진단과 치료를 행했으나 사회가 필요로 하는 의학적 판단의 의무를 지지 않았다. 이 글은 1900년에서 1915년 동안 대략 15년 사이에 일어난 이런 변화의 과정을 정리한다.

이런 변화는 "근대 사회의 건설"이라는 훨씬 거창한 프로젝트와 관련된 것이었다. 서유럽에서 발달한 서양과학은 진리와 효용이라는 측면에서 가장 신뢰할 만한 지식체계로 간주되었다. 1910년도 전후의 동아시아 국가에서는 서양의 과학을 수입하여 정착시키는 것을 거의 절대적인 과제로 생각했다. 누구나 신뢰할만한 의료의 질을 확보하는 것 또한 근대국가의 과제였다. 서구에서는 이미 돌팔이의 의료 활동을 제한하고, 일정한 수준 이상의 교육과 의술 능력을 갖춘 사람에게 면허를 주는 것이 제도적으로 정착해 있었다. 동아시아 국가에서도 이런 면허제도가 당연히 국가가 해야 할 일 가운데 하나로 생각했다. 또 다른 한 가지 추세를 더 든다면, 서구에서는 더 많은 국민에게 의료를 제공하기 위해 병·의원의 신설과 의료비 부담을 덜기 위한 의료비 지불방식에 관한 논의가 활발했다는 점이다. 하지만 동아시아 국가에서는 이 측면에 대해서는 큰 관심을 쏟지 못한 형편이었다.

한의학은 이런 기준에 따라 새로운 지형이 형성될 수밖에 없었다. 그것은 일차적으로 "과학적인 눈"으로 볼 때 '한의학 지식체계가 얼마만큼 신뢰할만한 것인가?' 하는 점과 관련되었다. 만일 크게 신뢰할 수 없다면, '시중에서 생업을 영위하는 수많은 시술자를 어떻게 처리할 것인가?' 하는 문제가 발생한다. 이보다도 더 큰 문제는 '한의술을 배제한다고 했을 때 국가 차원에서 그 대안을 얼마만큼 빨리 많이 제공할 수 있을 것인가?' 하는 점이 문제가 된다. 만일 어느 정도 신뢰할만한 지식이라면, '그것을 어느 정도 수준에서 인정할 것인가?' 하는 정책 결정이 필요하다. 또 서양의학과 한의학의 관계를 어떻게 정립할 것인가 하는 측면도 고려해야 한다.

이 논문이 다루는 시기가 비록 짧은 15년에 불과하지만, 이 시기에 서양과학과 근대문물에 대한 두 가지 다소 이질적인 입장이 존재했다. 대한제국의 의료정책과 일본제국의 조선에 대한 의료정책이 그것이다. 두 국가 모두 근대 국가를 지향한다는 점에서 공통점이 있었으나, 한의학의 신뢰성에 대한 생각은 판이해서 한의학의 제도적 포용은 사뭇 다른 모습으로 나타났다. 대한제국 정부가 酌古參今의 가치로 한의학을 접근했다면, 일본제국은 전면적인 서양과학 채택이라는 가치로 이 문제에 접근했다. 사실 일본은 이미 이 문제를 자국에서,

식민지 대만에서 고민한 바가 있으며, 그 연장선에서 식민지 조선의 한의학 정책을 펼쳤다. 물론 본토와 식민지의 한의학 정책은 적지 않은 차이가 발생했는데, 독립국과 식민지 사이의 차이가 거기에 반영되었다.

이 글이 다루는 주제에 관한 선행 연구로는 두 가지가 주목된다. 첫째는 이종형의 "韓國東醫學史"(1977년)이다.[1] 이 글은 한의학 내부의 시선으로 일본의 정책을 비판하면서 악조건 속에서도 한의사의 분투가 있었음을 서술했다. 이런 입장은 일제시대를 겪었던 한의사의 입장을 대변하며, 현대의 한의사 대다수가 공유하는 것이다. 한마디로 말해 "일제의 한의학 말살정책"이 펼쳐졌다는 것이다. 이보다 좀더 중립적인 표현을 쓴다면, "서양의학의 융성과 한의학의 몰락"이 있었다는 것이다. 이런 견해에는 이민족 통치자가 식민지인의 민족 전통을 억눌렀다는 인식이 깔려 있다. 이전의 조선시대에 누리던 지위, 아니 그보다 가까운 시기의 대한제국의 우호적인 분위기를 생각한다면, 이런 생각이 전혀 근거가 없다고는 말할 수 없을 것이다. 하지만 실제 상황은 "민족 차별"이라는 단순한 구도로 다 이해할 수가 없다. 최근에 나온 박윤재의 「한말·일제 초 근대적 의학체계의 형성과 식민 지배」(2002년)는 이러한 한의학 내부의 시각을 극복하였다. 이 논문은 식민지 통치 이데올로기와 보건의료의 현실이라는 측면에서 이 시기 한의학을 다루었으며, 식민지 '의학체계'의 성립이라는 맥락에서 일제 초기 한의학 정책의 전반적인 특징을 밝혔다.[2]

내 논문은 다음 네 가지 측면을 강조한 점에서 위의 논문과 차이가 있다. 첫째, 한말·일제 초기 한의학 정책의 성립 과정을 분석한다. 둘째, 한의학 정책이 응축되어 있는 법령을 전면적으로 분석한다. 셋째, 한의학 정책을 대한제국, 대만, 일본과 비교하여 고찰한다. 넷째, 식민지 한의학 정책의 실시와 그에 대한 한의계와 조선 민중의 반응을 살핀다. 이하 이 글의 구성은 다음과 같다. 대

1) 이종형, 1977「한국동의학사」『한국현대문화사대계』4 (과학기술사), 고대 민족문화연구소.

2) 박윤재, 2002「한말·일제 초 근대적 의학체계의 형성과 식민 지배」, 연세대 대학원 사학과 박사논문.

한제국의 한의학 정책(2절), 1910년 전후의 식민지 한의학 정책의 성립 과정(3절), 식민지 한의학 관련 법령 분석(4절), 식민지 한의학 정책의 실시와 이에 대한 조선인의 반응(5절) 등이 그것이다. 이런 논의를 통해 식민지 한의학 체제의 역사적 성격을 분명히 할 것이다.

2. 대한제국의 한의학정책

엄밀한 의미에서 국가 한방의료 정책은 갑오개혁기에 처음 이루어졌다. 한방의료라는 용어 또는 개념은 서양의료의 존재를 의식하여 만들어진 것이다. 그 이전까지는 한방의료가 아닌 그냥 의료정책이었다. 1895년의 갑오개혁은 서양의료를 전면에 내세운 형태의 개혁이었다. 위생국이 설치되었고, 서양식 의학교와 병원을 세우려는 계획을 세웠다. 반면에 국가 최고의 의료기관이었던 내의원이 왕실의료에 국한되었으며, 오랫동안 관직 의원을 양성해온 기관인 전의감이 폐지되었고, 의과 역시 철폐되었다. 한의 인력을 양성하기 위한 그 어떤 대안도 마련되지 않았다. 또한 갑오개혁 정부는 실제로 민간의 의료를 책임지고 있는 수천 명의 한의 인력에 대한 질적 관리에 대해서도 크게 관심을 보이지 않았다.[3] 이런 사실을 놓고 볼 때, 갑오개혁 정부는 한방의료를 국가의료에서 배제하려는 정책 의지를 가지고 있었다고 추측할 수 있다.

1897년 대한제국이 선포되면서 이러한 경향은 수정되었다. 그것은 두 가지 측면에서 나타났다.[4] 첫째는 공식 영역에서 한의를 중시했다는 점이다. 1899년에 설립된 국가병원인 내부병원(1900년 광제원으로 개칭)에 한방 진료부를 두었으며, 1902년 전국적인 전염병 유행 때에도 한의를 구제위원으로 삼아 구료활동에 나서도록 했다. 두 번째는 이전 시기에 전혀 논의되지 않았던, 민간 영

3) 갑오개혁기의 한의학정책에 관한 내용에 대해서는 신동원, 1997 『한국근대보건의료사』, 한울, 제4장을 볼 것.

4) 대한제국기 한의 제도에 대해서는 신동원, 위의 책, 제5장을 볼 것.

역의 한의에 대한 질 관리를 시도하고 한의 양성을 위한 교육기관의 설립 추진을 도왔다는 점이다. 1900년도 반포된 「의사규칙」은 민간 의료 인력에 대한 질적 관리를 내용으로 하고 있으며, 1906년 한의 양성 학교인 동제의학교 설립에 고종황제는 내탕금을 내어 그것을 지원했다. 이러한 방침은 '酌古叅今'의 원칙을 따른 것이었다. 이 말은 1905년 대한적십자사 병원 개원에 즈음하여 고종 황제가 직접 쓴 표현이다. 그는 '작고'로서 기존의 혜민서 · 활인서의 전통을 잇기 위함을, '참금'으로서 적십자정신과 서양의술을 언급했다.[5] 서양식 의학을 공부하기 위한 의학교의 설립과 서양식 의술을 펼치기 위한 병원의 설립이 새로운 시대적 조류를 추스르는 것이었다면, 한의의 양성과 한의술 기관은 옛 것을 존중하는 것이었다.

대한제국기 한방의료정책은 「의사규칙」(1900. 1. 17, 내부령 제27호)의 공포로 구현되었다.[6] 이로서 한의의 지위와 행위가 역사상 최초로 규정되었다. 이 규칙은 일곱 조항으로 이루어져 있으며, 의사의 정의, 의사의 자격 획득, 인허수속과 인허증 재발급 등을 규정하였다. 이에 따르면, "의사는 의학을 慣熟하여 天地運氣와 脈候診察과 內外景과 大小方과 藥品溫凉과 鍼灸補瀉를 통달하여 對證投劑하는 자"(제1조)로 정의되었다. 의사가 되기 위해서는, 첫째 의과대학이나 약학과를 졸업해야 하며, 둘째 국가의 의료 담당기구인 內部에서 행한 시험에 합격해서 인허증을 획득해야만 했다(제2조). 단, 아직 의과대학이나 약학과가 설립되어 있지 않기 때문에 임시로 의사 지망자의 의술을 위생국에서 시험하여 대신이 의사 인허장을 부여할 수 있었다(제2조). 중앙정부에서 인정하는 인허장이 없는 경우에는 내외국인을 막론하고 의업을 펼칠 수 없었다(제7조). 이밖에 인허장 관련 내용을 보면, 인허장 발부 수수료는 3원(元)이었으며(제4조), 지방에 있는 의사가 인허장을 받기 위해서는 시험증서를 해당 관찰사를 경유하여 內部에 청원해야 했으며(제3조), 정부에서는 인허장을 내주면서

---

5) 『관보』, 1905년 7월 12일; 『황성신문』, 1905년 7월 10일.

6) 『관보』, 1900년 1월 17일.

의사의 관련 기록을 의사 명부에 올려 이를 공준하도록 했다(제5조). 의사가 인허장을 잃어버리거나 개명, 이적하여 인허장을 재발급받기 위해서는 그 사실을 해당 관찰사를 경유하여 1원의 수수료와 함께 내부에 청원해야 했다(제6조).

이 「의사규칙」은 두 가지 큰 특징을 보인다. 첫째, 국가가 모든 의사의 질을 관리하겠다는 의지를 담고 있다. 전문적인 대학과 학교를 졸업한 자 또는 내부에서 시행하는 자격시험을 합격한 자에게만 개업 인허를 내주는 방식으로 그 질을 관리하려고 했다. 둘째, 민간의 한의가 '질 관리' 의 주요 대상으로 규정되었다는 점이다. 의학의 정의가 "진맥, 내외경, 대소방 등" 한의학 식으로 내려져 있음을 볼 때, 이는 당시 의사의 절대 다수인 한의 인력을 염두에 둔 표현이라 할 수 있다. 실제로 이 법령을 반포한 직후 내부에서는 서울 지역의 한의를 대상으로 인허 시험을 시행했다.[7] 하지만 의도와는 달리 그것은 제대로 시행되지 못했다.[8]

한약의 관리도 규정되었다. 「내부령 제27호」는 「의사규칙」에 이어 「약제사규칙」, 「약종상규칙」, 「약품순시규칙」 등을 두어 약무를 규정했다. 「약제사규칙」에서는 약제사의 정의, 약제사의 자격 획득, 약국 개설 관련 사항, 의사의 처방과 관련된 여러 가지 업무, 외국약 취급 사항, 극독약의 관리, 환자에 내주는 약제의 용기와 포장에 적어야 할 사항, 허가 없는 비방의 제조, 판매의 금지 등을 규정하였다. 「약종상규칙」에서는 약종상을 "약품 판매하는 자"로 단순하게 정의하는 한편, 그 자격 조건으로는 별도의 시험을 두지 않고, 지방청에서 인허를 내주도록 했으며, 그들의 극약, 독약 판매를 제한했다. 「藥品巡視規則」에서는 감시원(위생관리 · 경찰관리 · 약제사 등)을 두어 약국과 약품 판매, 제조하는 장소를 순찰토록 했다. 감시원은 감시할 시간을 미리 예고, 고시하며, 검사 도중 썩거나 상한 약품이 발견되면 즉시 소각하도록 했다. 이와 함께 이 규칙에서는 한약과 양약 중 극 · 독약, 임신 중 금기약 등을 명기했다. 한약 중 극독약

---

7) 『황성신문』, 1900년 3월 3일 182면; 『데국신문』, 1900년 3월 3일 317면.

8) 대한제국의 한의 면허에 대해서는 신동원, 앞의 책, 304~305면을 볼 것.

으로는 대황 등 63종을, 임신금기약으로는 半夏 등 46종을, 양약 중 독약으로는 승홍 등 26종을, 극약으로는 석탄산 등 100여 종을 규정했다. 이상 약무에 관한 업무도 국가의 약에 대한 관리 의지의 표현과 함께 그 안에 한약 관리를 포함하고 있다는 점을 특징으로 한다.

대한제국의 한의학에 대한 우호적인 태도는 한의학교 설립의 지원에서도 나타난다. 갑오개혁 때 의과가 폐지된 이후 한의 인력을 전문으로 양성하는 공적 또는 사적 기관이 존재하지 않았다. 이는 서양 의사 양성기관으로 의학교(1899년 설립)와 세브란스의학교(1899년 설립) 등 두 기관이 있었던 것과 대비된다. 따라서 한의계에서는 1904년 사립 대한의학교 설립을 학부에 청원한 적이 있었으나 허가되지 않았고, 다시 1906년에 동제의학교 설립에 나섰다. 이 기관의 설립에 대해 고종 황제는 적극적인 후원에 나섰다. 그는 이 기관에 校舍를 하사했으며, 경비를 대주었다.[9] 비록 공립은 아니었지만, 탁지부에서는 일정 정도의 경비를 지원했다.[10] 학교장에는 전 농상공부 협판 이근상이 임명되었고, 의교장에는 대한의원 설립 청원서를 제출했던 전 시종 겸 전의인 장용준이 임명되었으며, 교사로는 이기영, 이교각, 송태환, 조용환 4명이, 여교사로는 김필주의 부인 김씨가 고빙되었다.[11] 학과로는 전문과와 중등보통학과 두 과가 있었으며,[12] 한의학뿐만 아니라 서양의학, 국한문, 산술, 외국어학(일어) 등의 과목이 교수되었고[13] 수업 연한은 명확치 않다. 동제의학교는 1906년 6월 20일부터 교

---

9) 『황성신문』, 1906년 11월 8일. 동제학교의 위치는 西署 奉常司洞 내섬시 내에 위치했다(『대한매일신보』, 1906. 10. 14). 경비 지원에 대해서는 이종형, 「한국동의학사」, 281면을 볼 것.

10) 김두종, 1966, 『한국의학사』, 탐구당, 519면. 여기서 탁지부 경비란 사립학교 지원금을 뜻할 것이다. 왜냐하면, 당시 예산표에는 동제의학교에 대한 별도의 지출항목이 잡혀 있지 않기 때문이다.

11) 『대한매일신보』, 1906년 6월 28일; 기창덕, 1995 『한국근대의학교육사』, 406면.

12) 『대한매일신보』, 1906년 6월 26일.

13) 『대한매일신보』, 1906년 7월 1일. 서양의학 교수 내용은 『대한매일신보』, 1906년 10월 14일자를 볼 것.

수에 들어갔는데,[14] 한의학 수업보다 기초과목 수업이 먼저 이루어진 듯하다. 수업은 설립 초기부터 활기를 띠어 "교장이 열심이고, 교사가 고명해서 학원이 날로 증가해 校舍가 부족할 정도"였다.[15] 하지만 1907년 여름 헤이그 밀사 사건을 계기로 고종이 퇴위하게 됨에 따라 동제의학교는 문을 닫았다.[16] 후원자 고종의 퇴위라는 직접적인 사실도 작용했겠지만, 더 넓게 볼 때에는 일본의 조선 식민지화 작업이 성공을 거두어 보건의료 부문에 대해서도 자신의 의사를 관철할 수 있게 되었기 때문이라고 할 수 있다.

근대화를 표방한 대한제국이 한의학을 무시하지 않은 까닭은 무엇일까? 그것이 보건의료의 근간을 이루고 있기 때문에 그것을 부정할 수 없었던 현실적 이유가 매우 컸을 것이다. 달리 말해 한의학을 대체할 수 있는 서양의학의 토대가 너무나 빈약했으며, 서양식 의료는 막대한 경제적 비용을 필요로 하는 것이었다. 그렇다고 해도 이미 일본이 택했던 길, 즉 보건의료 현실은 인정하되 이념적으로는 서양과학을 추구한다는 점을 강하게 부각시키는 방법이 없었던 것은 아니다. 그러나 대한제국의 한의학 정책은 이와는 분명히 달랐다. 일본에 비해 한의학에 대해 훨씬 우호적이었으며, 동과 서를 대등하게 취급하겠다는 의지를 드러냈다. 그것은 '酌古叅今'이라는 용어에 압축되어 있다. 이 원칙에 입각하여 대한제국 정부는 방역을 위한 보건 분야에서는 서구적인 방법을, 대민병원과 민간의 의료에서는 한의학을 위주로 삼았다. 또한 서양식 의사를 양성할 수 있는 의학교를 세웠으며, 조선식 의사를 양성할 수 있는 동제의학교를 후원했다. 이런 사실은 대한제국의 한의학 정책이 "문화적 정체성을 유지하면서 서양 문물을 이식한다."는 정책의 틀 안에서 이루어졌음을 뜻한다.

---

14) 『뎨국신문』, 1906년 5월 31일.

15) 『대한매일신보』, 1906년 6월 28일.

16) 이종형, 『한국동의학사』, 고려대학교 민족문화연구소, 281면.

3. 식민지 한의학정책의 형성과정

조선(대한제국)이 일본의 식민지가 되면서, 조선의 한의학에 대한 정책에 커다란 변화가 있었다. 서양의학과 한의학을 대등한 수준으로 고려했던 대한제국의 정책과 달리 식민지 통치자가 된 일본제국은 서양의학만을 공식적 의학으로 인정하는 정책을 펼쳤다.[17] 조선의 한의학에 관한 식민지적 구상이 구체화하여 나온 것은 1906년 4월이었다. 이 달 4월 9일 한국통감부 관저에서 열린 제3회 「한국시정 개선을 위한 협의회」에서 이 문제가 논의되었으며, 당시 학부대신 이완용의 의견에 대해 한국통감이었던 이토 히로부미(伊藤博文)는 한의약에 대한 자신의 구상을 다음과 같이 내비쳤다.

> 이완용: 의학에 관해 내가 느낀 점을 진술하면, 완비된 적십자병원과 의학교를 합치는 것은 의술의 진보라 의심할 바 없으나 비록 한국인이 아직까지 외국의 의술을 충분히 믿지 못하는 것은 필경 한방의를 깊게 믿는 까닭인 고로 한방의들은 충분한 학술을 닦지 못하고, 면허장을 가지고 있지 못하면서 환자를 진료하고 투약하기 때문에 위험이 적지 않다. 그렇기 때문에 정부에서는 한방의를 감독할 필요가 있으며, 이를 감시, 단속하면 외국의술이 신속하게 발달할 수 있으리라 믿는다.
>
> 이토: 이 일을 용이하게 하게 위해서는 외국의 의술을 연구하는 것에 면허장을 주는 것도 가능하다. 다수의 인민이 의연이 한방의를 믿고 있어 일단 한방의를 금지하면 한국에 의자(醫者)가 전혀 없는 상태에 빠지며, 내가 일본의 내부대신을 맡고 있을 때 일본에서도 4만 기천의 한방의들이 있었지만 그후 양의의 수가 증가해서 정부에서 의술 개업을 감독한 이래에 형세가 점점 변해서 요즘에는 한방의들의 자제들이 모두 서양의술을 연구하고자 한다. 그렇기 때문에 한국에서도 의술 개업의 감독은 점점 이를 시행하는 것이 옳지 급작스럽게 하는 조치는 마땅치 않다.

---

17) 대한제국의 한의약 정책에 대해서는 신동원, 앞의 책, 한울, 196면 참조.

각 대신: 그렇군요.
이토: 나는 이 일에 관해 경험이 있다.[18)]

위 인용문을 보면, 통감부가 주체가 된 새로운 의료체계 안에서 "서양의학을 발전시키고 한의약을 정리해야 한다."는 입장에서는 이완용 학부대신과 한국통감 이토 히로부미가 같은 정책 의지를 보였음을 알 수 있다. 하지만 정리 시기와 방법에 대해서는 차이가 엿보인다. 이완용이 당장 한의약을 단속해서 서양의약을 진작시켜야 한다는 입장을 보인 반면에 이토는 점진적으로 한의약을 도태하도록 하면 자연히 서양의학이 발달하게 될 것이라는 입장을 보였다. 급하게 한의약을 정리하면 현실적으로 그것을 대신할 의료인력이 없다는 것이 그 이유였다.

1910년 8월 조선의 강제적 병합 후 조선총독부의 한의약 정책은 큰 틀에서 통감부의 그것을 그대로 계승했으나, 난항을 겪었다. 병합 직후부터 바로 한의약에 관한 정책이 이루어졌음은 『매일신보』의 여러 기사를 통해 알 수 있다. 가장 이른 것은 병합 후 한 달 정도가 지난 1910년 10월 6일자이다. "조선의사 취체"라는 기사 내용을 보면, "금후 조선의 의사는 시험합격자를 한하여 허가하고 우(又)는 개업지역을 한정할 방침으로 훈령을 발하였다더라. 이상 동경발 5일 착"과 같다. 이 내용은 강제 병합 후 일본 본토에서 날아온 가장 이른 것으로 확인되는 방침으로, 조선의사 곧 한의에 대해 시험합격자에 한해 개업을 허가하고, 개업 지역을 한정한다는 내용을 담고 있다. 한달 보름 정도가 지난 1910년 11월 20일자 「조선의사의 쇠퇴」라는 기사는 또 다른 정보를 가지고 있다. "舊醫의 정리와 신의의 진작"이라는 방침과 함께 이를 규정하는 "규칙을 편성하고 있으며 그 규칙이 나오면 구의는 자연히 무용케 될 것"이라는 내용이 그것이다.[19)] 불분명하기는 하지만, 한의의 점진적인 도태를 암시하고 있다. 사흘 후인 11월 23일자 다음 기사에는 좀더 구체적인 내용이 실려 있다.

18) 金正明 編, 1962『日韓外交資料集成』, 180~181면.
19)『매일신보』, 1910년 11월 20일.

> 시세의 추이를 반하야 조선의사에 관한 규칙을 설정함이 목하의 급무됨은 본보가 누계하는 자어니와 내무부 위생국에서 해 규정을 기초하는 중이라는데, 기 내용을 문한즉 의사는 내무대신의 면허장 우는 의술개업의 인가증을 유한 자와 조선총독의 면허증을 유한자에 한하되 제국대학 의과 졸업생, 혹은 외국에서 의사의 인가를 득한 자, 조선총독부의원부속의학교 졸업생에 한하여 면허인가를 여하기로 하고 차 다년 의업에 종사하여 기 학식과 경험이 개업의의 자격에 합할 자로 인정하는 자에게는 특히 차를 허가할 터인데, 해 규정은 장관회의 심의를 경한 후 명년 4월 1일부터 시행할 계정이라더라.

이에는 논의 심의 주체, 의사 자격 규정, 시행일 등에 관한 정보가 담겨 있다. 우선 논의 심의 주체는 내무부 위생국이었음을 알 수 있다. 내무부 위생국은 위생과의 잘못이다. 1910년 10월 당시 위생행정은 서울의 경우는 조선총독부 경무총감부 위생과에서 담당했으며, 지방의 위생 행정은 내무부 지방국 위생과에서 담당했기 때문이다. 두 기구 사이에 혼란이 있었고 권한의 다툼이 있었기 때문에 조선총독부의 위생행정은 1911년 8월 이후에 총독부의원과 자혜의원 사무를 제외한 모든 사무가 경무총감부 위생과로 합쳐졌다.[20] 다음으로 의사 자격을 보면 6가지이다. 1) 일본에서 의사자격증을 획득한 자, 2) 조선에서 면허증을 획득한 자, 3) 제국대학 의과졸업생, 4) 조선총독부의원부속의학교 졸업생, 5) 외국에서 의사면허를 획득한 자, 6) 다년간 의업에 종사하여 학식과 경험이 개업의의 자격이 충분하다고 인정하는 자 등이 그것이다. 이 중 한의는 여섯 번째의 경우에 해당될 수 있을 것이다. 이 기사에는 의사와 한의의 차별에 관한 내용이 시사되어 있지 않다. 마지막으로 시행일이 1911년도 4월 1일로 예정되어 있었다. 이해 4월로 예정되어 있었던 한의에 대한 방침은 이해 9월 「변호사규칙」과 함께 발표하는 것으로 수정된 듯하지만, 그조차 여의치 않았다. 그 사정은 1911년 9월 22일자 『매일신보』에 잘 드러나 있다.

---

20) 白石保成, 1918『朝鮮衛生要義』, 35면.

> 내무부 위생과에서 입안중이던 조선의사규칙은 변호사규칙의 발포에 전후하여 발포할 터인데 실지를 조사한 결과로 비상히 복잡하여 도저히 변호사규칙 입안에 비할 자는 아닌 고로 자연 해령 발포기일도 지연할 터인데 전일 경무총감부로 위생 사무를 통일한 이래로 총감부에서 심사하는 중이오 동령은 내무부 관계 당시에 旣爲 조사 입안을 종료하였다 한즉 불원에 制令으로 발포하리라 하더라.

즉 매우 복잡하기 때문에 쉽게 정리할 수 없다는 것이었다. 또한 앞서 언급했듯이 두 행정기관상의 혼란도 비춰진다. 무엇이 그토록 비상히 복잡했던 것일까? 그것은 한의를 표준적인 한 틀로 담기 힘든 사실이었을 것이다. 의술의 수준과 영업 형태 등이 너무나 다양했기 때문이다. 1912년 3월 27일자 『매일신보』의 "경찰 기관에서 참고하기 위해서 조선의사의 이력을 수집한다는 기사"가 이를 방증한다. 이는 광범위한 실제 조사 없이 법령을 만들기 어려운 상황을 말해준다. 물론 한의에 대한 기본 입장은 1913년 6월 이전에 이미 확립되어 있었다. 1913년 6월에 나온 『위생경찰강의일반』에서는 "의사령과 기타 의료인에 관한 규정은 목하 심의중에 있으며 얼마지 않아서 발포될 것인데, 그 기안에는 고래의 家傳醫는 의사와 구별하고, 현재의 醫者는 특별 규정 아래에 두어 장래에 이를 허용할 방침을 심의"[21]했음을 밝히고 있는데, 이는 그해 11월에 발포된 「의생규칙」의 내용과 동일한 것이다. 이상의 내용을 보면, 1910년 강제 병합 이후 조선의 한의약 정책의 세부 내용에 대한 논란이 있었음을 알 수 있다.

하지만 서양의사와 한의를 동등하게 취급하지 않으며, 한의를 한시적으로만 인정한다는 큰 틀에 관한 논란이 있었던 것 같지는 않다. 이는 일본제국이 식민지배를 시작하면서 내세운 핵심 이념과 관련되어 있는 부분이기 때문이다. 일본이 내세운 핵심 이념이란, "식민 지배를 통해 선진 문명인 일본이 그 혜택을 조선인에게 주기 위한 것"이며 그것을 의학에 적용하면, "발달한 서양의학을 각 지역에 넓게 혜택을 주기 위한 것"이라는 점이었다. 이 논리는 조선총독 데라우치(寺內)의 다음과 같은 연설문에 잘 나타나 있다.

---

21) 平安南道警務部 編纂, 1913 『衛生警察講義一斑』, 128면.

유래로 조선에 재한 의료의 시설은 아직 유치한 역을 未脫하여 조선인으로 의업에 종사하는 자 전토를 통하여 약 1,500명을 算함에 불과하되 기 다수는 의학의 소양이 충분치 못하고 기술이 또 졸렬하여 질병구치의 효를 거하기 부족한지라. 是以로 客年에 총독부를 설치한 이래로 각도에 자혜의원 1개소를 치하여서 환자의 구치에 종사케 하였더니 이래로 기 성적이 파이 양호하여 본년 1월 이래로 5월에 자한 간에 시료환자수가 합계 7만 6천여인이오 보통환자가 합계 1만 3천여인이오 차의 연인원이 58만 2천여인데, 각원 1일의 평균환자수는 약 300인의 다수를 달한지라. 연이나 1의원의 설치로서 普히 전도의 의료에 종사케 함이 불능함은 물론하고 僻陬의 지방에 재하여 기 益을 受함에 至치 못함이 유감이더니 幸히 본년 2월 특히 성조를 發하사 시약구료자로 내탕 150만원을 하사하시고 차에 기하여 濟生會의 조직을 見함에 지하였는데 조선도 역 기 여택에 점하고저 하나니 장래에 점차 자혜의원을 확장하는 동시에 각 도의 요소에 분원 又는 출장소를 설하여서 궁민의 질고를 광구하여 자인하신 성지를 봉부코저 하기를 기하노라.[22]

이를 보면, 양 · 질적으로 일본의 식민 의료 혜택이 강조되어 있음을 알 수 있다. 이전 조선의 의술은 수적으로도 적을 뿐더러 수준이 졸렬했음을 말하고 나서, 총독부에서는 각 도에 자혜의원에 세워 서양의술을 제공하여 많은 환자에게 혜택을 주었음을 말했다. 또한 아직 벽촌에 의료 혜택이 미치지 못하는 곳에서는 천황의 내탕금으로 시약 구료를 행하였으며, 이후 자혜의원의 확대로 서양의술의 혜택을 더욱 넓혀 나가겠다는 포부를 말했다. 이는 곧 데라우치 조선총독이 서양의학 수준의 발전, 양적 확장을 우선 정책으로 삼아 수준이 낮은 조선의 의술을 완전히 대체하겠다는 의지를 표명한 것이라 할 수 있다.

"서양의학의 진작과 한의약의 궁극적 부정"이란 정책은 일본제국이 일관되게 내세운 논리였으며, 이미 식민모국 일본과 또 다른 식민지 대만에서도 나타났던 정책이었다. 일본에서는 이미 1874년 신 醫制를 공포하면서 한의 제도를 폐지하여 의사 안에 편입시켰으며, 식민지 대만에서도 1901년에 한의를 정리하여 의생 면허를 주었다.[23] 일본의 경우, 기존 한의의 기득권을 인정하여 의사제

22) 『매일신보』, 1901년 7월 2일.

도 안에 그들을 포함시켜 영구면허를 주면서 신규면허를 주지 않는 식으로 한의를 정리했다. 대만의 경우도 일본과 거의 동일하지만 한의를 의사보다 한 등급 낮은 의료인을 뜻하는 의생으로 규정했다는 점에서 차이가 있었다. 일본 내에서도 이런 한의약 폐지정책에 대해 한의계의 거센 반발이 있었고 한의제도를 신설하려는 시도가 줄기차게 있었지만 그것이 성공을 거두지 못했다. 기존 한의약을 인정하는 형식에 대해서는 차이가 있었음에도 불구하고, 일본 본토, 식민지 대만, 식민지 조선 등에서 일본제국의 "기존 한의약의 기득권 인정과 추후 점진적인 폐지"라는 정책은 최소한의 일관성을 지니고 있었다고 할 수 있다.

왜 일본은 한의학을 부정하는 입장을 택했을까? 이는 근대화의 길로 나선 일본이 서양 과학기술을 전면적으로 택한 것과 관련이 있다. 특히 군부의 입김이 강했다. 1890년대 중반 일본에서 10만 명이 넘는 후원인을 바탕으로 한 한의 부흥운동이 있었음에도 불구하고 그것은 실패로 끝났다. 이때 한의 공인의 입법 청원을 강력하게 저지했던 외과의사 출신 장군인 이시구라(石黑忠德)는 다음과 같이 말했다. "근대 일본의 보건의료제도는 위생적, 법적, 군사적 목적에 부합되는 것이어야 하는데, 한방의료는 이런 일을 수행할 수 없다"고 말했다. 게다가 "일본이 근대보건의료제도를 성공적으로 정착한다면 서양과 마찬가지로 근대문명 국가로 발돋움하는 것이 되지만, 돌팔이나 다름없는 한방의학을 공인한다면 문명국가의 비웃음을 살 것"[24]이라고 말했다. 즉 후발국으로서 근대화를 지향하는 일본으로서는 서양인들이 전근대적으로 생각하는 것을 관용할 수 없었던 것이다.

과학으로서 한의약을 인정하지 않는다고 해도 보건의료로서 한의약을 부정했던 것은 아니었다. 심지어는 의술로서 한의약의 적합성을 인정하기도 했다. 식민지 기관지 성격을 띠는 『매일신보』의 사설 「의학계의 서광」과 「의학계에

23) 일본의 경우 신동원, 「일본 보건의료의 근대화 과정」 『과학사상』 32, 2000년 봄, 212~213면. 대만의 경우에는 「臺灣醫生免許規則」(1901.7.23일 부령 제7호)을 참조.

24) Bridie Jane Andrews, *The Making of Modern Chinese Medicine*, 1895~1937 (Dissertation, Cambridge, 1996), p.157.

대하여」는 이런 상황을 다음과 같이 지적하고 있다.

> 오호라! 금일의 불가폐할 자도 시 舊醫業이오 금일의 不可存할 자도 역시 구의업이라 하자오. 범 혈육이 有한 이상에는 질병이 可優치 못할지니 연한 즉 醫治의 기관을 광설하여 생명의 행복을 증진할지나 연하나 아 민족 중 此業에 종사하는 자가 3천여인에 불과하고 우 학술의 족히 합격할 자가 50여인에 불과하다하니 차 소수의 기관으로 어찌 2천만인의 不時疾苦를 能救하며 此를 取締하면 3천명의 실업자는 何術로 可濟하리오. 神農遺業으로 쇄항시대에는 근근이 적용하였으나 현금 6주가 교통하여 각종의 질병이 수입하여 異症奇候가 번루함으로 舊醫의 방법으로는 도저히 치료키 難할 뿐 아니라 왕왕 생명을 誤함이 不無한 고로 불가존할 자가 是也라.[25]

> 근일은 서양의학을 수입하여 진찰, 시술을 竝히 문명방법을 用하여 중앙 급 지방에 모범의 의원을 설립하였으나 차 소수의 의사로는 도저히 광제의 효력을 가득치 못할지니 자연 구의약도 可廢치 못할지오 우 풍토가 부동하니 서약이 조선인 내과에 個個히 적합하다 爲키 難한즉 불가불 참고적으로 구의약도 장려함이 가하도다.[26]

두 인용문에 나타나 있는 사실은, 이들을 부정했을 경우 그것을 대체할만한 의료가 존재하지 않았다는 점, 한의약에 종사 있는 다수의 생계를 외면할 수 없었다는 점, 한의약이 조선의 풍토에 맞는 특성을 지니고 있다는 점이다. 사실 이 사설들은 총독부의 한의약 정책에 불안감을 느끼고 있는 한의와 조선민중의 불만을 완화하기 위한 느낌이 강하게 풍긴다. 왜냐하면 총독부의 한의 홀대 방침이 알려지자 한의들이 조직적 반발을 보였기 때문이다. 다음 신문기사가 이를 말한다.

> 어떠한 지방에서는 舊醫士 등이 此等 추세를 관하고 반항을 試하되 자혜의원은 원래 일본인 자신의 의료기관에 불과하고 조선인에게는 하등 이득을 覩할 자 아니

25) 『매일신보』, 1911년 1월 12일.
26) 『매일신보』, 1911년 8월 22일.

라 하며 차 자혜의원의 의사는 개 군의에 속한 자인즉 군의는 전시에 사상자를 치료함에 불과하고 보통 내과의 환자를 치료하는 수단이 毋하다 하는 등 不美의 流言을 전파하고 차치 등은 단체를 조직하여 매약점과 동맹하고 단체 이외의 의사에게는 매약을 거절하여 일시적 무용 수단을 用하나 의사취체 규칙이 불원간 발포되는 시는 彼等의 舊醫가 自歸無用함은 확연한 사실이라 하더라.[27)]

즉, 한의 정리의 움직임이 있자 한의들은 조직적으로 반발하여 대립의 각을 세워나갔다. 식민통치자가 자혜의원을 세워 서양의술을 보급한다는 논리에 대해서는 그들이 일본인을 위한 기관에 불과하며, 그들의 의술은 사상자나 다루는 외과술에 불과하다는 논리를 펼친 것이다. 이에 대해 식민 당국은 결코 당장 한의약을 전폐시킬 수 없을 뿐만 아니라 그렇게 할 생각이 없음을 계속 천명하였다. 단 위생행정을 담당하는 식민지 관리의 생각은 『매일신보』 기자와 같지 않았다. 그들은 한의약의 긍정성을 결코 인정하지 않았으며, 조선인이 미신에 빠져 있다거나 조선인이 한의약에 대해 그런 생각을 가지고 있다는 식으로 받아들였다.[28)]

4. 식민지 한의학정책의 법제화

식민 지배 초기 조선총독부의 한의약 정책은 크게 한의 관련 의료인력 관리와 한약과 한약업자 관리의 두 부분으로 이루어졌다. 시기적으로 보면 「약품급약품영업취체령」(1912년 제령 제22호), 「의생규칙」(1913년 11월 15일 총독부령 제102호), 1914년 10월 「안마술 · 침술 · 구술영업 취체규칙」(경무총감부령 제10호)과 그 시행규칙(경무총감부 훈령 갑 제55호) 등의 공포가 있었다. 이 가운데 가장 핵심적인 법령은 「의생규칙」이다. 거기에 식민통치자의 한의에 대한

27) 『매일신보』, 1910년 11월 20일.

28) 白石保成, 1918, 앞의 책, 53면.

인식과 함께 현재 한의에 대한 규정과 장래의 방침이 담겨 있기 때문이다. 또한 그것은 대체로 식민 지배 전 시기를 관통하여 행사되었다.

의생보다 소수였지만, 안마술자 · 침술자 · 구술자를 유사 의료인력으로 제도화한 점도 무시해서는 안 될 것이다. 의생은 장래가 불투명하게 규정되었지만, 안마술과 침구술은 그런 제약이 없었다. 이밖에도 약품과 약품 영업에 관한 규정은 경찰 당국의 한약재 감독의 근거를 담고 있으며, 한약을 다루는 약업 인력인 약종상의 자격과 의무를 담았다. 하지만 한약종상의 경우, 법 규정이 모호했다. 침구술이나 안마술과 달리, 일본 통치자의 한약에 대한 인식이 매우 부정적이었기 때문에 그런 것이다. 따라서 한약에 대해서는 "약"을 다루는 법령에서 명시적으로 언급하지 않았으며, 다소 임시변통적인 방식을 택했다. 한약과 한약종상에 대해서는 경무총감부 위생과의 행정적인 훈령으로 법을 대신했다. 예컨대 1914년 "의생의 처방전에 의해 한약을 조합하는 것과 조제 비슷한 행위라 해도 관습을 인정할 것"과 1916년 "극약 · 독약의 사용을, 비록 약제사가 아니지만, 관습에 따라 제한 없이 할 수 있도록 하라."[29]는 훈령이 그것이다.

1) 「의생규칙」의 내용

「의생규칙」은 식민당국의 한의학 정책의 골격을 이루는데, 본문 8조와 부칙 3조로 이루어져 있다. 본문 1조가 같은 날 공포된 「의사규칙」의 9조의 내용을 담고 있으므로 실제로는 본문 17조가 되는 셈이다.[30] 이 규칙의 내용을 보면, 의생에 관한 규정(제1조), 면허 자격과 면허 부여 주체(제2조), 면허증의 변경 · 훼손 · 분실시의 변경 또는 재발급(제3조), 면허 발급 · 변경 · 재발급 수수료(제4조), 면허의 취소와 의업의 정지 및 회복(제5조), 의업정지자의 면허 회수와 이후 회복된 면허증에 의업 정지 사실의 명기(제6조), 사적인 의업의 개시 · 이

29) 행림서원 편집부 편, 1938, 『한약종상시험정복 전』, 경성 행림서원, 18~19면.

30) 「의생규칙」의 내용은 뒤의 부록을 참조.

동 · 폐업시 신고(「의사규칙」 제7조), 진단서 · 처방전 · 검안서 · 사산증서의 교부(「의사규칙」 제8조, 제9조), 의생의 영업 광고 금지(「의사규칙」제10조), 범죄와 관련된 것으로 의심되는 환자나 시체 신고(「의사규칙」 제11조), 처방전의 형식(「의사규칙」 제12조), 약제 교부 때 환자에게 알려주어야 할 일(「의사규칙」 제13조), 진료부 10년간 보존(「의사규칙」 제14조), 폐업과 사망으로 인한 의사면허증의 반납(「의사규칙」 제18조, 제19조), 서류를 제출할 곳(「의사규칙」 제20조), 면허 부정 획득과 부정의료 행위에 대한 처벌(제8조), 의생규칙의 시행일(부칙 제1조), 추후 의생면허 발급 방침(부칙 제2조), 면허 연장에 필요한 서류(부칙 제3조) 등과 같다. 이상의 내용은 의료인에 대한 국가의 질 관리라는 면허제의 보편적 특성과 함께 한의만을 대상으로 한 특수한 조치를 규정하는 것이다.

우선 「의생규칙」 전체를 관통하는 가장 큰 특징은 "국가면허제를 통한 한의의 질 관리"라는 보편적인 측면이다. 국가기관은 일정한 자격이 있는 자에게만 의업을 행할 수 있도록 하며, 그렇지 않은 자에 대해서는 의업활동을 금지토록 했다. 또한 자격의 취득과 변경, 면허자의 이동, 자격의 취소와 부활, 자격의 소멸, 처벌 사항의 명기 등 모든 과정을 문서화해서 임의성을 없앴으며, 면허 사무의 추이를 담당 관청에서 일관성 있게 관리토록 했다. 이런 사항과 함께 「의생규칙」에서는 의료인으로서 한의의 지위, 권한, 업무 영역을 명시했다. 환자를 진료할 뿐 아니라 건강진단서, 사망진단서의 발급 등 행정 보조적인 활동을 하도록 규정되어 있다. 이 점은 의사와 치과의사의 행위와 동일한 것이었다. 「의생규칙」 7조에 규정된 "의사규칙 제7조에서 제14조까지, 제18조에서 제20조까지의 규정을 의생에 준용한다."고 한 점이 이를 말한다. 그 내용을 보면, 의생이 자신의 진찰을 근거로 환자를 치료해야 한다는 것, 자신의 처방을 환자가 알 수 있도록 한다는 것, 상업적 목적을 띠는 의술 광고의 금지, 처방전을 10년간 의무적으로 보관해야 한다는 것, 진단서 · 처방전 · 사망증서 · 사산증서의 발급에 관한 것, 범죄자로 의심나는 환자나 시체를 신고해야 한다는 것 등이 포함되어 있다. 여기서 진찰 행위나 여러 진단서 · 사망증서 등 증서의 발급 행위는 분명히 의료인만이 할 수 있는 행위였으며, 관습적으로 비슷한 활동을 했던 한약종상은 할 수 없는 행위였다.

대체로 이상의 내용은 대한제국기의 「의사규칙」(1900년)[31]의 규정보다 한 걸음 더 나아간 것이라 말할 수 있다. 「의사규칙」이 단지 의사의 진료 활동만을 규정한 데 비해, 「의생규칙」은 이와 함께 진단서 · 사망증서 · 사산증서 등의 제공, 범죄로 의심되는 자에 대한 신고 등 사회적 구실을 더 규정하는 한편, 부정 행위자에 대한 처벌도 분명히 했다. 이런 내용은 분명히 의료의 질 관리와 의료 행정의 강화를 보여주는 것이다. 그런데 지나친 점이 눈에 띈다. 범죄 의심자에 대한 신고를 법으로 규정한 대목이 그것이다. 이는 의사윤리상의 논란을 일으키는 대목이다. 고대의 「히포크라테스선서」에서 "환자에게서 얻은 비밀을 누설치 말라"로 규정이 있으며, 서양에서 의사가 진료 과정에서 얻은 비밀을 묻어두는 것이 하나의 윤리적 규범을 형성해왔기 때문이다. 당시 일본 「의사법」(1906년)의 경우 이 조항이 실려 있지 않다. 오히려 의사의 업무상 비밀 누설을 형법에서 금지했으니, 범죄 수사에 필요해서 경찰관리가 이를 요구할 경우 들어주어야 하는가 여부에 대한 학계의 논의가 있었다.[32] 그럼에도 식민지 조선의 경우에는 경찰 · 헌병에 대한 "적극적인 신고"를 규정했으니, 이는 경찰 · 헌병을 통한 식민지 지배의 일환으로 삽입되었음을 뜻한다.

진료 활동과 진단서 발급 등을 하는 의료인으로 규정되었지만, 한의는 의사나 치과의사보다 열등한 존재로 규정되었다. 열등함은 의료인의 명칭과 면허 발급 주체의 차이로 나타난다. 우선 '醫生'이란 명칭은 醫師보다 낮은 등급의 것을 뜻한다. 醫師에는 스승이나 존귀한 사람을 뜻하는 '師'가 들어 있는 반면 醫生에는 학생이나 수준이 높지 않은 사람을 뜻하는 '生'자가 들어 있기 때문이다. 이는 대한제국기의 그것과 차이가 있다. 대한제국기에는 양자 모두 醫士로

31) 이 「의사규칙」은 7조로 이루어져 있는데, 각기 의학의 정의(제1조), 의사의 자격(제2조), 의사 자격의 신청(제3조)과 수수료(제4조), 의사명부의 등록(제5조), 인허장의 재발급(제6조), 인허 받지 않은 자의 의업 금지(제7조) 등이 그것이다(『관보』, 1900. 1. 17).

32) 龜山孝一, 1932 『衛生行政法』, 松華堂, 344~345면.

규정했다. 다음으로 면허 발급 주체를 보면 의사의 경우에는 조선총독이었지만, 의생의 경우에는 경무총감부의 수장인 경무총감이었다. 대한제국기의「의사규칙」에서 면허 발급과 관리는 담당국인 내부 위생국이었으며, 발급 주체는 내부대신으로「의생규칙」의 그것과 달랐다. 이는 위생 행정을 담당하는 기관의 차이에서 비롯한다. 일본은 식민지 보건의료를 위생국이 아닌, 경무국에서 담당토록 했는데 이 점이 여기에 반영된 것이다.

한의의 존재는 또한 불안정하게 규정되었다. 그것은 교육기관의 불인정, 면허기간 등의 측면에서 나타난다. 의생은 "20세 이상의 조선인으로 이 규칙 시행 이전에 2년 동안 의업을 하는 자"만을 대상으로 하여 기득권만을 인정하는 식으로 면허가 부여되었다. 이는 국내외의 정식 의학교 졸업 또는 국가시험을 통해 의사의 면허를 얻는 것과 천양지차의 모습이다. 교육기관이 정식으로 규정되지 않았다는 사실은 존재의 연속성이 제도적으로 보장받지 못했음을 뜻한다. 게다가 새로 의생이 되는 사람은 더욱 불안정한 면허를 받도록 되어 있었다. 최초의 면허자는 영구 면허였지만, 그 이후에 면허를 받는 자는 5년에 한해 개업을 허용하는(갱신이 가능한) 한시적인 형태를 띠었다. 즉 언제라도 영업을 중지당할 수 있는 처지가 된 것이다.[33)]

이러한 열등함과 불안정성은 "한의학을 의료로서 완전히 부정하지 않고 현

---

33) 1923년에「의생규칙」은 개정되었다. 이 개정은 의생의 개업 조건의 변화를 의미했다. 이제부터 새로 의생이 된 자는 당국이 지정한 지역에서만 개업할 수 있도록 한 것이다. 당시 용어를 쓴다면 限地醫生 면허만 주는 것이다. 이전과 비교하면, 1914년에 면허를 딴 자는 영구의생, 1915년에서 1922년까지 면허자는 3년을 주기로 갱신해야 하는 限年免許였지만, 1823년 이후의 면허자는 한년이면서도 한지라는 훨씬 더 개업에 제한이 있게 되었다. 한지의생 면허는 의료인력의 지역적 편차가 심화하는 가운데 나왔다. 의사건 의생이건 새로 면허를 딴 인력이 도시지역을 선호했기 때문에 지방과 벽지에는 의료인력 부족현상이 큰 문제로 떠올랐다. 이를 해결하기 위해서 총독부 당국에서는 의사의 경우에도 처음부터 한지의사제도를 만들었고, 의생의 경우에는 신규면허자 전부를 한지의생으로 면허하는 방침을 세웠다. 한의의 경우, 조선인에게 더 친근하며 더 값싸고 '賤'하다는 인식 때문에 의사보다 더 가혹한 면허 조건에 처하게 된 것이다. 즉 그것은 총독부가 한의 인력을 훨씬 쉽게 마음대로 조종할 수 있도록 한 것이었다.

실적 수준에서만 인정하겠다."는 정책에 근거를 둔 것이다. 이러한 기초 위에 식민지 조선의 열악한 의료 현실상 부정할 수 없는 의료인인 한의를 통제하고 활용하려는 의도가 결합된 것이 「의생규칙」이다. 이 부분은 대한제국기의 그것보다 한결 체계적이고 실천 가능한 모습을 띠었다. 하지만 "범죄 혐의자에 대한 신고를 강제한 것" 같은 내용이 삽입되어 있는 것에서 볼 수 있듯이, 경찰 통치 방침을 노골적으로 드러낸 부분도 있었다.

2) 약종상 정책과 약재 단속

약품과 약품 영업에 관한 법규로는 「약품급약품영업취체령」(1912.3.28 제령 제22호), 「약품급약품영업취체령시행규칙」(같은 날, 부령 제55호), 「약품급약품영업취급수속」(1912. 5. 22, 경무총감부훈령 갑 제33호), 「매약검사규정」(1912. 7. 16, 경무총감부 훈령 갑 제53호), 「약품감시규칙」(1913. 7. 16, 부령 74호), 「약품순시규칙시행수속」(1914. 2. 13, 경무총감부 훈령 갑 제2호) 등이 있었다. 약종상의 경우와 마찬가지로 법적으로 한약이 따로 명시적으로 규정되지는 않았다. 식민 당국자가 침술과 안마술과 달리 "초근목피에 의존하는" 한약을 별로 신뢰하지 않았기 때문이다.[34] 따라서 한약에 대한 내용은 「약품 취체규칙」 등에 실린 약재의 취급과 단속에 관한 일반적인 사항을 준용했다. 이에 따라 식민 당국은 주로 한약재의 진부 여부, 한약국의 위생 청결 상태 등을 집중 단속했다. 그런데, 두 가지 측면에서 이 법령들의 문제점이 드러났다. 하나는 관습적으로 한약을 판매해온 한약종상의 규정이 모호했다는 점이었고, 다른 하나는 한약 중 극약·독약이 법적으로 규정되지 않았다는 점이었다.

식민지 조선 한의약 인력 중 다수를 차지하고 있으며, 일반 조선민중의 의약생활에 가장 근접해 있었던 직종이 이른바 약종상이었다. 전통적으로 의학을 상대적으로 많이 한 의원과 주로 약을 판매하는 약종상이 있었다. 이렇듯 진찰

---

34) 志賀 潔, 「朝鮮の醫生について」『中外醫事新報』第1185號, 1932년 7월 28일.

을 해서 처방을 내리는 의사와 약만을 취급하는 藥業의 구분이 상당한 정도로 진척되어 있었지만, 둘 사이의 확연한 구분은 이루어지지 않았다. 의사가 약을 지어 판매하는 일이나, 약종상이 약을 팔기 위해 진찰을 하는 경우도 흔했다. 일반적으로 약종상 이용이 의원의 이용보다 더 많았다. 의원이 벽지에 없는 경우가 많았기 때문이기도 하며, 약종상 이용이 의원의 경우보다 크게 저렴했기 때문이다.[35)]

의료인의 경우 한의인 의생을 의사와 구별하여 별도의 정책을 펼쳤지만, 약의 경우는 한약을 따로 규정하지 않았다. 조선총독부의 약품에 관한 정책의 대강은 1912년에 공포된 「약품급약품영업취체령」(1912.3.28 제령 제22호)과 그 시행규칙(같은 날 부령 제55호)에 담겼다. 이에 따르면, 약을 조제하는 전문직종을 藥劑師로 규정하였고, 약품을 판매하는 직종으로 약종상을 규정했다(「취체령」 제1조). 약제사와 약종상은 일본약국방과 외국약국방에 기재된 신규 약품으로 관립위생시험소의 검사를 거친 것을 주 대상으로 했다(제4조). 일본약국방과 외국약국방에 한약이 따로 등재되어 있지 않았으며, 극약 · 독약 중 일부로 한약이 포함되어 있었다.

법규에 규정되지 않았기 때문에 한약을 사용하는 조선인 약종상(한약종상)의 한약판매 행위와 조제 행위가 곧 문제가 되었다. 조선총독부에서는 조선의 관습을 용인하는 식으로 이 문제를 정리했으며, 그것은 경무총감부 위생과의 행정적인 통첩의 형식으로 이루어졌다. 우선 「취체령」과 그 「시행규칙」이 공포된 직후인 1912년 6월, 한약만을 판매하는 한약종상에 관한 통첩이 있었다.

> 한약 즉 초근목피류의 취체에 관하여는 본월 10일 위수 제4697호로써 통첩한 事도 있었지만 尙한약으로서 何 藥局方에도 기재함이 無하고 且 약 · 극약 及 취체령 제7조에도 해당치 아니한 것이라 하더라도 주치 · 효능 · 용법 등을 附하여 판매하는 것은 일종의 매약 행위오 又는 질병에 대하여 한약을 조합하여 환자에게 투약함과 如한 것은 의업과 유사한 것임으로 상당 취체를 요하는 것이나 鮮人들은 혹 종래

35) 志賀 潔, 「朝鮮の醫生について」 『中外醫事新報』 第1185號, 1932년 7월 28일.

> 의 관습상 하등의 지장이 없는 것으로 믿고 있는 자도 없지 아니하니 差等輩에게는 매약으로 출원케 하고 약종상으로서 법규에 허하는 범위 내에서 영업을 하도록 상당 처치하라는 명령에 의하여 통첩하노라.[36)]

이 통첩에서는 조선인 약종상이 한약만을 전문적으로 다루는 것을 용인하고 있지만, 한약종상의 다른 행위, 곧 진료 행위에 관한 내용, 약제사만 다룰 수 있도록 되어 있는 극약·독약의 취급 문제를 본격적으로 다룬 것이 아니다. 따라서 여러 지방의 경무국에서는 그들의 진료 문제를 어떻게 단속할 것인가를 경무총감부 위생과에 문의했다. 이에 대해 위생과에서는 이 문제에 대해 1914년 "의생의 처방전에 의해 한약을 조합하는 것과 조제 비슷한 행위라 해도 관습을 인정할 것"과 1916년 "극약·독약의 사용을, 비록 약제사가 아니지만, 관습에 따라 제한 없이 할 수 있도록 하라."[37)]는 해석을 내렸다. 따라서 1918년에 간행된 『朝鮮衛生要義』에서는 의생, 한약종상, 약제사의 관계를 종합하여 한약종상의 업무와 권한을 다음 다섯 가지로 정리했다. 첫째, 한약종상이라 함은 조선의 특수 사정에 의하여 한약만에 한하여 판매를 조건부로 도지사의 면허를 받은 자이다. 둘째, 한약종상의 업무권은 한약품의 처방 조제와 무역판매이다. 셋째, 약제사라 하여도 한약조제에 한해서는 학식과 기술이 부족하므로 관습에 의하여 한약을 조제하는 것은 시험에 급제한 자에 한하여 한약종상이 한다. 넷째, 약제사와 한약종상은 조제행위에 있어서는 일치하나 약품에 한해서는 양약과 한약의 차이가 있다. 다섯째, 한약종상에 부여한 한약 취급에 관한 업무권은 약제사의 의약품 취급에 관한 업무권과 차이가 있다.[38)]

이상에서 살핀 바와 같이, 한약종상의 한약 판매와 조제 행위에 대해서는 현실적인 관습을 그대로 인정하는 식으로 정책이 펼쳐졌으며 그것은 "조선의 특

---

36) 「漢藥取締ニ關スル件」(衛收 第4697號), 警務總監部, 衛生課 編, 1917 『朝鮮衛生法規類集』, 306面.

37) 행림서원 편집부 편, 1938, 앞의 책, 18~19면.

38) 白石保成, 1918, 앞의 책, 101~124면.

수한 사정"에 기인한 것이었다. 그 특수한 사정이란 "종래 조선인은 전혀 한방에 의하여 의료를 施하여 온 관계상, 아직 양약 사용에 관습이 적고 또한 그에 대한 지식이 결여할 뿐 아니라 따라서 의생 亦 소수의 자를 제한 외에는 대개가 한약을 응용하고 있음으로써 한약의 수요가 不少함으로 한약 공급상 大支障을 초래할 虞가 있을 것"[39]이라는 점이었다. 이런 정책을 대한제국기의 그것과 비교할 때, 현실적인 결과는 대동소이했다.[40] 하지만 식민당국이 한약의 존재를 대한제국보다 부정적으로 봤다는 데 큰 차이가 있었다. 관습이기 때문에, 그것 이외의 대안이 마련되어 있지 않기 때문에 인정한다는 것이지, 원칙적으로는 인정할 수 없다는 것이었다. 그렇기 때문에 상위 법에서는 그것을 인정하지 않았으며, 잠정적인 행정통첩의 형태로 한약종상 문제를 다룬 것이다.

극약 · 독약에 관한 단속은 1911년의 「독약 · 극약품목」(부령 제66호)과 1912년 「매약검사규정」에 입각해서 이루어졌지만, 일본 약국방에 따른 이 규정에는 양약만이 규정되었지 한약이 규정되지는 않았다. 이는 대한제국기에 한약 극 · 독약을 규정했던 것과 다른 부분이다. 물론 이름만 다를 뿐 양약 중에는 한약 성분을 규정한 것도 있었다. 한약 웅황, 자황은 서양식으로 하면 비소 포함 물질이다. 하지만 명칭이 달랐을 뿐만 아니라 많은 극독약 한약의 성분이 밝혀져 서양과학식 이름을 가졌던 것이 아니다. 따라서 조선인 한약종상이 파는 극독약이 문제로 떠오르자 경무총감부 위생과에서는 「한약취체에 관한 건」(1916. 3, 위수 11596호)을 발하여 한약 독약으로 웅황 등 5종, 극약으로 파두 등 5종, 극성약품으로 백부자 등 43종을 정했다.

3) 침구술과 안마술의 제도화

식민지 한의약 정책의 또 다른 특징은 침술, 구술 · 안마술에 관한 내용이 신설되었다는 점이다. 한의약을 부정한 대신에 침술, 구술, 안마술을 별도로 인정

---

39) 행림서원 편집부 편, 1938, 앞의 책, 경성 행림서원, 17~18면.

40) 대한제국기 약종상에 관한 내용은 신동원, 1997, 앞의 책, 301~305면 참조.

했다는 점이 특기할 만하다. 조선의 전통적인 관습으로 봤을 때, 침구술은 상당한 정도로 분과되어 있었다. 궁중의료를 대표하는 내의원의 직제를 보더라도 침과 뜸을 전업으로 하는 鍼醫가 약을 전문으로 하는 內醫와 구별되어 있었다. 또 민간에서도 침구술만 전문으로 하는 鍼醫가 존재했다. 안마술의 경우는 그다지 크게 전문화되어 있지 않은 직종이었다. 비록 고려시대 때 唐代의 제도를 모방한 按摩博士라는 제도가 있기는 했지만, 조선시대 의료제도에는 이 비슷한 제도가 없었다. 민간에서도 많은 사대부들이 수양법의 일환으로 按摩導引法을 행하기는 했지만, 안마를 업으로 하는 사람의 존재가 분명하지 않았다.

유사의료 행위인 침술, 구술, 안마술에 관한 규정은 1914년 10월 「안마술·침술·구술영업 취체규칙」(경무총감부령 제10호)과 그 시행규칙(경무총감부 훈령 갑 제55호)으로 공포되었다. 안마술·침술·구술은 각각의 면허를 경무부장(경성에서는 경무총감)으로 받도록 규정되어 있으며, 이들에게는 전문인을 뜻하는 '師) 또는 '生'이란 명칭을 쓰지 않고 '영업자'라는 명칭을 썼다. 면허증의 발급과 재발급, 부정 행위에 대한 처벌 등의 내용은 다른 규칙과 비슷하며, 전문 영역에 관한 두 규정만이 독특하다. 그 하나는 침술, 구술 영업자는 "사혈, 절개 기타 외과수술은 할 수 있지만, 전기·烙鐵의 방식을 쓸 수 없으며 약품을 수여하거나 지시할 수 없다"(「취체규칙」 제5조)는 규정이다. 둘째, 소독 규정이다. "안마술 영업자가 시술할 때에는 손가락을 소독하고, 침술 영업자가 시술할 때에는 침, 손가락과 수술할 부위를 소독하도록" 했다(동 제6조).

1900년 대한제국기에 「의사규칙」을 공포할 때에는 침구·안마사에 관한 규정은 없었다. 다만 「의사규칙」에서 의학을 규정할 때, "침구보사를 하는 자"라 하여 침술을 의학 가운데 하나로 포함시켰을 뿐이다. 일본의 경우에는 일찍이 「침구·안마술 취체 규칙」이 제정되었으며, 대만에서도 이를 시행했고, 또 다시 식민지 조선에서도 이를 실시한 것이다.

5. 식민지 한의학정책의 집행과 반응

1) 면허 등록 상황

면허 부여는 한의에게 매우 중요한 상황 변화를 뜻했다. 이전과 같이 관습적으로 의업을 하는 것이 법적으로 금지되며, 오직 면허자만이 의업의 자격이 있게 되었다. 전국적 규모로 이루어진 이러한 면허 부여 상황을 맞이해서 한의들은 어떤 생각을 했을까? 많은 한의가 醫士에서 '醫生'으로 격하된 것을 불쾌하게 여겨 의생 면허 등록을 주저했던 듯하다. 이종형은 일제시대를 활발히 활동했던 晴崗 김영훈(1882~1974)을 회고하면서 그 상황에 대해 다음과 같이 썼다.

> 총독은 1913년(1914년의 오기: 필자) 1월 1일을 기하여 의생령이라는 준의사제도를 공포하고 동의들을 여기에 등록하게 하였다. 이를테면 지금까지 떳떳한 의사의 신분이었던 것을 의생이라는 賤稱으로 격하시키는 법령이었다. 그러나 한편 생각하면 이로나마 이 나라에서 동의의 명맥이 살아남게 되었으니 일본에서처럼 한의학을 아주 없애지 않은 것만도 다행으로 여길 수밖에 없었다. 그 당시 학식 높은 의사나 노숙한 원로들은 卑格된 의생령에 등록하지 않고 의계에서 숨은 분도 많았다고 한다.[41]

이런 불만 반응은 의생 면허 신청 작업이 지지부진한 결과로 나타났다. 총독부에서는 1913년 1월 1일부터 「의생규칙」이 발효함을 명령하면서 3월말 이전까지 면허 신청을 완료하려는 의도를 가지고 있었지만, 그것은 순조롭지 못했다. 3월 말까지 면허 신청을 한 사람의 수는 대략 3천 명 정도에 지나지 않았다.[42] 아직도 많은 醫者가 신청하지 않고 있었다. 그것은 법령에 무지해서이기도 했지만, 이 조치에 대한 반감 때문이었다. 『의약월보』(1914년 8월호)에서는

---

41) 이종형, 1992 「晴崗 김영훈선생의 생애와 업적」 『청강의감』 489면.

42) 「의생면허상황」 『매일신보』, 1914년 4월 11일.

"법령에 암매함"과 함께 "식견의 고루함"을 그 원인으로 들었는데,[43] 후자는 바로 이런 조치를 못마땅하게 생각하고 있음을 뜻한다고 할 수 있다. 따라서 석 달 안에 면허 부여를 끝마치겠다는 총독부의 생각은 희망사항에 불과했으며, 1914년 12월 말일까지 면허 부여가 계속되었다. 『의약월보』(1914년 12월호)에는 다시 면허 신청을 재촉하는 글을 실었는데, "아무리 고매한 실력을 가지고 있어도 면허 없이는 업을 행할 수 없으며, 총독부가 절대로 이 법령을 조령삼개하여 옛날과 같이 자유방임 시술하도록 하지 않을 것"이라는 요지의 내용이었다.[44]

최종 영구 의생 면허자 수는 5,889명으로 집계되었다. 이것은 1908년에 조사한 수 2,600여 명의 두 배를 상회하는 것이다. 그것은 1년이라는 기간을 통해 엄격한 법 실시 의지를 밝힌 데서 비롯한 것이다. 또한 총독부에서는 특별한 시험 없이 개술 확인 절차만으로 면허를 부여하는 정책을 썼기 때문이다. 따라서 의업을 행하는 자 다수가 결국에는 면허를 신청하게 된 것이라 추측된다. 반면에 의학지식은 높지만 구태여 면허를 받아 전문적인 의업을 시술할 필요가 없었을 이른바 '儒醫'는 여기서 배제되었다고 할 수 있다. 『조선총독부관보』를 보면, 6,007명에 대해서는 출생연도가 적혀 있기 때문에 초기 한의면허자의 연령대를 알 수 있다.[45] 그것은 20대가 481명(8.0%), 30대가 1,510명(25.1%), 40대가 1,712명(28.5%), 50대가 1,412명(23.5%), 60대가 755명(12.6%), 70대가 130명(2.2%), 80대 7명(0.1%)으로 나타난다. 이를 보면 40대 이후가 전체의 딱 2/3임을 알 수 있다. 이는 신규면허가 억제된 상황에서 한의의 노후화가 심각하게 진행될 것임을 시사한다. 실제 『관보』를 보면 조사가 진행 중인 1914년 한 해만 해도 80여 명이 사망했다.

43) 『의약월보』 제1권, 1914년 8월, 6면.
44) 『의약월보』 제5권, 1914년 12월, 2면.
45) 1914년에 면허를 받은 영구면허자인 5,889명과 1915년 초에 면허를 받은 156명 중 연령이 파악된 사람의 숫자. 이는 일제강점기 총 한의면허번호 9,930명의 대략 60% 정도의 규모이다.

1914년도 조선인 약종상 개업자 수는 7,601명으로 집계되었으며(수백 명을 제외하고는 모두 한약종상으로 추정), 이 수는 1924년까지 10,302명까지 치솟았다. 이 숫자는 결코 소홀히 봐서는 안 될 것이다. 약종상은 대체로 벽지에서 더 싼 값으로 한의약을 공급하는 직종으로 농촌 인구의 의약을 담당했기 때문이다. 비록 의생 수는 계속 감소하는 구조를 가지고 있었지만, 한약 조제 관용이 허락된 이들의 존재는 계속해서 민간에 다수로 존재하면서 한의약 수요를 충족시켰기 때문이다.

2) 의생 재교육

총독부에서는 서양의료 인력의 증가를 억제했기 때문에 '의생'은 일제강점기 의료의 가장 핵심적인 인력일 수밖에 없었다. 「의생규칙」에서는 비록 의사보다 등급이 낮게 규정되기는 했지만, 의료인으로서 '의생' 제도를 규정했다. 이 '의료인' 의생은 의사와 치과의사와 함께 국가와 사회가 필요로 하는 각종 진단서를 발급해야 했으며, 총독부의 방역정책을 수행하는 기본 인력의 구실을 해야만 했다. 이런 일을 하기 위해서는 서양의학과 위생학 지식의 학습이 필요했다. 이를테면, 병의 진단은 당연히 서양의학 질병명을 써야 했으며, 그것을 판정하기 이전에 서양식 질병과 한의학 질병이 어떻게 대응하는가를 이해해야만 했다. 또한 콜레라나 장티푸스 등 급성전염병을 예방하기 위한 방역대책의 시행에도 이들의 서양위생학 지식이 필수적이었다. 이와 함께 각종 서식 내용을 작성하는 법을 배워야 했다.

의생의 서양의학, 위생학 교육은 주로 경찰과 헌병이 담당했다. 경찰은 지역을 나누어 의생을 관리했다. 이를테면 평안남도의 경우, 평양 · 진남포 · 광양만 · 중화 · 순화 경찰서와 평양 · 성천 · 영원 · 덕천 · 안주 헌병분대가 의생을 관리했다.[46] 각 경찰서에는 관할 의생을 정기적으로 교육시켰는데, 교육내용은

46) 「경찰구역의 필지」 『의약월보』 1권 제3호, 1915년 10월, 48~50면.

생리학과 위생학 대의, 전염병과 지방병의 특징과 예방법, 소독약의 종류와 응용, 의생규칙, 약품취급 급 전염병 예방에 관한 법규, 종두술 · 구급법 · 붕대법 급 기타 간이한 기술, 침구술의 주의점, 미신요법 등의 교정 등과 같았다.[47] 이런 내용을 주로 경찰이 직접 나서서 교육했으나 한의 단체나 사적 교육기관에서도 이런 일을 담당했다. 강점 이전의 강습소를 1912년에 확대 개편한 경성 소재 조선의학강습소나 1914년 평양에 설립된 의약강습회 등의 활동이 그것이다.[48] 하지만 이런 단체와 기관은 경성과 평양에 한정되어 있었으며, 그곳의 서양의학, 위생학 강습도 경찰의 활동과 연관되어 있었다.

3) 피병원의 한방 진료부 설치 논쟁

식민지배자 일본은 서양의학만을 진실된 의학으로 간주하면서 한의학을 공식기관에서 배제했다. 그것은 1906년 대한제국의 대민 전염병 병원인 광제원을 접수하면서부터 시작되었다. 총독부는 공식적인 한의 양성의 부정, 면허의 한시적 인정이라는 것과 같은 맥락에서 공식기관으로부터 한의학을 완전히 배제하는 정책을 펼쳤다.

이런 정책은 큰 틀에서 별 저항을 받지 않았지만, 전염병 환자의 관리라는 측면에서는 적지 않은 문제점을 노출했다. 총독부에서는 전염병 환자를 색출하여 격리시키는 방식의 방역대책을 가장 중요한 대책으로 삼았는데, 피병원에 격리된 조선인이 이에 반발했으며 반발 논리 중 하나로 자신들이 익숙한 한방 치료가 없었다는 것이었다. 물론 문제의 본질은 한방 치료의 유무라기보다는 격리 방식의 강제성과 강제적인 격리에 대한 두려움에 있었지만, 한방 치료의 활용은 조선인의 피병원 기피를 극복하는 대안으로 제시되었다. 1914년 5월 31일자 『매일신문』의 기사는 다음과 같이 말하고 있다.

---

47) 박윤재, 앞의 논문, 208~209면.

48) 기창덕, 1995 『한국근대의학사』, 아카데미아, 418~219면; 평양의약강습회, 『의약월보』, 1914년 8월.

수년 전 경성내에 전염병이 유행할 시에 당국에서 차를 박멸하기 위하여 가가호호 병자 유무를 조사하야 發現되는 동시에는 인즉 피병원으로 擔舁以去(들것을 어깨에 메어 보냄: 필자)하고 일변 교통을 차단함으로 인민등은 기 치료방법이 한방의 약과 殊異함을 인하야 恐懼不已할 뿐만 아니라 혹 官民간 감정이 生하는 영향도 有하얏사온즉 금회에 설계하는 차 피병원이 성립되면 원내에 한약포를 설치하고 고명한 의생 수인이 극력 치료케 한다는 설이 數日來로 전파됨이 일반이 찬성치 아니하는 자 毋하다 하오며 … [49]

이 기사 앞에는 "관에서 조선인 의생에게 전염병 환자를 발견하는 동시에 관할 경찰서에 보고하라고 하였지만 의생이 일반 인민의 程度를 따라서 불가하다고 한즉"이라는 언급이 실려 있는데, 이는 전염병 환자 색출 작업에 의생이 적극 동조하고 있지 않음을 뜻한다. 이런 상황에서 백작 이완용과 자작 조중응, 경성부 협의원, 각 은행장 등이 공동 발의하여 피병원에 한방부를 설치하자는 견해를 냈던 것이다.[50] 즉 전염병 환자 색출과 격리가 워낙 무단적으로 이뤄졌기 때문에 이에 대한 조선민중의 반감이 극도에 달한 상태에서 그러한 상황을 극단적으로 무마하기 위한 조선인 유력자의 견해였다고 할 수 있다.

이런 견해에 대해서 한의 단체인 한방의생회에서는 환영의 뜻을 표했다.[51] 한의계에서는 조선인의 풍토와 관습이 다르기 때문에 순화원에 한방의료를 설치하여 조선인의 전염병을 구료하면 큰 효과를 볼 수 있으며, 조선인의 피병원 기피를 해결할 수 있다고 주장했다. "조선 사람들은 본래 온돌에서 거처하고 음식을 많이 먹는 습관이 있을 뿐 아니라 체격과 장위가 원래 서양사람과 다름으로 … 조선인의 전염병 환자가 발생하며 그 피병원에 수용하고 한방약으로 그 병을 치료하고 서양약으로 소독하되 온돌에 누워 있게 하고 또 음식도 조선미음이나 흰죽을 먹게 하랴는 계획으로 … 한방피병원을 설립하랴고 대단히 운동하는 중인데 …"는 내용이 그것이다.[52]

---

49) 「경계자」『매일신보』, 1914년 5월 31일.
50) 「경계자」『매일신보』, 1914년 5월 31일.
51) 「경계자」『매일신보』, 1914년 6월 20일.

1914년 이후 계속해서 한방 피병원 설립 논쟁이 벌어졌지만, 그것은 1934년대 중반이 되도록까지 성공을 거두지 못했다.[53] 총독부로서는 이 견해를 선뜻 받아들이기 힘들었다. 왜냐하면 이것이 "풍토와 관습"에 따라 의학이 다르다는 전제에 입각해 있기 때문이다. 앞에서 언급한 데라우치 총독의 말처럼 총독부가 내세운 의학정책의 제1 모토가 "현대의학의 제공"이었는데, 한방진료 수용은 이 논리에 역행하는 것이다. 따라서 현실적으로는 한방 진료 활용이 타당할 것이었을지 모르지만, 이념적으로는 이를 받아들이기 힘들었다. 이렇듯 중요한 방역 현실과 관련된 문제였기 때문에 이 영역에서만 유일하게 총독부의 한의학 배제 정책에 맞서 한방 의료의 공론화 담론이 펼쳐질 수 있었던 것이다.

6. 에필로그

식민지 초기 한의학 정책은 다음 세 가지로 정리할 수 있다. 한의학 제도의 근대적 형식화, 한의학의 식민지적 주변화, 한의학의 조선인 주력 의료기관화 등이 그것이다. 그것은 이미 1906년 통감부 설치 이후부터 본격화했으며, 1913년 「의생규칙」의 발포로 윤곽을 확정지었다.

총독부는 한의학을 짜임새 있는 법령 체제 안에 위치지었으며, 경찰 · 헌병을 통해 실질적인 행정을 집행했다. 이는 대한제국기의 그것과 차원을 달리한다. 비록 대한제국기에도 의약인 면허와 약품 관리의 필요성을 골자로 하는 한의약에 대한 '근대적 형식화'를 시도했지만, 그것은 실제로 면허를 부여하는 데 의도한 대로 성공을 거두지 못했다. 법이 엉성했으며 무엇보다도 행정적인 실천 의지가 결합되지 못했다. 이런 미비함은 식민지 강점 이후 극복되었으나, 이제

52) 「한방피병원설」 『매일신보』, 1916년 1월 15일자.

53) 1920년대 논쟁에 대해서는 박윤재 · 신동환, 1998 「일제하 사립 피병원 설립운동 연구」 『의사학』 제7권 제1호(통권 12호), 38~39면을 볼 것. 순화의원에 한방부가 설립된 것은 1934년이 되어서이다(『동양의약』 제1호, 1935, 77면).

는 오히려 '과도함'이 문제였다. 한의 인력 관리와 약재 단속 등 의학, 의료적 측면에서 해결해야 할 많은 부분이 그보다는 강압적인 경찰력의 행사를 통해 관리, 통제되었다. 이런 의미에서 한의학에 대한 '근대적 형식화'는 식민지 지배 통치라는 좀더 큰 범주에 귀속된 것이었다고 말할 수 있다.

총독부는 서양의학에 대한 한의학의 주변화를 심화시켰다. '고유의학의 주변화'는 사실 20세기 초반 서구식 근대화를 강요받는 모든 국가에서 나타난 현상이었기 때문에 식민지 조선도 그러한 경향의 연장선 위에 있었다고 할 수 있다. 하지만 일본의 식민지인 조선의 경우는 이전의 대한제국이나 식민 본국 일본과 다른 모습을 띠었다. 대한제국에서는 서양의학과 위생학의 도입에 적극적인 태도를 보이면서도 '酌古叅今'의 원칙에 따라 한의학을 존중하는 정책을 펼쳤다. 이런 정책은 보기에 따라 '적극적인 개혁'을 이루어낼 수 없는 소극적이면서도 과거 회귀적 정책으로 평가할 수도 있고, 한의학의 치료 효과를 인정할 뿐더러 그것이 국가 의료의 중추를 이루고 있으며 짧은 시일 내에 서양의료를 착근시킬 수 없다는 현실을 직시한 정책으로 평가할 수도 있다. 식민지적 지배를 '新政'과 '개혁'으로 정당화했던 총독부에서는 당연히 전자의 입장을 택했다. 이런 정책은 일본의 또 다른 식민지였던 대만에서 이미 펼쳐졌던 것이다.

식민지 조선의 한의학정책은 일본의 그것과 적지 않은 차이가 있었다. 침구·안마술을 독자적인 범주로 독립시킨 점에서는 식민지 조선과 일본이 같았지만, 한의 제도인 '의생' 제도를 둔 것은 한의 제도를 없애서 의사 제도 안에 편입시킨 일본의 그것과 크게 달랐다. 일본에서는 개개 한의의 지위 하락은 없었지만 집단 전체가 부정되었다. 식민지 조선에서는 집단 전체는 '한시적으로' 살아남았지만 개개 한의의 법적 지위는 강등되었다. 이런 차이가 발생한 것은 '근대화 의지'의 차이였다. 일본의 경우에는 국가 의료 전체를 '서구적으로 근대화'하겠다는 매우 강한 의지에 입각해서 엄청난 재원을 서양의학에 투자하면서 한의 제도를 무력화했다. 이에 비해 식민지 조선에서는 그럴 의지가 없었으며, 그럴 능력 또한 부족했다.[54] 따라서 의사보다 한 등급 낮은 한시적인 '의생' 제도를 고안함으로써 일본제국은 식민 본국과 식민지 사이의 괴리를 해소하려고 했다. 즉 한의학을 서양의학보다 하등으로 규정하고 한시적으로 존치함으로써 '신정' 즉 '서구적인 근대화'의 의지를 손상시키지 않으면서도 한의 제도를 인정함으로써 식민지 보건현실을 미봉할 수 있었기 때문이다. 우리는 이를 한의학의 식민지적 주변화라고 말할 수 있을 것이다.

식민지 전체 의료정책 가운데 한의학 정책은 다수 조선인에 대한 의료정책이라 말할 수 있다. 왜냐하면 이데올로기적으로 중심 의학인 서양의학과 의료가 철저하게 식민지 지배계급에 봉사하고 공적인 방역사업을 수행하는 데 필요한 규모만큼의 인력과 시설이 책정되었기 때문이다.[55] 이를 달리 말하면 다수의 식민지 피지배계급인 조선인에게 서양의학과 의료가 거리가 멀었으며, 관습적인 개업 형태를 모두 용인한 상태에서 한의 인력(의생과 한약종상)이 이전처럼 조선인의 보건의료 대부분을 담당토록 했음을 뜻한다. 즉 한의학이 이데올로기적으로 주변화했음에도 불구하고, 현실적으로는 지배적인 의료로 규정됐던 것이다.

이데올로기와 현실의 괴리라는 측면에서 일제 초기 한의학에는 긴장감이 있었다. 총독부에서는 한의학을 낮추어 보면서 한의에게 서양의학 재교육을 시키고, 방역사업에 동원하고, 그들이 한시적인 존재에 불과함을 각인시켰다. 한의계에서는 이러한 식민정책에 불안함을 느끼면서 면허신청에 저항하기도 하고, "서양의학이 외과술 이외에 효과가 없으며 한의학이 내과에 더 낫다."는 주장을 시중에 유포하기도 하고, 전염병 피병원에 조선인이 기피하는 일반적 현실의 틈을 비집고 들어가 공적 기관에 한의학이 왜 필요한가를 주지시켰다. 일반 조선인의 입장에서 서양의학은 학문 내용, 시술 공간과 방법, 언어 등 모든 측면에서 익숙하지 않았다. 식민 당국에서는 이를 "무지의 소치"라고 비난했지만, 식민지 조선인에게 서양의학은 경제적으로 접근이 용이하지 않았을 뿐만 아니

54) 서양의학 확장의 의지와 능력의 박약함은 법령의 차원에서보다는 이후 진행된 과정을 통해서 알 수 있다. 소규모의 의사 양성이 단적인 예이다.

55) 일제 초기 식민지 보건의료정책 전반에 관한 것으로는 박윤재, 앞의 논문을 볼 것.

라 그들은 기존의 의료 관습을 지키면서 한의학에 대해 여전한 신뢰를 표시했다. 총독부에서는 그것을 비난하면서도 그것의 실체를 인정하지 않을 수 없었으며, 그러한 '관습'은 별다른 제한 없이 총독부 한의 정책에 담겼다.

부록

「의생규칙」

제1조 의생이라 함은 본령의 규정에 의한 면허를 받고 의업을 하는 자를 말함.

제2조 다음의 자격이 있는 자로서 의생의 면허를 받고자 할 때에는 이력서 및 민적등본 또는 초본을 첨부하여 본령 시행의 날부터 3월 내에 경무총장에 신청할 것.

1.조선인으로서 20년 이상인 자

2.본령 시행 전 조선에서 2년 이상 의업을 한 자

전항의 신청자가 의업을 하는 데 적당하다고 인정될 때에는 의생면허증을 교부한다.

제3조 의생이 본적, 성명을 변경하였을 때 또는 면허증의 훼손, 망실하였을 때에는 그 사유를 갖추어 15일 내에 경무총장에 그 書換 또는 재교부를 신청할 것.

망실한 의생면허증을 발견했을 때에는 바로 경무총장에게 제출할 것.

제4조 의생의 면허를 신청하는 자는 수입인지로서 수수료 3원, 의생면허증의 서환 또는 재교부를 신청한 자는 50전을 납부할 것.

제5조 의생이 금고 이상의 형에 처하거나 의업에 관하여 부정한 행위가 있을 때 혹은 신체에 이상이 있어 의업에 견딜 수 없다고 인정할 때에는 그 면허를 취소하고 또는 의업의 정지를 명할 수 있다.

전항의 처분을 받은 자는 그 처분의 원인이 끝났을 때 또는 개전의 상태가 현저하다고 인정될 때에는 재면허를 명하는 일이 있다.

제6조 전조 1항의 처분을 받은 자는 3일 내에 의생면허증을 경무총장에게 제출할 것. 의업 정지 처분을 받고 제출한 면허증에는 그 이면에 정지의 교지를 기재하고 기간 만료 후 이것을 환부한다.

제7조 의사규칙 7조 내지 제14조, 제18조 내지 제20조의 규정은 이것을 의생에 준용한다. 다만 그 규정 중 조선총독을 경무총장으로 한다.

의사규칙 제7조 의사가 자기 또는 타인의 진료소, 치료소 혹은 출장소에서 의업을 개시하였을 때에는 의사면허증 또는 의술개업면장의 사본을 첨부, 5일 내에 그곳 관할 경무부장에 계출할 것. 그 의업을 폐지, 휴지 또는 진찰 치료의 장소에 이동이 생겼을 때도 또한 같다. 단 그 이동으로 관할 경무부장을 달리할 때에는 신구 양지의 경무부장에게 계출할 것.

관립 또는 공립 병원에서 진찰, 치료에 종사하는 의사에는 전항의 규정을 적용하지 않는다.

의사규칙 제8조 의사는 스스로 진찰하지 않고 치료를 하던가, 진단서, 처방전을 교부하거나, 검안서, 사산증서를 교부할 수 없다. 단 진료 중인 환자가 사망하였을 때에는 교부하는 사망진단서는 이에 해당하지 않는다.

의사규칙 제9조 의사는 법령의 규정에 의해 필요한 자에 정당한 사유 없이는 진단서, 검안서 혹은 사산 증서의 교부를 거절할 수 없다.

의사규칙 제10조 의사는 어떠한 방법을 불문하고 업무상 학위, 칭호 및 전문과목을 제외하고는 그 기능, 요법 또는 경력에 관한 광고를 할 수 없다.

의사규칙 제11조 의사가 환자를 진찰하고 또는 시체 혹은 임신 4월 이상의 사산아를 검안한 경우에 범죄의 의심이 있다고 인정될 때에는 24시간 내에 경찰서(경찰분서 및 경찰서의 사무를 취급하는 헌병분대, 헌병분견소를 포함. 이하 같음) 혹은 경찰 관리 또는 그 직무를 하는 자에 신고할 것.

의사규칙 제12조 의사가 그 진찰한 환자에 교부하는 처방전에는 환자의 성명, 나이, 약명, 분량, 용법, 용량, 처방 년월일을 기재하고 서명 혹은 기명, 날인할 것.

의사규칙 제13조 의사가 그 진찰, 치료하는 환자에 스스로 약제를 교부할 때에는 용기 또는 포지에 그 용법, 환자의 이름 및 진료소의 명칭 또는 자기의 이름을 명기할 것.

의사규칙 제14조 의사는 진료부를 구비하여 환자의 이름, 나이, 직업, 병명, 진료의 연월일 및 요법을 기재하여 10년간 보존할 것. 단 기재한 사항 중 불명한 것은 그 뜻을 기재할 것.

의사규칙 제18조 의사폐업 또는 사망하였을 때에는 15일 내에 조선총독(→ 경무총장)에 계출하고 제1조 1항의 의사는 의사면허증을 반납할 것. 다만 사망의 경우는 호주 또는 가족이 그 수속을 할 것.

의사규칙 제19조 제15조 제2항 및 전조의 경우 의사면허증을 반납 또는 제출할 수 없을 때에는 그 사유를 낱낱이 보고할 것.

의사규칙 제20조 본명의 규정에 의하여 조선총독(→ 경무총장) 또는 경무부장에 차출할 서류는 소할 경찰서를 경유할 것.

제8조 다음의 각호의 1에 해당하는 자는 200원 이하의 벌금 또는 과료에 처한다.

1. 면허를 받지 않거나 의업 정지 처분에 위반하여 의업을 한 자
2. 제2조 또는 제6조 1항의 규정을 위반한 자

제7조에 의하여 본령에 준용한 의사규칙의 규정에 위반한 자에 대하여서는 의사규칙의 벌칙을 준용한다.

부칙

본령은 1914년 1월 1일부터 이것을 시행함.

본령에 대하여 3년 이상 의업을 습득한 조선인으로 적당하다고 인정되는 자에는 당분간 5년 이내의 기한에 한하여 특히 의생의 면허를 줄 수 있다.

전항의 면허를 받고자 하는 자는 민적등본 및 의생의 증명이 있는 수업이력서를 첨부하여 신청할 것. 다만 면허기간이 만료하고 예속 신청의 경우에는 면허증만을 신청서에 첨부할 것.

찾아보기

ㅊ

ㅋ

ㅌ

ㅍ

ㅎ

필자 소개(논문게재순)

권태억 (서울대 국사학과 교수)
박명규 (서울대 사회학과 교수)
정연태 (가톨릭대 인문학부 교수)
마쓰다 도시히코 (국제일본문화연구센터)
이윤상 (창원대 사학과 교수)
김상태 (서울대 병원 촉탁교수)
도면회 (대전대 인문학부 교수)
오성철 (서울교대 초등 교육학과 교수)
조재곤 (친일반민족행위진상규명위원회 자료조사과장)
신동원 (한국과학기술원 인문사회과학부 초빙교수)

서울大學校 韓國文化硏究所
韓國學共同硏究叢書 6

한국 근대사회와 문화 II

펴낸곳 서울대학교출판문화원
펴낸이 오연천
편 자 서울大學校 韓國文化硏究所

초판 1쇄 발행 2005년 11월 10일
초판 2쇄 발행 2013년 4월 10일

출판등록 제15-3호

주소 151-742 서울 관악구 관악로 1
대표전화 02-880-5252
팩스 02-888-4148
마케팅팀(주문상담) 02-889-4424, 02-880-7995
이메일 snubook@snu.ac.kr
홈페이지 www.snupress.com
영문홈페이지 eng.snupress.com

ISBN 978-89-521-1457-0 93300

서울대학교 한국문화연구소 한국학공동연구총서

한반도와 만주의 역사 문화
이병근, 정인호, 권재일, 서대석, 김시준, 노태돈, 송기호

한국병합의 불법성 연구
이태진, 김기석, 백충현, 이근관, 신효숙, 이용권

한국 근대사회와 문화 I: 19세기 말에서 20세기 초를 중심으로
이병근, 송기중, 권영민, 한철호, 배항섭, 이윤상, 도면회, 왕현종, 노대환, 김종서, 류방란, 권태억

역주 증수무원록언해
송철의, 이현희, 장윤희, 황문환